总序

周锡生

当今世界充满变革与创新。在阐释当今世界变革特征的时候，“新媒体”被时常提及，尽管人们对它的定义还有不少争议。

20多年来，随着数字技术、信息技术的飞速发展，以互联网为代表的新媒体从诞生到逐步发展壮大，深刻改变了旧有的新闻信息传播方式，系统重塑了新的媒介生态和传播格局。旧媒体时代，新闻信息的传播速度还曾与交通工具竞跑；新媒体时代，昨日甚至数小时、数十分钟之前的新闻，都可能瞬息即逝，转眼间“轻舟已过万重山”。旧媒体时代，“受众”这个词体现了公众被动接受各类新闻信息的地位；新媒体时代，媒体人已经不再是专属的职业称号，自制互动、共享交流成为普遍行为。旧媒体时代，内容占据着绝对的核心地位，其他各个环节只是附属；新媒体时代，内容为王的观念在被继续强调的同时，网络、渠道、平台和终端的作用和价值日渐凸显，服务与市场的理念正在逐步深化。可以说，当今的新媒体已经跨越了媒介形态的界限，跨越了时空的拘囿，甚至也跨越了文化的隔阂。在这种态势下，建设新媒体、发展新媒体，成为传统媒体求生存、寻突破、谋发展的必由之路。

滚滚而来的新媒体浪潮绝不仅仅是改变了传媒业本身，更深刻渗入世界的政治、经济、文化、科技等各个领域。“世界是平的”引发人们无限遐想，平的世界创造了无限的空间。放眼全球，新媒体已经成为世界政治较量的重要因素，成为各国执政者了解社情民意的重要手段，成为社会公众参政议政的重要平台，网络动员、网络聚集、网络拷问在社交媒体上成为常态，新媒体的运用和掌控能力日益成为执政水平的重要衡量标准。与此同时，以互联网产业为核心，逐步形成了包括媒体业、电信业、IT业等在内的比较完整的新媒体产业链，产业体系也日趋完善，有力地推动了文化创意产业的发展，成为国民经济的有机组成部分，且生机盎然，潜力巨大。新媒体的文化价值也在不断迸发当中，随着平板电脑、电子阅读器的迅速普及，数字阅读、数字出版势不可当，新媒体的文化传播和社会建设功能日益强大，跨界文化交流与合作的作用更加突出，极大地丰富和满足了人们的精神文化生活需求。从这个层面来说，建设新媒体、发展新媒体，已经不再单单是传媒业的职责，更需要从历史发展的宏观视野与现实的综合因素层面加以考量与谋划。

在全球加速向网络化社会、数字化生存转型的过程中，我国的新媒体建设也与世界同步，与时代同行。2021 年，我国的网民数量已经超过 10 亿，手机用户突破了 16 亿大关，均位居世界第一位，且还处于强劲增长当中。如此庞大用户规模的背后，是我国近年来新媒体征程中一个个开拓的脚印与卓然的成效。在当今中国，我们可以看到，新媒体的作用被普遍认可，新媒体的影响被广泛重视，新媒体的理念深入人心，传统媒体加快向新兴媒体战略转型，各类新媒体机构不断涌现且各具特色。从网络、手机、平板电脑到户外大屏、流动媒体，从主流新闻网站到各类商业网站和专业网站，新技术不断涌现，新功能不断被挖掘，新产品不断推出，呈现出万马奔腾、一日千里之势。

当然，新媒体在我国发展的时间还比较短，在采编、经营、技术、市场、管理、人才等方面还处于探索的阶段，实践过程中出现了诸多困惑与迷思，存在着各种矛盾与冲突，远未成熟。尽管如此，新媒体的蓬勃生机让我们对它的未来充满信心，而这蓬勃生机则是来自创新。创新是新媒体时代永恒的主题，谁能够加强创新，谁就能把握未来。新媒体本身就是创新的产物，创新是新媒体的生命力所在。为此，必须根据党和政府提出的新要求，适应时代的新特点，着力把握受众需求的新变化，着力把握技术突破的新契机，着力把握媒体发展的新态势，进一步创新思想观念、创新体制机制、创新内容生产、创新方式手段，加快新兴媒体建设，大力发展新兴业务，从而更好地贯彻落实中央战略部署，为加强国际传播能力建设、构建先进强大的现代传播体系做出贡献，为促进社会主义文化大繁荣、大发展发挥更加显著的作用。

新媒体是推动社会进步的重要力量，同时也要看到，新媒体是一柄双刃剑，随着新媒体地位和作用的日益增强，其所应承担的责任也越来越重要。从某些意义上讲，新媒体所应承担的社会责任甚至比传统媒体还要更重一些。多年来，我一直强调的一句话就是“网络无改稿”。传统媒体的稿件签发后发现了错误，还有时间和可能予以纠正，而新媒体的稿件一旦签发，几秒钟之内就可与全球不计其数的受众见面，根本没有时间和可能对稿件进行改正。因此，新媒体的把关责任十分重大，这既是对社会公众负责，也是对新媒体本身负责。在强调和开发新媒体的“媒体功能”的同时，有必要进一步强化其“媒体责任”。

新媒体领域日新月异的发展实践，以及在此过程中出现的矛盾与问题，要求理论研究总结规律、升华认识，并从理论层面加以阐释和指引。中国人民大学新闻学院有几位多年来潜心研究新媒体的专家学者，由他们领衔撰写的这套新媒体丛书，对新媒体的理论、技术、经营管理、业务流程、最新发展动态进行了全面深入的研究，反映了国内外新媒体研究的最新成果，对新媒体的管理者、研究者、学习者及业界从业人员都具有重要的参考价值。本套丛书的出版，相信会有助于推动我国新媒体的快速健康发展。

（作者曾任新华社副社长兼常务副总编辑、新华网董事长）

前 言

随着互联网技术的飞速发展，移动互联网、物联网正逐渐渗透于人类社会活动之中。在万物互联、万物皆媒的时代，人们在网上学习、购物、看新闻、聊天、打卡旅行，甚至不出门就可以完成工作任务。每个个体被互联网整合起来，结成复杂的关系网络，每个行动几乎都可以“借网”完成。同时，每个“借网”行动反过来又“留痕”于网络，丰富了网络大数据。移动互联网的大规模应用重构了媒介生态：一方面，新的研究技术和方法正令人目不暇接地涌现出来，倒逼着人们正视和学习；另一方面，传统方法论范式和研究方法面临着变革的机遇和挑战，这一趋势如火如荼。换言之，网络技术不仅构造和整合社会结构，引发研究方法范式变迁，同时网络本身也为研究方法提供了技术手段，创新着观察、解释信息传播现象的方法和技术。传统实验法延伸到“线上”实验，使研究者以更低的时间成本获得更真实的实验数据；网络社区、网络论坛为民族志研究方法提供了“观察”特定文化的“线上在地”场所；数据分享与分析推动了二手数据的创新发展，学科边界不断模糊甚至消弭，医学领域的“荟萃分析”进入新闻传播研究领域；借助互联网无远弗届的渗透能力，网络调查法大行其道，不仅可采集敏感话题，还能与被调查者互动，为传统调查创造出新的可能；社会网络分析观照事物的关系和结构层面，使社会科学研究呈现丰富的面向；大数据挖掘方法，可用于研究人们使用媒介产生的轨迹数据和行为数据，为新闻传播的研究提供广阔的空间；自然语言帮助研究者探究文本中真实的情感层次和程度，将情感“颗粒度”分解，细致分析人们就某一事件的留言内容……

用技术来促进和整合媒介生态的力量已经显现，并催生了新的技术和手段，传统研究方法在不断扩展，学科间的壁垒不断被消弭，各领域方法的创新正不断在不同学科领域间“游走”，为观察和分析问题提供方法。方法有新旧之别，但无优劣之分，学者能做的是深度了解新方法的应用，围绕自己的研究问题和研究对象，以合适的方法为工具，提升自己的研究执行力和研究想象力。

本教材正是基于这一背景编写的，旨在为对新媒体研究方法有兴趣的大学本科生、研究生提供一些新研究方法和技术手段。本教材共13章，着眼点在于分析研究方法和新媒体研究方法，但由于不能严格地划定两者的边界，新的研究方法都是同时基于网络技术和传统方法的，因此，前7章、后6章虽然分别着眼于传统研究方法和新媒体研究方法，但它们之间仍然存在你中有我、我中有你的交集。介绍传统研究方法的目的，就是想全面展开实证取向的经验研究方法中的量化研究方法，并在此基础上对网络信息语境下的方法的创新进行逻辑跟进。例如，在抽样方法中有大数据背景下如何抽样的内容，在民族志研究方法中展开了对网络民族志研究方法的探讨，在实验法一章中介绍了线上实验法的实际操作和案例分析。从第8章到第13章，主要涉及网络信息和大数据语境下的新研究方法和技术，包括编程语言、互联网调查、社会网络分析、互联网数据挖掘以及情感分析等。

本书的完成要感谢四川外国语大学新闻传播学院刘昊教授，他有着扎实的计算机信息研究功底，主要负责撰写第8章到第13章的内容。感谢湖北民族大学谭华副教授，他熟稔民族志研究方法并撰写了第7章，7年前他的博士论文研究中使用的就是民族志研究方法。中国传媒大学博士研究生崔家勇在我的教学课件基础上完成实验法一章并补充第13章的内容，还录制了Python操作小视频。感谢博士研究生金鑫和硕士研究生孙蕊、刘艺淳提供了各自研究论文中的案例，丰富了特定方法部分的操作和应用。感谢硕士研究生郑诗雨、洪东方提供了她们各自参加北京大学、中国人民大学问卷调查活动后的总结，这些亲身实践对像她们一样的年轻读者而言具有一定的亲和力。最后感谢中国人民大学出版社策划编辑翟江虹女士，我们认识10年了，她热情、认真和兢兢业业的工作态度，一直激励我自省、不能怠惰。

技术催促变迁，人是掌握技术的中心。“问题先行”“理论和方法缺一不可、双轮驱动”，这些研究中的经典话语与学习方法都是切实而可行的。“书当快意读易尽”是我们的愿望，但也自知才薄智浅，榆枋之见，所书难免存有诸多瑕疵，甚至是错误。文责自负，谨请读者批评指正。

王锡苓

2021年4月于北京

目录

第 1 章 经验性实证研究概述

20 世纪 20 年代之前，用接近自然科学的研究方法检视传播效果的研究几乎是空白。尽管彼时人们已经开始认识到新兴的大众媒介对社会秩序产生了不良的影响，然而，由于没有“确凿”的证据，这种批评多流于“凭空的指责和推测”，或各执一词，相互纷争。随着社会学、行为科学等的长足进步，使用经验方法系统地收集和分析人类行为、观念则成为可能。随着社会科学研究的深入，研究方法逐渐发展成熟。

社会科学研究方法素来有量化研究和质性研究的分野，反映在新闻传播研究领域中则为量化与质性的方法范式争论。随着近年来移动互联网的兴起和大数据的持续升温，以处理数据为特征的量化研究越来越多地被应用。然而，对研究方法及方法论的辨析和认识，是运用研究方法的前提。

第一节 经验性实证研究取向

西方社会科学脱胎于哲学，由于本体论、认识论的分野，形成了以自然科学方法为主要方法范式的实证研究（positive research）和以诠释为主要方法范式的解释研究。有关两种范式哲学思想、范式发展的内容已经出现在诸多教材文献中，读者可自行查阅和参考。在此，我们直接介绍一种新的方法取向：经验性实证研究取向。首先，我们应弄清楚实证研究和经验研究。

一、实证研究和经验研究

实证研究起源于经验主义哲学，是一种朴素的现实主义。在主客体之间的关系上，实证研究认为社会现象是一种客观的存在，不受人的主观价值因素的影响，不为知识、理论所过滤。主体（人类）和客体（人类认识的对象）是两个截然分开的实体，主体可以使用一套既定的工具和方法程序来获得对客体的认识。主体与客体、知者与被知者、价值与事实之间是二元分离的，不能相互渗透。在对客体的认识上，实证研究认为社会现象必须为经验所感知，一切概念必须可以被还原为直接的经验内容，理论的真理性必须由经验来验证。[①] 实证研究遵循的是自然科学的思路，这也使物理学等自然科学运用实证主义范式对客观世界进行研究取得了令人欣慰的长足的进步，鼓舞了孔德等社会学家大

---

① 陈向明．质的研究方法与社会科学研究［M］．北京：教育科学出版社，2000：14.

胆借鉴自然科学家的实证研究范式和相应的研究方法，将之运用于社会科学领域。该范式认为事物内部和事物之间必然存在着逻辑因果关系，对事物的研究就是要找到这些关系，并通过理性的工具对它们加以科学的论证。然而，真正能够进行实证研究的条件十分苛刻，这使得实证主义范式在社会科学领域的研究多少带着一些令人尴尬的“缺漏”。例如，要做到像实证研究所秉持的客观和中立就有难度，众所周知，在社会科学领域，研究者提出一个问题，其思路可能带有研究者的价值和信念，即便是在看似客观的测量环节，也可能因测量变量失去部分意义而使测量的效度降低。还有，在访问环节，提问的顺序、语气等都可能影响受访者对答案的选择，更毋庸言说一个研究者对数据的解释和理解可能就和另一个研究者不相同。这些无不反映了研究者对研究问题的主观理解和其价值信念的介入。

正因为实证研究更多代表了一种理想化的研究范式诉求和立场主张，在实际研究中，鉴于研究者本身以及研究对象的错综复杂，这种如同物理学或生物学的研究范式注定是臆想。即使存在某些共识性结论，充其量也就具有统计学意义而不具有图像论——对应的确定性。因此，西方学者中那些更多秉持实证立场的人也往往尽量采取更有弹性的经验研究（empirical research）的说法。经验研究与实证研究相互之间并非对立，而是一种包容关系，即实证研究是经验研究谱系中的一种极端取向。

经验研究的对立面是思辨研究，它泛指应用经验材料进行的分析研究，包括一手资料和二手文献资料，获取和分析材料的差异形成了不同的研究方法。思辨对应的方法主要是依靠直觉、洞察和逻辑推理来获取知识。古代的思辨哲学家认为，经验是不可靠的，它只是在反映事物的表象，而真理是超越感觉经验的，因此，只有通过直觉和洞察才能发现事物的本质。

与实证研究相同，经验研究主张研究始于经验，但是，这里的经验不一定是外在的可观察到的事件和事实。经验研究的观察方式可以是远距离的也可以是参与式的。它可以是带有因果推断的解释取向，也可以是带有意义理解的诠释取向。相较于实证研究，经验研究更具有包容性和开放性。“它可能追求自然科学研究所推崇的理论简洁和精致、有指向通则的偏好，但也不拒绝基于各种各类外在与内在经验解读所形成的片段性认识，甚至它可不以建构理论或提供理论解释为目的。”[①] 正是在这个意义上，社会科学的研究者们将经验研究划分为实证取向的经验研究和诠释取向的经验研究。

二、实证取向的经验研究与诠释取向的经验研究

实证取向的经验研究在资料的收集和分析、理论的指向性等层面比较包容

① 阎光才．关于教育中的实证与经验研究［J］．中国高教研究，2016（1）：74－82.

和宽泛。资料可以来自一手数据和二手文献数据，也可以是人们的主观感受、集体历史与文化体验、直接经验和间接经验等。可以是可测量的数据，也可以是有意义的文本和符号。可以是量化的，也可以是质性的，或者二者兼顾。经验研究不一定要求推断性的结论证实，它可以是解释性研究，也可以是探索性、描述性和诠释性的研究。那么，我们常看到的大量被误当作实证研究的量化描述分析和趋势性分析，就是典型的经验研究。它们对基于经验证据的归纳并形成的特征描述的研究，正使我们至少从现象意义上知其所是，为下一步形成命题、理论问题，为何以为是的机制探索奠定了基础。像有诠释取向的民族志、口述史和叙事研究，则偏重编码、归纳和扎根研究，注重现实问题解决的行动研究，关注效果的实验研究、准实验研究与循证研究，也可以被划入广义上的经验研究范畴。①

诠释取向的经验研究认为人类社会与自然界有本质的区别，社会科学研究的对象是有思想和有意识的能动性的人，人类社会不像自然世界一样有一个本质的客观规律，社会科学能够认识和把握的是人主观建构的意义系统。因此，社会科学研究要做的，不是解释客观世界的规律，而是诠释人类世界的意义。因为人类为生活赋予的意义受到一定时空条件的限制，因此，它强调知识的地方性、情境性，强调研究者必须走进研究现场，诠释必须结合特定情境。同时，因为意义是行动者自己赋予的，这就要求诠释取向的经验研究具有主位视角，从行动者的角度理解诠释系统，成为其“编织”的意义之网的一个主要环节。②

实证取向的经验研究和诠释取向的经验研究之间是对立的吗？通常人们认为二者之间相互排斥甚至对立，实际上，这只是其中的一个方面。从多面向观察的话，笔者认为，它们两者的对立主要体现在本体论和认识论层面上的分歧，而在具体操作技术方面存在诸多交汇融合之处。超越本体意义上的歧见，趋向方法意义上的共融。“实证取向不再回避其所关注的事实本身的人为建构性，在强调对人的外显行为以及集体事件观察的同时，也赋予其关于人的动机、意图、情感和价值乃至生命意义的理解。因此，诠释自然也是实证取向无可回避的选择。同样，质性研究虽青睐特定情境中一切都可为‘文本’的深描和意义解读，无心外在效度，但它也未必排斥实证工具如定量方法的使用。”③

美国学者约翰·W. 克雷斯威尔（John W. Creswell）提出，两种对立的研究方法实则可以被视为一种“连续体”的两个端点，并将两者研究的特点并置在两端，如质性研究中可变的研究设计、复杂的图景、研究者偏向、开放式数据等，以及与之相应的量化研究具有的固定的研究设计、窄化的图景、研究者中立、封闭式问题数据等（见表1-1）。

① 阎光才．关于教育中的实证与经验研究［J］．中国高教研究，2016（1）：74-82.

② 王德福．经验研究的“第三条道路”［J］．社会学评论，2014（1）.

③ 同①.

表 1-1 两种研究的连续体

质性研究		量化研究
可变的研究设计	⟷	固定的研究设计
研究对象的视角	⟷	研究者的视角
复杂的图景	⟷	窄化的图景
研究者偏向	⟷	研究者中立
语境/环境的重要性	⟷	非自然的环境
开放式数据	⟷	封闭式问题数据
归纳式分析	⟷	演绎式分析
灵活的写作结构	⟷	高度结构化的写作

资料来源：克雷斯威尔．质性研究技能三十项［M］．王锡苓，译．上海：格致出版社，2018：17.

克雷斯威尔关于连续体的比喻，与国外学界关于“第三条道路”（或“第三种研究范式”）讨论的混合研究类似。混合研究以实用主义为哲学基础，承认存在于社会中的客观事实，同时也不否认价值观念对研究的作用。混合研究超越了传统量化与质性方法范式之间关于归纳和演绎、主观和客观、价值介入和价值中立、实在论和相对论等非此即彼的争论。社会科学具有十分丰富的内容和强的整合性，偏重哪一方面的研究方法都带有一定的局限性。欧内斯特·豪斯（Ernest House）指出两种传统各自的优缺点的二分法来自对“科学的误解”。洛伊斯-埃琳·达塔（Lois-Ellin Datta）从五个方面提出了实践性原因，以证明这两种方法论及其背后的范式之间可以“共处”下去。①

（1）事实上，两种范式都得到了长期使用；

（2）许多评估者和研究者都强烈要求同时使用这两种范式；

（3）研究资助机构同时对这两种范式表示支持；

（4）这两种范式都会影响到政策；

（5）两种范式都使我们受益匪浅。

实证取向的经验研究和诠释取向的经验研究是研究的两端，在一项具体的研究中，可能会更偏向实证取向或诠释取向，也可能两种取向兼而有之。在未来的研究中，融合两种取向的经验研究，而不是非此即彼的对立倾向，是应对未来社会科学研究的一种方法策略。

三、科学研究的“循环”

美国社会学家华莱士（W. L. Wallace）提出过“科学环”②（见图 1-1），

① 塔沙克里，特德莱．混合方法论：定性方法和定量方法的结合［M］．唐海华，译．重庆：重庆大学出版社，2010：10.

② WALLACE W L. The logic of science in sociology［M］. Chicago，IL：Aldine-Atherton，Inc.，1971：18.

说明社会科学研究是循环往复、不断靠近真理（或规律）的过程。在“科学环”中，一项研究可从上端的“理论”开始，沿着理论→逻辑演绎→提出假设→对概念进行操作化→在现实中收集资料（经验观察）→验证假设等，与上述实证取向经验研究相一致。相应地，任何研究也可以从图中底端的“经验观察”入手，沿着经验观察→度量、测定与分析→经验概括→形成概念并建立、组织命题→理论的路径进行，看得出，这属于上述诠释取向经验研究。实施具体的研究议题时，研究者们通常只进行“科学环”中的一半，或实证取向经验研究，或诠释取向经验研究。对整个社会科学研究而言，则意味着循环往复、螺旋上升、不断接近真理（规律）。

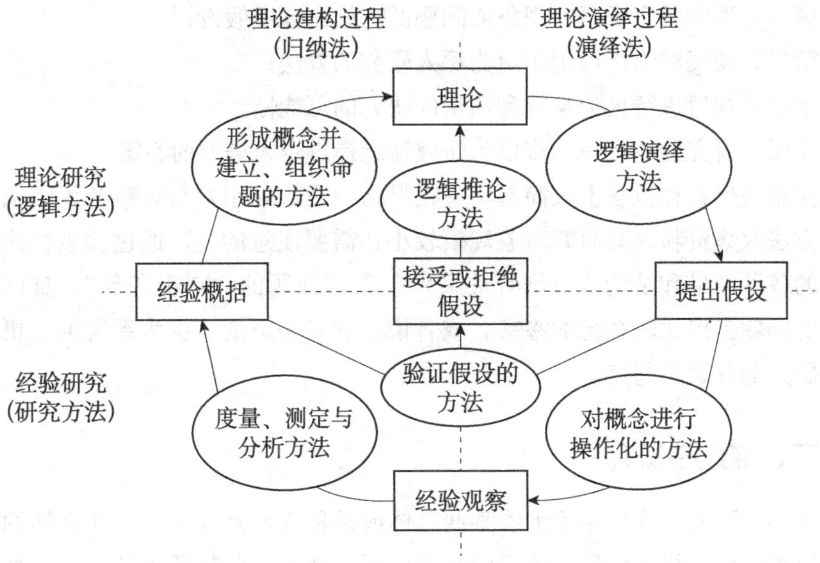

图1-1 社会研究的“科学环”

第二节 经验性实证研究方法类型

从不同的角度可以对经验研究方法做出不同的划分。如果根据研究目的进行划分的话，研究大致包含探索性研究、描述性研究和解释性研究三种类型。如果从如何使用研究的角度来看，可以分为基础研究和应用研究。如果从时间尺度来看，可以分为横向研究、纵贯研究和案例研究。如果从获取资料的角度来看，可以分为量化研究和质性研究。

社会科学研究者在对各种特定现象进行研究时，研究目的千差万别、各不相同。但是，所有这些研究的更为一般性的目的，都可以归结为以下三种类型：探索、描述和解释。当研究目的不同时，整个社会研究就会在设计的要求、研究对象和研究方法的选择，以及在具体操作程序上都有所不同。因此，下面将对探索性研究、描述性研究和解释性研究这三种研究类型展开介绍。

一、探索性研究

探索性研究是一种对所研究的现象或问题进行初步了解，以获得初步印象和感性认识，同时也为今后更周密、更深入的研究提供基础和方向的研究类型。

探索性研究经常出现在以下情形中：研究者准备研究的问题或现象十分特殊，非常新鲜，且很少有人涉及；或研究者本人对要研究的问题不熟悉，如关于网络恶搞族（KUSO）的研究议题。探索性研究在社会科学研究中是很有价值的，主要体现在三个方面。

第一，形成关于所研究现象或问题的初始命题或假设；

第二，发展和尝试可用于更为深入研究的方法；

第三，探讨进行更为系统和周密的研究的可能性。

探索性研究的不足是，难以为研究课题提供令人满意的答案。

探索性研究在方法上较简单，不很严格。通常采用参与观察和无结构式访问的方法收集资料，其研究对象规模较小；需要注意的是，通过探索性研究所得出的各种结果和结论，只是有关某种现象或问题的“初步印象”，难以为所研究的问题提出比较系统的答案，或者说，它只是新的、更为系统的、更为专门的研究的背景或起点。

二、描述性研究

描述性研究经常被用于解答某些总体或某种现象是什么、有什么样的特点和性质等问题。描述性研究的目的是要发现总体在某些特征上的分布。如中国互联网络信息中心（China Internet Network Information Center，CNNIC）发布的中国网民及网络使用行为的信息，微博的调研报告描述的微博用户的人口特征、发布微博的特点等都是描述性研究的成果。描述性研究通常采用概率抽样获取调查样本，样本容量要求为大样本，使用结构化的问卷调查收集一手资料并进行统计分析，从而得出研究结论。描述性研究的研究设计，其难度介于探索性研究和解释性研究之间。

一般的描述性研究是从经验观察开始的，从大量样本中归纳、提炼总体的特征，这与理论演绎要求的先提出研究假设的归纳推理有所不同。一些初学者学习量化研究方法时，可能存在一定的认识误区，即所有的研究都是从提出研究假设开始的，事实并非如此，像探索性研究和部分描述性研究就并无提出研究假设的要求。对此，美国学者克劳斯·A. 莫泽（Claus A. Moser）和格雷厄姆·卡尔顿（Graham Kalton）有过精当的阐述，他们指出：“我们需要记住，社会科学对于人类的行为和社会环境的了解仍处于初期阶段。社会学家如果一定要等到有了假设再去收集材料的话，那么，它只能助长滥用任意的假设的做法，这与毫无选择地收集材料同样糟糕。”①

三、解释性研究

解释性研究，其主旨在于探寻现象背后的原因，解释现象发生或变化的内在规律，是回答“为什么”的研究。例如探讨社交媒体呈现J型扩散的原因，或解释对新冠肺炎疫情风险感知越强越倾向于媒介使用倦怠的原因等的研究。

解释性研究要求从理论假设出发，经过调查（或实验）、收集经验材料，通过对材料的分析来验证假设，最后达到对社会现象进行理论解释的目的。

研究假设（hypothesis），是一种对变量间关系的尝试性陈述，或者说是一种可用经验事实检验的命题。如“儿童接触网络游戏的行为与他们在校表现负向相关”这一命题中，儿童的接触网络行为和他们在校的表现都是可以被经验事实测量的，两者之间存在的关系则有待研究结论的验证。

解释性研究以理论为起点，搭建理论框架，运用理论演绎提出明确的研究假设，然后根据假设的变量间关系建立模型。建立模型通常有三种方式。

第一，列出现象的原因或结果；

第二，详细分析变量间的关系；

第三，深入分析变量间的作用机制。

从这里可以看出，与描述性研究一样，解释性研究的研究设计具有系统性和周密性，比描述性研究设计更为严谨，针对性更强。下面将三种类型的研究从研究对象规模、抽样方法、研究方式、分析方法、主要目的、基本特征等方面进行对比，如表1-2所示。

表1-2　三种研究类型比较

	探索性研究	描述性研究	解释性研究
研究对象规模	小样本	大样本	中样本
抽样方法	非随机选取	简单随机、按比例分层	不按比例分层
研究方式	观察、无结构访问	问卷调查、结构式访问	调查、实验等
分析方法	主观的、定性的	定量	相关与因果分析
主要目的	形成概念和初步印象	描述总体状况和分布特征	解释变量关系和理论检验
基本特征	设计简单、形式自由	内容广泛、规模很大	设计复杂、理论性强

① MOSER C A，KALTON G. Survey methods in social investigation［M］. Aldershot：Dartmouth Publishing Co.，Ltd，1985：123.

需要注意的是，一方面，这种对研究目的的划分并非绝对的，只是相对的；另一方面，现实生活中的每一项具体的社会研究往往表现为更侧重于某一种研究目的，也有可能同时包含其他两方面的目的。现实中的大多数研究实际上是描述性研究和解释性研究两种目的兼而有之，只是对二者的侧重程度有所不同。在对社会现实的探索中，描述性研究和解释性研究发挥着不同的作用，前者的作用更为基础，后者的作用更为深入。例如，“什么是媒介议程对公众议程的效果”是描述性研究；若进一步探讨“媒介议程如何影响公众议程”以及“哪些人比其他人更愿意接触特定的传播媒介的信息”，则属于解释性研究。深入的发问可以帮助人们了解传播媒介如何影响公众议程，以及其对社会舆论有哪些潜移默化的影响。

第三节　时间维度

时间维度是确定一项研究时，在操作方法上需要考虑的一个重要因素。一般当人们确定一项研究议题后，会围绕着研究目标，考虑是从一个时间点还是多个时间点上考察研究对象。如果一项研究希望考察社会变迁的某些方面，研究设计就要涉及不止一个时间点，这要求研究者在进行研究设计时，要考虑收集数据的时间、提供数据的研究对象、收集数据的方式等。如果一项研究仅仅想了解人们对当下某个问题的看法和态度（“在新冠肺炎疫情流行中，人们对此的风险感知是怎样的?”），就要求研究者在一个时间点上开展问卷调查收集资料，这样的研究就是横向研究。一个研究是随时间推移进行连续观察和分析，还是一次完成对研究现象的观察，取决于研究问题的性质。

从时间延展角度看，我们通常将社会科学研究划分为两种类型，即横向研究和纵贯研究。下面详述之。

一、横向研究

横向研究（cross-sectional studies），也叫横剖研究，指在一个时间点上收集研究资料，用以描述研究对象在这一时间点上的性质、特点等，或者探讨这一时间点上不同变量之间的各种关系的研究类型。例如，民意测验、全国人口普查等都是横向研究的典型例子。新冠肺炎疫情期间，各类学校实施网上授课，某高校教务处为了清楚地了解学生对网上授课方式的认知、对授课软件的态度及教学效果，向全校同学展开问卷调查，这些研究基本也都是横向研究。

横向研究是社会研究中最常用的一种类型，特别是各种探索性研究和描述性研究，基本上都采用横向研究。在横向研究中，多采用统计调查的方法收集资料，这样得到的资料样本量较大，资料的格式比较统一且来源于同一时间，可对各种类型的研究对象进行描述和比较。

需要说明的是，我们强调横向研究在一个“时间点”上实施，这个“时间点”并非指一天，更不是一分一秒，而是相对比较短的一段（连续的）时间，如一个星期、一个月或三个月等相对较短的时间。众所周知，第七次全国人口普查的截止时间是 2020 年 11 月 1 日零点。人口普查精确到分和秒，这与人口在时间上连续变动的特点有关。其他横向研究对时间点没有如此高的要求。

二、纵贯研究

当研究需要在若干个不同的时间点上收集资料，用以描述现象的发展变化以及解释不同现象前后之间的联系时，该研究则为纵贯研究（longitudinal studies）。纵贯研究包括趋势研究、同期群研究和定组研究。

（一）趋势研究

趋势研究的目的是通过对一般总体在不同时期的态度、行为或状况进行比较，发现和揭示社会现象的变化趋势和规律。对某一总体的趋势研究，即利用对这一总体所进行的若干次横向研究的结果，分析其发展变化规律的研究。

需要注意的是，在不同时间点上所进行的若干次横向研究必须具有同样的研究内容，采用同样的测量方法。如自 1997 年起，CNNIC 开始对中国网民网上行为进行调查和分析，每年发布两次调查报告（分别在 1 月和 7 月），截至目前已经发布 47 次。若将每次发布的同一变量进行比较，就可得到该变量所体现的趋势变化。如 2013 年 12 月时，中国网民规模为 61 758 万人，到 2020 年 3 月，这一规模已经上升到 90 359 万人。再如，图 1-2 形象地说明互联网在中国农村一路走高的发展趋势，网络扶贫效果明显。

图 1-2　中国城乡网民增长趋势

2020 年初，受新冠肺炎疫情影响，中国在线教育需求迅速增高，而在线旅游订户规模平滑中尖峰跌落趋势十分明显，如图 1-3 和图 1-4 所示。趋势图十分形象地说明了趋势的变化。

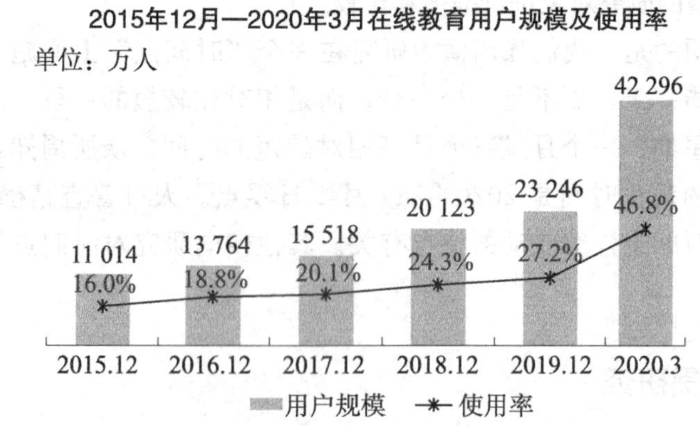

图 1-3 中国在线教育用户规模增长趋势

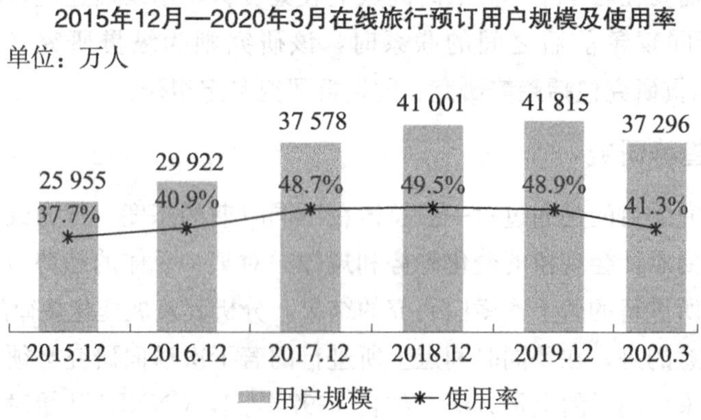

图 1-4 中国在线旅行订户下滑明显

（二）同期群研究

同期群研究（cohort studies），又称人口特征组研究或世代研究，指对某一特殊人群随时间推移而发生的变化的研究。最典型的人群是年龄群。这种研究中，每次的样本可以不相同，即每次研究的对象可以不一样，但他们必须同属于一个特殊的人群。例如，在中国，“老三届”学生（即于 1966 年、1967 年、1968 年初中或高中毕业的学生）为一特殊人群。如果要研究“老三届”随着时间推移价值观的变化，在研究设计中，就要考虑每隔 10 年（或 5 年、8 年甚至更长）对他们进行一次价值观问卷调查。假如这项研究起始时间是 1990 年，每隔 10 年进行一次问卷调查的话，分别研究他们在 1990 年、2000 年、2010 年、2020 年的价值观情况，就可以反映出这一特殊人群在我国几个特定历史时期的价值观所发生的变化。

当开始这项研究时，即 1990 年，这个群体的年龄是 39～43 岁，这时，在 39～43 岁的人群中进行抽样，得到的样本就是“老三届”的一员；当 2000 年再次进行调查时，这个群体的年龄为 49～53 岁，那么在这个年龄段中抽样，得到的样本也是“老三届”的一员。以此类推，2010 年在 59～63 岁的人群中抽样；2020 年在 69～73 岁的人群中抽样。尽管每次抽取的样本不是同一组人，但是他们都属于“老三届”群体。

美国社会学家曾做过一项关于出生在20世纪30年代初大萧条时期的人的经济态度的研究。基本方式是每隔10年进行一次全国性研究。1950年，从20～25岁的人中抽取样本；1960年，从30～35岁的人中抽取……虽然三次研究抽取的样本不同，但都代表了出生在1930—1935年的那一代人。①

对于类似的研究，如对中国独生子女这一较为特殊的群体的研究，还有近年来对Z世代（1995年之后出生的人）的研究，读者可以自行思考如何进行研究设计。

（三）定组研究

定组研究（pannel studies），又称同组研究或追踪研究，指对同一组人随时间推移而发生的变化的研究。定组研究与人口特征组研究相似，区别在于每次研究都使用同一个样本。定组研究的目的主要是探讨人们的行为、态度或意向的改变和变化过程，分析影响这种改变的各种因素。

进行定组研究所面临的困难是每次都要使用同一样本，但随着时间推移，样本发生各种变化是难以预料的，所以，最大的困难是在第二次、第三次到第 n 次的研究中，无法找到与首次研究相同的样本。例如，某个研究主题是同一批人在结婚前后、有子女前后其社会参与的变化，或对某网站改版前后同一组网民的偏爱程度的变化的研究，还有对参与某种减肥运动前后同一组参与者体重变化的研究，这些研究均属于定组研究。比较典型的定组研究，是人们熟知的收视率调查。对收视率调查而言，维护和更新样本库是必要的。

定组研究的优点是可以描述事物变化的过程，便于探寻不同现象之间的因果关系。这一点比横向研究优越，然而，定组研究的经费比较高昂，所花费的时间也比较长。

三、有关时间维度研究设计的案例

有时候，一项研究需要通过在多个时间点上收集相关资料才能完成，即采用纵贯研究设计完成该研究。然而，由于研究者和研究的具体情境尚不能满足纵贯研究的条件，因此可以巧妙地创新研究设计，化解研究条件不允许的困境。下面以阿列克斯·英克尔斯（Alex Inkeles）的一项实地研究设计作为案例②，从中体悟和学习作者的思维（见图1-5）。

---

① 巴比．社会研究方法［M］．李银河，编译．成都：四川人民出版社，1987：75.

② 英克尔斯，等．从传统人到现代人：六个发展中国家中的个人变化［M］．顾昕，译．北京：中国人民大学出版社，1992：244，250-253.

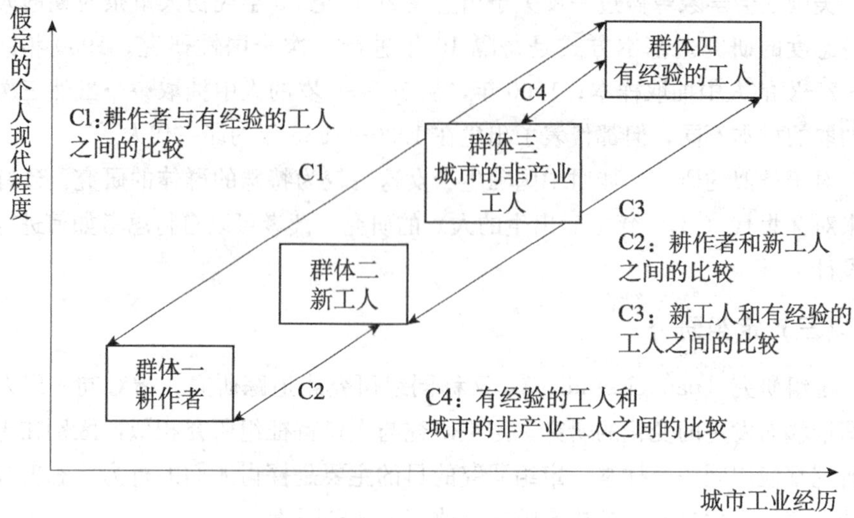

图 1-5 研究设计图示

（一）研究主题和研究思路

这一研究主要关注的议题是工厂可以作为使人观念现代化的有效影响因素。换句话说，“工厂可以促进人的观念变得现代化”。按照这个思路，进入工厂的工人，是研究者的研究对象。在研究起始阶段，研究者的思路是寻找设在农村地区的新工厂，这些工厂会从附近的村庄招募工人。这样的工厂能够提供一种自然的实验环境，非常符合这项科学研究的目的。

研究者这样构想他们的研究“蓝图”：我们可以住进这些村庄，研究那些还没有进入工厂的人。几年以后，我们再回过头来重新考察他们。如果在第一次测量和第二次测量之间，那些在工厂工作的人变得更加现代，那么我们就可以断言，正是工厂的经历使他们发生了如此变化。当然，如果我们发现那些继续从事更传统工作的人在第二次测量之后没有变得更加现代，那么，我们就可以更坚信这一结论的正确性。

然而，这种单纯的自然实验法固然很有吸引力，但是却不能为研究设计提供一个现实的、具有可操作性的基础。首先，寻找新设立的工厂，尤其是设立在农村地区的工厂，仅这一项看起来就很冒险。这意味着研究者将陷入一些特殊的样本而不是一般的工厂，因为大多数工厂都设立在城市或郊区。其次，几年后，研究者重返原来的研究地点所必需的条件，就向研究者提出了一个更为沉重的后勤（保障）问题。

从研究设计的时间维度看，这项研究起初是一项纵贯研究，但在这个非常严格的纵贯研究中，必须在两个不同的时间点上测量相同的人，而这一点成为在实际中较难操作的问题。

（二）解决方法操作的困难

当研究者面临这个困境时，即没有办法对同一个人在进入工厂之前和在工厂工作一段时间之后的状态进行比较时，那么，便可以用替代方法，即比较这样两个人——他们所有其他的特征大致是相似的，只是其中一位比另一位有更多的工厂经历。

具体来看，这项研究是要测量两个极端的人群：一个是仍然生活在传统乡村中、以务农为生的耕种者群体；另一个是来自同一乡村的人群，他们移居城市，在工厂工作了三年或更长时间。与此同时，他们留在乡村中的同代人仍继续在农田耕作。因此，这些耕作者（群体一）和那些长期在工厂工作的人（群体四）之间的比较，则构成了研究设计的最基本要素。

这样的比较即图中的C1，其含义为耕作者与有经验的工人之间的比较。

这两个群体在性别、年龄、教育、宗教、种族以及类似的特征方面都是相似的。研究者假定这两个人群在现代性平均分值上的差异，来源于工厂经历及与工厂工作有关的其他经历。

至此，似乎已经脱离了研究初期所面临的困境。进一步思考则会发现，这样的研究设计仍然面临强有力的挑战，即研究者怎么能够确定那些观察到的差异是因为工厂工作的影响而产生，而不是因为在招募农民为工业劳动力时就已经根据他们的心理特征进行了选择，从而使他们有了差异呢?

研究者把个人现代性定义为如下一些素质：乐于接受新的经验，面向未来的趋向，强调计划，个人效能感以及类似的其他素质。显然，这些个人素质可能导致一个人离开传统农村，到新兴工业城市的新生活中作为一个产业工人去寻求他的幸福。因此，从乡村迁移到城市是对个人的一种高度挑战。

为了迎接上述挑战，研究者经过审慎思考，设置了两条保卫线，它们决定着取样程序的基本方式。①

1. 第一条保卫线

设置第一条保卫线的目的，是检验一个广为人知的假设的真实性，即心理因素决定了一个人是否会离开农村进入工厂。具体操作方法是将刚刚进入工厂的近期迁移者作为样本。如果这些新工人并不比仍在农村工作的他们的伙伴们更加现代化，那么，就难以用心理因素的差异性来解释在耕作者与有工厂经历的个人之间观察到的任何差异。

这一比较即为图1-5中的C2，其含义为耕作者和新工人之间的比较。

2. 第二条保卫线

设置第一条保卫线后，便可以承认新招募的工人确实可能会比留在乡村里工作的那些人更加现代。然而，工厂仍可被认为是非常有效的训练场所。这种结论，可由新工人和有经验的工人之间的比较来证明。

这样的话，就需要调查样本的群体二，即新工人。这时，研究者规定，群

① 风笑天．英克尔斯“现代人研究”的方法论启示［J］．中国社会科学，2004（1）：66-77.

体二是指在工厂工作三个月以内的人，且同那些耕作者和有经验的工人具有大致相同的年龄、宗教、种族和教育程度。这一阶段所做的比较即为C3：新工人和有经验的工人之间的比较。

研究设计如图1-5所示，形状类似阶梯，代表着相当于纵贯研究的设计。假设人们离开乡村进入工厂并不是因为他们已经是心理上的现代人，而是因为农村地区的某些客观因素，特别是经济的需要，迫使他们离乡进城。那么，现代性量表就应把新工人放在略高于耕作者的位置上。在这张图中，工厂作为现代化的影响因素被假定是实实在在的，它的效力年复一年地增加。

到此，似乎所有的问题都得到了解决。然而，仔细思考，以上研究设计还存在着一个非常大的弱点，即没有排除城市生活方式的影响。

3. 避免城市生活影响的设计

由于大多数工厂都设在大城市中或邻近大城市，因而研究这样的工厂中的工人显然是最实际的。但是，从农村到工厂工作的人同时也就成为城市居民，并经历着假设的城市现代化的影响。就此而言，怎么能确定现代化的学校是工厂而不是城市呢？研究者必须考虑的事实是，工厂的工人在大多数情况下，也是城市居民。

为了把工厂工作的影响同与此相伴的城市经历分开，研究者选择了另一个样本群体：城市中的非产业工人，这些人经历过城市生活，但没有获得假设中在工厂或其他规模较大的组织中工作的好处。此外，他们在其他方面和工人与农民完全相同。他们是从街头小贩、报摊小摊贩、三轮车夫、小旅店以及小饭馆中的伙计这样一些职业群体中抽取的。如果工人被证明比田间耕作的农民更加现代化，但城市中的非产业工人并不如此，研究者就可以说，使得个人向更加现代的态度转变的主要因素，是工厂工作而不是单独的城市生活经历。这一比较即为C4，其含义为有经验的工人和城市非产业工人之间的比较。

经过上述一系列实际操作，一个本该使用纵贯研究的议题转化成了横向的研究，从而得以完成。

第四节　社会科学研究中的研究设计

正如学者们所指出的，实施一项严格的经验研究，需要的条件相当多且不易达到。不过，作为学习者，我们首先按照原初的要求进行了解，然后，对混合研究的研究设计进行对比，以便理解和掌握其中的要点。

一、研究设计的一般步骤

进行一项实证取向的经验研究，其研究设计所要求的一般步骤大致包括以下七个方面：第一，选题；第二，文献查询；第三，选择研究方法和抽样；第四，测量及操作化；第五，收集资料；第六，分析资料；第七，报告研究结果。

图1-6展示了一项研究从开始到结束的全部过程，与图1-1所示的“科学环”相似。不同的是，图1-6的流程图强调了进行一项研究需遵循的步骤；而“科学环”的图展示了社会科学研究所具有的循序渐进、螺旋式发展的过程。

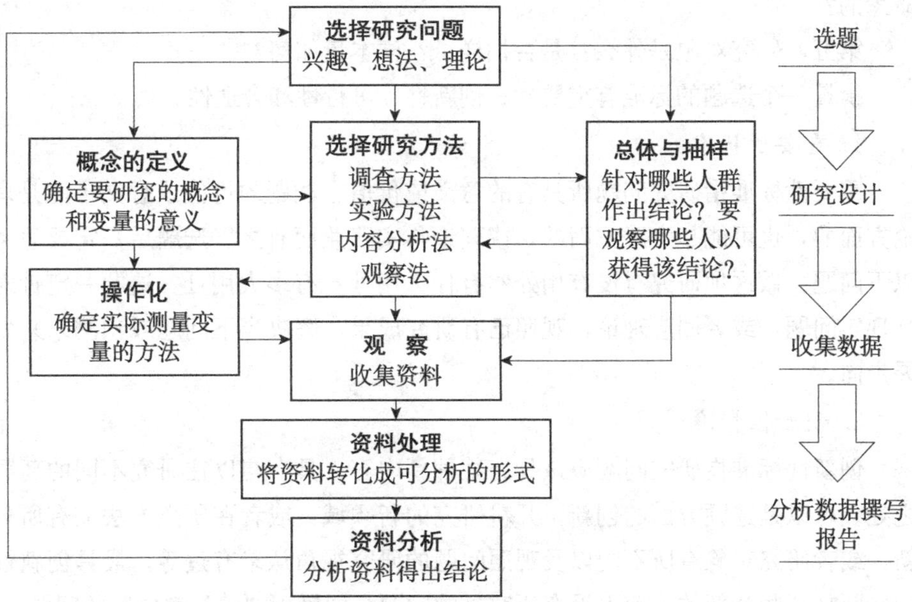

图1-6　研究设计的步骤流程图

图1-6展示的步骤可以看成由四个阶段构成，即选题、研究设计、收集数据和分析数据撰写报告。由于研究设计、收集数据和分析数据撰写报告三部分，分别对应着本教材的相应章节，所以在此着重叙述选题部分。选题是研究的开始，选题的难度有时甚至超过研究本身，下面将重点说明如何选题以及选题时应思考的四个标准。

（一）选择研究问题

进行任何一项研究，首先面临的就是选择研究题目，选题的重要性有时甚至超过研究本身。如爱因斯坦所言：提出一个问题往往比解决一个问题更加重要，解决一个问题也许仅仅是数学上或实验上的技术而已，而提出新的问题，要从新的角度去看旧问题，却需要有创造性的想象力，而且标志着科学的真正进步。

研究问题多源自研究者的观察、思考和查阅文献中的联想和观点。观察、思考就是观察社会现实问题，观察重大的、具有社会现实意义的议题，思考进行研究的价值和可行性。选题过程往往与文献查询相依相伴。例如针对“为什么网络谣言更易为人们所采信？”“为什么青年人易感焦虑？”等问题，若要进一步细化研究问题，便需要结合文献查询不断聚焦。文献查询可以帮助研究者澄清以下这样几个问题。

第一，该议题已被研究到何种程度？

第二，已有文献从哪些方面对该议题进行了研究？得出了什么结论？使用了什么研究方法？

第三，哪些相关问题没有被涉及？为什么？

第四，如果是实证取向的经验研究，偏重量化研究，研究是如何测量关键概念的？

第五，研究对象是什么？是否抽样了？样本量如何？

衡量一个选题的标准有重要性、创新性、可行性和合适性。

1. 重要性标准

重要性标准指研究问题所具有的意义或价值。选题的价值或意义可能是理论方面的，也可能是实践方面的，或理论与实践兼而有之。选题后一定要思考以下问题：做这项研究有没有用处？有什么用处？有多大用处？选题一定针对某现实问题，或者回应理论，观照已有研究成果，解决当下问题或预测未来发展走向。

2. 创新性标准

创新性标准指研究问题应该具有某种新内容，具有与以往研究不同的新颖之处。可以是选题方面的创新，开耕研究的新领域，或者在研究方法上有所创新，或者研究对象有所不同以及观照问题的研究视角从未有过等。最具创新性的选题是那些全新的、前人没有研究过的问题，即属于“填补空白”的问题。

3. 可行性标准

可行性标准指研究者是否具备进行或完成某一项研究课题所需要的主客观条件。一般而言，一项研究的主观条件指研究者自身具有的研究能力、团队合作或管理能力以及驾驭整个研究的综合素质等；客观条件指进行一项研究时，研究者所受到来自外在环境或条件的限制，如研究经费是否充裕、研究时间足够与否、可利用资源的多寡等。

4. 合适性标准

合适性标准指所选择的研究问题是否适合研究者的个人特点。主要包括研究者对该研究问题的兴趣、研究者对以往研究问题相关的社会生活领域的熟悉程度、研究者与所研究的对象之间的相似程度，以及研究者所拥有的各种资源、条件与该研究问题的要求相符合的程度等。

（二）研究设计

研究设计包括针对研究选题，全面衡量研究者拥有的各种资源之后确定的研究方案所包括的全部内容。针对一项研究议题，研究者应考虑研究的主要问题和主要概念，确定采用哪几种研究方法和研究对象，是否需要抽样等。从表面上看，研究设计应在开展一项研究之前拟定，却要求研究者对整个研究有全面的洞悉和把握，包括如何测量变量、使用的度量等级、结果呈现出的概念或变量之间的关系、研究资料的获取方式和来源等，研究设计是对研究综合考虑的结果。经验性的实证研究也是如此。

（三）收集数据

收集数据，包括收集数据的方法和获得数据的来源。数据分为直接获得的一手数据和间接获得的二手数据。一手数据的获取主要依靠研究者选择适合研究主题的数据收集方法，例如问卷调查、实验、观察、内容分析、数据挖掘等。二手数据的获取则需要寻求与研究议题相关的其他来源的优质数据，例如中国互联网络信息中心每年发布两次的年度报告，国家统计局发布的调查数据以及各研究机构发布的调查数据等。

（四）分析数据撰写报告

当完成数据收集之后，便需要运用各种方法分析数据，并在此基础上报告研究发现和结论。由于收集的数据性质可能不同，有的以量化数据为主，有的是访谈、观察数据，因此分析的方法也有所不同。研究目的不同，撰写研究报告的方式也各个有别。针对选择的研究题目，完整介绍研究过程和研究发现及对研究结论的讨论，是撰写研究报告的基本要求。

实证取向的经验研究有相对固定和明确的步骤，诠释取向的经验研究通常以经验观察开始，进入实地且以研究者与研究对象间的互动理解达成对意义的建构和诠释。它是自下而上的研究策略，使用“扎根理论”进行经验概括。它不仅没有相对固定的研究步骤，在研究过程中研究者还可根据具体情境调整研究策略，甚至“随机应变”。

二、混合研究设计类型

近年来，混合研究进入了研究者的视野。混合研究强调多元方法路径，试图达成以下目的。

第一，三角测量，即寻求研究结果的聚合；

第二，补充，即检验某一现象的相同方面和不同方面；

第三，创造，即发现一些悖论、矛盾和新视角；

第四，推进，即依次使用不同的方法，在第一种方法得出结果后，据此接着使用第二种方法；

第五，扩展，即采用混合方法，扩大某一项目的广度和范围。

下面介绍几种混合方法的研究设计类型。[①]

---

① 塔沙克里，特德莱．混合方法论：定性方法和定量方法的结合［M］．唐海华，译．重庆：重庆大学出版社，2010：41－42.

(一) 同等地位设计

同等地位设计（equivalent design）包括顺序（量化/质性和质性/量化）设计以及平行/共时（量化＋质性和质性＋量化）设计。在同等地位混合方法设计中，研究者将平等地使用质性、量化方法来理解所研究的现象。

研究1

学者米克斯（Meekers）在对津巴布韦修纳人“婚姻模式”的研究中，使用了同等地位设计。其中的质性资料收集是将先前的研究者所做的民族志研究包含在内，形成了对这个群体内部的联姻类型的界定；量化资料收集使用了乌德里（Udry）等人提出的事件史研究方法。具体过程是：研究者使用一块有许多插条的金属板，插条代表着婚姻过程中所发生的事件，要求受访者拔掉他们没有经历过的事件所对应的插条，并将剩下的插条按发生顺序排列，然后一一描述真实发生过的事件，这些描述被记录在问卷之中。

通过将事件史研究的受访者归入民族志研究所发现的不同类型，米克斯将民族志的研究结果与事件史研究的结果融合在一起。这些类型包括婚姻的类型、婚姻形成中的家族干预、家族对夫妻行为的控制。

婚姻的类型可通过观察每一类型中受访者的受教育程度、居住地和年龄的比例来进行分析；家族干预由在每一婚姻类型中，经历过多次家族干预事件的受访者比例表示；家族对夫妻行为的控制由任何一种明确的家族干预事件之前已经发生的初次性行为的受访者比例界定。米克斯的研究印证了民族志研究的发现，表明年轻的修纳人夫妻已经开始摆脱传统的婚姻形式。但是，传统习惯并没有完全被忽视。在家族对夫妻行为的控制的问题上，该项研究发现家族很难对初次性行为和怀孕进行控制。但是，家族对同居仍有一定程度的控制。

(二) 顺序混合方法设计

在顺序混合方法的研究设计中，研究者先进行质性研究，然后再进行量化研究，或者相反。这是比较明显的“两阶段研究设计”。在这种研究设计中，研究者首先对某一相对研究不足的主题开展质性的资料收集和分析，然后根据结果设计量化研究的步骤。例如上例中米克斯的研究就被视为这种顺序（量化研究被设计为用来确认或复查其他研究者所做的质性研究的结果）的准案例。

质性-量化顺序混合方法设计是一种较为常见的类型，因为大多数问卷调查中，封闭式问题往往是在分析了探索性的质性访谈或口述资料后提出的。下面是学者詹姆斯·凯瑞（James Carey）对另一位学者威廉·德雷斯勒（William Dressler）研究的总结。①

研究2

德雷斯勒的研究说明严格标准化的质性研究方法和量化研究方法是可以结合在一起的。在研究中德雷斯勒关心经济状况、生活方式、家庭人口因素及来自家庭、朋友和社区的社会援助资料等，是如何影响美国南部某社区的非裔美国人群体的消沉情绪的，以及它们相互之间有哪些复杂关系。德雷斯勒使用开放的民族志访谈收集资料，获得有关社区对该群体的压力和他们对其他社会状况认知的信息。在第一步结果的导引下，德雷斯勒设计了结构化的量化问卷。在做完问卷调查之后，他又开展了第二轮质性访谈，获取该群体生活史和叙述性的案例，以便为问卷分析结果提供某种阐释性的场景。这些不同类型的资料使得德雷斯勒可以建立多种量化量表，采用回归分析等相关统计方法，并为研究提供了8个详细的描述性案例研究。所有这些方法和不同类型的资料都被用来回答德雷斯勒提出的问题——社会环境是如何影响社区的消沉情绪的。

德雷斯勒将民族志案例研究视为一种同时用来“确定研究资料的统计分析中所观察到的东西，提出新的研究途径，并洞察非裔美国人社区居民中间关于压力之话语”的方法。

顺序混合方法设计中使用质性方法和量化方法收集资料，或依次使用归纳逻辑与演绎逻辑的过程，即不断重复“科学环”中的两种逻辑推理方式，在螺旋式上升中不断接近现象的本质。“两阶段设计”是顺序混合方法设计中最简单的一种。

1. 主次混合方法设计

主次混合方法设计（dominant-less dominant design）强调顺序（质性为主/量化为次，量化为主/质性为次）设计和平行/共时（质性为主＋量化为次，量化为主＋质性为次）设计。

主次混合方法设计中，有一种主导的范式及方法，但是在整个研究中仍然有一部分研究内容采用了另一种研究设计。众所周知，实验法是实证研究范式支配的，质性研究如访谈、观察主要用于人类学研究。如果在实验社会心理学

① 塔沙克里，特德莱．混合方法论：定性方法和定量方法的结合［M］．唐海华，译．重庆：重庆大学出版社，2010：45.

研究中，采用一种非正式的、较松散的“实验后的访谈”，检测受访者对主要假说的理解，收集对该项研究的主观反应资料，这些资料有可能会影响该项研究的结果。对研究者而言，实验研究的这些组成部分，其重要性与假设—演绎所驱动的方法（hypothetic-deductive-driven approach）不可相提并论。

研究 3

比布·拉坦纳（Bibb Latane）和同事设计了一系列实验，研究所谓“旁观者介入”现象。这个研究源于一个广受关注的案例——一个年轻的妇女遭到谋杀，而她的 38 个邻居却袖手旁观、无动于衷。这是一个传统的量化研究加后续延续主次混合研究的设计。①

研究者提出了一种理论，预测“旁观者”数量越多，受害人得到帮助的可能性就越小。他们的推论是，不介入行为是一种从众性行为：个人是根据观察他人所得到的提示来对受害人的危难做出反应的；如果其他人都不提供帮助，这就会使个人将不介入理解为妥善的行为。

在实验中，拉坦纳和朱迪思·罗丁（Judith Rodin）设计了一个“遇险女性”的情境：一名女性实验者在一个打开的卷帘后假装发生了“事故”，被试者不能看见但能听见发生“事故”的这名女性爬椅子、摔倒、求救的过程，但他们听的实际是一盒录音带。实验设计了两种情形：一种是被试者是唯一的他人，另一种是研究者助手扮演的故意对“受害人”无动于衷的“配角”。结果表明，在“单独”的情境中，70%的被试者对“遇险女性”做出了反应，而在有“配角”的情境中，只有 20%的被试者伸出了援手。

克雷斯威尔补充了这一案例，在检验某一理论的过程中进行了一项实验（量化研究为主），而在资料收集过程中，又进行了一个简短的质性访谈（质性研究为次），即研究者对被试者关于“遇险女性”的情感反应进行简短的开放式访谈，这就是一个“量化为主+质性研究为次”的设计。尽管访谈获得的信息十分有用，但在整理理论驱使下的实验设计中它仍只是一个小的组成部分。克雷斯威尔指出，这种方法的优点在于它“提出了一个连贯的范式景象……同时又收集了有限的信息来详细地深掘所研究的某个方面”。

2. 平行/共时混合方法设计

在平行/共时混合方法设计中，研究者要同时采用质性方法和量化方法收

---

① 塔沙克里，特德莱. 混合方法论：定性方法和定量方法的结合［M］. 唐海华，译. 重庆：重庆大学出版社，2010：32.

集资料，并且以二者互补的方式对资料进行分析。

研究4

学者伊丽莎白·廷伯莱克（Elizabeth Timberlake）有一项关于无家可归儿童的研究。① 这项研究同时采用了质性路径和量化路径收集资料和分析资料。该研究的量化部分，建立在关于自我概念对适应能力的作用的既有理论之上（演绎逻辑），但它同时也是开放的，可以发展出关于自我概念对那些无家可归儿童的影响的新理论（归纳逻辑）。研究的主要目的，是力图发现“无家可归的情境对每个儿童的个人意义”。

研究者对无家可归的儿童以及他们的母亲进行了访谈，同时要求他们的教师完成一份调查问卷，由此完成资料的收集。教师调查问卷还包括此前已验证过的清单——“心理功能清单”（psychological functioning inventory），用来测量儿童的适应能力。

研究者同时采用了两种方法进行资料分析。量化分析包括对统计指标的计算，测量适应良好的儿童和其他儿童的显著性水平。质性分析根据儿童对无家可归情境的理解，建立一个3×2的网格。其中一个维度是将“需要关注的实质问题”（substantive preoccupation）分成三个层次：分离/失散、看管/养育、安全/保护。另一个维度描述了两个层次的行为取向：被动抱怨与恢复。同时，还根据儿童的说法识别出了适应无家可归之情境的三种模式，每一种模式又包含一些亚类型。根据教师的回答则区分出成功和不成功的学生。最后，根据适应能力指标的数值对二者进行比较研究。

3. 多层次路径研究

多层次路径研究，指在研究中从多个层次的组织或群体获取资料，以便获得关于行为或事件的更加具有综合性的结论。如任皓等人以我国东部沿海某省某国有企业在10个城市基层车间的工作团队为调查对象，对团队领导和成员采用不同的施测问卷——领导问卷包括心理资本量表、成员问卷包括心理资本和组织公民行为量表，研究工作团队领导的心理资本（在研究中，以人的积极心理力量——自我效能、乐观主义、希望和韧性等四种能力为基础建构出的概念，是超越了经济资本、社会资本和人力资本的一种核心心理要素）对成员组

① 塔沙克里，特德莱．混合方法论：定性方法和定量方法的结合［M］．唐海华，译，重庆：重庆大学出版社，2010：47.

织公民行为的影响机制。在这项研究中，研究者并非将员工层次上的变量“求平均”以获得团队层次上的资料，相反，研究者使用复杂模型同时分析员工层次的资料和领导层次的资料（即跨层次中介效应低层中介变量模型，cross-level mediation-lower mediator）。①

在研究中，也可以在一个层次上运用量化方法收集资料，而在另一个层次上运用质性方法收集资料。例如，在一项关于高校网课的实施效果研究中，可以对三所高校中的 1 500 名学生展开调查，同时针对这三所高校的教务处负责人进行详细访谈，并广泛观察三所高校学生在网课上听课、发言和参与教师课堂知识互动等的详细情况。学校层次上的质性资料可以使学生层次上的资料更有意义，更易于理解，反之亦然。这两种路径可以同时使用，也可以依次使用。

【延伸阅读】

1. 塔沙克里，特德莱. 混合方法论：定性方法和定量方法的结合 [M]. 唐海华，译. 重庆：重庆大学出版社，2010.

2. 克雷斯威尔. 质性研究技能三十项 [M]. 王锡苓，译. 上海：格致出版社，2018.

3. 陈向明. 质的研究方法与社会科学研究 [M]. 北京：教育科学出版社，2000.

4. 叶启政. 实证的迷思：重估社会科学经验研究 [M]. 北京：生活·读书·新知三联书店，2018.

【思考题】

1. 假设要进行一项关注“Z 世代”（1995 年之后出生的人）幸福观的研究，请思考如何进行研究设计。

2. 在选题过程中，文献综述所起的作用有哪些?

3. 请查询使用混合研究方法进行研究的案例，思考研究者是如何进行研究设计的。

① 任皓，等. 工作团队领导心理资本对成员组织公民行为的影响机制：多层次模型 [J]. 心理学报，2013，45 (1)：82-93.

第2章 测量和量表

在一项量化研究中，首要的任务是将研究的概念操作化，使其衍变为可进行经验观察的变量，这一过程就是测量（measurement）。操作化后的概念，就是变量。

第一节 变量的测量

一、测量变量的概念

变量是量化研究的核心元素，量化研究操作的是变量，是可以被经验感知的。变量由对概念的界定和具体化转化而来，它是分析单位所具有的属性或特征。例如，学生的“外语能力”（研究变量），可以用外语考试分数来反映，即外语考试分数是外语能力的测量指标。在具体研究中，每个变量都有特定的测量指标，研究变量“是通过对概念的定义和一个或一组有效的测量指标而构成的”。

（一）变量的分类

从不同角度来看，变量可以分为不同的类型。简单讲，变量可分为自变量、因变量和中介变量，也可以分为离散变量和连续变量。

自变量是引起其他变量变化的变量，自变量大多是人口统计学变量，如年龄、性别、文化程度、收入等。

因变量是因其他变量变化而变化的变量，如儿童的社会化，可能是其家庭教育、学校教育、同侪群体、网络信息等共同影响下的结果。

中介变量，意为既可为自变量又可为因变量的变量。如人们对网络谣言的识别能力，取决于一个人的媒介素养、生活常识等，其中个人的媒介素养在该研究中是自变量，但是它又受到个人的媒介接触程度、对媒介信息的识别能力、个人文化程度等因素的共同影响，在这种情况下则为因变量。

（二）变量的测量

测量是一个基本的科学活动，指人们通过观察社会现象、事件和过程而获得相关的知识。邓肯（Ducan）指出，测量的根基在于社会程序（social processes），这些程序以及对它们的测量实际上都先于科学，都是为了满足大众的需要。[①] 无

① 德威利斯．量表编制：理论与应用［M］．魏勇刚，龙长权，译．重庆：重庆大学出版社，2004：5.

论最初的动机是什么，科学的每一个领域都发展了适合自身的一套测量程序。例如，物理学发展了特定的方法研究亚原子微粒，心理学发展了特定的方法测量人们的心理。

美国学者史蒂文斯（S. Smith Stevens）指出测量是“根据规则对事物和事件进行的数字分配”。邓肯认为，测量不仅仅是数字分类，还应包括遵循某一物体或事件的属性……或品质的不同程度进行的数字分配。① 从这个意义上，可以给测量下一个定义：在社会研究中，所谓测量，就是根据一定的规则（分派规则），将数字或符号分派于研究对象的特征（即研究变量）之上，从而使社会现象数量化。因此，变量的测量中包含三个元素，即研究变量、数字或符号、分派规则。人们在测量时会使用一定的数字或符号作为某一现象或事件特征的代表。符号是抽象的，它们不是现象或事件本身，仅仅表示现象或事件的特性，仅当人们给予这些符号以具体含义时，它们才会有意义。

确定分派数字的规则是测量中最基本、最困难的工作。所谓法则，就是操作的方法或索引，它指导研究者如何实施测量。例如，测量人们对政治的兴趣时，可以制定下述规则：依据每个人对政治兴趣的强弱程度分派数字 1 至 5，政治兴趣最强的人分派数字 5，政治兴趣最弱的人分派数字 1，介于两者之间的人可依据程度不同分派数字 2、3、4。

分派规则的有效性取决于所观测变量的特点。有些变量易于测量，例如年龄、收入等，较易制定分派规则。有些变量较难测量，如人的态度、偏好等，一般不易制定分派规则。还有很多抽象概念，更是不能直接被观察的，需要从多个维度进行间接测量，这时便需要制定更为复杂的分派规则。

（三）测量的标准

在社会研究中，对研究概念进行测量，即将概念操作化为变量，测量必须具备准确性、完备性和互斥性。②

准确性指分派规则的数字或符号能真实、可靠、有效地反映被调查者在属性和特征上的差异。例如，在外语考试中，A 同学 80 分，B 同学 60 分，这两个分数能否真实反映两人在外语能力上的差异，取决于试题和判分标准的准确性。如果真实状态与符号系统在结构上具有一致性，那么两者就具有同构性，同构性越高，所观测的资料就越准确、越有效。这反映了科学在解决“思维与存在的关系”时所采取的一种策略。

完备性指分派规则必须能包含研究变量的各种状态或变异。在问卷设计中，当测量面临完备性挑战时，常常会使用“其他”来作为替代性工具。然而，这种情况一定要保证所有重要的属性都已经被充分挖掘出来，“其他”中

---

① 德威利斯．量表编制：理论与应用［M］．魏勇刚，龙长权，译．重庆：重庆大学出版社，2004：7.

② 袁方，王汉生．社会研究方法教程［M］．北京：北京大学出版社，1997：124.

只包含了对测量该概念而言不重要的属性。

互斥性指一个观测对象（或分析单位）的属性或特征都能以一个而且只能以一个数字或符号来表示，即研究变量的取值必须是互不相容的。互斥在数学上可以用“有且只有一个属性来对应”的数学话语来表达。

测量的主要作用是做出准确分类，便于比较被调查者的各种差异。这些差异有些是用类别和等级区分的，如学生品质的好坏、素质高低、政治身份等；有些是用数量区分的，如学生消费水平、学习成绩，每天的学习时间、文体活动时间等。

被调查者的差异都是由一定原因造成的，通过对差异的比较和分析，就能找出现象之间的因果联系。选择何种差异进行测量，取决于我们对现象本身属性的认识。科学的分析首先是抓住事物的本质，这样才能深入研究事物深层的、普遍的规律和关系。

测量或数量方法虽然能获得更客观、更精确的资料，但若使用不当也有可能导致研究失败。尤其在研究个人心理或态度特征时，如果片面强调以数量作为区分某种特征的差异的手段，常常会导致错误的结论。

二、测量变量的层次

针对不同的变量需要使用不同的测量尺度，如使用米尺测量身高，使用磅秤测量体重等。1951 年，史蒂文斯创立了被广泛采用的测量层次分类法，将测量自低至高依次分为定类测量、定序测量、定距测量和定比测量。

（一）定类测量

定类测量（nominal measurement）在本质上是一种分类体系，即对被调查者的不同属性或特征加以区分，标以不同的符号，确定其类别。这些符号并无数学上的计算意义，只是一个标记。定类测量要满足准确、互斥和穷尽的要求。

如性别是一个比较典型的定类测量的变量，它只有两个取值——“男”或“女”，可以分别用 1 和 2 或 0 和 1 表示。再如当调查人们经常收看的电视节目时，按照电视节目的属性，其取值可能有“国内新闻”“国际新闻”“电视剧”“娱乐节目”等，需要根据调查目的（或预先进行访谈），列出最主要的属性特征。

由于定类测量仅作为分类系统，因而在统计分析上，只能进行频数分析及两个定类测量变量之间的交互分析等。

（二）定序测量

定序测量（ordinal measurement），指按照某种逻辑顺序将被调查者排列出高低、大小、强弱等级或次序。定序测量不仅可将事物区分为不同的类别，还能反映事物或现象的等级或次序上的差异，或者说定序测量可以按某种特征或标准将被调查者区分为强度、程度或等级不同的序列。在数学上它能进行大于、小于等逻辑运算。

如国家统计局发布的国民收入统计数据，将人们的收入划分为“低收入”“中等收入”和“高收入”。人们对某个服装品牌的喜爱程度也可以用定序测量来度量。测量的问题是：“请问您对以下服装品牌的喜爱程度是怎样的?”给出的答案是：“第一喜爱”“第二喜欢”等或者“非常喜欢”“喜欢”“不喜欢”等。

定序测量的变量，除了在属性上具有分类性质外，还能按大小、高低、强弱排列，因此，在统计上，它们可以进行频数分析、交互分析，计算中位数、百分位数及秩相关系数。

（三）定距测量

定距测量（interval measurement），不仅能够将社会现象区分为不同的类别、不同的等级，还可以确定它们之间的间隔距离和数量差别。如对人的智商的测量，对大气温度的测量等，都是定距测量。需要注意一点，定距测量中的0是给定的，并无实际意义。如在1标准大气压下，水在某个温度会开始结冰，人们将这个结冰的温度定为0摄氏度，比它高，习惯上称零上温度，低于0，习惯上称零下温度。智商的0值也被认为是给定的值，读者可以自己思考。

因为定距层次的测量可以确定等级间的数量差别，因此，在数学上定距层次的变量可进行加、减运算。如甲、乙、丙、丁四名同学的智商分数分别是100、115、108和116，我们不仅可以将四名同学的智商分数排序，还能计算出丁的智商分数比乙的高1，丙的智商分数比甲的高8等。

再如按照顾客对服装品牌的喜爱程度给品牌排序时，除了可以排出先后次序外，还可以得到给某个品牌的打分：“非常喜欢”打5分，“比较喜欢”打4分，“一般”打3分，“不太喜欢”打2分，“不喜欢”打1分。这样不仅可以按照喜爱程度排序，还能测量出不同等级之间的数量差距。

因为这些性质，定距测量的变量在统计上适合除涉及比值计算（如求几何平均数）外的几乎所有统计方法。

（四）定比测量

定比测量（ratio measurement）的变量，除了具有上述三种测量的所有性质外，还具有一个绝对的零点（有实际意义的零点），如人们的收入、年龄、性别比、城市人口密度等。由于这个特点，定比测量的变量在数学上能进行加、减、乘、除等运算，适合所有的统计方法。

例如，测量人们的收入时，可以用直接询问的方式，并留出空白处供受访者填写，如：

“请问您的收入是多少？”________

再如，测量人们每天用在社交媒体上的时间，也可以使用定比测量：

“请问您每天用在社交媒体上的时间是多少分钟？”________

上述四个测量层次，较高层次的测量，具有较低层次测量的所有性质。如定序测量具有定类测量分类的性质，定距测量不仅具有分类的性质，还具有排序的特征。定比测量具有前三个层次的测量的所有性质。将四个测量层次的性质、适合的统计方法进行比较，如表2-1所示。

表2-1　　四个测量层次

测量层次	性质	一般例子	调查实例	允许的统计方法	
				描述性的	推断性的
定类测量	识别个体，给个体分类	编号、归类	性别、职业、节目类型	频数、众数	卡方、二项检验
定序测量	表示个体的相对位置，但不表示差值的大小	质量排序、名次	社会地位排序、喜好程度排序	频数、中位数	秩相关系数
定距测量	比较个体间的差别，零点是任意规定的	温度（摄氏度或华氏度）、智商	态度得分、满意度得分	极差、平均值、标准差	秩相关系数、t检验、方差分析、回归分析、因子分析
定比测量	固定零点，可比较测量值之间的比率	长度、高度、年龄	年龄、收入、价格	几乎所有的统计方法	所有的统计方法

最后，在实际操作时，要尽可能对社会现象进行高层次测量。凡是能够用定比测量或定距测量的，就一定不要只用定序测量甚至只用定类测量。因为高层次测量所包含的信息更多，且高层次测量的结果很容易转化为低层次的测量结果。反之则不然！

第二节　概念的操作化

要将概念用于量化研究中，首先必须对概念进行操作化。艾尔·巴比（Earl Babbie）对操作化的解释是：“操作化指详细的研究过程（操作），并最终用经验性的观察结果来解释现实中的概念。”①

概念的操作化有两个关键点：一是将理论概念衍化为在经验上可以观察的指标；二是合理抽样，使样本可以代表总体。经过操作化的概念便是可以直接观察、检验的指标。P. W. 布里奇曼（P. W. Bridgman）指出：“未经操作的确定，就不能清楚地知道概念的意义。只有通过操作才能把概念运用到某种具体状况之中。若一个概念被操作，或者说可以度量的话，那么，它就变成了变量。因此，操作定义实际上就是把定义具体化，把理论概念转变成变量，最后形成定义的一组具体指标。”

一、概念是如何形成的

在讨论概念操作化之前，我们首先讨论一下概念是如何形成的。

（一）概念的形成

概念是日常生活中通过感性认识和相互交流形成的。例如，“偏见”“同情心”“智力”等。以“偏见”为例，什么是“偏见”？偏见这个东西并不存在，我们既不知道它的形状、体积和颜色，也从未摸过它，但我们确实经常谈起它。比如那个人从不愿意雇用女性作为经理人，那是一个给黑人施以私刑的人……每当我们谈论这类人时，便要很啰唆地将他们的特征重复几遍，比如“这就是那个不愿雇用女性为经理人、给黑人施以私刑的人”。这样的表述十分啰唆，不利于人和人之间的交流。于是人们想到一个好主意：“用偏见来形容这种人吧。”所以说，归根结底，“偏见”只是人们相互约定的用于思想交流的一个用语，我们用它来代表与在现实生活中所观察到的行动明显相关联的现象的集合。

与“偏见”这一概念类似，概念是人们对许多现象的复杂而又具体的感受，并以一个名词对这些感受做出整体的、含混的概括。概念是思维的产物，它是抽象的，无法直接观察的，因为它原本就不存在。在日常交往中，人们大致了解这些概念指什么，但又不明确它们的含义，只根据自己的经验观察或经历来理解，因此，对同一个概念的理解是因人而异的。

（二）概念的界定

要对概念进行操作化，首先要对概念进行定义，即用抽象的定义将概念所指的现象与其他现象区分开来。有些概念的界定是将概念分解，即从不同角度或维度对概念所表示的现象进行分类。例如，“组织”这个概念，包含多个层面，诸如“经济组织”“政治组织”“社会组织”等，要根据研究目的将概念分解，聚焦其中的主要概念。

---

① 巴比．社会研究方法：第 8 版：上册［M］．邱泽奇，译．北京：华夏出版社，2000：179.

还有一些概念比较抽象，甚至高度抽象。应对高度抽象的概念进行逐步分解或降维，如“异化”，可先分解为“自我疏远”“孤立”“无权状态”“被剥夺”和“丧失意义”等概念，即将它降维，然后再对这些降维后的概念加以界定。

完成对概念的讨论之后，我们再对概念和变量进行一下辨析。经过严格界定的概念称为变量，变量具体指概念内涵的各种类型或各种状态，它们与各种实际存在的事物相对应，因此变量是可以被观察和度量的。

概念被转换为变量之后，就可以进入科学研究的领域。

二、操作定义

变量通常由抽象定义界定，但对变量的测量是出现在经验层次上的，要进行测量，就要把抽象定义转化为操作定义。

（一）操作定义的含义

最早提出操作定义的美国学者布里奇曼认为，一个概念不能用属性，只能用实际操作来界定，即以所能采用的测量它的操作方法来界定。给出操作定义的基本要求是提供观察或测量的标准，规定变量的操作程序，使抽象概念成为可观察和测量的变量。一个好的操作定义必须是可观测的、可重复的或者可以直接操作的。

例如，“青年”这一概念，其抽象定义为“身体发育成熟、体力和智力处于旺盛增长阶段的人们”，将对“青年”的研究重点放在其心理、身体状况、智力状况等方面。若要予以度量，则需要将抽象定义转换成操作定义，如可给出如下操作定义：

> 青年为14岁至28岁的（在心理、身体、智力等方面具有特定性质的）男女。

有了操作定义，就可以设置指标对青年进行观察和测量。

对概念（变量）进行具体度量的方案就被称为概念的操作定义。如“智力”的操作定义可以是“在智力测验的各个项目上的综合得分”。

（二）操作定义的功能

操作定义具有四方面的功能。①

（1）澄清概念在研究中所选用的意义；

（2）说明测量变量的操作方法；

（3）使一些陈述变量间关系的假说获得验证的机会；

① 袁方，王汉生．社会研究方法教程［M］．北京：北京大学出版社，1997：177．

（4）使今后同样的研究有所依据，以便比较彼此的结果。

确定操作定义时，要注意它应该能够包含抽象定义中的内容，否则，就会影响操作定义功能的发挥。同时还要注意明确概念的抽象定义，这是给出操作定义的前提条件。在对概念定义的认识还模糊不清的状况下时就草率确定操作定义，可能会使研究归于失败。

概念的操作化过程，是将概念一步步从抽象层次降维的过程，使概念具体化为可观测的事物。操作化是详细的研究过程（操作），并最终用经验性的观察结果来解释现实中的概念。

如“IMI消费行为与生活形态”测量中，为了测量不同消费者对广告的态度，需要对“广告态度”这一概念进行测量。关于生活形态的“广告态度”是一个比较抽象的概念，该如何测量呢？经过概念的操作化，可以得到如下指标：

（1）我觉得做过电视广告的商品更亲切；

（2）购买商品时，还是认为做过广告的品牌比较可靠；

（3）广告是可以依赖的；

（4）广告中的信息对我做购物决定起了很大的作用。

将上述每个指标都取值1、2、3、4、5，分别表示“很不同意”“比较不同意”“不清楚”“比较同意”和“很同意”。分值越高表示消费者越倾向于同意某个说法，反之，分值越低表示越倾向于不同意。根据实际测量的得分就可以得出该消费者对广告的态度。如此，抽象概念“广告态度”通过衍化成四个具体的指标而得到了测量。①

在传播学研究中，概念必须被定义，以便对研究对象的特征进行明确归类。同时，概念必须衍化为操作定义，才能从测量中得到经验数据。操作定义在理论的概念水平与经验的观察水平的鸿沟之间架起了一座桥梁。然而，概念定义与操作定义必须一致，即操作定义测量了研究真正想要测量的概念，研究结论才有效。评估二者的一致性非常重要，如果缺少一致性，研究便缺乏效度。

三、测量指标

确定了变量的操作定义后，就可以选择一定的测量指标和具体的问题项目实施测量。

（一）什么是指标

指标是反映社会现象变异特征的范畴。社会范畴是通过对现实生活中大量反复出现的社会现象的某种共同特征进行概括而形成的概念，而指标是对社会范畴变异方面的规定性的具体化。每一项指标都反映着某一特定的社会现象，对于不同的社会现象，可以用不同的指标来反映。

---

① 1998—1999 IMI消费行为与生活形态年鉴［M］．北京：中国物价出版社，1998：69.

指标是与现象的质的方面紧密联系着的，但它的建立又是为了考察现象的差异或变异。因此，指标是把现象的质的方面与量的方面密切地结合起来，以便精细描述社会现象的某一特征。①

测量时，首先要对指标进行分解。任何一个变量都有许多不同的指标，这是因为测量依据的事实可以不同。例如，测量被调查者的“年龄”是许多研究中都会涉及的，可以有以下几种测量方式：

(1) 请问您今年________周岁？或您是________年出生？

(2) 请在下列选项中选择符合您的年龄的答案。(　　)

A. 18～25 岁　B. 25～30 岁　C. 30～45 岁　D. 45～60 岁

E. 60 岁以上

(3) 请问您的年龄符合以下哪个年龄段？(　　)

A. 青年　　B. 中年　　C. 老年

再如，针对学生的学业成绩这一变量，可以用学生在学业完成期内所有课程的最终成绩的综合分进行测量，也可以用其中若干科的成绩来测量。

当一个变量有多个指标时，可以从中挑选若干个来测量，选择的原则是方便与适当。如性别可以用观察（面访时）作为测量指标，企业规模可以用职工人数作为测量指标。

当测量的概念较为简单时，只用一个指标即可。然而，许多概念内涵丰富、抽象程度较高，当测量此类概念时，只用一个指标是不行的，要用多个指标。所以，需要分别研究各项指标，有时还需要将各项指标综合起来，综合测量较为复杂和抽象的概念。建立综合指标的主要方法有类型法、指数法和量表法。下文将详细介绍量表法。

(二) 选择测量指标

如前所述，指标是概念内涵的指示标志，它们直接表示经验层次的现象。

指标可以度量现象的不同状态和不同程度，如辨识地图的快慢、回答问路的耐心程度等。对经验现象的度量可以说明抽象层次的概念，如此，概念和测量便对应了起来，使对概念进行数量层面的测量成为可能。如我们经常说的这个人智商高、那个人富有同情心，是在不严谨的层面测量概念的结果。

指标只表示概念内涵的某一方面或某一部分内容，要想更有效地测量概念（变量）就需要多个指标。例如，智力测验，是将“智力”分解为十几个方面，然后用几百个指标或项目来综合衡量智力高低。再如，可以用迅速地辨识各类地图作为测量“智力”的一个指标，用耐心回答行人问路作为测量“同情心”的一个指标，用是否赞成公务员考试制度作为测量“政治参与”的一个指标等。

---

① 袁方，王汉生．社会研究方法教程［M］．北京：北京大学出版社，1997：178.

（三）编制综合指标

如前所述，测量简单概念，通常用一两个指标就可以完成。如“使用社交媒体的时间”，可以通过直接询问进行测量。再如“文化程度”，可以用被调查者上学的年数或取得的毕业证书等级来表示。然而，面对一个比较复杂的概念时，则需要多个指标共同完成测量。

那么，如何以一个统一的尺度来表示多个指标呢？通常采用的方法是建立一套综合指标，如智力测验时，一般会准备一整套试题供被调查者填答，再将各个题目的得分综合为标准分数，经过标准化后，就可以测试所有的被调查者并比较结果。目前一些高校也采用类似的方式对大学生四年的成绩进行管理，例如用绩点衡量大学生四年的综合成绩。量表也是此种综合性的测量方式之一。

第三节　量表和设计量表

量表是一种对抽象概念进行复合测量的工具，主要作用是测量观念、态度等涉及个人内心感受的复杂概念。复杂或抽象程度高的概念不可能用一个单独的指标来测量，需要使用多个指标综合测量，量表便是其中一种综合测量工具。

指数由一组指标综合而成。用一组指标分别对一个复杂概念的不同部分进行测量，然后对得到的数值进行累加或其他运算，即可得出一特定指数。例如，将每个国家的失业率、犯罪率、离婚率、自杀率等指标综合起来，可以建立一个“社会安定”指数，用以评价各个国家的稳定程度。

量表与指数的主要区别在于，量表“在原则上都需要个人对一系列精心设计的统一陈述或项目做出赞成或反对、同意或不同意的反应”。量表必须由一套问卷问题构成，它将“回答者对一套问题的回答综合起来，其结果就是个人在该量表上的‘得分’”，它常用于测量人们的态度。指数则可以依据其他资料（如统计资料、观测记录）来建立。

量表是一种特殊形态的问卷形式，主要用于测量较难测量的涉及个人观念、意见和态度等的抽象概念。在研究过程中，能够利用系统的数字将抽象或者说人们内心深层的观念和态度具体化，进而利用数理统计进行处理、分析和比较，是量表的主要价值。我国台湾学者杨孝濚认为：“量表的发展，使得传播研究超越具体、事实性的研究，进入抽象化的研究范围，而在资料分析的形态上，亦能从纯粹分布形态（frequency distribution）而进入较深层次的分析形态，这是量表化传播研究的主要意义。”①

---

① 杨孝濚．传播研究方法总论［M］．台北：三民书局，1981：106．

一、李克特量表

李克特量表是使用最为普遍的量表形式之一，是美国社会心理学家李克特（R. A. Likert）于 1932 年在原有的总加量表的基础上改进而成。李克特量表由一组对某事物的态度陈述题项组成，要求受访者根据个人不同的态度选择不同层次的答案："非常同意""同意""不清楚""不同意"和"非常/很不同意"。李克特量表的优点在于它有清楚的顺序回答形式，使被调查者在不同的态度层次上选择最适合自己的答案，反映被调查者对某一问题持有态度的不同程度。

（一）量表形式

李克特量表由一组围绕某个主题的问题或陈述题项构成，通过计算量表中各题的分值，了解个人对该调查主题的综合态度或看法。被调查者对这些陈述的回答被分成"非常同意""同意""不清楚""不同意"和"非常/很不同意"（或"赞成""比较赞成""无所谓""比较反对"和"反对"）五类。与答案中只有"是"或"否"两个选择的问题相比，李克特量表可以更加精确地测量人们在该调查主题上的态度差别，从而收集准确的数据。

表 2－2 为李克特量表示例，调查主题为中国传媒大学学生对"大阅城"图书馆"预约进馆"政策的满意度。

表 2－2　　李克特量表示例

陈述句	非常同意	同意	不清楚	不同意	很不同意
1. 我在之前有过图书馆预约进馆的想法					
2. 我对预约系统的出现持赞成态度					
3. 预约系统容易上手操作					
4. 预约系统对我而言是便利的					
5. 我清楚图书馆的预约机制（如几点开始预约第二天的座位等）					
6. 预约政策对防疫是有效的					
7. 我总能够通过预约系统预约到座位					
8. 我总能够通过预约系统预约到想要的座位					
9. 预约系统能够避免图书馆"占座"行为的发生					
10. 预约系统能够充分利用图书馆的资源					
11. 预约系统有助于最大限度发挥图书馆的价值					
12. 预约系统是合理的					
13. 我对预约系统表示满意					

续前表

陈述句	非常同意	同意	不清楚	不同意	很不同意
14. 预约系统是有待完善的					
15. 我希望预约政策能够一直实行下去					

注：量表由 15 个陈述题项构成，包括正向和反向陈述，每个陈述题项的态度分为 5 级。通过对 5 级答案赋予一定的数值，李克特量表实现了对态度的测量，如“非常同意”赋值 5 分，“同意”赋值 4 分，“不清楚”赋值 3 分，“不同意”赋值 2 分，“很不同意”为 1 分。

资料来源：该量表为中国传媒大学新闻学院 2019 级媒体市场调查与分析专业赵子豫、杨俊坤、张芷墁同学完成的笔者开设的“量化研究方法”课程作业。略有改动。

（二）量表的总加性质

运用李克特量表收集资料之后，每个被调查者，如上例中的大学生在该量表每个陈述题项上的态度得分的总加，便构成其在这一调查主题中的态度总加分，在 15 分至 75 分之间。总加之前，需要对反向陈述句的分值进行逆处理，即 5 分处理为 1 分，4 分处理为 2 分，3 分不变，2 分和 1 分别处理为 4 分和 5 分。这样的一个综合指标可能会提高测量的精确度、信度和效度。

（三）构造李克特量表

不少学者建议，在构造一个新的测量量表之前，应进行详细的文献检索，验证已有研究的相关量表能否用来支持正在进行的研究主题中的测量。如果有可以使用的量表，且该量表具有一定的效度和信度，则建议采用该量表。只有在没有合适的量表可以采用时，研究者才决定构造一套指标体系或一个量表。此时该如何想出能够应用于经验研究的测量指标？对此，拉扎斯菲尔德等人给出了一些思路：

> 第一步骤，似乎是一个非常含糊的形象和结构的创建，这来源于研究者对理论问题各个方面细节的全身心投入。这个创造性的行动开始于对一些潜藏的具有共同特征的离散现象的感知。或者研究者可能观察到某些规律并试图对它们做出解释。无论如何，概念首次被创造出来时，它是某个能被模糊觉察到的实体，该实体使得被观察到的事物之间的关系富有意义。接下来是用精确的论述来表达这个概念。我们可以应用“方面”“要素”“维度”或类似的说明。它们有时在逻辑上来源于一个综合性的概念，或其中一方面通过另一方面演绎而来，或相互之间存在着实验上的相关关系。概念是一组复杂的现象组合而成的，而不是由一个简单的、可直接观察到的项目组合而成的。①

① 转引自：米勒，萨尔金德．研究设计与社会测量导引［M］．风笑天，等译．重庆：重庆大学出版社，2004：215.

具体包括以下步骤：

第一步，研究者收集大量的项目，这些项目被认为与所调查的态度或主题有关。尽可能覆盖调查主题相关的所有项目（如30句左右陈述句）。

第二步，将这些项目用于试调查，试调查的对象与实际调查的被调查者来自同一总体。

第三步，对试调查结果进行统计分析，检验其信度、效度，修改或删除其中易造成量表信效度降低的陈述句，修改量表。

第四步，再次进行试调查，反复修改，直至达到可接受的信效度。

第五步，将经过检验的量表用于正式的问卷调查。

（四）李克特量表的优缺点

李克特量表使用范围十分广泛，通常比同样长度的量表具有更高的信度，其5级的答案也方便被调查者进行选择。其缺点是总加分相同的人，可能具有十分不同的态度结构，这一点一般可以通过统计分析解决。

二、语义差异量表

语义差异量表，根据奥斯古德（C. Osgood）的语义区分法发展而来。奥斯古德的语义区分法是把人类在授予某种声音、符号、语言、书面文字、图画等意义时那种难以捉摸的特点度量出来。[①] 奥斯古德想象出一个非存在之物——未知维度的“语义空间”。语义空间的起点，即它的中心，完全不代表任何意义。文字和概念置于这一空间的各个点之上。在此空间中，某个点距离无意义的中心越远，此文字或概念的含义就越丰富。在语义空间中，参考坐标取决于概念的位置，因为每个语义空间的所有维度取决于待评价的概念。

在为某个概念建立语义差异时，研究者首先要从研究的总体中选取抽样对象，询问他们当提及这个概念时心目中出现了哪个或哪些形容词，然后，再将被多次提及的形容词（50个左右）和它们的反义词放在一起，排成一张表，其间分为7个等级，如表2-3所示。

表2-3　某地区议会的电视报道

	极度	中度	轻度	中性	轻度	中度	极度	
负责的	—	—	—	—	—	—	—	不负责的
含混的	—	—	—	—	—	—	—	精确的
活跃的	—	—	—	—	—	—	—	沉闷的
软弱的	—	—	—	—	—	—	—	有力的

① 塞弗林，坦卡德．传播学的起源、研究与应用［M］．陈韵昭，译．福州：福建人民出版社，1985：84.

续前表

	极度	中度	轻度	中性	轻度	中度	极度	
丰富多彩的	—	—	—	—	—	—	—	不生动的
不体面的	—	—	—	—	—	—	—	体面的
重要的	—	—	—	—	—	—	—	不重要的
落后的	—	—	—	—	—	—	—	进步的
新鲜的	—	—	—	—	—	—	—	陈旧的
模糊的	—	—	—	—	—	—	—	清楚的
健康的	—	—	—	—	—	—	—	不健康的
不准确的	—	—	—	—	—	—	—	准确的
好的	—	—	—	—	—	—	—	坏的
粗心的	—	—	—	—	—	—	—	审慎的
安全的	—	—	—	—	—	—	—	危险的
讨厌的	—	—	—	—	—	—	—	令人喜欢的
有趣的	—	—	—	—	—	—	—	乏味的
无意义的	—	—	—	—	—	—	—	有意义的
令人愉快的	—	—	—	—	—	—	—	令人恼火的

资料来源：塞弗林，坦卡德．传播学的起源、研究与应用［M］．陈韵昭，译．福州：福建人民出版社，1985：87.

近年来，语义差异量表多用于测量某种事物在人们心目中的形象，如商品品牌、某机构、一部电影或电视的某个栏目的形象等。

构造语义差异量表时，首先选择一系列可以准确描述研究主题的形容词，这也许是最困难的事，关键在于所选择的形容词“应该能够规定哪些对于受访者来说是重要的属性，是他们实际判断和评价事物时所使用的属性”。如表 2-4 所示，该研究关注的问题是网民对某微博内容的看法，构造者从重要程度、价值、是否有影响和有趣味等方面，检测被调查者对该微博内容的看法。其次，将一对对语义相反的形容词放置在量表两端，量表分为 7 级，每一等级的分数可以简化为 7、6、5、4、3、2、1，或者＋3、＋2、＋1、0、－1、－2、－3。

语义差异量表的编制和使用相对比较简单，便于描绘和比较所研究的主题或形象。

表 2-4　网民对某微博内容的评价

该微博内容对您而言：

	1	2	3	4	5	6	7	
很不重要	—	—	—	—	—	—	—	很重要
对我没影响	—	—	—	—	—	—	—	对我有影响

续前表

	1	2	3	4	5	6	7	
跟我没关系	—	—	—	—	—	—	—	跟我很有关系
对我很没意义	—	—	—	—	—	—	—	对我很有意义
对我毫无用处	—	—	—	—	—	—	—	对我很有用处
对我没价值	—	—	—	—	—	—	—	对我很有价值
很不感兴趣的	—	—	—	—	—	—	—	很感兴趣的
不足言道的	—	—	—	—	—	—	—	意义深长的
索然无味的	—	—	—	—	—	—	—	令人兴奋的
令人厌烦的	—	—	—	—	—	—	—	很有趣的

三、格特曼量表

格特曼量表又被称为累计量表，它是格特曼（L. Guttman）在1944年设计的，也是目前使用较为普遍的一种量表。如我们所知，李克特量表有一个弱点，即总加分值相同的两个被调查者，其态度结构可能有着根本性的差异。这是因为李克特量表多维度的性质，使得不同的回答能得到相同的得分，结果不易比较。格特曼量表则为单维度，量表本身存在着某种由强变弱或由弱变强的逻辑关系，它是少数几个能用分数对所有陈述的反应模式进行预测的量表之一。只需少数几个陈述就可以提供一个可测量的反应模式。

例如，现有三道数学题，第一道是简单加法，第二道是包含5位数的长除法，第三道是计算微积分。一个可以完成长除法的人，应该也可以完成简单加法运算。而一个能够完成微积分运算的人，应该也能完成简单加法和长除法运算。这个例子考查的是一个人的数学能力。

如果将一个人的数学能力看作量表中的一个点，那么这个人可以通过所有低于他能力的测验题，但通不过高于他能力的测验题。如果将数学能力测试转换成测量态度的陈述，即将"通过"换成"赞成"，"不通过"换成"不赞成"，就构成了格特曼量表，量表总分一般简单定义为回答所赞成的陈述的数目。

表2-5为格特曼量表示例。

表2-5　格特曼量表示例

陈述句	同意	不同意
1. 有不良情节的电视剧对社会有害	1	2
2. 不应该让儿童收看有不良情节的电视剧	1	2
3. 电视台不应该播放有不良情节的电视剧	1	2
4. 政府应该禁止播放有不良情节的电视剧	1	2

(一) 鲍格达斯社会距离量表

鲍格达斯社会距离量表是格特曼量表中的特例，是美国社会心理学家鲍格达斯（E. S. Bogardus）于 1925 年创用的，主要用于测量人们对种族群体的态度。目前，该量表可用于测量人们对职业、社会阶层、宗教群体等事物的态度。鲍格达斯量表由一组表示关于社会距离或社会交往程度的陈述句组成，被调查者需根据自己的看法对这些陈述表态。表 2-6 为鲍格达斯社会距离量表示例。

表 2-6 鲍格达斯社会距离量表示例

陈述句	愿意	不愿意
1. 你愿意让黑人生活在你的国家吗?	□	□
2. 你愿意让黑人生活在你所在的社区吗?	□	□
3. 你愿意让黑人住在你们那条街吗?	□	□
4. 你愿意让黑人做你的邻居吗?	□	□
5. 你愿意让你的子女和黑人结婚吗?	□	□

量表中 5 个陈述句呈现渐强的逻辑关系，即如果某个被调查者选择同意第 3 个陈述，那么，他一定同意前 2 个陈述，但不一定同意第 4 个和第 5 个陈述。因此，该量表中的陈述可分为“强项”和“弱项”，“让黑人生活在你的国家”为“弱项”，而“让你的子女与黑人结婚”即为“强项”。接受弱项的人总是比接受强项的人更多。从弱项到强项即为一个渐强的关系，如果一个人拒绝了其中一项关系，那么可以推断出他一定拒绝了其后更强的关系。

(二) 编制格特曼量表

编制格特曼量表的方法和步骤与编制李克特量表类似，具体如下。

第一步，研究者围绕要测量的某一事物或概念编制一组陈述，这些陈述是单维的，具有某种内在的趋强结构。然后进行试调查，对这些陈述进行检验。表 2-7 是用于处理过量书本的格特曼量表的检验。

表 2-7 格特曼量表分析中的反应模式

	陈述句								
被调查者	项目 7	项目 5	项目 1	项目 8	项目 2	项目 4	项目 6	项目 3	得分
7	是	是	是	是	是	是	是	—	7
9	是	是	是	是	是	是	是	—	7
1	是	是	是	—	是	是	—	是	6
10	是	是	是	是	是	是	—	—	6
13	是	是	是	是	是	是	—	—	6

续前表

被调查者	项目7	项目5	项目1	项目8	项目2	项目4	项目6	项目3	得分
3	是	是	是	是	是	—	—	—	5
2	是	是	是	是	—	—	—	—	4
6	是	是	是	是	—	—	—	—	4
8	是	是	是	—	—	是	—	—	4
14	是	是	是	是	—	—	—	—	4
5	是	是	是	—	—	—	—	—	3
4	是	是	—	—	—	—	—	—	2
11	—	—	—	—	是	—	—	—	1
12	是	—	—	—	—	—	—	—	1

资料来源：米勒，萨尔金德．研究设计与社会测量导引［M］．风笑天，等译．重庆：重庆大学出版社，2004：221.

第二步，用于检验的小样本为14人，使他们对8个陈述项目做出回答。将回答的结果按最赞成的回答者到最不赞成的回答者的顺序从上到下排列，如表2-7所示，7号被调查者选择赞成的数目最多（9号与7号一样多），12号最少（11号与12号一样多）。按最赞成的陈述到最不赞成的陈述的顺序从左到右排列，第7个陈述得到的赞成数最多，第3个项目最少。

第三步，计算再生性系数。

（1）计算错误的数量，即那些不适合模式的反应。

（2）$再生性系数=1-\frac{错误的数量}{反应的数量}=1-\frac{3}{14\times 8}=0.97$

（3）如果再生性系数等于0.9或更大，就可以有单维量表存在。

第四步，每个人的态度得分就是其回答赞成的项目总数。

如在表2-7中，如果某个回答者的量表分数为5分，那么，我们就可知该回答者赞成了代号为7、5、1、8、2这5个陈述。将人们对事物的态度变为一个具体的数字，对量化研究来说，是十分重要和便利的。这也是格特曼量表的优势。如果要研究的事物具有多维的属性，格特曼量表便不再适用，而应采用其他多维量表，如李克特量表。

第四节　测量的质量

在使用测量工具进行测量时，观测值和真实值是否有差异？怎样估计和消除这些误差？这些问题是进行量化研究必须面对的，对这些问题的回答涉及测量的理论问题。

在传播学研究中，涉及对媒介态度或对某事物的满意度等心理反应的测量，一般通过问卷、量表等方法收集数据，这些相对客观的方法是量化研究中不可或缺的。但这些方法的缺点是缺乏一套完善的测量理论，即缺乏公理和定理系统。关于这方面的度量方法目前正处在发展阶段，它除了吸取物理量度的长处外，也在向其他方面发展。第一，由单维度的测量扩大到多维度的测量。第二，不仅利用数值系统测量经验现象，还尝试利用非数值系统进行测量，如借助集合论、图形论以及计算机模拟等。[①] 由于心理度量方法存在不完善，因而应格外重视这种测量的可靠性和有效性。

一、观测值和真实值

测量理论的基础是数理统计中的误差理论，假设为“任何观测值（测量分数或测量结果）都有误差”。测量误差包括四个部分：（1）真实值（T）；（2）其他变量的影响值（O）；（3）系统偏差（B）；（4）随机误差（E）。用公式可以表示为：

$$（测量分数）X=T+O+B+E$$

现将造成测量误差的影响因素做一解释。

随机误差（E），是由一些无法预料的因素引起的，例如，被调查者的疏忽、粗心、情绪等。使用大样本调查，可以抵消偶然因素，尽可能消除随机误差。

系统偏差（B），是有规则的变异，由测量工具、评分标准等直接与测量方法有关的因素引起，如测量的米尺长度为 1.01 米，那么，使用这把米尺进行度量，测出的结果会存在 10%的偏差。对此，可以采用标准化测量消除这一误差。

其他变量（O）的影响，是一种有规则的变异，这种因素不是偶然的，而是内在于检测的题目或量表之中的。对此，可以通过严格的操作化尽可能地消除。

在评价一个测量工具的质量时，通常要考虑以下三个问题。

第一，这一测量有没有系统偏差？这种系统偏差会不会影响研究的有效性？

任何测量都会有一定的系统偏差，因此，测量的主要任务就是将系统偏差控制在最小范围。在测量工具和程序的标准化程度很高的情况下，通常可以假定系统偏差（B）等于零。

第二，这一测量是不是可靠的？即随机误差（E）对测量的可靠性有没有影响？

假如测量受偶然性因素的影响很大，观测值就会在较大范围内波动起伏，在这种情况下，测量是不可靠的，测得的观测值可信度很低。

第三，这一测量是不是有效的？即所测得的数值是不是想要的变量值，其他变量的影响值是否可控制为最小？例如，一个研究想要调查人们“对政治体

---

① 袁方，王汉生．社会研究方法教程［M］．北京：北京大学出版社，1997：138.

制改革的态度”，但询问的问题是“您是否拥护社会主义?”“您是否信仰马克思主义?”等，那么即使测量很准、可靠性很高，仍是无效的。因为得到的资料反映的是“政治态度”，而不是“对政治体制改革的态度”，即将其他变量混入所测量的内容中。

上述问题反映的是测量工具质量，对测量质量的衡量，则通常从信度和效度两方面进行。可被接受的信度和效度是优良的测量工具所必备的条件，“工欲善其事，必先利其器”。

二、信度

信度指使用同一量表重复测量同一对象，所测结果的一致程度。信度的定义有很多种，其中一种比较直观的方法是将信度定义为“测量值所含随机误差(E)的程度。如果随机误差 $E=0$，就认为测量值是完全可信的，信度最高。反之，信度就低”①。

分析信度的方法有很多种，常见的有以下几种。

(一) 再测信度

再测信度 (test-retest reliability) 指用同一测量指标对同一群人进行两次测量，然后比较两次测量结果间的相关 (correlation) 程度。用同样的量表对同一组被调查者前后进行两次测量，两次间隔时间不宜过长。一般情况下，两者相关程度越高，说明该测量指标的信度越高；反之，信度越低。芬克和科瑟科夫 (Fink & Kosecoff) 认为，用这种方法测量信度时，前后两次测量结果间的相关程度 (系数) 要达到 0.7 以上，才能被接受。

这种方法要求对同一样本测量两次，由于被调查者在第二次测量中的表现可能受到第一次测量的影响，加上时间间隔的长短也有一定的限制，因此，实施中有一定的难度。

(二) 复本信度

如果一套测量可以有两个以上的复本 (复制品)，则让同一群被调查者同时接受这两个复本的测量，如此，所得分数之间的相关系数可以衡量复本信度 (parallel-forms reliability)。

这一方法的操作难度较大。

(三) 折半法或折半信度法

由于再测法实施过程中存在操作困难，学者们便发展出另一种评价信度的方法，即折半信度法 (split-half reliability)，又称折半法。折半信度法的具体

① 柯惠新，刘红鹰. 民意调查实务 [M]. 北京：中国经济出版社，1996：249.

操作是：将量表中的陈述句题项随机分成两半，用量表测量之后，计算这两半的相关系数。这一相关系数就是折半信度系数，是测量量表信度的一种标准。

如何将量表的陈述题项分成最相近的两部分，从而加以比较呢？需要说明的是，事实性的问题不容易分半，这种方法只适合有关态度的量表，例如测量态度、看法、评价等，通常它是围绕某个主题进行多种正、反两方面的陈述。对于这种量表，可以将全部题项分成尽可能相近的两半，如按量表前后两部分或按题号的奇、偶数分半，只要注意两部分在内容及形式、题数方面尽可能相同即可。最后计算这两部分的相关系数 r_n。不过，这样计算出来的是半个量表的信度，至于整个量表的信度，并不等于折半信度系数的两倍，而是可以用斯皮尔曼-布朗（Spearman-Brown）公式（简称斯-布公式）计算：

$$r_{tt}=\frac{2r_{hh}}{1+r_{hh}}$$

其中，将量表的全部题项分成尽可能相近的两半，分别计算两半得分（分别看成两个累加的李克特量表）的相关系数 r_{hh}，整个态度量表的信度系数 r_{tt} 可用该公式求得。

（四）克朗巴哈 α 信度系数法

斯皮尔曼-布朗公式是建立在（奇、偶）两半题项分数的方差相等这一假定上的。在两半方差不相等的情况下，克朗巴哈（Cronbach）提出用 α 系数来测量累加李克特量表的信度的方法，公式为：

$$\alpha=\frac{K}{K-1}\left[1-\frac{\sum_{i=1}^{k}\sigma_i^2}{\sigma_T^2}\right]$$

其中，K 表示量表中题项的总数，σ_i^2 为第 i 题得分的题内方差，σ_T^2 为总题项（总得分）的方差。克朗巴哈的 α 系数，是目前最常用的信度系数。

（五）编码员间信度

与上述几种信度不同，编码员间信度（intercoder reliability），是用于内容分析时对多个编码员之间一致性的考量。在内容分析中，对文本、符号或其他形式的内容进行的编码，通常需要多名编码员共同完成。这些独立的编码员需要对一段信息或记录内容的特征做出判断，并达到一致的结论，这种一致性以量化的方式呈现出来，即为编码员间信度。对编码员间信度的测量可保证编码员对数据有较为一致的处理，使研究结果更为客观。

计算编码员间信度有以下几种方法。

1. 霍斯提公式

当编码工作由两名编码员完成时，对他们之间信度的计算可使用霍斯提（Holsti）公式。

假定两个编码员同时分别做了 m_1 和 m_2 个单位的编码，其中一致的编码数

为 m，则：

$$编码员间信度=\frac{2m}{m_1+m_2}$$

霍斯提公式的优点是计算简单，易于操作。其缺点为信度的大小可能与编码时所用的类别数目有关。类别数目越少，由偶然性造成结论一致的可能性就越大。

利用霍斯提公式计算信度时，信度一般需要在 0.9 以上，才能被认为可以接受。

2. 编码员内信度

如果编码工作由一个人完成，即该研究的编码员只有一个人，则需要考察编码员内信度（intracoder reliability）。编码员内信度的计算方式为让同一个编码员在不同的时间对同一个资料编码两次，使用上述计算编码员间信度的公式进行计算，将公式中对应的两个编码员的数据改为同一编码员的两次数据即可。

3. 斯考特指数

为了减少类目较少、偶然性对编码员间信度的影响，可使用斯考特（Scott）公式计算信度：

$$编码员间信度=\frac{\pi_o-\pi_e}{1-\pi_e}$$

π_o：观测到的一致性，或叫实际一致性（用霍斯提公式计算）。

π_e：纯粹由偶然性造成的一致性，或叫期望一致性（等于每个类别出现的相对频率的平方和）。利用斯考特公式计算时，信度要求 0.75 以上，方可接受。

例：在一个少儿电视节目内容分析的编码表中，两个编码员同时分别独立将 100 个少儿节目分配到如下三个类别中：单本剧、连续剧、系列剧。已知编码不一致的节目共有 8 个，这三个类别的节目系数分别为 30%、45%和 25%。

（1）请利用霍斯提公式评价这两个编码员之间的信度。

（2）假设两位编码员具体的编码数据如表 2-8 所示，请利用斯考特公式评价这两个编码员之间的信度。

解：

（1）使用霍斯提公式计算信度：

由题目可知，$m_1=m_2=100$，$m=100-8=92$

$$霍斯提信度=\frac{2m}{m_1+m_2}=\frac{2\times 92}{100+100}=0.92$$

（2）使用斯考特公式计算信度：

由题目可知，$\pi_o=\frac{(42+12+10+8+8)}{100}=0.8$

$$\pi_e=\frac{\frac{(45\times 48)}{100}+\frac{(16\times 15)}{100}+\cdots\frac{(11\times 13)}{100}}{100}\approx 0.288$$

表 2-8　计算编码员间信度的斯考特数据

		编码员 A					
	类别	1	2	3	4	5	边际总数
编码员 B	1	42	2	1	3	0	48
	2	1	12	2	0	0	15
	3	0	0	10	0	2	12
	4	0	2	1	8	1	12
	5	2	0	1	2	8	13
	边际总数	45	16	15	13	11	100

$$\text{斯考特信度}\ \pi=\frac{\pi_o-\pi_e}{1-\pi_e}=\frac{0.8-0.288}{1-0.288}\approx 0.719$$

4. 复合信度

如果编码工作由多名编码员共同完成，他们之间的信度则显得尤为重要。这时，需要计算多名编码员的复合信度（composite reliability）。

$$CR\text{（复合信度）}=\frac{N\text{（平均相互同意度）}}{[1+(N-1)\text{（平均相互同意度）}]}$$

其中，N 为编码员的人数。

例：如果一项研究中共有甲、乙、丙、丁四名编码员，计算他们之间的信度。

解：

先计算这四名编码员两两之间的信度（相互同意度）。

假如他们间的信度如下：

甲乙=0.6

甲丙=0.7

甲丁=0.8

丁丙=0.6

乙丁=0.7

丙丁=0.5

平均相互同意度=（0.6+0.7+0.8+0.6+0.7+0.5）/6=0.65

$$CR=\frac{4\times 0.65}{[1+(4-1)\times 0.65]}\approx 0.88$$

（六）影响信度的因素

在结构化、标准化程度较高的测量中，信度主要受随机误差的影响。随机误差越大，信度越低。影响随机误差的因素包括以下方面。

（1）就被调查者而言，耐心、认真程度以及情绪等因素都会影响调查信度。一般情况下，调查时间越长，提出的问题越多、越复杂，信度越低。

(2) 就调查者而言，是否按照规定的程序和标准实施访问，是否有意无意地对被调查者施加影响，以及记录的认真程度，都会影响信度。因此，调查者在调查中认真执行调查，以确保调查质量是十分必要的。

(3) 就调查或测量的内容而言，提问的措辞是否清楚、易于理解，各个题目的内部一致性等也是影响信度的因素。

(4) 就测量或调查时的环境和时间而言，研究者是否对被调查者造成较大“干扰”，是否有他人在场干扰被调查者答题等，都是影响信度的因素。

明确了以上内容，便可知在确定测量内容、实施调查等每个环节都要确保质量和信度。

三、效度

效度是一个多层面的概念，它是针对特定的研究目的和研究侧面而言的，指测量工具或测量手段能够准确、真正地度量事物属性的程度，即测量指标或所用的指标能够如实反映某一概念真正含义的程度。效度越高，测量结果越能显示其所要测量的对象的真正特征。效度是任何科学的测量工具所必须具备的条件。获得效度比获得信度更难，“没有最好，只有更好”这句话，或许能够说明效度的性质。如果没有了效度，所有的测量都失去了意义。

检验效度必须针对其特定的目的、功能及适用范围，从不同角度收集各方面的资料分别进行。检验效度的方法很多，大致分为内容效度（content validity）、准则效度（criterion validity）和建构效度（construct validity）。

(一) 内容效度

内容效度指测量在多大程度上包含了概念的全部含义，即测量的代表性和覆盖的程度。如一套发音技能测试题，考查发音所必须具备的某些技能，如果该测试题只考查单一因素的发音，而不考查重读、语调在词语中的发音，那么，这个测量的内容效度就比较低。内容效度一般用于检验测量题目对有关内容或行为取样的适用性，从而确定测量中使用的样本是不是所预期测量行为领域的代表性取样。

评估内容效度，通常采用逻辑分析与统计分析相结合的方法。逻辑分析一般由研究者评判所选的题项“看上去”是否符合测量的目的和要求。统计分析主要采用单项与总和相关分析法。具体做法是：计算每个题项得分与题项总分的相关系数，根据相关性是否显著进行判断，如果量表中有反向题项，则应先做逆向处理后再计算总分。

内容效度取决于判断者（专家）详尽地、系统地对测量进行的评价。通常从以下两个方面进行判断。

第一，测量工具所测量的是不是调查人员想要测量的那种行为？

第二，测量工具是否提供了有关那种行为的适当样本？

（二）准则效度

准则是被假设或被定义为有效的测量标准，符合这种标准的测量工具可以作为测量某一特定现象或概念的效标。对同一概念的测量可以使用多种测量工具，其中每种测量方式与效标具有一致性时被称为具有准则效度。[①]

准则效度的形式有以下三种：

如果效标或准则是依据将来实际发生的情况建立的，称为预测效度。

如果效标是与某种测量方式同时被证明有效的，则称为共变效度。

如果效标是以实际经验为准的，则称为实用效度。

1. 预测效度

预测效度（predictive validity）通常依据将来实际发生的情况建立。将已经得到的测量结果与未来实际发生的情况进行比较，检查二者之间的一致性。如设计一种预测学生学习成绩的量表或测验（高考模拟题），用它来测量学生毕业时的学习成绩。如果学生毕业时，实际的学习成绩确实与预测值相一致，那么，这一量表或测验就具有预测效度，研究者可以继续使用它预测其他学生的成绩。再如，在政治竞选的研究中，预测总统选举结果时会使用一套测量指标，在选举结束后，检查预测结果与实际选举结果之间的一致性，如果两者接近，那么可以认为，该测量指标具有预测效度。

2. 共变效度

当效标与某种测量方式同时被证明是有效的，那么，测量指标便具有共变效度。共变效度通常用来判断其他测量工具可否取代作为效标的测量工具。例如，以往的研究证明，婚姻美满程度高的夫妻一般有以下特征：其一，争吵少；其二，相互理解程度高；其三，与姻亲关系和谐。若新构造出来的测量指标测出的婚姻美满程度高的夫妻也具有这三个特征，而且，新测量指标更加简洁，则其具有共变效度。

3. 实用效度

实用效度可以用来检查测量工具的实际效果。由于过去对某些现象的测量没有一定的标准，因此只能依据实际经验来检验测量工具的有效性。例如，我国台湾学者杨孝濚将有离岛经验的雅美人和无离岛经验的雅美人，作为测量现代化程度的独立标准。在设计量表时，能够得出有无离岛经验的雅美人之间现代化程度有明显差异的结论的量表才是高效度的量表，为此，要剔除那些没有显著差异的低效度项目。[②]

（三）建构效度

建构效度，用于了解测量工具是否反映了概念和命题的内部结构，通常在理

---

① 袁方，王汉生．社会研究方法教程［M］．北京：北京大学出版社，1997：144.

② 杨孝濚．传播研究方法总论［M］．台北：三民书局，1981：137.

论性研究中使用。进行理论假设时，一般是陈述两个概念（X和Y）之间具有相关关系，那么，在经验层次上对X的测量与对Y的测量也应当是相关的。而且，测量同一个概念可以使用多个指标，若用多个指标测量X和Y两个概念的关系，不同指标都能反映出理论所假设的关系，这些测量就具有建构效度。

（四）内在效度和外在效度

任何测量都是在具体的时间、地点对具体的被调查者所做的观测。如果在一项具体的测量中，该测量被证明具有内容效度、准则效度和建构效度，那么，就认为该测量具有内在效度。内在效度指一项研究的资料和结论的有效性。

然而，这一结论的有效性是否可以适用于其他时间、地点和对象，这就涉及外在效度。外在效度指研究结论的普遍有效性。对外在效度的检验，要考虑样本的代表性和特殊性、研究时间、地点、情境和研究内容的普遍性。

四、信度和效度的关系

一项科学的测量必须同时满足信度和效度的要求。如果一项测量信度低，收集的资料不可靠、不可信，那么，它一定不能有效地说明所研究的事物，其效度也一定低。如果信度高，那么，效度是否也一定高？不一定。如果信度高、效度低，就好像打靶时集中打在了边缘环上。例如，一项研究未能有效地说明社会流动的主要原因，但它却可以精确、可靠地调查出各个时期、各种类型的人的流动。最后，效度高，信度必然高，这是研究者追求达到的测量质量。一项测量效度高，说明它能有效说明某个现象，那么它测量得到的资料也是可信的。可以说，测量的信度是效度的必要条件，但不是充分条件。

一项测量没有信度，或者只有失败的信度，这种情况被视为一种随机误差（random error），失败的效度则被视为一种系统误差（systematic error）。如打靶时全都打在靶心周围，就意味着某个测量既有信度又有效度，用打靶图表示的话，如图2-1所示。对既无信度又无效度的测量来说，就如同打靶时靶标上都是散开的点，如图2-2所示。图2-3所示的是有信度但没有效度的测量情形，就像靶标上集中却偏离靶心的点，意味着虽然每次测量比较一致，但都没有测量出事物的特征，即有信度无效度的测量。后两者是测量中应该避免的情形。

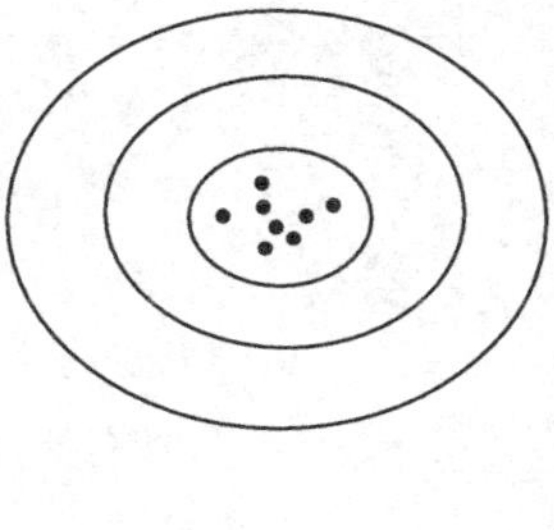

图2-1　既有信度也有效度的测量图示

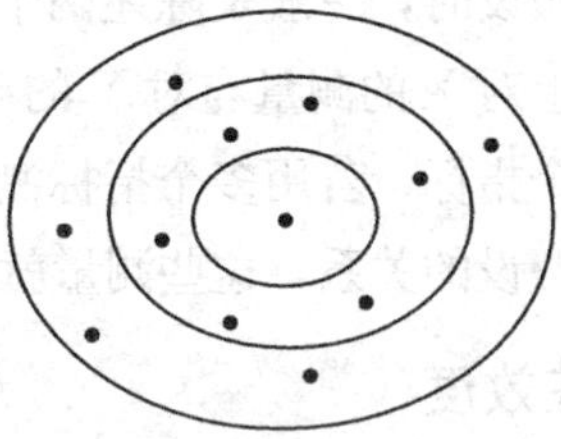

图 2－2　既无信度又无效度的测量图示

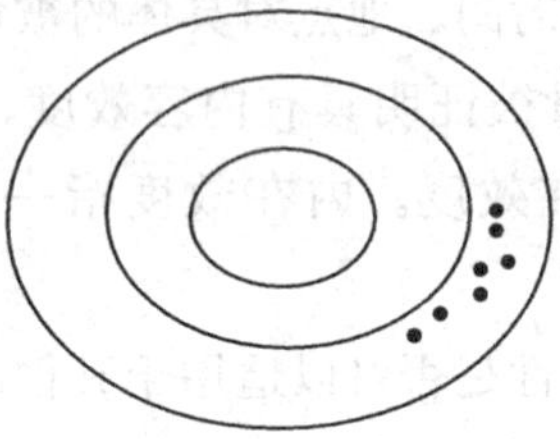

图 2－3　有信度但没有效度的测量图示

【延伸阅读】

1. 袁方，王汉生．社会研究方法教程［M］．北京：北京大学出版社，1997.

2. 塞弗林，坦卡德．传播学的起源、研究与应用［M］．陈韵昭，译．福州：福建人民出版社，1985.

3. 叶启政．实证的迷思：重估社会科学经验研究［M］．北京：生活·读书·新知三联书店，2018.

【思考题】

1. 概念是什么？它是如何形成的？

2. 操作定义的作用是什么？测量一个抽象概念时，为什么要给出操作定义？

3. 为什么一次有信度的测量，不一定具有效度？你是如何理解信度是效度的必要条件但不是充分条件这句话的？

第 3 章　问卷设计和问卷调查

社会调查是量化研究方法中最基本的研究方法之一。本章介绍问卷设计的主要原则和方法，在此基础上介绍问卷调查中面临的实际问题，试图帮助读者在进行问卷调查前，对常遇到的一些问题“了然于胸”，并能够沉着应对，合理解决。

第一节　问卷的类型和结构

问卷是社会科学研究过程中科学家使用的一种收集资料、数据的测量工具。与科学测量时所使用的工具不同，问卷是一套按照一定原则精心设计的问题，用来测量人的行为、观念、态度及社会特征等。

一、问卷的类型

问卷有多种不同的类型，按照不同的分类标准，有不同的问卷形式。如果按照问卷调查资料的收集方式划分，可分为自填式问卷和访问式问卷。自填式问卷包括邮寄问卷、固定地点发放/收集问卷等，访问式问卷包括入户面访问卷、拦截面访等。

（一）自填式问卷和访问式问卷

自填式问卷和访问式问卷的主要区别，在于在调查过程中问卷和被调查者之间是否有访员这一中介的存在。访问式问卷在调查时，访员逐句念出问卷问题和备选答案，被调查者回答结束后，访员记录答案，有时还需要访员出具卡片一类的辅助材料。在自填式问卷中，调查时并无访员读题和记录答案，所有的问题由被调查者自己理解并给出答案。此外，还有一种问卷调查形式，虽有访员存在，但访员与被调查者之间并不见面，只通过声音沟通，这一形式即为电话调查。在电话调查中，访员通过打电话和被调查者进行沟通。这一类问卷的问题数量要少一些，且备选答案数量也不宜过多。

进入 21 世纪以来，随着计算机技术的运用和普及，借助计算机辅助完成问卷调查的方法越来越成熟，一种计算机辅助电话调查（computer-assisted telephone interview，CATI）被日益广泛地运用在社会调查中，如各级政府社情民意调查、市场调查公司的专业调查等。随着网络技术的普遍应用，运用互联网技术进行问卷调查越来越常见，如利用电子邮件寄送问卷，使用微博、微信链接发送问卷，甚至出现了以利用移动网络技术平台，集问卷设计、收集问卷数据于一体的问卷星、腾讯问卷等。有关这方面的内容，请参阅本教材第 10 章介绍互联网调查的相关内容。

（二）混合式问卷

问卷中问题的形式可分为开放式问题（open-ended question）和封闭式问题（close-ended question）。

开放式问题只有调查问题，没有备选答案。

例：

您喜欢哪一类阅读 APP？为什么？

____

您认为北京举办 2022 冬奥会的优势有哪些？

____

开放式问题具有的优点是：

（1）可以收集到广泛的资料；

（2）被调查者可以充分、自由地发表自己的意见和观点，获得的资料生动、丰富；

（3）可以用于探索性研究，帮助研究者收集封闭式问题的答案；

（4）作为大型研究的补充和特殊意见。

其不足为：

（1）所获资料不易进行量化统计，无法做深入的统计分析；

（2）这种方式对被调查者的知识水平和文字表达能力有一定的要求，访问时间不易控制。

封闭式问题既要提出问题，同时也要给出问题所对应的备选答案。封闭式问题的优点十分鲜明，即填答方便，答案统一，所获资料易于进行统计操作。不足是备选答案是研究者自己给定的，以此获得的资料可能会遗漏一些主要或特殊的要件。另外，统一的答案容易使被调查者失去主观能动性和表现力。

在问卷设计中，通常会结合开放式问题和封闭式问题，构成一种混合式问卷，人们通常所说的问卷，一般都指混合式问卷。混合式问卷中所问的问题，一方面要事先设计答案，供被调查者从中选择；另一方面，也给被调查者表达个人观点的机会。

例如，调查人们对网络商务交易类 APP 的应用问题时，可以设计如下混合式问题。

例：过去半年您参与过以下哪些网络商务交易活动？（　　）

（1）网络购物

（2）网上外卖

（3）旅行预订

（4）网约车

(5) 在线教育

(6) 其他(请注明______________________________)

在精确新闻报道中，使用混合式问题进行调查时，获取的资料具有以下优点：第一，研究者可以把从混合式问题中得到的多数被调查者的意见，配合具体数字，呈现在研究报告中，使报告并非完全以数字为主，从而增加报告的可读性。第二，如果被调查者发表了特别突出或有趣的言论，可以直接引用，使研究报告具有轻松、生动及可读性强的特点。

二、问卷结构

通常，一份问卷由四部分构成，包括封面信/说明信、指导语、问卷主体和结尾。图 3-1 是一个问卷的结构示意图，形似花盆，顶端的花比喻收集到的具备一定质量的原始数据（raw data）。花下是封面信（cover letter），开宗明义地介绍问卷调查的主体、目的及其他事宜。再往下是指导语（introduction section），用于指导被调查者按照某种要求回答问题。紧接着是第一个研究主题，其测量问题从简单问题/行为问题到复杂问题/观念问题。第一个研究主题的问题之后是第二个研究主题，其测量的问题遵从上述原则。然后以此类推，将研究问题包含的所有主题内容设计完毕。最后，问卷结尾部分，一般是人口统计学信息或社会经济指标等信息，并对被调查者的支持给予诚挚感谢。下面就上述几个方面分别展开介绍。

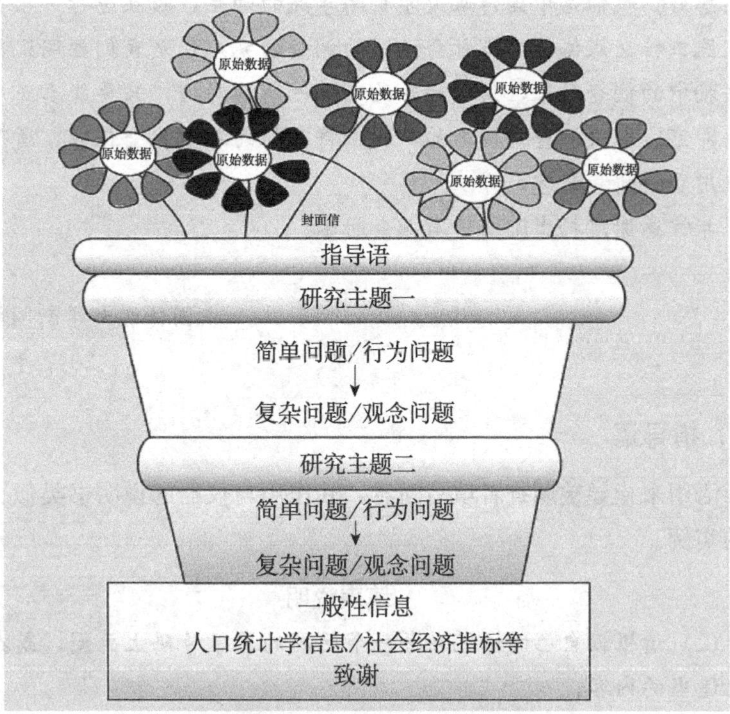

图 3-1 问卷结构示意图

（一）封面信/说明信

在问卷调查中，尤其是在没有访员作为中介的自填式问卷调查中，封面信/说明信的作用尤为重要。封面信的目的在于向被调查者介绍和说明问卷调查的目的、重要意义，调查发起人的身份或机构单位，抽样方法和资料保密程度、用途，有疑问时的求助方式等。最后征求对方的同意，遵循知情同意原则。封面信的语言要简明、中肯，篇幅宜小不宜大，一般200～300字即可。

封面信通常包括以下几点：

（1）说明调查的主题；

（2）介绍调查主办单位和调查发起人的身份；

（3）说明调查的目的、内容和填写方法；

（4）说明完成问卷的重要性；

（5）征得被调查者的配合；

（6）确保被调查者提供有价值的信息；

（7）说明如何使用调查数据；

（8）说明保密的程度和数据的协议。

下面是一封封面信的实例。

京津冀新生代农民工社交媒体使用与社会认同研究调查问卷

尊敬的先生、女士：

您好！我们是中国传媒大学新闻学院的师生，正在进行一项关于新生代农民工社交媒体使用与社会认同的调查研究。您是我们按照配额抽样的方法抽中的调查对象，您对问卷的回答无所谓对错，只要能真正反映您的想法即可。本次调查是匿名的，我们将对您的答案完全保密，所获得的数据仅用于科研和教学。

非常感谢您抽出时间填写调查问卷！

中国传媒大学新闻学院

2017年7月

（二）指导语

指导语用来指导被调查者填写问卷，其作用与仪器的说明书类似。下面是指导语的实例。

填表说明

（1）请根据自己的情况在每一个问题的答案号码上画圈，或在空白处填上适当的内容；

（2）若无特殊说明，每一个问题只能选择一个答案；

（3）问卷最右边的数字及横线是供计算机使用的，您不必填写；

（4）填写问卷时，请不要与他人商量。

（三）问卷主体

问卷的主体部分由一系列问题和相应的备选答案组成，由所研究的事物衍化而来，并按照某种结构顺序排列。

关于问卷中问题和答案的设计，在本章第三节和第四节将做详细介绍。

（四）结尾部分

在问卷结尾处，一般放置被调查者的人口统计资料的相关问题，之后，对他们的参与予以诚挚的感谢。人口统计资料的问题，通常被视为涉及个人隐私，如收入、婚姻状况等，将此类问题放置在问卷最开始，会引起被调查者的不适。

有学者认为，如果是访问式问卷调查，人口统计相关问题应该被放置在问卷的开头部分。因为其中一些问题可用于访员和被调查者见面后的寒暄，以帮助访员尽快得到被调查者的接纳。如果是自填式问卷调查，则应该将此类问题放在问卷的最后部分。

第二节　问卷设计的步骤和原则

问卷设计，是将被研究的事物按照某种原则排列成一套精心设计的问题的过程，其中对概念的测量依照本书第 2 章所述理论和原理。下面介绍问卷设计时的步骤和一般原则。

一、问卷设计的步骤

问卷设计分为四步：第一，摸底；第二，设计问卷初稿；第三，试调查；第四，定稿。其步骤如图 3－2 所示。

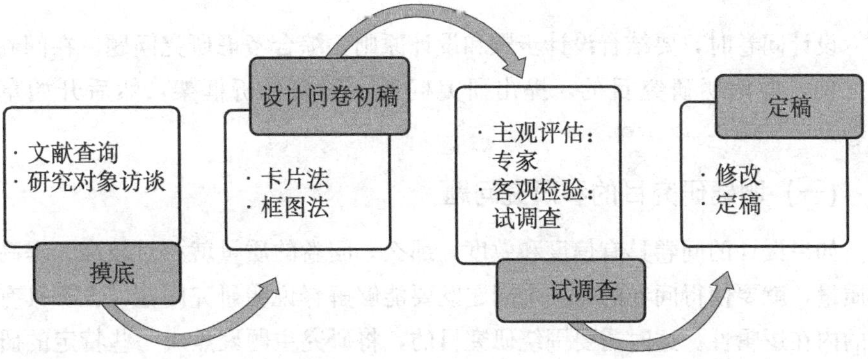

图 3－2　问卷设计的步骤图示

（一）摸底

在问卷设计之初，要围绕调查议题进行文献查询以及对研究问题所涉及的人进行访谈，或者访谈熟悉该研究议题的专家，直到明晰、聚焦清晰的研究问题。文献研究、向专家访谈或向熟人摸底，都是为了清楚地界定研究主题，不断厘清前人尚未解决的、内在特征上支撑研究主题的若干个调查问题。

（二）设计问卷初稿

利用卡片法（或框图法），将特征相同的一类问题放在一张卡片中，在问题的下面发展出若干个测量这一问题的具体题目和答案，第二类问题放在第二张卡片中，再在这个问题下面发展出测量第二类问题的问卷题目和备选答案……以此类推，使所有类型的问题都发展出相应的问卷题目和备选答案。

然后依据调查问题“先易后难”“先行为后态度”“先一般后敏感问题”的实战经验，将所有卡片中的题目和备选答案整理成一份问卷初稿。

（三）试调查

在语言表达、语汇清楚等方面对初成的问卷初稿做进一步修改后，请业内、学术专家进行主观评估，再次修改；然后，使用非概率抽样抽取同质（即与未来被调查者具有相同特征的人群）的被调查者（30人左右的样本规模）进行试调查，通过试调查收集的数据可用于检验量表信度、效度，修改问卷中词不达意、表述不清、答案不合理等的问题，提高问卷质量，完善问卷问题。

（四）定稿

经过试调查、修改问卷后，基本上可以定稿。有时，当设计的问卷初稿中存在的不合理处较多，或者通过试调查仍没能彻底修改好问卷时，需要再次进行试调查，进一步完善问卷，直到得到用于正式调查的优质问卷为止。

二、问卷设计的原则

设计问卷时，要结合设计步骤和设计原则，综合考虑研究问题。在问卷设计之前，要阐明研究目的，提出研究问题，形成分析框架，然后开始草拟问卷。

（一）明确研究目的和研究问题

如果设计的问卷具有信度和效度，那么，问卷的质量就相对较高。提高问卷质量，就要使得问卷的每一个问题既要能够解释说明研究问题，也要具有一定的内在逻辑性。这时需要围绕研究目的，将研究主题聚焦成一些特定的研究问题，将研究问题衍化成具体的测量变量。

例如，当调查主题为"中国舆论中出现的韩国、朝鲜形象是怎样的"①，该主题可被细化为以下两个研究问题：第一，中国报刊中刊载的关于韩国、朝鲜的报道分别有哪些特征；第二，中国对韩国、朝鲜的报道倾向有哪些差异。

在问卷设计中，如果缺少将研究主题聚焦成研究问题的步骤，直接从一个较为空泛的主题开始草拟问卷问题的话，就会使问卷题目流于空泛，即使用问卷收集到了数据，这一数据也往往因为不能切中研究目标而无法使用。

对于一个研究主题，有时能够聚焦出不止一个研究问题，这时就要写出每一个研究主题的目标，提醒研究者要切中重要主题。有时草拟一张图亦有助于梳理出清晰的思路，不遗漏重要主题。

（二）围绕研究问题列出研究框架及变量清单

依据研究目的，围绕研究问题列出研究框架及变量清单。明确研究问题后，最好先确定问卷调查问题的框架。根据相应的理论，针对研究所要分析的变量之间的关系，建立分析框架，如从所研究的问题出发，究竟要测量哪些变量？变量之间存在因果关系还是相关关系？对于解释性研究，最好给出变量关系的逻辑框架图。这样会大大减少问卷设计的盲目性，不遗漏重要变量，不增加无关题目。尤其是调查主题比较复杂的问卷，涉及的主题层次较多、变量数量较多，则更应如此。②

例如，某公司程序员的流动率越来越高，初步调查后得知他们对公司的薪资结构不满，同时还有其他一些原因。现在要调查离岗程序员的离岗原因，研究者需要通过对离岗程序员以及在岗员工、劳资部门领导的访谈，确认该公司内部和外部存在哪些导致部分程序员离岗的因素。经过访谈研究者得知，离岗原因包括四个方面：客观环境、主观环境、工作满意度和内部服务品质。客观环境和主观环境均对员工的工作满意度和他们的内部服务品质产生影响，员工的工作满意度也同时影响其内部服务品质。图3-3为分析框架图。在建立分析框架时，尽可能详尽地列出研究问题可能涉及的变量及其指标清单。③

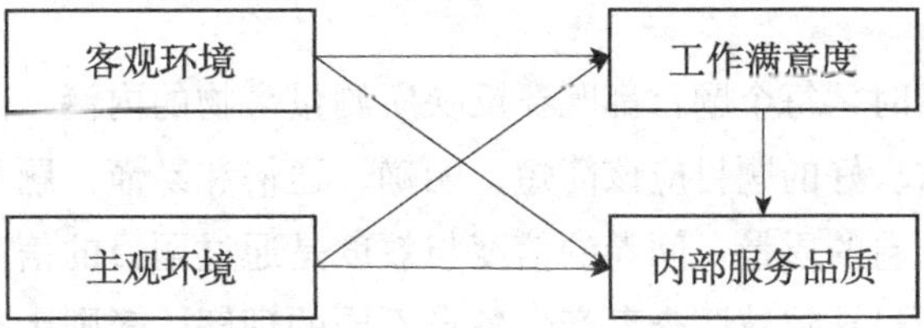

图3-3 分析框架图

① 康贤斗，朱凤仪，许进．中国舆论中出现的韩国、朝鲜形象比较分析（1949—1996）［C］//袁军，胡正荣．面向21世纪的传播学研究：中加传播学研讨会文集．北京：北京广播学院出版社，2000：169-189.

② 郝大海．社会调查研究方法［M］．2版．北京：中国人民大学出版社，2009：127.

③ 风笑天．社会研究方法［M］．5版．北京：中国人民大学出版社，2018：101.

依据图 3－3，列出该研究的变量清单。如测量“客观环境”的变量包括薪酬水平、薪酬制度、训练需求、培训方式；“主观环境”的测量变量包括管理支持和管理措施；“工作满意度”包括内部满意和外部满意；“内部服务品质”包括内部沟通和外部协调。如图 3－4 所示。

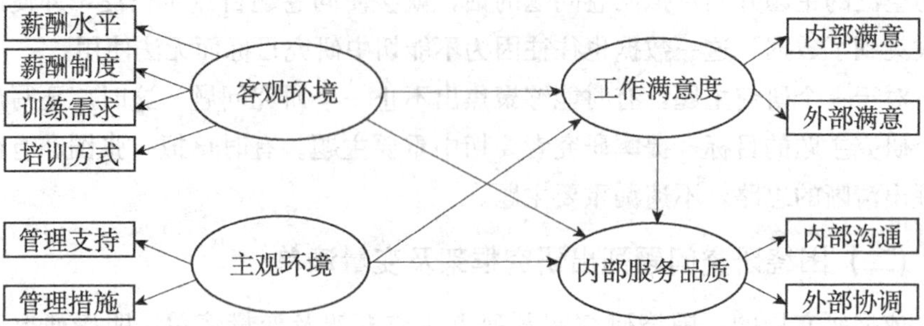

图 3－4 变量清单分析框架图

资料来源：荣泰生．AMOS 与研究方法［M］．重庆：重庆大学出版社，2010：187.

（三）为被调查者着想

研究者心里要时刻装着被调查者，为他们着想。具体表现为设计每一个题目和备选答案时，都要考虑研究者所认为的语言表达中包含的意思，是否能为被调查者所理解，是否会引起歧义；当研究者使用某个司空见惯的说辞时，被调查者是否能了解这个说辞的准确含义，备选答案的形式能否被他们接受；问卷长度是否过长，题目数量是否过多；等等。以上种种问题都要得到衡量和思考。

还有一类因素也需要被照顾到，即被调查者的主观障碍和客观障碍。前者如畏难情绪、顾虑重重、漫不经心、没有兴趣等；后者如阅读能力、理解能力、表达能力、记忆能力、计算能力等。要对这些阻碍问卷调查的因素有明确认识。总之，设计每一个题目时，都要站在被调查者的角度衡量和思考。

第三节 问题设计要则

在设计问卷时，每个题目都既要反映所测量事物的内涵，同时也要符合准确和有效的要求。好的题目应该简短、明确、通俗和易懂，题目语句设计的好坏关系到整个问卷的质量，问卷的信度与效度是通过题目的信度和效度来判断的。如果一个题目导致被调查者产生各自不同的理解，轻则影响此研究问题的准确性，重则降低整个问卷的可靠性。同样，如果题目导致被调查者答非所问，也将影响问卷的效度。下面是问卷设计中对题目设计的一些要求。

一、问题内容的设计要求

内容合适，指设计的问卷题目内容不仅要满足研究需求，而且要适合被调查者。在设计题目时，尽量不要让被调查者预测自己对未来或假设情境的反应。不要在题目中让被调查者提供事情发生的原因，即总体上要求每一个题目和备选答案既能体现每一个调查问题，而且其遣词造句也能明白无误地传达要义，使被调查者能准确解读、做出相应的反应。这个要求看似简单，实则很难完全达到。因此，问卷设计时，要提出具体的、细节方面的要求。

(一) 内容合适

题目的遣词造句要简单、清晰和口语化，这是基本要求。

1. 避免使用专业术语或缩写

研究者可能对一些专业术语耳熟能详，但作为社会公众的被调查者不一定都能准确理解专业术语，例如，心理学中的“皮格马利翁效应”（Pygmalion effect)、社会学中的“失范”（anomie)、新闻传播学中的“信息茧房”等。对这些用语，普通人可能不熟悉或不了解，当在问卷中面对它们时，被调查者可能选择拒答或干脆跳过去不答。

2. 避免使用语意模糊不清的字词

由于对所调查的议题十分熟悉，研究者可能会忽视被调查者的感受，在拟定的题目中做出潜在的假定。例如，在询问被调查者的收入状况时，经常会设计这样的问题：“您的收入是多少?”在这里，研究者预先假设被调查者对收入的理解和自己是一致的。然而，事实上，被调查者会对“收入”有多种理解，如可以指周薪，也可以指月薪或年薪。或者，收入可能包括税前或税后、今年或去年的收入。还有，收入是单指薪水，还是包括所有收入。如此多样的理解，就要求在设计这类题目时，要解释清楚究竟想了解哪一类收入。

例：您的家庭去年税前总收入是多少?

还有一种情况，即使用的词可能引起多种解释，造成语意不清。

例：您是否定期上网浏览?

由于被调查者对“定期”的理解因人而异，有人将其理解为每天有一固定的上网时间，有的人可能认为每周的某几天都会上网是一种“定期”的上网行为。在设计题目时，最好将“定期”改为具体的时间或周期。

例：您每周上网浏览几次?您是否每天都上网浏览?

(二) 避免双重提问

1. 双重提问

双重提问指在一个题目里问了两个问题，却只有一组备选答案的情况。双重提问又被称为双重负载（double-barreled)。[①] 经验丰富的研究者也经常犯此类错误。例如下面的题目就是双重提问的实例。

---

① 郝大海．社会调查研究方法［M］．2版．北京：中国人民大学出版社，2009：132.

例：你是否打算在明年辞职另找一份工作？

这个题目的内容涉及两种情况：其一，有人确实打算明年辞职另找一份工作；其二，有人打算明年辞职，但没有另找一份工作的计划，可能选择休整一段时间，也可能因准备生育而决定辞职。此时，正确的做法是将问题一分为二，分开提问，即一个题目只问一件事情。

还有两种比较隐蔽的双重提问。一种情况是研究者为了获得被调查者对变量间关系的看法，在询问某个问题时，同时以前提假设的形式询问另一个变量。

例：在目前这种经济形势下，您认为投资股票市场是个好主意吗？①

这个题目包含了两件事情，即经济形势和投资意愿。它隐含着一个假设，即目前的经济形势不很乐观，在这样隐含的前提下，让被调查者在已设定的经济形势和其投资意愿间做出判断，这个判断部分取决于被调查者对“目前经济形势”的看法，而不完全是对投资意愿的看法。

正确的做法是，分别询问被调查者对上面两个问题的看法，然后通过变量分析确定二者间的关联性。

另一种情况是题目中包含着隐含的限制条件，即在有些题目中，虽然没有设定不合理的假设，但却存在隐含的限制条件，这些条件使得题目的答案只对部分被访者适用。

例：在过去的一个月里，您是否进行过某种运动以避免发胖？②

这个题目内容指涉了三种人：第一种是从不运动的人；第二种是因恐惧肥胖而运动的人；第三种是并非因恐惧肥胖而运动的人。第一种和第三种情形是隐含的限制条件，并非题目所体现的。对此，修改的方法是先询问被访者是否参加运动，再询问其运动的目的。

2. 双重否定

在设计题目时，要避免使用双重否定形式。

一般情况下，人们更习惯直接肯定的表述，双重否定的表述会增加思考的难度，容易使被调查者混淆题目的意思，选取自己原本不同意的答案。

例：中学生在毕业时不能不参加所有科目的考试，您同意吗？

可以将这个提问修改为直接肯定的方式。

例：中学生在毕业时应参加所有科目的考试，您同意吗？

（三）避免引导性问题

引导性问题指题目的措辞会影响人的回答，或产生某种暗示作用，引导被调查者选择某项答案。问卷题目设计应遵守客观公正原则，不引导被调查者朝着某个特定方向回答问题。

---

①② 郝大海．社会调查研究方法［M］．2版．北京：中国人民大学出版社，2009：133.

1. 避免在题目中使用引导性语句

例：

您不赞成在公共场所吸烟，是吗？

大多数医生都认为被动吸烟会导致肺癌，您同意吗？

这两种提问都在一定程度上暗含了某种倾向，期待被调查者向研究者期待的某种方向作答。而被调查者往往在趋同心理支配下，给出不真实的答案。

正确的做法应该是保持中立的提问方式，使用中性语言。

例：

您对公共场所吸烟有什么看法？

有人认为被动吸烟会导致肺癌，您同意吗？

2. 避免在题目中使用倾向性语言

倾向性语言中带有情绪或褒义、贬义的词语，会造成被调查者理解的偏向。

例：

您赞成那些用钱安抚毫无人性、丧心病狂绑架平民的恐怖分子的政策吗？

赡养老人是中华民族的传统美德，您认为您对老人尽到赡养义务了吗？①

第一个题目中包含着倾向性语言“毫无人性”“丧心病狂”“绑架”等，使看到题目的人产生某种情绪，造成不必要的引导。第二道题目也是如此，可自己思考修改。

正确的提问方式是：

例：您赞成那些用缴纳赎金的方式解决人质绑架危机的政策吗？

（四）避免题目和答案不平衡

有的题目的备选答案里，只有正向（或负向）选项却没有负向（或正向）选项，或列出的情形不完整，这些都属于不平衡现象。

例：您认为当前该市的市政管理水平如何？非常出色、很好、令人满意还是一般？

上述备选答案缺少负向选项，最差的评价是“一般”，应该补充负向选项“令人不满意”“很差”“非常糟糕”等，才能使答案完整。

还有一种不平衡，表现为题目中缺少一些重要信息。

例：在5家参加竞标的物业公司中您最喜欢哪一家？是茂晟物业管理公司，还是其余几家？

这样的提问，会使选择茂晟物业管理公司的比例升高。

正确的做法是逐一列出每个公司的名称，同时还要注意公司名称的排列方式，5家公司要各有1/5的机会排在首位或末尾，以避免出现心理认知中的首因效应和近因效应。

---

① 郝大海．社会调查研究方法［M］．北京：中国人民大学出版社，2009：134－135.

(五) 减少社会遵从效应

在涉及某些敏感话题的问卷调查中，被调查者可能会有意隐瞒一些事实或夸大一些说法，以达到心理的认知和谐：(1) 使自己在他人眼中更符合一般的社会规范；(2) 回避可能对自己构成某些威胁的问题；(3) 维护自我形象；(4) 符合政治正确。

对这类问题，可能的解决方法如下。

1. 给敏感题目提供背景信息

对一些敏感问题，如酒醉驾车、非法用药的经历等，被调查者往往不愿意如实回答，以避免此类题目可能带给他们的负面效应。还有一种情况，即使调查主题看起来不那么敏感，如询问人们是否有图书馆的借书证等，人们也可能会做出不实回答。

比较下面两个题目：

例：

您有图书馆的借书证吗？

人们除了会自己买书、订杂志外，还用其他方法来获得阅读材料，包括从图书馆借书看。请问您目前有还是没有图书馆的借书证？

第一个题目的提问方式，会使回答中图书馆借书证的拥有率高于正常值。

2. 设计辅助题目

对一些较为敏感的问题，要设计一系列辅助题目，先为被调查者提供一些背景信息，之后再让他们正式回答题目。先看下方的问卷题目：

例： 您通常一天吸几支烟？

被调查者可能不愿意回答这种题目，因为人们普遍认为吸烟是一种不利于健康的嗜好。被调查者会暗自揣测研究者心中“过多”的吸烟数量是多少，为了减少受到负面评价，他们倾向于保守估计，报告低于平常吸烟量的数量。有学者建议可以设计辅助题目，减少被调查者感知的压力。①

例：

一般来说，您吸烟吸得比您的朋友们多，还是少，还是差不多？

请想一下您所知道的朋友里面，谁吸烟吸得最多？您估计这位朋友通常一天吸几支烟？

您自己呢？您通常一天吸几支烟？

3. 调整答案详略程度

在调查中询问收入可能总是会令人沮丧，人们普遍认为收入是个人隐私，不该与人分享。然而，收入又是十分重要的解释变量。对此，解决策略可以是

① 郝大海．社会调查研究方法［M］．2版．北京：中国人民大学出版社，2009：97.

设计比较粗略的答案类别。

例：

如果计算时精确到千元，您的年薪是多少？

您的年薪是低于1万元、在1万元到3万元之间，还是高于3万元？

或者根据调查区域、群体的收入水平划分类别层次。

二、问卷注意事项

进行问卷设计时，努力提高问卷质量是十分必要的。除了上面介绍的一般规则外，在问卷设计中还应注意一些事项。

（一）如何提高问卷质量

1. 问卷清晰、明确、适合研究对象

研究者对整个研究问题有明确的认识，问卷中的每一个问题应紧紧围绕研究目的和研究假设展开。删除一些似是而非、与研究内容无关的题目。一份问卷包含的与研究目的和研究假设不相关的题目越多，它能够收集到的有用信息就越少，问卷的价值就越低，显然，这样的问卷质量不会高。一份高质量的问卷应清楚、明确、适合研究的被调查者。

2. 对问卷进行专家审核和试调查

如前文所述，试调查是提高问卷质量的最好方法之一。在问卷形成初稿后，一定要对问卷进行专家审核和试调查。让研究问题领域内的专家、熟悉研究问题的人审核问卷，根据他们的意见反复修改问卷。

进行试调查时，从与被调查者一致的人群中抽取一个小样本（大约30人），对问卷措辞、答案、填答时间等进行检验，利用试调查数据计算信度和效度。如果问卷初稿信度、效度较低，便要剔除影响信度、效度的项目，反复修改，以提高问卷信度和效度。

3. 不给模糊答案留有机会

问卷是给被调查者阅读和填答的，要让他们愿意回答并能够回答问卷中的问题并非易事，需要研究者动脑筋、多为被调查者着想。如果设计出来的题目，被调查者的回答多为“不知道”“不清楚”等，那么便说明问卷题目没有抓住研究问题的关键，表达方式与被调查者的理解不一致，这些问题都需要在前期的文献查询和摸底访谈中得到解决。

4. 题目少而精

问卷中可要可不要的题目一定要删除，问题要少而精。在能够获得必要的资料的前提下，问卷中的问题越少越好。所谓“精”，指问卷的质量高，即问卷中的问题要含义明确、答案恰当、形式简单、语言通俗易懂、填答方便等。

问卷的长度并没有一个标准，要依据具体的研究目的和经费等综合确定。

对一份问卷来说，题目不宜过多，被调查者在15～25分钟内完成为宜（自填式问卷可再短一些）。

（二）问题的顺序

问卷题目及其备选答案的排列顺序都可能对调查结果带来影响。社会学家本顿和戴利（J. Edwin Benton & John Daly）在进行一次关于地方政府的问卷调查时发现，教育程度较低的被调查者更容易受到题目顺序的影响。[①] 解决这类问题的方法是对此保持足够的敏感，估计它的影响程度，这样，就可以对结果做出有意义的解释。如果研究中问题的顺序特别重要，则根据不同编排设计出多份问卷，测量其影响程度。

一般来讲，在设计问卷时，将容易回答的题目放在比较靠前的位置，例如涉及行为方面的题目。一些涉及人的态度、观念的题目，要放在比较靠后的位置。如果调查题目中有涉及敏感话题的题目，也应放置在较后的位置。就封闭式问题和开放式问题来说，开放式问题更应放在问卷最后的位置。

人口统计学信息，包括性别、年龄、收入、职业、教育程度、宗教信仰、婚姻状况等，通常要放在自填式问卷的最后。如果调查采用访问式调查，人口统计学信息则最好放在问卷的开头部分。访员为了能够迅速与被调查者建立融洽关系，在做完简短自我介绍后，最好从被调查者关心的一些日常问题开始提问，这些问题很容易回答，且没有威胁性。一旦建立起了初步的融洽关系，便可以开始循序渐进地询问其他问题。

第四节 设计备选答案

备选答案的设计是封闭式问题的设计中十分重要的部分，答案设计得合理，有助于提高问卷质量，是问卷收集可靠数据的基本保障。

一、设计备选答案的要素

一般而言，设计备选答案时，要满足以下三个方面的要求。

第一，保证答案具有完备性和互斥性。

封闭式问题的答案，要满足两个条件，即完备性和互斥性。这两个条件要求题目的答案既要尽可能覆盖题目要求的所有情形，不遗漏重要选项，同时也要求列出的备选答案没有交叠重合。

第二，根据研究需要确定变量的测量层次。

问卷中的问题是操作化后的变量，在设计题目和备选答案时，要依据分析框架确定变量的测量层次。不同的测量层次的变量所运用的统计分析方法也有

① 巴比．社会研究方法：第8版：上册［M］．邱泽奇，译．北京：华夏出版社，2000：202.

所不同。确定变量层次，既依靠研究主题、研究假设，也要考虑抽样获得的样本。

第三，使用“其他”选项的前提是有价值的信息均已出现在备选答案中。

实际设计中有时会面临这样的问题：有些问题的答案，如果全部列出，虽然不是不可能，但十分困难。这时，很多问卷都使用“其他”选项进行兜底。需要注意的是，如果收集的数据中超过10%的选项落在“其他”，便说明该题目中一些有价值的信息并未被挖掘出来。

二、备选答案的形式

常见的备选答案的形式有以下五种，现在结合例子分别进行介绍。

1. 填空式答案

这种答案是直接在问题后留出空白处，被调查者依据题目内容直接填写。

例：

您是哪一年出生的？（　　）年。

请问您在2020年全年所有税后收入大概是多少元？________元。

您家几个孩子？________个。

很明显，通过这一答案形式收集的数据，基本上是定距和定比层次的数据。

2. 单选题式答案

单选题式答案，指被调查者依据自己的实际情况，在多个答案中选择一个答案。这是问卷中最常见的答案形式。

例： 请问您的受教育情况是（　　）？

（1）小学及以下；（2）初中；（3）高中/中专/技校；（4）大学专科；（5）大学本科及以上。

3. 多选题式答案

多选题式答案，指被调查者在多个备选答案里选择多个符合自己实际情况的答案。

例： 您阅读党报的目的是？（可多选）

（1）了解党和国家的方针政策；

（2）了解国内外重大事件及背景；

（3）了解广大人民群众的呼声；

（4）了解各地推动中心工作所创造的新鲜经验；

（5）了解党和国家思想文化领域的新理论、新观点；

（6）寻找经济信息；

（7）丰富文化生活；

（8）出于生活习惯；

(9) 其他（请注明____________________）。

有时，为了突出重要的选项，需要限制被调查者所选答案的数量。

例：请问在过去半年里，以下手机应用中您使用频率最高的是？（可选5项）

(1) 手机即时通信；(2) 手机搜索引擎；(3) 手机网络新闻；

(4) 手机网络购物；(5) 手机网上外卖；(6) 手机网络支付；

(7) 手机网络游戏；(8) 手机网络音乐；(9) 手机网络文学；

(10) 手机在线教育；(11) 其他。

4. 排序题式答案

排序题获得的信息，不仅有选项，还有强弱程度的排列，可较为深刻地揭示被调查者的认知。

例：在获取新冠肺炎疫情相关的信息时，您信任哪些消息来源？（选择前三名，并排序）

(1) 国内官方媒体（如新华社、《人民日报》、外交部发言等）；

(2) 国内商业媒体、自媒体（如澎湃新闻、丁香医生等）；

(3) 国内社交平台上的个人账号（如微博超话中的求助帖等）；

(4) 国外官方新闻发布会；

(5) 国外商业媒体（如《纽约时报》、BBC等）；

(6) 国外社交平台上的个人账号；

(7) 其他（请注明____________________）

第一：__________；第二：__________；第三：__________。

5. 矩阵式/表格式答案

通常问卷调查中许多问题会有相同的答案选项，像一些量表的答案就是如此。在设计时，通常将这一类题目放在一起，形成矩阵/表格形式。

例：您每天是如何了解新冠肺炎疫情的？请在表3-1中符合您实际情况的方框内打钩。

表3-1　矩阵式/表格式答案示例

	从不使用	1小时以下	1～2小时	2～3小时	3小时以上
报纸/杂志					
新闻客户端（如腾讯新闻、财新APP）					
微博					
微信					
短视频软件（如抖音、快手）					
海外媒体平台（如Twitter、Facebook）					
其他，请注明__________					

第五节 实施问卷调查

通常一项问卷调查的实施形式可分为有访员参与的面对面访问和没有访员参与的自填式访问。随着电话的家庭普及率增高，电话访问首先在美国等西方国家发展并逐渐进入我国调查领域之中。近年来，互联网技术的迅猛发展，使得借助互联网技术平台实施问卷调查的方法越来越多地涌现出来。在本节着重介绍面对面访问的问卷调查和以电话为介质的电话调查。互联网问卷调查请参见第10章内容。

一、面对面访问

这里的面对面访问，指结构式访问，即一名访员根据事先设计好的标准化的问卷，逐项询问被调查者，每位被调查者均回答同样的问题，访员不能离开问卷上的问题自由发问。在面对面访问中，问卷中的问题由访员一一念出，有时访员会根据调查主题出示一些卡片（上有图画、文字、表格的一张张硬质小纸片），在被调查者给出答案后，访员将其答案填写在问卷上。在此种调查中，问卷的质量和访员的作用十分重要，二者影响着问卷回收后的数据质量。首先，回收率较高。一个设计得当的问卷和实施合理的调查，其回收率能达到80%以上。这是因为人们一般不太容易拒绝站在家门口的来访者，却会轻易忽略发在手机或邮箱里的问卷。其次，有访员面对面调查，问卷中选择“不知道”或空着不填的项目会减少。最后，访员的作用是推进访问过程，访员的外在表现，包括言谈举止、表情语气等都可能影响被调查者准确理解问卷题目。因此，在调查中访员要遵循一定的规则。

（一）访员遵循的一般规则

1. 访员的举止谈吐

访员的举止应令人愉快，态度谦虚友好，不能过于固执。穿戴得体，干净整洁。在问卷调查过程中，要有礼貌地提问和倾听，聚精会神，用一些诸如点头、肯定的目光等信息给予被调查者鼓励。

2. 访问技术

访问技术实质上是指在访问过程中要使用的一系列技术，包括与人接触的技术、提问的技术和记录的技术。首先，接触人。访问是与人交往的一种互动形式，一开始双方比较陌生，接触起来困难较多。面访的第一步一般是见面寒暄或者入户进门。一般地，先简短介绍一下自己的身份，解释调查目的，而不必急于谈正题。要先打破僵局，然后用积极接近法使被调查者同意接受调查。

其次，熟悉调查问卷和提问。在访问过程中，访员的提问要明确、具体。要做到这一点，必须在访问前的模拟提问中反复练习。在访问中不能给被调查者有倾向性的任何暗示，包括语气、表情、手势等。访员应该是问题与答案之间的中介。访员有必要学习使用一些标准的询问语言，诸如："您是怎样想的？""您可以告诉我您心中所想的吗？""您指的是什么？""哪一个与您所感受的形式更接近？"总之，访员在访问过程中要始终保持客观和中立，避免资料失真。

最后，记录答案。要准确地记录答案，尤其对于开放式问题，更要忠实地记录，不要企图去做总结，或使用概括性的语句。

3. 对拒访的处理

如果被调查者拒绝接受访问，访员应记录拒访的原因，并设法再次预约，弄清他的基本资料，如年龄、性别、籍贯、居住地区等，以便在分析资料时，比较拒访者与被调查者间的异同。遇到被调查者不在，或不方便接受访问时，访员应该另约时间再访。再访的次数应在事先规定，如果规定只再访两次，而两次都失败了，就要放弃这一被调查者，访问替代的被调查者。

4. 复查

访问告一段落后，最后一步是进行复查。复查的办法是：在样本中抽出部分对象，派访员再度访问或者以信函或打电话的方式复查。复查的内容包括以下一些：访员是否在规定的时间内进行了访问；访问的方式是怎样的，是访员亲自访问还是打电话访问的。另外，还可以再请被调查者回答几道问卷上的问题，核对结果是否与前一次相同。

（二）访员的挑选和培训

1. 访员应具有的特质

访员的挑选要依据一些基本的原则。首先，访员必须具有诚实的品质，实事求是地按要求进行访问。其次，访员必须培养自己对调查工作的兴趣，枯燥的访问工作容易使访问失去准确性。再次，访员应具有观察、辨别与交往的能力，这是访问工作中必不可少的。又次，访员要具有认真负责的精神，工作态度要不马虎、不敷衍，严格按照问卷指示或访问要求提问，并认真准确记录答案；有高度的责任心，不怕吃苦，勇于吃苦。最后，访员要具有适当的个性和一定的语言表达能力。理想的访员的社交应酬能力不宜太强，也不宜太具侵略性。访员必须讲一口标准的普通话，并具有一定的语言表达能力。

2. 访员的培训

首先，研究者向访员做整体介绍，包括调查内容、意义、方法，以及与调查项目有关的情况，便于访员对调查工作有一个整体的了解。另外，还要向访员说明调查的步骤、要求、时间安排、工作量以及报酬等具体问题，并指派督导员负责，阐明其职责。

其次，组织访员学习访员须知、问卷、访员手册等资料，特别要对问卷逐字逐句逐项地说明，解决访员对问卷内容及填答方式的一些不明确之处。

再次，进行模拟访问。每两个访员一组，或少数人一组，每个访员按正式访问的要求和步骤，从头到尾实际操作一次，其他访员当被调查者，发现并解决模拟访问中的一些问题。

最后，建立一套监督和管理办法，以保证正式访问调查的质量。包括组织管理措施、指导监督措施、复核检查措施等，并向访员介绍这些管理措施。

（三）面对面访问的优缺点

面对面访问的优点包括以下几点。

（1）访员可以随时向被调查者解释、说明，还可以用卡片、图表等工具协助访问。同时，能够立即对被调查者给予的含糊不清的答案予以纠正。因此，能获得比较详尽的答案。

（2）由访员亲自在场逐项提问，被调查者出现跳答或漏答的现象比较少。另外，由于访员亲自在场，也可避免被调查者与他人商量后一起填答的情况发生。

（3）由于访员亲身访问，一些不愿填答邮寄问卷的人、不识字的人或家中没有电话不能接受电话访问的人都可以接受访问，因而完成率非常高。

（4）访员亲身访问，还可以观察到被调查者的某些背景情况，如被调查者的年龄、服饰、家中装饰以及有无电视、音响、报纸、杂志等，还可以在访问中察言观色，判断被调查者有无隐瞒或说谎的迹象。

面对面访问的缺点是成本高，访员的某些信息也会对被调查者造成某种暗示或引导，导致误差。面对面访问需要培训访员，解决访员交通、食宿等费用，成本相对较高。除此而外，由于访员的亲自在场，一些被调查者可能不愿回答一些敏感性问题。

（四）对未回答和无效回答的处理

在问卷调查中，经常遇到未回答和无效回答的情况。问卷的无效回答指问卷中的回答前后矛盾、一些答案不正确（超出给定范围）和一些答案不完整。

只有弄清未回答和做出无效回答的被调查者的具体情况，才能正确说明调查结论的代表性和有效范围，不至于做出不切合实际的评价。未回答和无效回答固然是被调查者由于种种原因造成的，但问卷设计者也有责任，因此要弄清造成未回答和无效回答的种种原因，在无效回答中还要分析哪些属于个别性的错误，哪些是带有共性的问题。一般来说，凡带有共性的问题都与问卷设计有关，因而要从无效问卷中找出不足，加以改进，提高问卷质量。

二、电话调查

与面对面访问不同，电话调查是访员通过电话这一介质，向被调查者念出问卷中的题目，被调查者选出答案后，再由访员记录在问卷中的调查。可借助纸笔、电话进行访问（被称为PAPI），也可借助计算机辅助电话调查（CATI）。

（一）电话调查的实施

电话调查是由访员给被调查者的家中或办公室打电话进行访问。在进行之前，需要完成培训访员和准备访问记录表等具体工作。电话调查中访员的培训和面对面访问类似，所不同的是需要对访员的语言表达能力进行把关。

电话调查的实施步骤如下：

第一步，确定抽样方案，包括确定抽样单位抽取的抽样框和在抽样单位中选择被调查者的方法；

第二步，确定从抽样框中产生，并将在抽样中使用的一组电话号码（库）的获取方法；

第三步，为每个电话号码制作一张抽样中使用的呼叫清单；

第四步，设计将要使用的调查问卷；

第五步，招聘调查员（访员）和督导员，制定调查具体进度和日程；

第六步，进行试调查，调整调查步骤和调查设备；

第七步，打印定稿的问卷和其他表格、清单；

第八步，培训调查员和督导员；

第九步，进行全监控的调查；

第十步，对完成的问卷编码，转换成计算机可读取的格式；

第十一步，分析数据、撰写研究报告。

电话调查记录表（见表3-2）是一张包含被调查者电话号码、问卷编号、访员姓名、打电话次数等内容的表格，使访员能够记录调查过程中的重要情况，如“无人接听”“拒访原因”等。

表3-2　电话调查记录表

电话号码				问卷编号
************				□□□□□□□
打电话次数	日期	时间	结果	访员
1	________	/	________	:
2	________	/	________	:
3	________	/	________	:
4	________	/	________	:
5	________	/	________	:
6	________	/	________	:
注释：				
1				
2				
3				
4				
5				
6				

除了按照上述步骤操作外，电话调查的最佳时间一般是19：00—21：00，若在周末，10：00—18：00是比较好的时间。若要进行办公室电话调查，显然上班时间比较合适。

调查时，访员应冷静、客观，遵守访问规定的时间，避免造成误差。在调查中，访员要完全按照问卷的顺序将问题念给被调查者，除非问卷中有跳答说明，否则，不可随意跳问。访员的语气要平和、语言要中性，不向被调查者暗示答案或给予建议、解释问题。调查结束后，感谢被调查者。

调查最好集中在一间屋内进行，一是可以进行有效监督，二是便于对调查过程中出现的问题及时补救，三是可以及时检查完成问卷的质量，及时更正。

(二) 电话调查的抽样

电话调查主要是针对有电话的家庭或个人进行，因此，电话调查的样本框比较倚重电话号码（固话或手机号）。

1. 电话簿抽样

采用随机抽样的方法，将电话簿上所有的号码进行编号，制作抽样框，然后用抽签法或随机数字法抽出一定数量的电话号码作为样本。

2. 随机号码加一法

电话号码簿抽样法有一个最大的缺点，即无法抽到那些没有登记在号码簿上的号码。如果这样的号码过多，抽出的样本对总体的代表性就会受到影响。

电话号码加一法（plus one），即用简单随机抽样或系统抽样法从电话号码簿上抽取一个电话号码，再在这个号码的尾数上加一，如抽取的号码是9876524，加一后则变成9876525，这两个号码都成为样本。有学者建议，还可以把用以上方法抽选的号码的最后一位删去，用随机数码表中的一个任选数字取代之。

用以上办法可以有效地找到大部分未登记的电话用户，使样本具有代表性。但是在以下情况下，这些方法仍然可能造成一些偏差：当一组电话号码均未被登记时（以电话号码的最后一位数字为准，将10个号码编成一组，9876200—9876209，或9876210—9876219），用以上方法仍然不能抽到这一组号码。如果这样的组较多，则样本的代表性仍然较低。

3. 随机拨号法

用随机拨号法（random digit dialing）抽样时，不需使用电话号码，只需要决定抽样地区，先将这一地区的地方交换机局域码（也就是7位电话号码的前3位）固定，再用随机数码表或计算机随机数字抽出后4位，与局域码合并，即可成为样本号码。

这一方法的缺点是抽出的号码空号太多，平均每抽取 10 个号码，就有 8 个是空号，空号率高达 80%。为了解决这一问题，学者们想出许多办法。例如，舒德门（Sudman）发现，把电话号码的前 4 位固定，后面 3 个数字用随机数码表抽取，可以使空号率从 80%降至 50%。瓦克斯伯格（Waksberg）提出另一种改进方法。他建议依照抽样地区的地方交换机局域码，每 100 个号码组成一个集群，这样，每一个地方交换机局域码下的号码可以组成 100 个集群。①

（三）选择被调查者

当电话调查对象是家庭户时，在抽出样本之后，该选择其中的哪些家庭成员接受调查呢？针对这一问题，主要有以下几种解决方法。

1. 不加选择法

不加选择法（no-selection method）是指不刻意选择特定的家庭成员，只要接电话的人符合样本要求，就可以直接对他（她）进行访问。不加选择法能够节省访问时间，成功率较高，缺点是违反了随机抽样的原则。

2. 男女轮流选择法

男女轮流选择法（male/femal ealternation）是指由负责访问的访员轮流选择男性/女性被调查者。当访员访问了一位男性后，下一位访问对象必须是女性。也可由访员适当控制男女性别的比例。这种方法能够使样本在性别上更具有代表性。另外，也可以用电话号码决定被调查者的性别，如电话号码的最后一位是奇数时，访问男性，偶数时，访问女性，或者相反。

3. 楚德-卡特排列法

楚德-卡特排列法（Troldahl-Carter tables）要求访员轮流使用四个表格选择被调查者。在使用表格前，访员首先要提问两个简单问题：（1）“包括您在内，您家里一共有几位年满 18 岁（或符合样本要求的其他条件）的人?”（2）“其中有几位是男性?”访员询问完这两个问题后，便可以轮流按照表 3-3 到表 3-6 的指示选择被调查者，并要求访问这个人。

表 3-3　　根据家中 18 岁以上的人数，选择被调查者

		1人	2人	3人	4人以上
男子数	0人	女性	最年长的女性	最年轻的女性	最年轻的女性
	1人	男性	男性	女性	最年长的女性
	2人		最年长的男性	最年轻的男性	最年轻的男性
	3人			最年轻的男性	最年长的男性
	4人以上				最年长的男性

① 拉弗拉卡斯．电话调查方法：抽样、选择和督导［M］．沈崇麟，译．重庆：重庆大学出版社，2005：44，46.

表3-4　　根据家中18岁以上的人数，选择被调查者

		1人	2人	3人	4人以上
男子数	0人	女性	最年长的女性	最年轻的女性	最年长的女性
	1人	男性	男性	最年长的男性	男性
	2人		最年长的男性	女性	最年长的女性
	3人			最年轻的男性	最年长的女性
	4人以上				最年长的男性

表3-5　　根据家中18岁以上的人数，选择被调查者

		1人	2人	3人	4人以上
男子数	0人	女性	最年轻的女性	最年长的女性	最年长的女性
	1人	男性	女性	男性	最年轻的女性
	2人		最年轻的男性	最年长的男性	最年长的男性
	3人			最年长的男性	最年轻的男性
	4人以上				最年轻的男性

表3-6　　根据家中18岁以上的人数，选择被调查者

		1人	2人	3人	4人以上
男子数	0人	女性	最年长的女性	最年长的女性	最年长的女性
	1人	男性	女性	最年轻的女性	男性
	2人		最年轻的男性	女性	最年轻的男性
	3人			最年长的男性	最年轻的女性
	4人以上				最年轻的男性

楚德-卡特表格很容易操作，但也有一些不足：一开始需要询问两个问题，并要访问指定的人，这样的做法不仅拖延了时间，而且通常完成率较低，样本代表性不够理想。

4. 海根-柯林修正法

采用海根-柯林（Hagen & Collin）修正法，是将电话样本中合格的被调查者分成以下四种：（1）最年轻的女性；（2）最年长的女性；（3）最年轻的男性；（4）最年长的男性。

访员轮流访问这四种人，这样就可以避免一开始的询问。海根-柯林修正法可以节省选择被调查者的时间，但无法访问到年龄居中的人。而且，被调查者可能会对“最年轻”“最年长”的说法感到困惑。

5. 下次过生日法

学者沙尔门和尼可罗斯（Salmon & Nichols）提出了下次过生日的抽样方法（next-birthday method），指定用户家中下次过生日的人为被调查者。沙尔门和尼可罗斯经过研究发现，这种方法与“不加选择法”在完成率上不相上下，都远远高于“男女轮流选择法”和“楚德-卡特排列法”，所抽选的样本在年龄和教育程度方面的代表性，也要优于其他方法。

此方法的缺点是访问耗费时间较长，样本中男性比例偏低。同时，接电话的人也有可能记不清家中下次过生日的人，从而造成误差。为此，沙尔门和尼可罗斯又将“下次家中过生日者”改成“上次家中过生日者”，这样，被调查者可能比较容易记起过生日的人，从而减少误差。

以上五种方法各有千秋。从总体上看，楚德-卡特排列法在执行方面比其他四种方法更为困难，有些访员在使用该表格访问时，感到难以适应。访员最喜欢“不加选择法”，因为它不仅容易执行，而且也不至于困扰被调查者。

（四）电话调查的优缺点

电话调查具有明显的优势和不足。其优势为成本低，调查完成率较高，调查过程容易控制等。相对面对面调查而言，电话调查所需访员人数较少，抽样简单，费用较少。除去无人接电话、空号、电话故障等因素，电话调查的完成率在85%到91%之间。另外，由于调查时，所有访员集中在同一场所、同一时间，因此，调查过程比较容易控制。

电话调查的不足包括一次调查问卷不宜太多、无法使用一些辅助工具、被调查者拒答或中途退出造成损失、样本代表性较低等。问卷不宜太长也不宜太难，最好在15分钟内完成；卡片、图表一类的辅助工具无法派上用场；被调查者很容易拒绝回答某些问题或中途退出，给调查造成困难。

计算机辅助电话调查，即CATI方式，是指访员坐在计算机工作站前进行的电话调查。在这种电话调查中，调查问卷的使用和管理，甚至抽样过程都在计算机工作站的控制中。电话调查逐渐发展到CATI，基于一个共同的认识，即如果恰当地执行了CATI，它可以减少以下误差：（1）与管理和处理一个抽样库有关的未覆盖误差和无回答误差；（2）与问卷题项有关的可能的测量误差；（3）与访员语言习惯有关的可能的测量误差；（4）与数据处理有关的可能的测量误差。[①] 正因为如此，CATI在政府机构和大型市调公司越来越普及。

---

① 拉弗拉卡斯．电话调查方法：抽样、选择和督导［M］．沈崇麟，译．重庆：重庆大学出版社，2005：20.

三、实施调查的案例

（一）案例1

资料整理人：郑诗雨（中国传媒大学新闻学院硕士研究生）。

【案例1】 2017年的北京大学CHARLS调研项目①

1. 项目简介

CHARLS采用追踪调查采集数据，曾于2008年在分别代表我国东西部典型国情的浙江、甘肃两省开展预调查，于2011年开展全国基线调查，并在之后的2013年、2015年和2018年分别在全国28个省（自治区、直辖市）的150个县、450个社区（村）开展追踪调查，至2018年全国追访完成时，其样本已覆盖总计1.24万户家庭中的1.9万名受访者。此外，于2014年组织并实施了“中国居民生命历程调查”，于2016年开展“共和国初期基层经济历史调查”两项全国性专项访问，亦完全覆盖上述样本地区。2017年，项目在北京和天津两地开展省级代表性抽样，调查访问对象扩大到家户中的全年龄样本，对CHARLS现有样本进行补充。抽样方法方面，

① 北京大学CHARLS调研项目全称为“中国健康与养老追踪调查项目”，英文简称为CHARLS。该项目是由北京大学国家发展研究院主持、北京大学中国社会科学调查中心与北京大学团委共同执行的大型跨学科调查项目，是国家自然科学基金委资助的重大项目。项目基于全球人口老龄化速度加快、中国老龄人口增速最快、老龄人口数量庞大的社会背景，旨在收集一套代表中国45岁及以上中老年人家庭和个人的高质量微观数据，用以分析我国人口老龄化问题，推动老龄化问题的跨学科研究，为制定和完善我国相关政策提供更加科学的基础。

项目采用了多阶段抽样，在县/区和村居抽样阶段均采取PPS抽样方法。CHARLS还首创了电子绘图软件（CHARLS-GIS）技术，用地图法制作村级抽样框。

CHARLS-GIS绘图软件使用Google Earth Map作为底图，对建筑物进行编辑，在每个建筑物中制作住户列表以便抽样和查找家户样本，同时具有GPS定位功能和拍照功能以便进行质控。

2. 团队组成

除项目组全职员工、顾问委员会的专家学者外，还包括每年招募的绘图员、先遣员、访员、质控/核查员、督导等。每年调查的准备工作包括维护问卷系统、制作培训材料、进行预调查、培训、质量控制、实地督导等，实地访问期间会有数百位学生进行入户访问，另有十几位质控人员通过监测系统返回的访问录音、打回访电话进行访问规范核查。

3. 问卷模块

包括个人基本信息，家庭结构和经济支持，健康状况，体格测量，医疗服务利用和医疗保险，工作、退休和养老金、收入、消费、资产，以及社区基本情况等。调查内容和具体题项每年会进行修改调整；若是专项调研，会根据专题有所调整和侧重。

例如，我参与的2017年调查主要内容是收集受访者从出生到现在的家庭结构和生命历程，包括家庭结构、迁移历史、教育、就业、婚姻生育历史、健康历史等。

4. 项目申请

作为学生申请成为CHARLS项目的访员需要先通过第一轮简历筛选，再通过第二轮上传模拟访谈录音的考核。第二轮考核要求申请者利用以往的访谈问卷自行寻找受访者进行录音访问，模拟访问需要包括项目介绍、征得对方同意、正式访问过程、结束访问等环节，考查申请者的访谈技能，如：能否充分挖掘信息要点，发问是否可以引起受访者的兴趣，是否能够及时反馈，能否妥当处理受访者的情绪使访谈过程自然而有效等，访问录音会被按照访问准确性及访问技巧等予以评分。

两轮筛选通过后将参与为期一个学期的“社会经济调查理论方法与实践”课程培训，课程由北京大学国家发展研究院赵耀辉老师开设。结课考试合格的同学，才能最终成为访员，进行为期一个月的实地调研。

5. 课程培训

以我参加的2017年CHARLS“京津居民家庭结构和生命历程调查”为例，针对学生访员的课程培训内容包括项目介绍、社会调查方法论、抽样方法、问卷系统的使用以及问卷设计框架讲解、入户技巧、实地绘图/识图习题课、实地访问模拟（两次）、结课考试等。

6. 项目材料

平板电脑（问卷系统）、纸质问卷、《致居民的一封信》、《劳务发放表》、《知情同意书》等。

7. 实地入户访问

经过一个学期的课程学习培训以及两次实地模拟，我们学生访员对于CHARLS这类大型的社会调查项目形成了更为具象化、系统性的了解，也能够更加大胆、自如地与陌生人沟通，处理遇到的矛盾，完成访问任务。在暑假，我们以小组团队的形式协作分工，前往各个社区（或村居）寻找被系统抽中的样本家户，正式开展为期30天左右的实地调查。

在进入田野时，平板电脑上的电子地图标注出了样本家户的具体位置，但由于部分居民区的实际结构更为复杂，例如城中村内的棚户区、用铁皮或是砖头搭的自建房、工地临建房的集体宿舍、住满租户的四合院群租房……因此需要我们仔细检查绘图的准确性并确认地点，以免造成误差。确认后，我们需要想方设法联系到该户人家的全体成员，除非是实在无法进入的情况，否则我们原则上不放弃任何一个样本的采集，以保证抽样的准确性。

虽然以单纯的学生身份进行访问为建立人际信任和亲和力提供了极大的便利，但我们在入户访问时仍经常遭到怀疑、拒绝甚至驱逐，面对一个个活生生的个体，状况远比课堂上列举的案例或是技巧要复杂。一方面，作为一群外来闯入者，通过繁杂的问卷调查受访者生命历程中的诸多隐私，我们容易被当作骗子或是传销人员。一位曾经被骗入传销组织的奶奶看到我们就十分警惕和抗拒，奶奶想起那段痛苦经历仍然会情绪崩溃、不停擦拭眼泪，经过几次的沟通，加之社区其他居民的担保，我们才与其建立信任。另一方面，正如学者曹景清在黄河流域进行田野调查时所感，学者容易被当作能够为民请愿的人，或是被当作“中央”的人，也有人担心住处会因为我们的调查登记而被拆除。我们在一次次碰壁后摸索沟通的技巧，当需要证明项目的合法性、权威性时，我们强调这是北京大学的科研项目，受到国家基金的资助；当被警觉的工地/公司管理人员认为是要调查揭露工人权益保障问题时，我们强调这一项目的学术性和调查者客观中立的学者身份；而被老一辈受访者误以为调查可以帮助其直接向上反映问题、解决个人生活困难时，我们往往只能先耐心听受访者倾诉心中的怨气、不满或委屈，再解释此类大规模社会调查将对大家的信息进行隐去身份的数字编码处理，用于高校的学术研究，暂时没有办法直接帮扶个人问题，但受访者反映的问题也将被记录下来，在学者帮助制定和推动健康与养老相关保障政策时提供思路和案例支持。在操作性规范方面，我们需要向受访者明确项目的目的、意义、受访者自身的权益，同时签署一式两份的《知情同意书》存档。问卷内容由访员询问后在平板电脑的问卷系统中录入，对话被实时录音，录音回传到后台后将接受核查员的抽样监测，如果发现访问过程存在作弊、代填、引导受访者回答等不规范问题，核查员会直接联系访员指出错误，进行提醒。经过努力，我在一个月的入户访问中完成了家户（过滤）层面的问卷39份、成人问卷52份、未成年代理问卷22份，而且项目当年整体访问量为4 400余户，1.3万人左右。对我们而言，这些不仅仅是样本数据，更是受访者亲历的人生，而我们，愿意成为冰冷数据和鲜活个体间的桥梁。

资料来源：CHARLS官网、2017年项目培训课件、问卷材料等，在此对北京大学CHARLS项目组以及培训老师致以谢意。

（二）案例2（混合式电话调查）

随着技术发展，PAPI电话调查可借助电子技术等手段完成，如将问卷设置在平板电脑中，疫情期间借助网络电话进行调查等。下面是中国传媒大学新闻学院硕士研究生洪东方参加中国人民大学中国调查与数据中心2020年调查项目时的调查感受。

资料整理人：洪东方（中国传媒大学硕士研究生）。

【案例2】 中国人民大学CGSS调查中调查访员工作及流程介绍

中国调查与数据中心（NSRC）是中国人民大学直属的跨学科、跨院系的综合性研究机构。中心的宗旨为科学、系统、全面地采集、整理、存储与开发中国经济与社会调查数据，为科学研究和政府决策提供数据支持。

1. 访问模式

在革新传统访问模式的基础上，NSRC现使用系统为自主研发的云呼叫电话调查系统。系统通过云端电话调查平台实现线上访问，打破前期访员在电话调查室工作的地理限制。

在系统下的网络与移动调查实验室中，访员仅需使用电脑连接网络后以谷歌浏览器登录系统，即可通过系统中随机派发的电话样本进行访问工作。

2. 访员工作流程

访员招募

通过中心官方微信账号、官方微博发布线上电话的访员招募信息。要求访员有较强自我学习与管理能力，口齿伶俐、善于沟通交流。每周至少保证3小时的工作时间。

岗前培训

经过机构的初筛及测试后，入选访员学习中心及实验室的整体情况、标准化访问流程、访问话术、系统操作指令、项目保密等方面的课程。在完成课程学习后，上传课后测试结果并通过后会生成访员编号，访员根据顺序生成的编号被分派给不同平行部门的督导管理。

线上工作

不同内容议题调查项目开展前期，值班督导将调查项目的概况及注意事项通过钉钉APP

对访员进行说明。访员通过填写线上排班表安排访问工作，在规定时间内登入网络与移动调查实验室获得督导授权后操作系统。

核查反馈

在系统中完成的所有访问均以录音形式存储，受访者完成问卷中所有问题的回答即被划分为成功问卷。项目组核查反馈员在此基础上，对成功问卷录音进行核查。出现题目或选项未完整念读、受访者多人作答等情况，该问卷将被核查反馈员判断为作废问卷或警告问卷。访员当日完成的有效问卷、作废问卷、警告问卷于（工作日）次日在群组公示，不合格问卷超过规定数量的访员将被中止工作。

补助奖励

每份网络调查问卷通常用时15～20分钟，中心按问卷成功份数分段设计发放实习补助。完成的未成功问卷为基础补助，完成的核查成功问卷补助较高，根据项目难度的不同在10元上下浮动。同时通过赠课、礼物抽奖、话费礼金等方式调动访员工作积极性，工作期间达到项目组规定的份数可申请开具证明。

3. 其他说明

云呼叫平台的分机号在安卓手机的来电提示通常为“中国人民大学”，在苹果手机则是010开头的北京固定电话。线上访问过程中，尽管机构在项目开展前通过官方微信及微博向社会发布声明，但仍有超过半数的被调查者因怀疑诈骗、生活较忙等理由拒绝受访。

4. 调查实践

通过前期岗前培训后，在从事访员工作的过程中我亲身参与了“新冠肺炎疫情综合影响追踪调查”第三轮调查、“2020年北上广深四城市居民住房租赁状况年度调查”、“新冠肺炎疫情综合影响追踪调查”第四轮调查。上述每项调查访问工作通常在一个月左右内结束。

在高度熟悉调查项目背景以及基本普通话术后，我们即可通过线上的云系统对随机分派的样本进行电话访问。在电话访问的过程中，如果被采访对象没有时间或暂时无法回答问题，则在系统中选择时间后续约访。极少数受教育程度较高的青年群体在接通电话后会配合访问与调查，访问中的沟通难度较低。相比之下，中老年群体在接受采访时，通常会对机构的权威性产生怀疑，难以建立信任并进行后续访问。同时，在调查实践的过程中，不同的时间电话调查访问的成功率有所不同。通过对亲身在上午、下午以及晚上三个时段体验时的调查效果进行比对，发现在晚上进行电话访问的配合度和成功率较高。

同时，受访者的配合程度与调查项目的内容之间也存在较大联系。当问及受访者对于政府的态度、要求其对外在客观事实进行评判时，受访者相对容易接受。但在“2020年北上广深四城市居民住房租赁状况年度调查”中，由于居民住房租赁状况与售房者自身个人情况相关，因而出现了较多受访者拒访的情况。总之，云呼叫电话调查系统是网络电话调查中的一种新形式，它在突破时空限制的基础上，能够做到相对高效地收集社情民意的数据信息、节约实地调研及面访的经济成本。通过亲身实践参与，发现访员在进行规范化调查工作的过程中起着关键的作用，社会调查虽有艰辛和不易，但在完成有效问卷时也会切实收获民意的温暖。

【延伸阅读】

1. 风笑天．社会研究方法［M］．5 版．北京：中国人民大学出版社，2018.

2. 郝大海．社会调查研究方法［M］．2 版．北京：中国人民大学出版社，2009.

3. 拉弗拉卡斯．电话调查方法：抽样、选择和督导［M］．沈崇麟，译．重庆：重庆大学出版社，2005.

【思考题】

1. 选择一个研究主题，试着设计一份问卷，与同班同学一起，以一个提问一个回答的方式进行练习，并修改问卷的不适当之处。

2. 学习使用问卷星、腾讯问卷等问卷调查工具，练习上传问卷和下载收集到的数据。

第 4 章 抽样方法

人们常说的社会调查基本上指抽样调查，即对取之于某一个总体的一部分个体所进行的调查。我们希望得到的不仅仅是这一部分个体的情况，而是渗透、折射、体现在这一部分个体当中的总体情况。抽样调查是帮助人类从个别、少数的个体入手，观察和探究其背后总体特征的一种方法，其中抽样技术及其方法是帮助人类认识世界的桥梁。

抽样方法是伴随着人类认识世界的不断加深而进步的，以现代统计学和概率论为基础的现代抽样理论，以及不断发展、不断完善的各种抽样方法，适应了社会调查的发展和应用的需要，成为社会调查知识体系中必不可少的内容。

第一节 基本概念

抽样是指从组成总体的所有元素的集合中，按一定方式选取一部分元素的过程，或者说是从总体中按一定方式选择或抽取样本的过程。科学研究的目的是描述某事物或某现象的整体性质，抽样是从部分认识整体这一过程的关键环节，它的作用是向人们提供“由部分认识整体”这一目标的途径和手段。

一、基本概念

1. 总体和样本

总体（population）是一组或一类研究对象、变量、概念或现象。某些情况下，研究者会对总体进行调查，譬如每十年进行一次的人口普查（census），或者对某个杂志人物通讯栏目的所有报道进行分析。在更多情况下，受到时间、财力的限制，无法对总体进行检测，即使能够进行普查，也会因为耗费过大而影响研究的品质。常见的做法是从组成总体的元素中抽取一定量的个别元素组成样本（sample）。这样的样本数量小，且可以代表总体。

2. 抽样单位

抽样单位（sampling unit）指一次直接的抽样所使用的基本单位，与构成总体的元素有时是相同的，有时并不相同。例如，在某中学共有 2 000 名学生，从中抽取 400 名学生作为研究的样本。抽样方法可以有多种，例如，将所有学生名单列出来，从中随机抽出 400 名样本，这时抽样单位与构成总体的元素是相同的，都是学生。研究者也可以在校教务处获得全校班级名单，从所有班级中抽取 10 个班，抽中的班级所有同学组成样本。在这种抽样中，抽样单位是班级，与构成总体的元素——学生——是不同的。

3. 抽样框（抽样范围）

抽样框（sampling frame）是包含所有抽样单位的详细名单、地图或其他形式的资料。在抽样框中，每个抽样单位都有自己对应的位置和顺序。理想的抽样框应该是完备的，抽样框中的抽样单位既不能重复，也不能有遗漏。

在抽样过程中，有时获得一份完备的抽样框十分困难。因此，在某种意义上说，有时抽样难以执行，是因为难以获得令研究者满意的抽样框。

4. 抽样误差

因为样本是取自总体的部分元素，无法提供如总体一般的资料，因此，所有的抽样方法都可能会有抽样误差（sampling error）。

二、概率抽样和非概率抽样

概率抽样（probability sampling）依据一定的统计原则和一定的程序进行抽样，每一个样本被选择的概率是已知的；非概率抽样（non-probability sampling）不遵循统计规律，是指研究者按照某种主观方式抽取样本。两者的差别是概率抽样可以计算抽样误差，从而可以推断总体；而非概率抽样是无法计算抽样误差的，所以无法推断总体。

决定采用概率抽样还是非概率抽样时，研究者应该考虑以下几个方面。

第一，研究目的。如果研究是为了调查变量之间的关系或为了设计问卷、检验测量工具，并不是为了推断总体，则适用非概率抽样。

第二，经费与价值。抽样调查应该用最小的投入获得最大价值。如果研究者的研究经费十分有限，则可以使用非概率抽样取代。

第三，时间限制。在许多情况下，研究者在收集数据的过程中，受到来自委托方、管理人员及出版的时间限制。概率抽样调查的研究通常要耗费较多时间，应考虑采用非概率抽样。

第四，可容忍的误差范围。在探索性研究中，误差控制并不是关注重点，这时可以选择非概率抽样。

运用概率抽样时，我们必须注意的是，抽出的样本与总体毕竟不是一回事。无论抽样方案设计得多么精确合理，但凡抽样都必有抽样误差，这一点无法避免。根据样本推断总体时，结果可能正确也可能不正确，但我们需要掌握的是推断时对或错的概率是多少。另外，尽管概率抽样能够推断总体，然而，并非所有的情况都需要使用概率抽样，应视研究目的和研究对象的具体情况来定。有些情况下甚至无法采用概率抽样，如研究对象为非法使用毒品的人、行乞的人时，因为得不到概率抽样需要的清单，可行的方法是使用非概率抽样获得样本。

三、制定抽样方案

当进行抽样调查时，需要针对研究对象、围绕研究问题和研究目的，制定抽样方案。抽样方案的制定一般包括以下几个方面。

第一，根据研究目的和研究对象，确定研究所要估计的主要目标量。

第二，界定所要研究的总体。如针对北京市高校大学生课程思政态度的调查，其总体为北京市教委所属高校、其他部委在京高校的在读大学生。如对1949—2019年《人民日报》社论的内容研究，其总体为登载在1949—2019年《人民日报》上的全部标有"社论"的评论性文章。

第三，确定或构造样本框。确定样本框，除了清晰地界定调查总体的边界外，有时为了获得一些不易获得的资料或数据，还需要构建完备的抽样框。构建完备的抽样框是比较困难的，甚至难以构造，这时就需要利用其他方法解决。当研究总体包括元素较多、结构极为复杂时，采用多阶段抽样，可以部分缓解构造抽样框的困难。

第四，根据总体结构的情况、调查精度，确定抽取样本。首先，确定样本所含个体的数目，计算样本容量。一般可根据中心极限定理、容许误差以及总体方差情况等进行计算。其次，选择抽样的具体方法，我们将在下一节详细介绍这个问题。

第五，制定抽样方案的实施细节。抽样方案的实施是问卷调查中十分重要的部分，对不同的调查方式，需要一一落实将抽取样本过程。如入户调查时，如何在一个地区、城市、街道中抽样，进入样本户后如何在家庭成员中抽样，都要事先制定好细节，编写访员手册，对访员进行培训。近年来，一些高校、研究机构实施了针对不同主题的连续调查，并形成数据库，供研究者使用。这种做法在一定程度上缓解了一手资料获取的压力，也为研究者设计抽样方案提供了专业化的案例。

第六，评估样本对总体的估计。主要从精确性和准确性两个方面进行评估。

第二节　概率抽样

概率抽样，即依照随机原则进行抽样，总体中每个元素被选中的概率已知。概率抽样中，每个元素被选中的概率可以是相等的，也可以不等。前者如简单随机抽样，总体中每个元素被选中的机会相等。对后者而言，每个元素被选中的概率并不相同，可以采用某些加权的方法对不等概率做调整。

概率抽样包括几种具体的方法，下面对常用的几种抽样方法做一介绍。

一、简单随机抽样

简单随机抽样（simple random sampling，SRS）是最基本的随机抽样方法，即按照随机原则，直接从含有 N 个单位的总体中，抽取 n 个单位组成样本。简单随机抽样分为不放回和有放回两种。

不放回的（sampling without replacement）简单随机抽样，即同一个元素不能在样本中重复出现。抽样时，不对总体进行任何分组或排列，常用的方法是抽签法，当随机数字表出现后，可利用随机数字表进行抽样。

有放回的（sampling with replacement）简单随机抽样，即同一个元素可能在样本中重复出现，而且每个可能的样本被抽到的概率相等，这种抽样一般被称为非常简单随机抽样（very simple random sampling，VSRS）。VSRS 主要用于理论研究，由于 VSRS 中元素的抽取是相互独立的，因此，在推导有关的计算公式时比较方便；而针对 SRS 样本的相关公式可通过适当修正 VSRS 得到。

当总体很大时，VSRS 和 SRS 样本几乎没有什么区别。

简单随机抽样的优点十分明显：直观、易于理解，是导入随机原则的好方法；理论上较为成熟，是其他抽样方法的基础；抽样误差易于计算。大多数统计软件都是依据简单随机抽样的假定而设计的。

与此同时，简单随机抽样的缺点是：对总体中所有单位编号几乎不可能，难以得到简单随机抽样所需抽样框。简单随机抽样得到的样本单元往往十分分散，实施具有困难。简单随机抽样没有利用已知的总体信息，因此，不是最有效的，精度不是最高的。

二、等距抽样

在实际抽样操作中，只有在抽样名单很短、事先已将所有抽样单位编号，或用电脑处理的情况下，才会使用简单随机抽样；否则抽样工作量太大，没有实际意义。

在实际抽样中经常采用的等距抽样，又称系统抽样、机械抽样，是指将 N 个总体的元素按照一定顺序排列，然后随机抽取一个元素作为起始点，再按照某种确定的规则抽取其他 $n-1$ 个样本元素。等距抽样的效果与简单随机抽样相近，但操作起来比较容易。

由于使用的是抽样间距（sampling interval），而不是随机数，故等距抽样是一种准随机（quasi-random）抽样方法。其中比较常用的是直线等距抽样和循环等距抽样，二者的区别在于总体规模 N 是否为样本规模 n 的整数倍。

（一）整数抽样间距

当 N 是 n 的整数倍，抽样间距是整数时，为直线等距抽样。

具体步骤如下：

第一步，给总体的每一个个体编号，制定抽样框。

第二步，计算抽样间距。

$$K（抽样间距）=\frac{N（总体规模）}{n（样本规模）}$$

第三步，在第一组 K 个个体中，采用简单随机抽样的方法抽取一个个体，记下这个个体的编号（假设所抽取的这个个体的编号是 A），把它叫作随机起点。

第四步，在抽样框中，自 A 开始，每隔 K 个个体抽取一个个体，所抽取的个体编号分别是 A，$A+K$，$A+2K$，…，$A+（n-1）K$。

第五步，将这 n 个个体集合起来，就构成该总体的一个样本。N 个单位构成了一个 n 行 K 列的矩阵，从 $1\sim K$ 列之间随机产生一个随机数 A，则第 A 列的全体单位做样本。这时，每一列被选中的概率是相等的，因此，总体中每个单位入样的概率也是相等的。

需要注意的是，如果总体中的单元排列具有某种周期性，那么等距抽样就有可能造成严重的偏差。内容分析抽样时比较容易出现上述情况。

例如，对报纸内容或广播电视节目内容进行内容分析时，如果采取等距抽样，抽样间矩 $K=7$，假定随机抽取的起点是某个月的星期一，等距抽样的样本将由若干个星期一的报纸组成。这种样本是明显有偏差的样本，因为每周一的报纸可能会有一些固定的、不同于其他日期的特定内容。这时就需要根据研究目的建立一个构造周。

（二）非整数抽样间距

当 N 不是 n 的整数倍，抽样间距不是整数时，如果采用直线等距抽样，则无法保证每个单位以相等的概率入样。为了使样本均值无偏估计，可采用循环等距抽样和调整直线等距抽样。

1. 循环等距抽样

循环等距抽样，是将 N 个总体单位首尾相接，排成一个封闭圆，抽样间距 K 取最接近 N/n 的整数，再从 $1\sim N$ 中随机抽取一个起点作为起始单位 A，然后每隔 K 个单位抽取一个单位，直到抽出 n 个单位。由于随机起点是 $1\sim N$ 中的任意一个，所以总体中每个单位入样的概率是相等的。

2. 调整直线等距抽样

调整直线等距抽样的具体步骤如下：

第一步，将非整数的抽样间距 k 的小数点后移，使其成为整数（$k\times10$），然后在 10～（$k\times10$）之间选定一个整数的随机起点（$r\times10$）。

第二步，将（$r\times10$）的小数点移回来，成为非整数的随机起点 A。由 A 开始，每 k 个单位抽取一个单位，直到抽出 n 个单位：A，$A+k$，$A+2k$，…，$A+（n-1）k$。

第三步，将这些号码的小数部分略去，得到入样单位的号码。

例如，在总体元素 $N=2\ 580$ 中抽取一个样本容量 $n=300$ 的样本。在给定的条件下，计算抽样间距 $k=8.6$。利用调整直线等距抽样的方法进行抽样，具体操作如下：

在 10～86 之间选定整数的随机起点（$r\times10$）=27；将小数点移回，得到非整数的随机起点 2.7，由此得到号码“2.7，11.3，19.9，28.5，…”；将小数点后边的部分略去，就是入样单位的号码“2，11，19，28，…”。

可以证明，调整后所有单位都具有相同的中选概率 $1/k=1/8.6$。

三、分层抽样

分层抽样（stratified sampling）是将总体中的所有单位按一定的特征或标志（如性别、年龄、职业或地域等）划分为若干子总体（或层），在每个子总体（或层）内分别采用简单随机抽样或系统抽样的方法抽取一定的个体（子样本），最后，将各层的子样本合起来构成总体的样本。

通过分层可以将总体中比较接近的元素或个体归于同一类（层），分层后，层内个体间的差异比较小，层间差异比较大，结果是各层内方差小于总体方差。正因为如此，分层抽样的误差相对比较小。

在分层抽样中，分层的目的，是使同一层元素之间同质性增强，不同层之间异质性增强。那么，如何分层就变得十分重要。在分层时，依据的分层变量或标准有三个方面。

第一，将所要分析和研究的主要变量或相关变量作为分层标准。如，要研究居民的消费状况和趋势，可以以居民的家庭收入作为分层标准；要了解不同职业的成员对社会经济改革的看法，可以以人们的职业为分层标准。

第二，将保证各层内部同质性强、各层之间异质性强、突出总体内在结构的变量作为分层标准。如进行高校相关的研究时，按教师、行政人员、教辅人员、后勤人员等几类进行抽样。

第三，将那些已经有明显层次区分的变量作为分层标准。如性别、年龄、文化程度、职业等经常被用于分层；另如学生可按年级、专业、学校类型分层，城市可按人口规模分层等。

此外，按照所依据的数量标准，分层抽样包括按比例分层和不按比例分层两种。

（一）按比例分层抽样

按各种类型或层次中的元素数目与总体元素数目间的比例来抽取样本的方法，被称为按比例分层抽样。这种抽样方法在元素多的层中所抽的子样本会多一些，反之则少一些。

例如，计划从 1 000 名大学教师中，用分层抽样的方法，抽取一个 100 名教师的样本。将职称设定为分层变量，抽样结果如表 4-1 所示。

表4-1 按比例分层抽样数据

职称	人数	百分比(%)	按比例分层样本
正教授	253	25.3	25
副教授	375	37.5	38
讲师	108	10.8	11
助教	61	6.1	6
教辅	203	20.3	20
总计	1 000	100.0	100

按比例分层抽样的方法，可以确保研究者得到一个与总体结构完全一样的样本。

(二) 不按比例分层抽样

有时总体中的某个类型或层中的元素数目过少，若按比例分层抽取的话，则该层在样本中的数目太少，不便于理解各个层的情况，这时往往要采用不按比例分层抽样的方法。

需要注意的是，采取不按比例分层抽样，主要是便于对不同层次的子总体进行专门研究或相互比较，但若要用样本推断总体，则需要先对各层数据进行加权处理，使数据恢复到总体中各层实际的比例结构。

例如，一项研究希望比较高校某些特殊专业男女生的差异，某学院某专业中，男生4 500人，女生500人，女生仅占比10%。

如果按比例抽样，样本规模$n=500$时，女生为50人，人数过少，研究者希望调查100名女生。但为了增加50名女生，就得多调查500名男生。

这时，可采用不按比例分层抽样，设定女生抽样比为1/5，男生抽样比为1/10。

四、整群抽样

整群抽样（cluster sampling）与前几种抽样方法最大的差别，是抽样单位不是单个的个体，而是成群的个体。整群抽样是先将总体划分为若干群（视为初级单位），每个群包含若干个次级单位，然后以一定的方式从总体中抽取一部分群，样本由选中群的所有次级单位构成。

整群抽样的抽样误差往往大于简单随机抽样，但是编制抽样框的过程较为简单易行。

整群抽样时，经常用到自然群，即那些由行政或地域区划形成的群，如学校、企业、省市或村镇。研究者也可人为划定群，人为划定群时依照的标准是使得调查费用一定时，抽样误差尽可能达到最小。

划定“群”的原则，是使群内方差尽可能大，群间方差尽可能小。群的规模可大可小，总体中各个群的规模可以相等，也可以不等。

整群抽样的优点是简化了抽样过程，降低了收集资料的费用，还能相对扩大抽样的应用范围。但其简便易行、节省费用的优点，是以其样本分布不广、样本对总体代表性较差为代价的。

五、多阶段（级）抽样

多阶段抽样（multi-stage sampling）是按照抽样单位的隶属关系或层次关系，把抽样过程分为几个阶段进行。当总体规模特别大，或者总体分布的范围特别广时，一般采用多阶段抽样。

多阶段抽样的具体做法是，先从总体中抽取若干较大的群（组），然后从所抽中的这几个大群（组）内再抽取几个小群（组），以此类推，直至抽到最基本的抽样元素为止。

运用多阶段抽样时，注意类别和个体之间保持平衡，或保持适当的比例。

例如，某市有3万名教师，分布在全市10个区的300所学校，现在要抽取1 200名教师的样本。如果按照三个阶段抽样，可形成以下不同的抽样方案，如表4-2所示。

表4-2　抽取教师的三阶段抽样的方案选择

	第一阶段	第二阶段	第三阶段
方案一	抽10个区	每区抽4所学校	每所学校抽30名教师
方案二	抽2个区	每区抽20所学校	每所学校抽30名教师
方案三	抽10个区	每区抽20所学校	每所学校抽6名教师
方案四	抽8个区	每区抽15所学校	每所学校抽10名教师
方案五	抽5个区	每区抽12所学校	每所学校抽20名教师
方案六	抽4个区	每区抽10所学校	每所学校抽30名教师
方案七	抽3个区	每区抽10所学校	每所学校抽40名教师
方案八	抽2个区	每区抽10所学校	每所学校抽60名教师
方案九	抽1个区	每区抽20所学校	每所学校抽60名教师

资料来源：风笑天．社会学研究方法［M］．5版．北京：中国人民大学出版社，2018：134.

从理论层面上看，在多阶段抽样时，应考虑各个抽样阶段子总体的同质性程度：同质性程度高的子总体，应从中抽取的元素的数量相应少一点；反之，则多一点。

在表4-2所列出的某市10个区中，如果不同区的学校之间差别大（同质性程度低），则应扩大第一阶段的抽样规模（如方案一）；

如果区与区之间差别不大（同质性程度高），而在每一个区内，不同学校之间相差较大，则应缩小第一阶段抽样规模，扩大第二阶段抽样规模（如方案二）；

如果区与区之间、学校与学校之间差别都不大，而每所学校师资之间差别很大，则尽量扩大第三阶段抽样规模（如方案八或方案九）。

在现实抽样时，除了应在理论上提高抽样精度之外，也应从现实操作方面着眼，即考虑研究者所拥有的人力、时间和经费。如表4-2中，从方案三到方案九，覆盖区最多的为方案三，随着覆盖区数量的依次减少，覆盖学校数量也依次减少。

从样本代表性考虑，“大的类别中抽取较多的单位，而每一单位中抽取较少个体”的做法效果比较好（如方案三）。若从实际操作考虑，抽取区、学校越多，成本越高，即“大的类别中抽取相对较少，而每一类中抽取的个数相对较多”的做法效果较好（如方案九）。

多阶段抽样适合总体范围特别大、对象层次特别多的社会研究。它不需要总体的全部名单，各阶段的抽样单位数一般比较小，因而抽样比较容易进行。然而，多阶段抽样中每个阶段都会产生误差，导致该抽样方法误差较大。

在同等条件下减少误差的方法是相对增加开头阶段的样本数，而适当减少最后阶段的样本数。因此，在经费、人力允许的情况下，应尽量扩大开头阶段的抽样规模（如方案三、四、五）。

六、PPS抽样

前文介绍的多阶段抽样，暗含着一个假定，即在每一个阶段抽取样本，所抽的群（组）内含有的元素规模是相同的。如表4-2中，在第一阶段抽取区，每个区拥有同样规模的学校数；第二阶段，从学校抽取教师时，也同样认为每个学校的规模相同（教师人数相同）。因此，最终每位教师被抽中的概率是相同的。

然而，在现实社会中，并不是每个群（组）所包含的元素数都是相等的。每个区包含的学校数可能不同，每个学校中包含的教师人数也可能不同。从下例中可以看出这一点。

例如，某市有10万户居民，分属200个居委会。现在要求从总体中抽取1 000户居民构成样本。

采用两阶段抽样，在第一阶段，预计从200个居委会中抽取20个居委会（每个居委会规模相同）；在第二阶段，计划在所抽取的20个居委会中，每个居委会随机抽取50户居民。

上述做法都是在假定每个阶段的群（组）含有同样数目的元素的前提下展开的。当居委会规模不同时，情况就会发生变化。假如甲居委会较大，有800户，乙居委会较小，只有200户。当它们都在第一阶段被抽中后，第二阶段需要分别从它们中抽取50户居民。甲居委会中居民户被抽中的概率为（20/200）×（50/800）＝1/160；乙居委会中居民户被抽中的概率为（20/200）×（50/200）＝1/40。乙居委会居民户被抽中的概率是甲居委会居民户的4倍。

（一）PPS抽样原理

1934年奈曼（J. Neyman）提出分层抽样中的分配问题（奈曼分配），即不同层之间采用不等概率抽样，而在层内仍然采用等概率抽样。不等概率抽样指在抽取样本之前给总体的每一个单元赋予一定的被抽中概率。在有放回的不等概率抽样中，常用的是按总体单元的规模大小来确定抽中的概率，这种不等概率抽样被称为按与规模大小成比例的概率抽样（probability proportional to size），简称 PPS 抽样。

客观现实往往十分复杂，尤其是在社会经济现象中，总体元素之间的差别很大，它们对客观总体的反映作用也是不同的。例如，要反映深圳市的经济发展情况，像腾讯等企业对该市经济发展的影响力比较大，因而是否抽中这些单位，对推断总体的结果有很大影响，一些名不见经传的小企业是否被抽中则无足轻重，如果在抽样中将它们与腾讯置于同等位置，则显然是不科学的。

（二）PPS 抽样方法：汉森-赫维茨法

PPS 抽样的实施方法包括汉森-赫维茨法、拉希里方法、规模累计等距抽选法及分裂法等。第一种方法较为常用，下面做一介绍。

汉森-赫维茨法又被称为累积总和法、代码法，是汉森和赫维茨于 1943 年提出的，其实施步骤包括以下内容。

设总体有 N 个集群，其规模度量分别为 M_1，M_2，…，M_N，假定 M_i 都是整数，且 $\sum_{i=1}^{N} M_i = M_0$，这样总共有 M_0 个代码，每个总体集群都有一个代码范围，其中第 i 个集群相应地有 M_i 个代码。各代码的编号，可用累积的方法求得，如表 4-3 所示。

表 4-3　　PPS 抽样的单元代码

单元	单元的规模	累积和	代码范围
1	M_1	M_1	$1\sim M_1$
2	M_2	M_1+M_2	$M_1+1\sim M_1+M_2$
3	M_3	$M_1+M_2+M_3$	$M_1+M_2+1\sim M_1+M_2+M_3$
⋮	⋮	⋮	⋮
N	M_N	$\sum_{i=1}^{N} M_i = M_0$	$\sum_{i=1}^{N-1} M_i + 1 \sim \sum_{i=1}^{N} M_i$

每次抽样时，在整数 $1\sim M_0$ 中随机等概率地抽取一个号码。假设抽取到了 A，观察 A 落入哪个集群的代码范围，如果落在第 j 个集群的代码范围内，那么，第 j 个集群入样。如果有两个或两个以上号码落在同一个集群的代码范围内，那么，这个集群就被重复抽中。显然，集群规模越大，其代码范围越广，落入其中的概率便越大，即被抽中的概率越大。

（三）PPS 抽样步骤

按照下面的步骤，PPS 抽样可实现最终等概率抽样。

第一阶段，每个集群按照其规模（所含元素的数量）被给予大小不等的抽取概率；大的集群具有比小的集群更大的概率。

第二阶段，从每个被抽中的集群中抽取同样多的元素。

正是以上两个阶段的不等概率，使得总体中的每一个元素最终都具有同等被抽中的概率。

$$\text{每一个元素被抽中的概率} = \text{所抽取的集群数} \times \left(\frac{\text{集群的规模}}{\text{总体的规模}}\right) \times \left(\frac{\text{平均每个集群中所要抽取的元素}}{\text{集群的规模}}\right)$$

研究

某互联网公司在全国 10 个城市各有 1 家分公司，这些分公司员工人数各不相同。现在要抽取 4 个分公司作样本，各分公司的员工人数列表如表 4-4 所示。

表 4-4　各分公司按员工人数的 PPS 抽样

总体集群（i）	员工人数 M_i	累积人数 $\sum M_i$	代码
1	120	120	1～120
2	45	165	121～165
3	210	375	166～375
4	86	461	376～461
5	284	745	462～745
6	191	936	746～936
7	39	975	937～975
8	320	1 295	976～1 295
9	167	1 462	1 296～1 462
10	38	1 500	1 463～1 500

各分公司员工人数见表 4-4 第二列，将人数累积列在第三列，最后一列即为每个总体集群的相应代码。抽样时，在 1～1 500 之间等概率抽取 4 个随机数，假定这 4 个随机数为 1 122、502、379 和 780。第一个随机数 1 122 位于第 8 个集群的代码范围（976～1 295），因此，第 8 个集群入样。同样，502 位于第 5 个集群的代码范围，则第 5 个集群入样。按照同样方式抽取其余两个集群，最后抽中的 4 个分公司为第 4、5、6、8 个。如果有两个号码落在同一集群代码范围，那么，该集群入样 2 次。

第三节 非概率抽样

非概率抽样不遵循随机原则，它依赖研究者的主观判断抽取样本。这样，总体单元入样的概率是未知的，因而无法代表总体，误差有时会相当大，而且这种误差是无法估算的。在大规模的正式研究中，一般很少使用非概率抽样。非概率抽样操作方便、省力、节省经费，经常在探索性研究、不需要估计总体参数的研究中使用。常用的非概率抽样有以下几种。

一、偶遇（方便）抽样

偶遇抽样（accidental sampling），是从便利的角度考虑获得样本的一种抽样方法，样本的选取常常是因为研究者能够很方便地接近研究对象，或者研究对象在适当的时候出现在适当的地点。

采用偶遇抽样方法时，常常使用以下几种方法获得样本。

第一，将课堂上的学生、车间的工人、某个居民小区的居民等作为研究对象；

第二，利用在街头或商场等拦截的个人，迅速了解公众对某些刚刚发生的重大事件的反应；

第三，利用报纸、杂志或网站（包括微博、微信上的链接）等刊登的问卷进行调查。

偶遇抽样是所有非概率抽样中花费最少的，抽取样本时易接近样本、易开展合作。然而，偶遇抽样的局限性十分明显，即样本偏差大，不能推断总体。

二、判断（立意）抽样

判断抽样（judgemental sampling）是研究者依据研究目标和主观判断抽取样本的一种方法，判断抽样是另一种形式的方便抽样。

在判断抽样中，由于研究者抽取样本的选择标准有很大的主观性，因此，判断抽样所选取的样本的代表性，取决于研究者对总体的了解程度和判断能力。例如，在某品牌的彩妆广告研究中，研究者可选择经常使用该品牌产品的消费者，请他们比较新、旧产品的差异。

判断抽样常被用于下面三种研究场景。

第一种，用判断抽样选择能提供特别信息的独特个案。例如，在笔者主持完成的“京津冀新生代农民工社交媒体使用与社会认同研究”课题里，为了深入了解新生代农民工群体的社会网络建构的现状，除了对三地新生代农民工进行问卷调查外，笔者依据新生代农民工相关机构的组织活动、人员规模、影响范围等标准选择了北京朝阳区皮村王德志和天津新市民工友文化服务中心的栗艺涛作为访谈对象，由他们提供更有价值和深度的资料。

第二种，用判断抽样抽取难以接近的特殊人群，如访问“红灯区”的执勤警察。

第三种，用判断抽样来选取某种特殊个案类型，以便深入探究。例如，选择一些收入远高于一般农民人均收入的致富农民作为研究对象，深入分析他们的致富途径。中国传媒大学新闻学院2019级硕士研究生闫欢同学选择甘肃省成县利用短视频直播获得经济收入的青年作为研究对象，深入访谈后获得其利用短视频平台及相关政策扶持获得经济收入的行为具有技术赋权的特征这一结论。这一抽样的作用在于发现问题、提出假设，而不在于对总体做出概括。

判断抽样的特点是便宜、方便、快捷。抽样完全依赖于研究者的经验、专业和创造力，尽管有时候判断抽样抽取的样本具有价值，但因为样本是依据主观判断抽取的，所以往往难以判断其代表性。判断抽样多用于研究对象总体规模小、所涉及的范围较窄，或因时间、人力等条件有限而难以进行大规模抽样的情况。

三、配额抽样

配额抽样（quota sampling）是按照调查对象的某种（或某些）属性或特征，将总体中所有个体分成不同的类，然后按照一定的比例，分别在各类中抽取样本的方法。通常包括两个部分。

第一部分，分配份额，即将总体中的所有单位按照某些属性或特征分类；

第二部分，运用偶遇抽样或判断抽样，在各类中选取样本。

例如，在某电视台体育频道进行观众满意度调查，计划抽取300人作为调查样本。

首先，根据以往观看体育频道的人口属性，按照男女比例4∶1，老、中、青1∶2∶2进行配额。其次，按照上述男女比例，在男女人群中按照偶遇抽样或判断抽样的方法抽取男性240人、女性60人；同时，还要结合年龄的分配额度确定老、中、青的比例，具体分配人数为老年60人（其中男性48人，女性12人），中年120人（其中男性96人，女性24人），青年120人（其中男性96人，女性24人）。这样便构成了调查样本。

配额抽样的逻辑，是通过样本配额，使样本结构尽可能与总体保持一致，即对总体进行“克隆”。配额所依据的总体参数越多，样本元素的分类越细，样本与总体结构越接近。但同时，配额分配越复杂，抽取到符合条件的对象越困难。

配额抽样具有两点先天不足。第一，为了不偏离总体，配额中的数字必须十分准确。要做到这一点，就必须掌握总体的最新资料，而这并不容易。盖洛普成功预测1936年美国总统大选后，又成功预测了1940年和1944年的美国总统大选，但是却在预测 1948 年的总统大选时失败。究其原因，二战后美国的社会经济、人口属性都发生了巨大的变化，而盖洛普所依据的配额数据没有完全照顾到这一点。第二，尽管配额是一种方法上的改进，但最后进行抽样时，仍由研究者根据方便原则执行，这带有很大的随意性。正是由于最后采用了偶遇抽样，使配额抽样与分层抽样具有本质区别。

虽然配额抽样和分层抽样都依据某些特征对总体进行分层，但二者的目的不同，抽样方法也不同。首先，分层的目的不同。配额抽样的目的是抽选一个总体的“模拟物”，注重的是样本与总体结构、比例上的表面一致性；分层抽样进行分层，是为了提高各层之间的异质性和同层中的同质性，同时也为了照顾到某些比例比较小的层，使样本的代表性得到进一步提高。其次，抽样方法不同。配额抽样是“按事先规定的条件，采取非概率方式，有目的地寻找”，而分层抽样是依据概率原则，在各层中抽样。

四、滚雪球抽样

滚雪球抽样（snowball sampling）是一种特殊的抽样方法，是研究者根据已有研究对象的介绍，不断辨识和找出其他研究对象的累积抽样方法。滚雪球抽样开始时，样本可能只有一个或少数几个人，但在随后的阶段里，这几个人会凭借自己的社会关系介绍新人加入，新人也会有社会关系，于是，随着关系网络不断扩大，样本越滚越大，最终便可找到符合条件的样本。滚雪球抽样主要用于估计总体中稀有人物的特征，如城市中无家可归的流浪者、吸毒者等的特征。

滚雪球抽样的理想结果是“雪球”滚到了大于所需样本规模的人群，这时可在某个时间点中止“雪球”的滚动。由于此类人群通常都属于一个人际圈子或关系网络，因而当圈子里的人全部介绍完，雪球也会停止滚动。

第四节　确定样本容量

在进行抽样调查时，除了针对特定的研究目的和研究对象使用合适的抽样方法之外，还有一个十分重要的工作，即确定样本量 n。从抽样误差的公式可知，抽样误差的大小，主要取决于总体的方差和样本容量，它与总体的方差成正比，与样本容量成反比。总体方差是客观存在的，因而需要样本量来调节，样本量 n 越大，抽样误差就越小，调查精度就越高。提高调查精度是每项研究意欲达到的，但是，随着样本容量的增大，抽样调查的费用也会增加，造成调查成本提高。因此，样本容量的大小要在精度和费用两个因素中加以权衡。

一、计算样本容量

抽样的目的是估计总体，具体而言，包括估计总体的均值、比例等。根据估计值，计算样本量的公式也有所不同。

（一）当样本用于估计总体均值时的样本容量

在统计学里，方差的计算公式为：

$$V=\frac{S^2}{n}\left(\frac{N-n}{N}\right)$$

其中 S^2 为样本的方差，N 为总体规模，n 为样本容量。

由上式可以推导出计算样本容量 n 的公式：

$$n=\frac{NS^2}{NV+S^2}=\frac{S^2}{V+\frac{S^2}{N}}$$

通常取置信度为 $1-\alpha$ 的允许误差为Δ，$\Delta=Z_{\frac{\alpha}{2}}\sqrt{V}$，可以得到 $V=\frac{\Delta^2}{Z^2_{\frac{\alpha}{2}}}$，代入上式，即可得到计算样本容量 n 的公式：

$$n=\frac{NZ^2_{\frac{\alpha}{2}}S^2}{N\Delta^2+Z^2_{\frac{\alpha}{2}}S^2}$$

上式表示的是无放回情况下的样本量，如果要计算有放回情况下的样本量 n_0，则可以推导出下式：

$$n_0=\frac{Z^2_{\frac{\alpha}{2}}S^2}{\Delta^2}$$

$$n=\frac{n_0}{1+\frac{n_0}{N}}$$

当总体 N 很大时，抽样的比例很小，$\frac{n_0}{N}$ 可以忽略不计，这时有放回抽样和无放回抽样的样本容量之间的差别也可以忽略不计。

（二）当样本用于估计总体总量时的样本容量

当抽样是为了估计总体总量时，样本容量的计算可根据下列思路进行。由于 $\hat{Y}=N\bar{y}$，其估计的方差 $V=\frac{N^2S^2}{n}\left(\frac{N-n}{N}\right)$，即总体总量的估计值 $\hat{Y}$ 与总体均值 $\bar{y}$ 之间相差一个常量 N，在方差中相差 N^2。将上文中计算样本量的两个公式代入，就可以得到估计总量时的样本容量的计算公式：

$$n_0=\frac{N^2Z^2_{\frac{\alpha}{2}}S^2}{\Delta^2_{总量}}$$

$$n=\frac{n_0}{1+\frac{n_0}{N}}$$

在上述公式中，$\Delta_{总量}$ 是估计总量的绝对误差，它是均值误差 Δ 的 N 倍。

（三）当估计总体比例 P 时样本容量的确定

人们面对的现象不仅有数量特征，也有属性特征。估计总体均值和总量都是现象的数量特征，当某事物从性质上可以分为两类或若干类时，即为现象的属性特征。例如，农村居民户中有电脑的户数占总户数的比例，某一群体中患有某种疾病的人的比例，民意测验中同意某项改革政策的人数比例等。当总体单位数 N 很大时，每一次抽取的结果对下一次抽取的影响可以忽略不计，这种抽样可以看作是概率论中的贝努里试验。①

如果总体中第 i 个单元的取值为 Y_i，我们通常规定该单位具有某种特征时的取值为 1，不具有该特征时取值为 0，即引入"哑变量"（又称"开关变量""二分变量"等），即：

$$Y_i = \begin{cases} 1, \text{该单位具有某种特征} \\ 0, \text{该单位不具有某种特征} \end{cases}$$

按照这个定义，可以得到以下公式：

$$\bar{Y} = \frac{1}{N}\sum_{i=1}^{N} Y_i = P$$

$$\sigma^2 = \frac{1}{N}\sum_{i=1}^{N} (Y_i - \bar{Y})^2 = P(1-P)$$

$$S^2 = \frac{N}{N-1}P(1-P)$$

接着，可得到计算总体比例 P 的方差的公式：

$$V(\hat{P}) = \frac{P(1-P)}{n} \cdot \frac{N-n}{N-1}$$

比例 P 的允许误差 Δ_P 为：

$$\Delta_P = Z_{\frac{\alpha}{2}}\sqrt{\frac{P(1-P)}{n} \cdot \frac{N-n}{N-1}}$$

将上式两边同时开方，求解 n 可得以下计算样本容量的公式：

$$n \approx \frac{NZ_{\frac{\alpha}{2}}^2 P(1-P)}{N\Delta_P^2 + Z_{\frac{\alpha}{2}} P(1-P)}$$

如果采用分两步走计算，第一步先求有放回抽样下的样本量：

$$n_0 = \frac{Z_{\frac{\alpha}{2}}^2 P(1-P)}{\Delta_P^2}$$

然后求无放回情况下的样本容量：

$$n = \frac{n_0}{1 + \frac{n_0}{N}}$$

由于 P 是待估计参数，因而无法直接使用这两个公式。然而，如果根据一般经验，P 的待估值不是特别小的话，则可以给出 P 的一个粗略的估计值，将这个估计值代入公式就可以计算样本容量的值。

根据经验，如果 P 的取值范围是 [P_1，P_2]，那么，取比较接近 0.5 的值，

① 倪加勋．抽样调查［M］．桂林：广西师范大学出版社，2002：39.

$P(1-P)$ 的乘积较大，计算出的 n 也较大。这样的 n 在经费许可的条件下，对于所求的精度就留有一定的余地。当没有关于待估参数 P 的任何先验信息时，可取 $P=0.5$，这时求得的 n 是一个较为保守的值。

二、影响样本容量的因素

影响样本容量的因素比较多，主要因素有抽样精度、总体的异质性程度，以及研究者拥有的经费、人力和时间等。

（一）抽样精度

抽样精度指研究者或项目委托方希望抽样推断总体时达到的精确度，即能够允许的抽样误差。抽样误差是样本统计量与总体参数值之间的偏差，而偏差是由样本与总体不一致造成的。样本越小，与总体偏差越大，误差也越大。所以，能够容忍的抽样误差越小，那么，要求的抽样精度越高，样本容量越大。

在这种情况下，似乎可以得到一个结论，即在一定精确度要求下，总体越大，则样本也要越大。要回答这个问题，首先应看到一个事实：对于较大总体而言，在给定精确度的条件下，总体与样本容量之间是一种非线性关系，样本扩大速度远远低于总体扩大速度。

换言之，当总体规模达到一定程度时，如果总体规模继续扩大，则样本占总体的比例与抽样精度之间并不是一种正向的线性关系，也就是说，样本的扩大并不必然带来估计精度的线性增长。有了这样的认识后，在抽样过程中，就不能夸大样本容量和精度之间的关系。尤其是当确定样本容量时，每增加一倍的样本，研究付出的成本相应也会增加，但并不会成倍提高抽样精度。因此，要权衡精度和样本容量以及成本之间的关系。

（二）总体的异质性程度

总体的异质性程度，指的是总体的方差大小，是反映总体元素间异质性程度的指标。一般而言，在给定抽样精度后，总体异质性越小，总体方差越小，所需要的样本容量就越小；反之，则越大。因为异质性越小，总体参数的分布越集中，波动性越小，同样容量的样本的代表性越好，对总体的反映越准确。总体异质性越大，表明总体在各种变量上的分布越分散，方差越大，波动性越大，同样容量的样本对总体的反映就越差。

如果不考虑经费，样本容量主要取决于抽样精度和总体方差。一般来说，抽样希望达到的精度越高，总体的异质性越显著，所需的样本容量越大。从样本的代表性、抽样的精度考虑，样本容量越大越好。

（三）研究者拥有的经费、人力和时间

样本容量越大，意味着需要投入的经费、人力和时间越多，可能受到的限

制越多。

从抽样的可行性、简便性考虑，样本容量越小越好。

表 4-5 是在 95%置信度下不同抽样误差所要求的样本容量，可以作为抽样时的参考。

表 4-5　　95%置信度下不同抽样误差所要求的样本容量

抽样误差（%）	样本容量	抽样误差（%）	样本容量
1.0	10 000	5.5	330
1.5	4 500	6.0	277
2.0	2 500	6.5	237
2.5	1 600	7.0	204
3.0	1 100	7.5	178
3.5	816	8.0	156
4.0	625	8.5	138
4.5	494	9.0	123
5.0	400	9.5	110
		10.0	100

最后需要注意的是，没有一成不变的规定，样本容量的确定需要综合考虑各方因素。研究者们可参考一些经验数据：

样本容量在 100 至 300 之间，多用于非正式、总体规模较小的小型调查；

样本容量在 300 至 1 000 之间，多用于正式调查，目前实践中采用最多；

样本容量在 1 000 至 3 000 之间，多用于全国性的大型调查项目。

第五节　大数据时代的传统抽样方法

随着信息技术、网络技术的发展和普及，体量大、类型多、结构复杂的海量数据扑面而来。其中既包括结构化数据，也有非结构化数据、半结构化数据或异构数据。大数据处理技术能够对超大规模数据进行分析处理，使研究者对研究对象的特征做到总体把握和局部了解。作为一种新的数据来源，大数据会对一些传统抽样数据产生替代作用，例如，居民收入支出多是通过银行转账，因此银行交易数据在一定程度上可以替代居民家计调查数据。大数据背景下，数据收集和处理方式发生了相应的变革，它更多依赖现代网络信息技术和各种数据收集相关资料。但是，这并不意味着传统抽样方法行将退出历史舞台。

首先，并非所有数据都可以通过网络信息系统获得，因为不是所有产业都实现了智能化，还有很多数据只能通过传统的抽样方法获得。其次，即使是网络数据，在某些情况下对总体进行分析也并非最优选择。最后，大数据的生成与采集通常是在人为设计的框架下进行的，可能存在系统性偏差。例如，社交网络数据中人群的上网习惯、计算机知识、经济地位等都是影响数据生成的混杂因素，会导致大数据与真实总体之间产生明显的偏差，包含噪声、错误数据和缺失数据。有学者认为利用随机抽样数据可以校正杂乱、非标准的数据源，将经过严格抽样设计获得的统计数据作为标准和框架，能够对互联网数据进行校正，而将互联网数据作为补充资源，能够对统计数据进行实时更新。

在大数据时代，争论是否还需要抽样的意义并不大，核心问题是要清楚何时抽样、何时利用全体数据集。一些学者提出融合大数据与抽样是大数据时代的选择。

首先，拥有大数据就拥有了超大量可选择的数据，凡是能够从大数据源中找到的数据，就不再需要进行专门的调查。在信息化、数字化、物联网等还不能全覆盖的情况下，仍然有很多数据需要通过抽样的方式获得。很多情况下，尽管可以对大数据进行全体分析，但考虑成本与效率等因素，抽样仍然是明智的选择。大数据时代既要善于利用现代网络信息技术和各种数据源收集一切相关数据，又要采用传统的抽样方式收集与处理特定的数据。

其次，在大数据时代，抽样仍然发挥着至关重要的作用，但体量更庞大、类型更繁多、结构更复杂的数据对抽样的要求也更高，抽样需要转变功能以顺应时代要求。我们可以将抽样数据视为从混杂的大数据中寻找规律或关系的线索，以便更好地进行大数据挖掘和快速探测分析。大数据应和抽样相结合，实现高质量的数据收集、处理及分析。

最后，创新抽样方法，适应大数据环境的需要。针对大数据环境，探索抽取满足研究目的和精度要求的样本，探求新的适应性、序贯性和动态的抽样方法，探求大数据案例抽样方法和基于事件的抽样方法、社会关系的抽样方法等。大数据背景下的抽样很难构造清晰的抽样框，抽取的样本多为非概率样本，这时需要解决非概率抽样的统计推断问题。①

许多学者积极探求使用大数据相关技术进行抽样的方法，崔颖安等人提出在线社会化媒体大数据整群多阶段抽样方法 OSM-MSCS。② 首先，将总体分解成若干小型凝聚子群；其次，使用动态延迟拒绝方法对凝聚子群内部的关系抽样；最后，使用 Gibbs 方法完成不同凝聚子群之间相关关系的筛选，从而获得整个样本序列。实验研究表明，这一方法能够有效地对各种结构特征的在线社会化媒体大数据进行抽样，从“个体地位—群体凝聚性—整体结构性”三个层次进行综合评价。随着人们对网络技术掌握得越来越纯熟，利用大数据抽样的

---

① 程开明，宋艺璇．大数据还需要抽样吗？[J]．中国统计，2017（11）：10－13；金勇进，刘展．大数据背景下非概率抽样的统计推断问题［J］．统计研究，2016，33（3）：11－17；李金昌．从政治算术到大数据分析［J］．统计研究，2014，31（11）：3－14.

② 崔颖安，等．社会化媒体大数据多阶段整群抽样方法［J］．软件学报，2014，25（4）：781－796.

方法将更加准确和完善。

【延伸阅读】

1. 倪加勋．抽样调查［M］．桂林：广西师范大学出版社，2002.

2. 扎加，布莱尔．抽样调查设计导论［M］．沈崇麟，译．重庆：重庆大学出版社，2007.

3. 风笑天．社会研究方法［M］．5 版．北京：中国人民大学出版社，2018.

4. 金勇进，刘展．大数据背景下非概率抽样的统计推断问题［J］．统计研究，2016，33（3）．

【思考题】

1. 请理解分层抽样和配额抽样。

2. 请查阅中国综合社会调查（CGSS）的抽样方案，了解其中的抽样思维与方案设计。同时查阅 1～2 篇使用了一手调查数据的研究文献，比较、评价其与 CGSS 抽样设计的异同。

3. 查阅 1～2 篇使用了抽样设计的大数据研究文献，思考其在样本选取上与社会调查法的区别。

第5章 内容分析法

内容分析法（content analysis）是20世纪开始兴起的一种新的文献研究方法，它通过考察人们所写的文章、著作、日记、信件，所拍的电影、电视及照片，所创作的歌曲、图画等，来了解人们的行为、态度和特征，进而了解和说明社会结构及文化变迁。

第一次世界大战结束后，美国专栏作家以自己的亲身经历体会到，新闻界普遍存在歪曲事实、误导社会舆论的现象。为了证实这一看法，李普曼（W. Lippmann）与他人合作，对美国当时报纸上关于俄国布尔什维克革命的报道做了研究。他们选择了以报道精确著称的《纽约时报》，统计3年内的相关报道，结果发现，《纽约时报》对俄国革命的态度不是从事实出发，而是由“组成新闻机构的那些人的愿望主宰，其报道既不准确又怀有偏见”。

1927年美国的政治学家哈罗德·拉斯韦尔（Harold Lasswell）把统计定量方法引入内容分析，并以其《世界大战中的宣传技巧》的博士论文，开辟了科学研究大众传播过程和效果的先河。

与社会调查法相比，内容分析法有两个特点：第一，与问卷调查法、实验法相比，这一方法最不打扰被研究对象；第二，可以考察研究对象在较长时间范围内的特征和走向。

第一节 基本概念

内容分析法的主要价值，不仅仅在于客观、系统、定量地研究传播内容，对此加以归类统计，然后由这些统计数据进行描述性解说，而在于它是一种完整的研究方法。它所关注的焦点不仅是分析整个传播过程中传播内容的信息部分，也包括整个传播过程。

传统媒体的内容分析法主要指使用书面文献或音像资料进行研究，不需要接触和影响研究对象，仅需对信息内容进行分析。具体的做法是将文本简化为数字，即计算文本中某些元素（词、句子、情境等）出现的次数。随着网络技术的普遍应用，网络既是承载信息传播的介质，也是用以研究信息的工具。以网络文本、符号为研究对象的研究正应用在新闻传播学界，日益影响研究方法的扩展和对理论的贡献。

一、内容分析法的定义

在传播学研究中，不少学者对内容分析法下过多种定义。其中贝雷尔森（Bernard Berelson）的定义最为人们所熟知。贝雷尔森认为，内容分析法是“一种对传播所显示出来的内容进行客观、系统和定量的描述的研究方法”①。该定义指出了内容分析法的四个关键点。

第一，“客观”是内容分析的内在要求，它要求研究者的个人性格、偏好或利益不能影响研究结论。在具体操作上，要求研究者公正、准确地按照一套确定的评价（或分类）标准（或规范）分析类别和单位，抽样、变量分类和规则等都有明确的规定和标准化的程序，不同的研究者能够按照这套标准或规范得出同样的结论。客观意味着分析结果由分析的程序而非分析的人决定。

第二，“系统”乃是“客观”要求的逻辑延伸。“系统”要求研究的范围应包括所有种类（范畴），即样本选择必须按照特定的程序，每个项目接受分析的机会必须相同。同时，所有的内容应该使用同一标准进行测量，编码和分析过程必须一致。“系统”的设计，应该使样本分析得出的结论能够反映研究目的与研究假设。没有“系统”就意味着存在偏差。

第三，“定量”是内容分析最明显的特征，是达到精确和客观的必要手段。其目的是对信息做准确的描述，将文本转换成数字，用以揭示和检验研究问题/研究假设。

第四，“传播”所显示出来的内容应该以其出现的形式得到分类和编码，而非凭内容分析者对内容含义的揣摩和感觉来分类和编码。

对第四点，有的学者担心只对内容表层进行研究是否会扭曲事实。实际上，这种担心可以通过对结论进行恰当的解释来消除，而不是消除明显的内容。例如，两个政治对手几乎同样多地谈到了减少赤字，这并不表明他们的经济观是相同的，也不说明他们中的任何一个都没有真正减少赤字的意愿，甚至为此采取特定的行动。内容分析表明的是，他们两个都意识到谈论减少赤字符合听众的期待，这是一个有意义的解释。②

此外，罗伯特·默顿（Robert Merton）对内容分析法给出了言简意赅的定义：“内容分析是一种考察社会现实的方法，研究者通过对文献的显性内容的特征的系统分析，得到与之相关的潜在内容的特征的推论。”

总之，内容分析是一种用科学方法对信息进行归纳的定量研究方法。通过

---

① BERELSON B. Content analysis in communication research［M］. New York：The Free Press，1952：18.

② 奥格尔斯，等．大众传播学：影响研究范式［M］．关世杰，等译．北京：中国社会科学出版社，2000：466.

这一客观、系统的、量化的对传播所显示出来的内容进行研究的方法，可以对被记载下来的传播媒介进行研究、整理。从本质上来说，内容分析是一种编码，而编码是将原始材料转化成标准化材料的一种形式。

二、内容分析的作用

贝雷尔森曾列出内容分析的三个假设。①

第一，内容分析假定对内容和意图（或者内容和效果）关系的推断是有效的，或者这种关系是确定的。有些东西是看不到的，不在显在的内容里，内容分析很多时候就是推断这一部分不在内容里的东西。

第二，内容分析假定分析显现的内容是有意义的。在大数据时代，很多研究开始对文本挖掘的数据进行情感分析（sentiment analysis），探究网民情感，这也是一种对显在情感进行的分析。有关情感分析，请参阅第 13 章的相关内容。

第三，内容分析假定对传播内容的量化描述是有意义的。

内容分析法的假定前提是，在某些传播资料中发现的行为模式、价值观念和态度，反映出并影响着创造和接受这些材料的人们的行为、态度和价值观。因此，除了信息本身的内容外，内容分析还用来反观信息发出者的动机，并以此推断信息传播的效果或影响。对后者而言，要结合受众研究才得以展开。格伯纳在研究 20 世纪 60 年代、70 年代美国电视网黄金时段电视节目时，通过内容分析得出黄金时段的美国电视网大量播出暴力内容的节目，甚至在广告节目中亦如此。格伯纳结合受众调查，得出收视量多的电视节目的观众更多受到上述电视节目的影响，认为现实世界充满不安定成分，这种长期的影响即为大众媒介的“涵化”所致。

三、内容分析法的优、缺点

内容分析法广泛运用于新闻传播学、社会学、政治学等学科，具有以下几个优点。首先，可以观察有一定时间跨度的趋势。这些观察和分析可以用来衡量社会变迁，例如，可以针对报纸社论及读者来信进行纵贯、严谨的研究，探讨公共议题的民意变化；也可以从不同时间内非科幻的畅销书排行榜中，得知社会主要价值观。其次，相比较社会调查法，内容分析法不需要大量的研究者和问卷制作的投入，比较节约研究经费。再次，万一内容分析类目建构不适当，或者编码员编码出现错误，都可以在损失最小的范围内弥补过失。最后，内容分析法研究的是人类的文化产品，不必打扰研究对象（这里主要指以人为

---

① BERELSON B. Content analysis in communication research［M］. New York：The Free Press，1952：19.

主的研究对象），研究过程中不会因对研究对象造成影响而引起结论的偏差。

内容分析法的不足在于：首先，只限于研究有记录的信息，无论这种信息以何种载体承载，因而缺乏与研究主题直接相关的资料。其次，内容分析的信度和效度取决于类目建构系统和分析单位的定义，它也直接关系到研究结论。再次，内容分析不能作为推断传播效果的唯一基本资料，还需要对受众进行其他研究（如涵化研究）才能下定论。最后，编码员的编码工作比较枯燥，需要花费大量的时间检视资料，比较费时。

当使用内容分析研究媒介效果时，可能面临一个问题，即编码员所认知的内容与受众认知的内容不一定一致。

第二节 如何进行内容分析

与其他量化研究方法类似，进行内容分析需要遵循一定的研究步骤和程序。运用内容分析进行研究，一般包括以下几个步骤。将其制成简明的图示，如图 5－1 所示。

第一，要根据研究主题阐明研究问题，这一过程通常与文献探讨同时进行。有时还需要提出待检验的研究假设。

第二，界定研究对象总体，以便确立抽样方案，包括抽取方法、时间构成等。如果用于分析的文本是从互联网中抓取的，则要先对抓取的数据进行探索分析，再用于正式的内容分析。

第三，根据研究问题，对研究对象的分析单位进行定义，建构类目（即量化系统），并确定用于内容分析的编码表。

第四，招募和训练编码员，对要分析的文本或其他形式的资料进行试编码，然后测试编码员之间的一致性（信度）。待编码员之间的一致性达到要求之后，编码员开始编码（人工编码或 AI 编码）。

第五，将编码结果用于统计和分析，解释分析结果，得出研究结论。

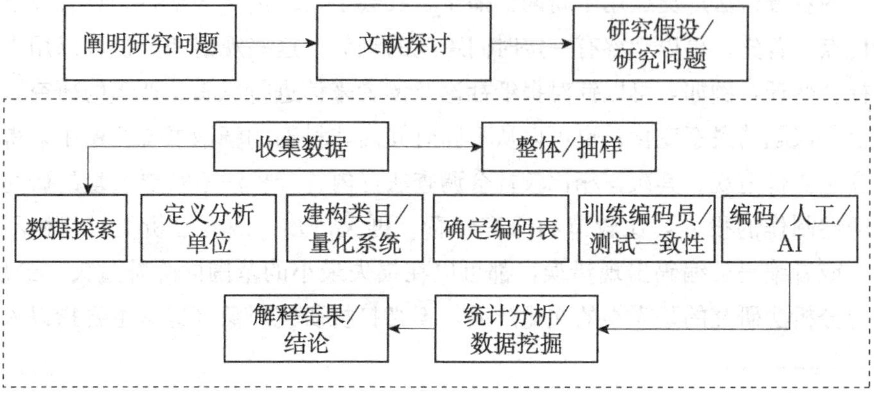

图 5－1 内容分析法步骤图示

资料来源：参考 me. divominer. cn 文本大数据挖掘与分析平台制作。

一、阐明研究问题或研究假设

研究者要将内容分析的目的清楚地表达出来，避免为了统计而统计，导致无目的的数据收集。研究问题或假设，不仅要便于分析内容，还要能获得有价值的数据。例如，统计《纽约时报》和《华盛顿邮报》中标点符号的使用，也许会得到这样的结论：与《纽约时报》相比，《华盛顿邮报》的逗号使用率和分号使用率分别高出45%和低出23%。对大众传媒理论的理论政策制定而言，这种结论的有用性值得怀疑。

在陈述分析目的时，要以主题需要为指导。分析研究内容之前必须针对实际需求，进行严密周到的思索和判断，增益思维，形成假设或研究问题。例如，“主流媒体对‘中国梦’的意义建构——基于《人民日报》相关报道的内容分析”，或“中国主要舆论对朝韩两国形象的建构”等。

提出研究问题或假设是进行内容分析之前必要的环节，研究问题或研究假设是准确建构类目的前提，是理论与方法的精髓。例如，研究者假设，不断发展着的妇女运动在媒介内容里应该有所体现，于是提出一个研究问题：21世纪以来，我国妇女运动的发展是否带来了新闻中女性形象的变化？研究者通过文献研究总结“社会真实”，即过去20年我国妇女运动的基本脉络、重点议题和进展特点，然后再描述新闻中女性形象的变化及其趋势，将二者对比，如果二者相关联，则说明妇女运动的确影响了新闻，如果二者不存在关系，则讨论不相关的原因。

二、界定总体和抽样

与以人为对象的研究相同，以文献为主要对象的研究也常常不可能观测全部文献，有必要先界定总体，然后从总体中抽取有代表性的样本，达到从样本推断研究全部对象的目的。

(一) 界定总体

界定总体，就是详细说明研究内容的范围。这里包括两个方面：第一是研究的主题，第二是涵盖的时间。例如，研究者对微博上某舆情事件感兴趣，首先要界定何为“该舆情事件”，关键词是什么，事件涵盖范围是多久，是研究所有的微博用户还是某一种类微博用户（比如政务微博用户）等。主题范围应该与研究问题保持逻辑上的一致性并与研究目的有关。涵盖时间应该足够长，以确定能充分产生所要研究的现象。

例如，韩国学者康贤斗等人在《中国舆论中出现的韩国、朝鲜形象比较分析（1949—1996）》[①] 中，为了“从更客观的角度重新认识对方”，“针对过去

---

① 康贤斗，朱凤仪，许进．中国舆论中出现的韩国、朝鲜形象比较分析（1949—1996）[C] //袁军，胡正荣．面向21世纪的传播学研究：中加传播学研讨会文集．北京：北京广播学院出版社，2000：169-189.

43 年间中国是怎样认识韩国的这一问题”，将分析对象大致分为三个阶段：第一阶段是从 1949 年到 1978 年；第二阶段是从中国实施改革开放政策的 1979 年到 1991 年；第三阶段是从中韩建交的 1992 年到 1996 年。

> “这样划分三个时期的理由，是我们认为各国的主要舆论中出现的有关国外报道的形式和内容，主要与国际政治的变化有着密切的关系。”

（二）内容分析的抽样

内容分析的抽样常常通过杂志、报纸、电视节目、广告或其他文献的标题或期号进行，还有一些是在作者、著作、章节、段落、句子、短语、词汇等层次上进行。本书第 4 章介绍的抽样方法的所有技术都可用于内容分析中的抽样，尤其是分层抽样、系统抽样两种方法的运用更为普遍。

运用内容分析进行研究，其抽样通常分为两个（或三个）主要阶段。第一阶段，对内容来源进行抽样。例如，某研究对报纸关于环境报道的新闻感兴趣，首先就要从全国每天发行的报纸中抽取。由于总体范围较大，研究者可决定只针对发行量位于全国前 20 名的日报的新闻内容进行分析。如果分析工作量仍然很大，可采用随机抽样或分层抽样，将报纸分为大型、中型、小型城市的报纸，再以发行量多寡分层。再如，杂志可按照杂志形态分层，如新闻杂志、妇女杂志等。

当研究有明确的针对性时，使用立意抽样（非概率抽样）更为便利。例如，为了研究 1949 年以来中国妇女的形象变迁，可选择中华人民共和国成立以来国内妇女界发行最早、发行面最广、权威最高，对于反映女性状况来说代表性最强的刊物——《中国妇女》。[①]

当分析的来源确定后，第二阶段就要依据研究目的抽取分析的资料。较可行的方式是以日期进行简单随机抽样，从一个任意的点开始，每隔 n 期，抽出一个样本。另一种方式是以出版日期分层，进行分层抽样。如果以月为单位，就以周分层，如果以周为单位，就以日分层，每周抽出不超过两天的样本，如此可以保证样本平均分布在一个月内。

构造周是另一种保证样本不重复的方法，即以日期进行抽样。例如，研究中需要一个星期一，就从一个月中的四个或五个星期一当中随机抽出一个星期一，从一个月中的星期二中抽出一个星期二，以此类推，直到抽满一星期的七天为止。究竟要选择多少个出版日期，取决于研究主题。选取日期应与研究对象的发生率有关，发生率较低，就必须多选取一些日期。

国外学者利夫、欧斯特和莱西（Riffe，Aust and Lacy）证明，在对报纸进行内容分析时，构造周的抽样方法要优于随机抽样及连续一星期七天的抽样方式。[②]

---

① 风笑天．社会研究方法［M］．5 版．北京：中国人民大学出版社，2018：429.

② 维曼，等．大众媒体研究导论：第 8 版［M］．黄振家，等译．台北：新加坡商亚洲汤姆生国际出版有限公司，2007：191.

这一阶段的抽样，有时也使用立意或判断抽样方法，视研究对象的特征而定。利夫和弗赖塔格（Riffe and Freitag）认为立意抽样在内容分析中十分重要，在20世纪70年代到90年代中期，在《新闻学季刊》所有采用内容分析的论文中有68%使用了立意样本。①

此外，日期抽样要视特殊情况做出一定的调整，不能僵硬执行内容分析抽样方法。如风笑天的《变迁中的女性形象——对〈中国妇女〉杂志的内容分析》中，对期刊的年代进行抽样时，没有以每十年作为分层标准，而是考虑到自1949年之后四十多年中国社会、政治的现实风貌，选取1952—1956年、1961—1965年、1978—1981年、1986—1989年这四个时期《中国妇女》的全部期号（总共208期），分别代表50年代、60年代、70年代和80年代。

（三）根据研究对象灵活设计抽样方案

内容分析的抽样方案也要视研究对象的特点灵活设计，不一定都要僵硬地按照上文已经介绍的几种方法抽样。例如，在康贤斗等人的《中国舆论中出现的韩国、朝鲜形象比较分析（1949—1996）》② 中，时间跨度较长（47年），研究对象选取了《人民日报》《光明日报》《文汇报》中出现的关于韩国、朝鲜的相关报道。对于一些重要的外交新闻，我国报纸通常会发布统一的通稿。如果按照一般的抽样方法设计抽样方案，很有可能抽取三张报纸或两张报纸同一天的新闻通稿入样，造成样本内容的重复。为了避免样本重复，该研究的三位作者进行了如下的抽样设计。

> 三家报纸以每年1月1日为准，以每3个月和6天为间隔选取样本。
>
> 《人民日报》选取了每年1月1日、7日、13日、19日、25日，4月4日、10日、16日、22日、28日，7月1日、7日、13日、19日、25日，10月4日、10日、16日、22日、28日的报纸。
>
> 《光明日报》选取了每年2月2日、8日、14日、20日、26日，5月5日、11日、17日、23日、29日，8月2日、8日、14日、20日、26日，11月5日、11日、17日、23日、29日的报纸。
>
> 《文汇报》选取了每年3月3日、9日、15日、21日、27日，6月6日、12日、18日、24日、30日，9月3日、15日、21日、27日，12月6日、12日、18日、24日、30日的报纸。
>
> 这一抽样的方法使得选取的三家报纸的样本在发行月和发行日上不会重叠，而且保证了各家报纸每年平均地选取了20份样本。

① 维曼，等．大众媒体研究导论：第8版［M］．黄振家，等译．台北：新加坡商亚洲汤姆生国际出版有限公司，2007：191.

② 康贤斗，朱凤仪，许进．中国舆论中出现的韩国、朝鲜形象比较分析（1949—1996）［C］//袁军，胡正荣．面向21世纪的传播学研究：中加传播学研讨会文集．北京：北京广播学院出版社，2000.

该案例的抽样设计有启发性。研究对象包括《人民日报》《光明日报》和《文汇报》所有涉及两国的新闻报道，体量大，时间跨度长，如何在47年的长时间跨度内让三家官方报纸中有关朝、韩两国的新闻报道不重复，该研究采用类似系统抽样又不完全等同系统抽样的方法，使得抽出的样本在年、月、日上既不重复又相互补足，还能覆盖三家报纸的新闻报道，是为一种创新抽样方案。

三、选择分析单位

分析单位（unit of analysis），就是要确定实际计算的对象，是内容分析中最小和最重要的元素。以文字为研究对象的内容分析中，分析单位可以是文本中的行、段、字、符号、句子、整篇文章或新闻报道作者等。在以视频为研究对象的内容分析中，分析单位可能是角色、行为或整个节目。在决定分析单位时，要制定规则及定义，确保编码员之间有相近的同意度，减少判断偏误(judgement calls)。

分析单位的操作定义，应该非常清楚、完整，判断标准应该明确且容易观察。要达到这个目标必须经过努力和一些试验，在准备阶段，研究者须有粗略的定义，从有代表性的内容中发现问题，从而进一步修改操作定义。

有些内容分析单位比其他单位容易计算。例如，决定《新闻联播》里国际新闻的则数，比计算一周内电视节目中的暴力动作次数简单，因为一则新闻是很容易区分的分析单位，新闻开始和结束的时间相对明显，易于观察。如果研究者欲对暴力内容做出分类，就要花一番气力。例如，在格伯纳进行“电视暴力”倾向研究时，一个主要工作是比较电视节目中的暴力内容与现实生活中的暴力活动。这时，就要考虑如何定义“暴力”这个概念。它是指“暴力动作”吗？是整个连续的打斗动作算一个暴力动作，还是每一次打击都算一个动作？威胁算暴力吗？恶作剧算暴力吗？枪击老虎是暴力吗？关于这一点，读者可以通过表5-1提供的分析单位的操作定义学习。

表5-1　分析单位的操作定义

研究者	研究主题	研究范围	抽样	分析单位
Lesie (1995)	1957—1989年间《乌木》(*Ebony*)杂志广告	1957—1989年间所有的《乌木》(*Ebony*)杂志	20世纪50年代、70年代、80年代等年代随机抽样	全页或1/4页的广告
Lowr与Shidler (1995)	1992年大选电视网中的新闻偏见	所有周末夜晚的新闻，包括ABC、CBS、NBC与CNN 8月24日到10月30日的新闻	从99个新闻报道中随机抽样	新闻来源在电视上的说明
Oliver (1994)	写实警匪剧中对犯罪与攻击的描绘	1991—1992年五个写实剧中所有情节	1991年5月到1992年1月录下的76个节目	警察或犯罪嫌疑人的角色

续前表

研究者	研究主题	研究范围	抽样	分析单位
Smith (1994)	儿童广告中的性别差异	1991 年电视网的儿童节目	1991 年 2 月某个星期 ABC、Fox、CBS 与 Nickelodeon 所有的广告	有性别立场的广告
Vest (1992)	连续剧的性别呈现	1986—1987 年的电视剧	制作人提供的拍摄脚本	有名字与台词的所有角色

资料来源：维曼，等. 大众媒体研究导论：第 8 版 [M]. 黄振家，等译. 台北：新加坡商亚洲汤姆生国际出版有限公司，2007.

四、建构类目

建构类目是内容分析最主要的工作。因研究主题的不同，类目系统也有所不同。贝雷尔森指出："特定研究必须建构明确的类目，并且能适用于研究问题及内容。"类目可以由研究理论或参考过去的研究结果发展而成，或由研究者自行发展而成。

建立类目遵循的原则有三个，分别是：

(1) 穷尽性 (exhaustiveness)；

(2) 互斥性 (exclusiveness)；

(3) 可靠性 (reliable)。

建构类目的穷尽性和互斥性原则，指每个分析单元能够且只能够归为某一个类别。如果研究者发现某些分析单位可同时属于两个类别，或者某个分析单位无法属于事先定义的类目，就要修改或重新定义类目系统。类目的可靠性，指它的可依赖程度，即不同的编码员对分析单位所属类目的判断应该一致。这种一致性在内容分析中被称为"编码员间信度"(intercoder reliability)。研究者在内容分析中，需要对类目系统的信度进行测试（通过预编码），内容分析中的信度十分重要。

在建构类目时，究竟多少个类目比较合适？就一般操作经验而言，通过预编码及预编码计算的信度，可以帮助研究者避免极端类目和过多类目的出现。一般规则是，类目多比类目少要好，因为确定分析单位后，将几个小类目变成一个大类目，比将一个大类目分成数个小类目容易得多。

以《中国舆论中出现的韩国、朝鲜形象比较分析 (1949—1996)》[1] 研究为

---

① 康贤斗，朱凤仪，许进. 中国舆论中出现的韩国、朝鲜形象比较分析 (1949—1996) [C] //袁军，胡正荣. 面向 21 世纪的传播学研究：中加传播学研讨会文集. 北京：北京广播学院出版社，2000.

例，作者在建构类目时，重点考察了三个方面：形式特征、内容特征和报道倾向。具体内容如下：

研究

将选出的新闻报道从形式特征、内容特征和报道倾向三个方面进行分析。

第一方面，“形式特征”。

包括刊载的版面、版面大小、版面位置、报道类型以及消息源。刊载的版面指相应报纸的所有版面中，刊载在哪一版面。版面大小指如果把一个整版看作1的话，相应报道所占的面积，是1、1/2、1/4、1/8，还是以此类推更小。版面位置分为上左、上右、中、下右、下左，报道的重要性依此次序递减。

报道类型大致分为消息、评论、图片、漫画、广告以及其他等6种。其中，消息指单纯记述实事的新闻；图片新闻与漫画独自作为一种。

消息源分为外国通讯社、中国通讯社、本报组稿、投稿、转载其他报纸以及其他。

第二方面，“内容特征”。

分析了报道的主题、报道对象以及相关国家。

报道的主题分为15种：政治，经济、产业，外交，体育，灾难、事件，科学技术、医疗，犯罪、审判，国防、军事，文化艺术，宗教，学术、教育，大众趣味，环境、公害、保健，旅游以及其他。

报道对象分为3种，关于韩国的报道、关于朝鲜的报道，以及关于韩国和朝鲜的共同报道。在以上三种情况下，同时出现的其他国家的名称定义为相关国家，并加以累计。

第三方面，“报道倾向”。

将相应报道从头至尾精读之后，首先判断对报道对象的报道立场是肯定的、中立的，还是否定的，然后将其方向和程度以11分为尺度进行记录。

将上面各方面的每项内容具体编写成问题、答案形式，便形成了初步的类目和编码。

五、确立量化系统、制作编码表

内容分析中使用的量化方法，与第2章介绍的测量层次大致相同。内容分析变量测量层次较多地用到定类、定距和定比层次。

对定类层次的变量而言，只需要计算分析单位在每个类目中出现的次数，这是在内容分析中比较常见的量化尺度。

对定距以上层次的变量而言，研究者可以借助定距的测量尺度，增加内容分析的深度，获得更加有洞见的解释。如研究《人民日报》农民工形象时，每个类目可由定距测量尺度进行测量：

独立的：______：______：______：______：______：依赖的

恋土的：______：______：______：______：______：不恋土的

时尚的：______：______：______：______：______：落伍的

按时的：______：______：______：______：______：拖沓的

借助定距以上层次变量的统计特性，运用独立样本 t 检验、方差分析、回归分析等，对数据进行多元统计分析，可揭示出更为深刻的原因和有见地的结论。

然而，使用定距和定比测量要经过预编码及对编码员的训练，因为对样本的判断容易带入个人的主观感受。使用定距和定比测量，允许研究者使用高阶统计技术，如回归分析等，对变量进行解释。

制作编码表可能是内容分析中最困难的部分之一，要细致地、清晰地、全面地考虑到所要分析内容的各个方面，包括所有变量、变量的测量、变量的分类等。

编码表的作用相当于问卷调查中使用的问卷，每一份编码表代表一个记录。下面是一个关于卡通电视剧中人物描述的编码表的例子，可以帮助读者理解制作编码表的要点，如表 5-2 所示。同时，为向编码员解释说明类目的归属等具体事项，还可以编制用以解释说明的说明表，如表 5-3 所示。有时也可以编制编码员手册。

表 5-2　　卡通电视剧人物编码表

卡通电视剧人物描述编码表

1. 节目名称______________________________
2. 人物编号______________________________
3. 人物姓名或描述______________________________
4. 角色

a. 主角	b. 配角	c. 其他（个人）	d. 其他（群体）

5. 种类

a. 人	b. 动物	c. 鬼怪	d. 机器人
e. 具有活力的物体		f. 不确定	g. 其他（具体说明）

6. 性别

a. 男	b. 女	c. 不确定	d. 混合体（仅用于群体）

7. 种族

a. 白人	b. 非洲裔美国人	c. 动物	d. 机器人
e. 土著美国人	f. 不确定		

8. 年龄

a. 儿童	b. 青少年	c. 中年人	d. 不确定
e. 混合体（仅用于群体）			

表 5-3 人物描述编码表的说明

对出现在屏幕上的所有人物进行编码，其中人物需要符合以下条件： 1. 出现的时间在 90 秒以上，或者说的台词超过 15 个单词（包括旁白）。 2. 每一个人物单独编码为一张表。 3. 人物编号共 4 位，前两位是卡通节目的代码，后两位是随机分配给每个人物的数字（从 01 开始）。 4. 人物姓名或描述：写出每个人物的名字、昵称或双重身份的不同名称（把双重身份的行为编码为一个人物的行为）。如果姓名无法确认，则对该人物做出描述。 5. 角色 a. 主角，指在节目中分担了大量台词，在故事情节中发挥重要作用且在屏幕上出现时间最长的人物。 b. 配角，所有可以被编码的、不是主角的人物。 c. 其他（个人），一个人物不符合被编码的要求，但是参与了被编码的行为动作。 d. 其他（群体），两个或两个以上人物，同时参与了某个行为动作，但是不符合被编码的要求。 6. 种类 a. 人，任何类似于人类的角色，甚至是鬼怪，只要他以人的面貌出现。 b. 动物，任何类似于鸟、鱼、野兽或昆虫的角色，不论是否采用人的语言。 c. 机器人，具有机器的特质。 d. 具有活力的物体，任何无生命但是在节目中却像一个有感情的动物的物体。不包括那些运用程序化机械手段“说话”的物体。 e. 不确定。 f. 其他，所有不能划归以上 6 类的角色，都归为此类，并注明该角色代表了何种物品或生物种类。 7. 性别 a. 男。 b. 女。 c. 不确定，谨慎对这一类的内容进行编码。 e. 混合的（仅用于群体）。

六、训练编码员和试编码

将分析单位安置于编码表对应类别之中的工作称为编码（coding），这是内容分析中最花时间的部分。

1. 编码员的招募

实施编码的人员即为编码员，通常要经过招募和严格培训。其数量一般较少，大都只有 2～3 人，一般不超过 6 人。

编码员需要具备以下条件：负责、成熟、有能力、有耐心，能够按所给的分类定义做合理的判断。编码员一般是大学生或研究生、教师或其他文化程度较高的成年人。

2. 编码员的培训

进行编码前应该为编码员安排几次较长时间的培训和练习，使之掌握严格的操作性定义和分类系统。研究者要给编码员提供详细的培训手册，培训要持续至编码员能够熟练地掌握所有资料和编码程序为止。

3. 测量编码员间的信度

编码员间的信度，指每个独立编码员使用相同的编码工具对相同的内容进行编码，产生互相统一（或一致）的结果的程度。

在信度高的研究中，任何一个编码员，只要按照同样的方法对同样的内容进行编码，其产生的结果都应该是基本一致的，即研究是可重复的。

如果信度没有达到要求，说明可能存在某些系统误差：可能是编码员的原因，也可能是分类系统、分析单位或编码表的原因，还可能是多方面的综合原因。为提升研究信度，研究者需要针对这些原因一一解决系统误差。关于计算编码员间的信度，包括两个编码员间的信度和多个编码员间的信度的知识，请参阅本教材第2章“测量的质量”中的相关内容。

七、分析数据和解释结论

内容分析最常用的数据分析方法是描述性的统计方法，包括频数、百分比、平均数、众数、中位数等。如果样本是随机抽取的，也常要用到推断性的统计方法。根据数据的性质，所采用的方法会有所不同，如采用交互分析和卡方检验、t检验、方差分析，可能还会用到高级统计方法如因子分析、判别分析、聚类分析和结构方程式模型等。

如果要验证研究假设，说明变量之间的关系，对结论的解释就很有必要。如果研究只是描述性的，就要对研究结果及重要性进行解释。然后，将内容分析的全部过程撰写为研究报告或学术论文。

八、内容分析的效度

除了具有信度外，内容分析的结果也需要具有效度。抽样设计有瑕疵，类目有重叠（没有做到互斥），分析使用的定义不适当，或者信度太低，都会导致内容分析的低效度。这一部分效度与方法的设计有关，传统上被称为“表面效度”。评估效度的目的是检验测量工具能否有效地测量研究内容，类目是否严谨并符合要求，分析程序是否适当地进行。多数描述性的内容分析都依赖表面效度。[①] 评估效度的方法有许多种，如也有国外学者探讨“同时效度”“建构效度”等，但最常见的是表面效度。

① 维曼，等．大众媒体研究导论：第8版［M］．黄振家，等译．台北：新加坡商亚洲汤姆生国际出版有限公司，2007：206.

第三节 内容分析法应用案例

【案例1】 新闻如何谈论校园霸凌：谁应负责并解决校园霸凌问题

1. 研究目的

校园霸凌是一项严重的社会问题，每年有数百万美国学生受到校园霸凌影响。据美国国家教育中心统计，2013 年有 37%的六年级学生称自己遭受了校园霸凌，但仅有不到 40%的受害者向成人报告其遭遇。媒体框架可能影响公众对该问题的认知，这些框架通常包含责任属性，即媒体对问题的归因，以及提供的解决方案。该研究讨论了哪些因素会影响媒体对特定框架的选择性使用，进而分析可能影响媒体框架选择的内部因素与外部因素，如文化价值观、专业惯例及政治倾向。

2. 问题与假设

研究问题：媒体是如何谈论“谁应为校园霸凌负责”的？某一类型的媒体是否更经常讨论特定的原因和解决办法？

H1a：在谈论学校霸凌问题时，媒体更关注个人责任，而不是社会层面的原因和解决方案。

H1b：电视新闻比报纸更可能谈论个人层面的原因和解决办法。

H2a：在谈论校园霸凌问题时，媒体更可能把责任归于受害者，而非恶霸。

H2b：相比报纸，电视新闻更可能将校园霸凌归咎于受害者。

H3a：保守派报纸比自由派报纸更有可能将责任归于个人层面，并提出相应的解决方案。

H3b：自由派报纸比保守派报纸更有可能将责任归于社会层面，并提出相应的解决方案。

3. 研究方法

抽样 在数据库 LexisNexis 中搜索标题中包含关键词“霸凌”“被霸凌”“恶霸”“恶霸们”的新闻。在平衡报纸政党倾向的同时，研究者还考虑了地域的多样性问题，如将《纽约时报》视为一份东北地区的全国性自由派报纸。通过搜索标题，研究者从 11 份报纸中得到了 1 273 条新闻。部分新闻仅提到了“霸凌”一词，但关注的重点并不在此，因此予以剔除。最终，研究者保留了其中 499 条新闻作为分析样本。

编码策略 为了确定编码方案，研究者使用演绎与归纳相结合的方法进行试编码。首先，研究者根据相关文献的回顾，拟定了一份演绎性的编码方案。之后，编码员对样本中的一篇新闻进行归纳性的编码，以确定演绎性编码方案中是否应添加或删除编码。经过多次修改后，使用最终确定的编码方案对样本进行正式的编码。

在霸凌问题的因果编码中，研究者区分了个人维度的原因（如“恶霸及其家庭”“受害者及其家庭”）与社会维度的原因（如“学校和老师”“政府和政客”“社会总体”）。在解决霸凌问题的属性编码中，同样使用了个人维度与社会维度两个类属。

编码员间信度 编码工作由两名研究生独立完成。培训后，编码员对样本中随机抽取的子样本进行了试编码，并计算了试编码阶段的编码员间信度（$n=85$，占总样本的17%），修正偶然同意后的编码可靠性（Krippendorff's α）[①] 在0.706至0.952之间。当编码员之间出现分歧时，由第三人进行最终决策。编码员先根据编码方案审视每篇新闻是否讨论了各类原因和解决方案，最终计算的是每个编码出现的新闻文章的数量，而非每个编码出现的次数。

4. 研究发现

比较新闻报道的数量与学校霸凌事件的实际情况，发现两者并不密切相关（图略）。分别计算每个编码出现的新闻数量，如表5-4所示。

表5-4　新闻报道中的校园霸凌归因及其解决方案

归因与解决方案		提及每一种原因或解决方案的新闻文章									
		保守派报纸（$n=136$）		自由派报纸（$n=137$）		报纸总数（$n=273$）		电视新闻总数（$n=226$）		报纸与电视总数（$n=499$）	
责任归因											
个人维度的原因	恶霸及其家庭	41	30.1%	35	25.5%	76	27.8%	60	26.5%	136	27.3%
	受害者及其家庭	30	22.1%	47	34.3%	77	28.2%	106	46.9%	183	36.7%
	任何个人维度的原因	58	42.6%	71	51.8%	129	47.3%	128	56.6%	257	51.5%
社会维度的原因	学校和老师	20	14.7%	27	19.7%	47	17.2%	72	31.9%	119	23.8%
	政府和政客	0	0.0%	4	2.9%	4	1.5%	4	1.8%	8	1.6%
	社会总体	20	14.7%	32	23.4%	52	19.0%	62	27.4%	114	22.8%
	任何社会维度的原因	36	26.5%	53	38.7%	89	32.6%	110	48.7%	199	39.9%
解决方案											
个人维度的解决方案	恶霸及其家庭	16	11.8%	9	6.6%	25	9.2%	18	8.0%	43	8.6%
	受害者及其家庭	41	30.1%	19	13.9%	60	22.0%	62	27.4%	122	24.4%
	任何个人维度的解决方案	49	36.0%	24	17.5%	73	26.7%	67	29.6%	140	28.1%
社会维度的解决方案	学校和老师	73	53.7%	65	47.4%	138	50.5%	91	40.3%	229	45.9%
	政府和政客	33	24.3%	38	27.7%	71	26.0%	43	19.0%	114	22.8%
	社会总体	22	16.2%	16	11.7%	38	13.9%	28	12.4%	66	13.2%
	任何社会维度的解决方案	93	68.4%	85	62.0%	178	65.2%	124	54.9%	302	60.5%

① 即克里彭多夫alpha检验，是进行内容分析时，衡量编码员间信度的一种方法，适用于定类、定序、定距和定比变量的编码，并能处理包含缺失值的数据。[KRIPPENDORFF K. Reliability in content analysis: some common misconceptions and recommendations [J]. Human communication research, 2004, 30 (3): 411-433.]

比较新闻媒体关于校园霸凌的归因及解决方案，发现媒体报道在分析校园霸凌的原因时，更可能谈论个人维度的原因（McNemar $\chi^2=16.08$，$p<0.001$）[①]，但在谈论解决方案时，社会层面的解决方案出现次数明显多于个人层面（McNemar $\chi^2=101.25$，$p<0.001$）。因此，假设H1a不成立。

比较报纸与电视新闻关于校园霸凌的讨论，发现电视新闻比报纸新闻确实更可能归因于个人维度（Pearson $\chi^2=4.36$，$p<0.05$）[②]，但同样并未仅聚焦于个人层面的解决方案（Pearson $\chi^2=13.32$，$p<0.001$）。因此，假设H1b不成立。

综合报纸新闻与电视新闻的报道，受害者及其家庭是校园霸凌问题的五种潜在原因中最常被归因的类型（$n=183$，占比36.7%）。而恶霸及其家庭相对较少被谴责（$n=136$，占比27.3%）。因此，假设H2a成立。

比较报纸与电视新闻的报道，发现电视新闻比报纸新闻更多地归因于受害者（46.9% vs. 28.2%，Pearson's $\chi^2=18.61$，$p<0.001$）。电视新闻中，归因于“受害者及其家庭”的比例显著高于归因于“恶霸及其家庭”的比例（McNemar's $\chi^2=22.50$，$p<0.001$），但在报纸新闻中两者的差异并不显著。因此，H2b成立。

比较不同政党倾向报纸的归因与解决方案。在谈论个人维度的归因时，两者的差异并不显著；但在谈论如何从个人维度解决该问题时，保守派报纸更倾向于从个人维度提出解决方案（Pearson $\chi^2=11.94$，$p<0.01$），因此假设H3a部分成立。在谈论社会维度的归因时，自由派报纸比保守派报纸更可能归因于社会原因（Pearson's $\chi^2=4.64$，$p<0.05$），但两者在提出社会维度的解决方案时差异并不显著。

5. 结论与讨论

研究结果表明，新闻报道的数量与学校霸凌事件的实际增加或减少并不密切相关。在讨论校园霸凌的原因时，报纸和电视新闻正如预测的那样，明显更多地关注个人层面，而非社会层面。需要指出的是，大多数关于解决方案的讨论都涉及学校和老师，几乎每两篇新闻文章中就有一篇提到了这一点。这表明，校园霸凌时常被认为是学校的问题，学校和老师应当为此负责任。这种框架选择的偏向性，可能是由新闻媒体的专业惯例所导致的，个人主义的叙事可能更容易引起受众的注意。未来研究可进一步解释为什么媒体会如此选择报道框架，这是仅靠内容分析无法解答的。

资料来源：KIM S H，TELLEEN M W. Talking about school bullying：news framing of who is responsible for causing and fixing the problem [J]. Journalism & mass communication quarterly，2017，94 (3)：1-22.

【案例2】 自拍中的性别刻板印象：社交媒体内容的分析以及与杂志广告的比较

1. 研究目的

在网络社交媒体上，发布自拍（selfies）已经成为当代人展现自我表征的重要方式。作为由用户生成的视觉传达内容，自拍内容在

---

① 迈克·尼马尔检验（McNemar's test）是一种非参数检验方法，用于比较两组样本在二分变量的分布上是否存在显著性差异。

② 皮尔森卡方检验（Pearson's chi-squared test）是常见的卡方检验类型，用于检验定类变量之间的相关性。

人机交互研究、传播与媒体研究、媒体心理研究等领域得到了广泛关注。社交媒体平台用户以年轻人为主，社交媒体内容中的性别刻板印象在他们的社会化与性别认同发展中至关重要。性别刻板印象在生活中无处不在，因为它们能通过类别划分，帮助人们理解、简化复杂的生活经历。该研究的目的是检验社交媒体平台 Instagram 上的自拍内容中视觉性别刻板印象的严重程度，并比较它与杂志封面中的性别刻板印象的严重程度，分析两者之间存在的差异。

2. 问题与假设

研究问题 1：Instagram 上男性和女性的自拍，多大程度上反映了基于戈夫曼（Goffman，1979）和康（Kang，1997）的性别刻板印象？

H1.1　女性自拍往往比男性自拍更具“女人味”(feminine touch)。

H1.2　女性自拍比男性自拍更常表现出附属的仪式化（ritualization of subordination)。

H1.2.1　女性自拍比男性自拍更常包含躺着或坐着的姿势。

H1.2.2　女性自拍比男性自拍更经常包含失衡。

H1.3　女性自拍比男性自拍更容易展示出退缩（licensed withdrawing)。

H1.3.1　女性自拍比男性自拍包含更多的退缩凝视。

H1.3.2　女性自拍比男性自拍包含更多的失衡。

H1.4　女性自拍比男性自拍更多地暴露自己的身体。

研究问题 2：男性和女性在 Instagram 上的自拍多大程度上反映了社交媒体特有的性别刻板印象？

H2.1　女性自拍比男性自拍更经常包含亲吻与嘟嘴。

H2.2　男性自拍往往比女性自拍包含更多肌肉的呈现。

H2.3　女性自拍比男性自拍更可能缺少脸部特征。

研究问题 3：与杂志广告相比，戈夫曼和康所定义的性别刻板印象在自拍中是否更加突出？

3. 样本选择

选择社交媒体上的自拍样本时，根据标签“selfie”“I”“me”“self”“myself”，从 Instagram 上随机抽取 500 张自拍照片，其中男性 250 张，女性 250 张。选择过程中，男性选 10 张，女性选 10 张，两者依次交替，直到抽样完成。

选择杂志广告照片时，研究者从 7 本德国流行杂志中抽取了 183 张广告图片，这些杂志出版于 2001 年 1 月至 2003 年 7 月之间，杂志类型包含普通读者杂志、女性杂志与男性杂志。由于抽样的目的是得到包含性别形象的照片，因此没有收集未包含人的形象的广告照片。

4. 分析方法

使用 10 个变量，对样本进行编码：

(1) 性别类型：男性或女性。

(2) 性别刻板印象的四种类型（六个指标)：女人味、附属的仪式化（姿势与失衡)、退缩（退缩性凝视与失控)、身体暴露。

(3) 社交媒体中的三种性别刻板印象：亲吻与嘟嘴、露出肌肉与无脸照。

所有变量均由 2 名编码员进行二元编码，

并计算编码员间信度（Cohen's Kappa）①，社交媒体自拍内容的编码员间信度如表5-5所示。

表5-5 变量编码与编码员间信度

类属	Cohen's Kappa
自拍者的性别	1.00
性别刻板印象（Goffman and Kang）	
女人味	0.79
附属的仪式化	
姿势	1.00
失衡	0.90
退缩	
退缩性凝视	1.00
失控	1.00
身体暴露	
着装较少	0.73
完整着装	0.73
社交媒体中的性别刻板印象	
亲吻与嘟嘴	1.00
露出肌肉	1.00
无脸照	1.00

5. 研究结论

自拍中戈夫曼与康的性别刻板印象 根据戈夫曼与康对性别刻板印象的划分，除“姿势”（$X^2=0.28$）外，各类属均存在显著的性别差异（$p<0.05$）。其中“女人味”（$X^2=45.8$）和“失衡”（$X^2=57.1$）的性别差异最为明显。

自拍中社交媒体的性别刻板印象 在与社交媒体有关的性别刻板印象类属中，同样存在显著的性别差异（$p<0.05$）。其中，“亲吻与嘟嘴”（$X^2=16.4$）与“露出肌肉”（$X^2=45.4$）的性别差异最大。

自拍中与杂志广告中性别刻板印象的对比 根据戈夫曼与康的类属，比较自拍与杂志广告中的性别刻板印象，发现在“女人味”“失衡”“退缩性凝视”“失控”四个类属中，自拍的性别刻板印象比杂志广告更严重。其中，“失衡”与“失控”的差异最为明显。

6. 研究讨论

研究显示，Instagram的自拍照延续了传统的性别刻板印象，甚至比杂志广告更大程度上使用这种刻板印象。也就是说，用户生成内容并不会自发减少性别刻板印象的使用。可能的原因是，大众媒体的性别刻板印象可能会被互联网用户采纳（培养理论），年轻人的自拍也可能被其他人模仿，用户的自我社会化因素也可能是一种解释……这些因果解释仍需进一步研究来印证。

资料来源：DOERING N，REIF A，POESCHL S. How gender-stereotypical are selfies? a content analysis and comparison with magazine adverts [J]. Computers in human behavior，2016，55 (2)：955-962.

【延伸阅读】

1. 路鹏程．媒体自杀新闻的内容分析：一个精神健康传播的视角［J］. 新

① 即科恩Kappa系数，是衡量两个编码员编码一致性的度量，适用于定类变量的数据编码。当编码中的所有分歧被视为同等重要时，可计算科恩Kappa系数（Cohen，1960）；当编码中的分歧不完全相同时，可计算加权科恩Kappa系数（Cohen，1968）。[COHEN J. A coefficient of agreement for nominal scales [J]. Education and psychological measurement，1960，20 (1)：37-46；COHEN J. Weighted Kappa：nominal scale agreement provision for scaled disagreement or partial credit [J]. Psychological bulletin，1968，70 (4)：213-220.]

闻与传播研究，2005，12（3）：31－41.

2. 张荣显，曹文鸳．网络舆情研究新路径：大数据技术辅助网络内容挖掘与分析［J］. 汕头大学学报（人文社会科学版），2016（8）：111－121.

3. 文本数据挖掘与分析. 内容分析法怎样才做得好呢?［EB/OL］.（2020－07－31）［2021－06－25］. https：//mp. weixin. qq. com/s/epSydSE8o2LfSLXKtz_BdA.

【思考题】

1. 现有一项对流行歌曲中价值观变迁的研究，请问该研究的分析单位是什么?

2. 选择一部动漫，对其中的女性角色进行研究，请写出该研究的抽样程序。

3. 请选择一研究主题，建构类目。

第6章 实验法

实验法是一种重要的科学研究方法，自17世纪起就在自然科学研究中占据着支配性地位。20世纪初，美国行为主义心理学诞生后，实验法开始被应用于社会科学研究中。从20世纪20年代美国佩恩基金会研究，以及二战期间的劝服研究开始，实验法开始进入传播学研究领域之中。

20世纪70年代起，实验法在社会科学研究中的地位日趋下滑。实证主义的社会科学家们对小样本控制实验的外部效度提出质疑，行为主义范式也受到了来自社会科学外部的长期批判。据统计，1965—1989年发表的大众媒介研究中，使用实验法的文献仅占全部文献的9%，远低于社会调查法和文本分析法的使用率。① 尽管如此，实验法仍然是社会科学研究的一种重要方法。

20世纪90年代以后，实验法在社会科学研究中重新得到了重视。② 特别是随着网络社会的来临，互联网实验方法的出现使研究者能以更低的实验成本获取更大规模的实验样本，打破了传统实验研究的部分局限。互联网实验法也为我们研究新媒体环境下的传播问题提供了新的思路。

第一节 实验法的概念和逻辑

一、实验法的概念

实验（experiment）是一种经过精心设计，并在高度控制的条件下，通过操纵某些因素，研究变量之间因果关系的方法。通过控制实验，研究者能直接观测到实验刺激引发的态度或行为转变。当重复实验的结果呈现出某种统计趋势时，研究者就能得到相对确凿的证据，验证因果关系是否成立。

科学研究的目的，通常是寻求变量间的关系，如相关关系（correlation）、因果关系（causal relationship）等。相关关系是指变量间同时变化的趋势，如同时增加或减少，或是一个变量增加的同时另一个变量减少。两个变量共同变化的趋势可能具有逻辑上的关联，也可能没有逻辑关系。例如，用变量 X 表示

① DUPAGNE M，POTTER W J，COOPER R. A content analysis of women's published mass communication research，1965—1989 [J]. Journalism & mass communication quarterly，1993，70 (4)：815-823.

② FALK A，HECKMAN J J. Lab experiments are a major source of knowledge in the social sciences [J]. Science，2009，326：535-538.

人们对电视综艺节目的喜爱程度，用变量 Y 表示人们对喜剧电影的喜爱程度。由于电视综艺节目和喜剧电影可能反映了同一种趣味类型，即两个变量之间具有逻辑关联，因此 X 和 Y 之间可能存在正相关的关系。

再如，变量 X 为某高校大学生的平均生活费，变量 Y 为当地的汽车销量。在过去的四十年里，由于经济发展和通货膨胀，大学生的生活费可能会增长，汽车的销量可能也会增加，但两者之间并不存在逻辑上的关联。数据反映出的共同变化趋势，可能都是由经济发展和通货膨胀导致的。这时，变量 X 与变量 Y 之间的关系是共变关系，或伪相关（nonsense correlation）关系。

因果关系中，变量 X 与变量 Y 需要同时满足三个必要条件：一是两者之间有一种具有逻辑意义的相关关系；二是 X 在 Y 之前发生变化或出现，或至少两者同时发生变化或出现；三是 X 的变化或出现是导致 Y 发生变化的唯一原因，即其他可能对 Y 产生影响的起因已被排除。[①]

实验法的基本目标是确定两个变量之间是否具有因果关系。与其他研究方法相比，实验法能够通过“操纵”变量的方式，控制变量出现或变化的程度，再通过控制变量的方式排除其他变量的干扰。因此，实验法更能满足因果关系中的后两个必要条件。

二、古典实验的基本要素

社会科学与自然科学实验的思想均来自古典实验法。早在亚里士多德时代，古典实验法即已创立。16—17 世纪，弗朗西斯·培根、伽利略等人继承并完善了古典实验法，将其与数学、逻辑学相结合，成为科学研究的理想方法。[②]

古典实验也被称为控制实验，它的基本思路如图 6-1 所示。古典实验包含三对基本要素：自变量和因变量、前测和后测、实验组和控制组。[③] 它们构成了实验研究所具有的独特语言。

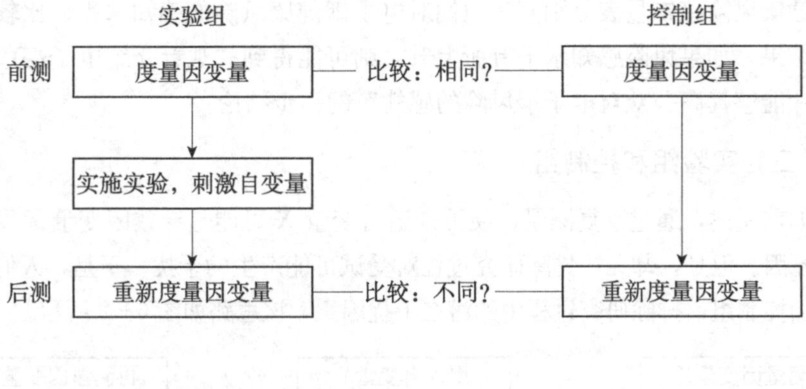

图 6-1 古典实验

① 柯惠新，王锡苓，王宁．传播研究方法［M］．北京：中国传媒大学出版社，2010：188-189.
② 刘胜骥．科学方法论：方法之建立［M］．武汉：武汉大学出版社，2014：107-109.
③ 巴比．社会研究方法：第11版［M］．邱泽奇，译．北京：华夏出版社，2018：224.

（一）自变量和因变量

实验法的基本目标是确定因果关系，即检验因变量是否因自变量的变化而变化。自变量是引起其他变量变化的变量，在实验中又被称为实验刺激（experimental stimulus）。实验中的自变量通常是二分变量——有或无，给予刺激或不给予刺激。自变量应该是能够引起某种变化的，同时它必须经过严格定义和操作化，以便于在实验中进行“操纵”。

因变量是由自变量所引起的状况，是研究的关键点，是要被解释的现象。同样，因变量也是经过操作化处理的。因变量可以是行为或态度，可以用不同的测量工具进行测量。

例如，研究者想要设计一项实验，研究媒介中的暴力内容是否对儿童的侵犯行为产生影响。假设儿童的侵犯行为来源于包含暴力内容的媒介，那么实验的目的就是检验这个假设的正确性，即检验接触媒介暴力内容是否会对儿童的侵犯行为产生影响。这时，接触媒介暴力内容是自变量，侵犯行为是因变量。

（二）前测和后测

实验法的因果逻辑要求变量之间的共变趋势具有时序性。因此，要在实验设计中对因变量进行前后两次相同的测量。第一次测量是在实施实验刺激之前，称为前测（pretest）；第二次测量是在实施实验刺激之后，称为后测（posttest）。

测量可以是自填式问卷，也可以是一项态度测验。比较两次测量的结果，就能知道因变量是否发生了变化。控制实验中，由于控制了自变量以外的所有变量，因此前后两次测量中因变量的差异被归因于自变量的影响。

例如，某研究者想了解观看某个介绍电子烟危害的纪录片是否会提高人们对电子烟健康风险的感知水平，他/她就可以在研究参与者观看纪录片前后，使用健康风险感知量表分别测量他们对电子烟健康风险的感知水平。比较两次测量结果，如果风险感知水平有所上升，则可能得到“观看介绍电子烟危害的纪录片能够提高公众对电子烟风险的感知”的初步结论。

（三）实验组和控制组

如前所述，通过重复测量，便可知道自变量 X 可能是导致因变量 Y 发生变化的原因。但是，却无法排除研究过程对受试可能产生的干扰。于是，人们就想到增加控制组，排除研究过程中的潜在干扰因素，该思路如图 6－2 所示。

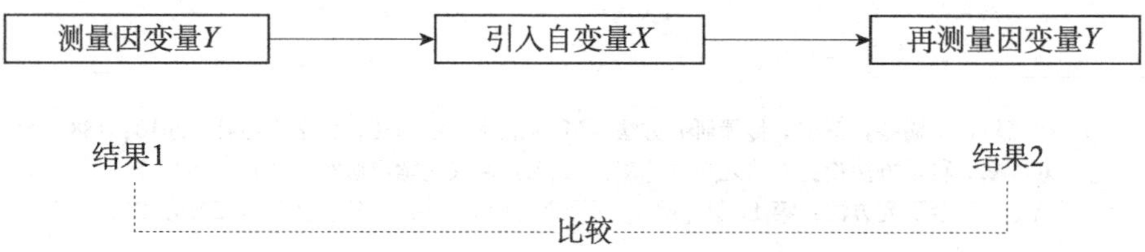

图 6－2 无控制组的实验设计

实验组（experimental group）是实验过程中接受实验刺激的那一组受试，控制组（control group，或称为对照组）在各方面与实验组相同，但不接受实验刺激。设置控制组的目的，是排除研究过程对受试可能产生的干扰。如果设置了一组实验组和一组控制组，两组分别进行了前测与后测，那么实验将会得到两组测量结果。比对两组测量结果是否存在差异，如果两组都发生变化且实验组的变化程度高于控制组，才能判断因变量发生的改变是由实验刺激造成的，而不是由实验本身造成的。

如何增设控制组呢？还是以电子烟风险感知的研究为例，如图6-3所示。在控制组中，研究者可以请受试观看一段与电子烟及健康风险没有任何关系的影片，如一部音乐片或风光片。如果测量结果表明两组的风险感知水平都提高了，则说明观看纪录片与实验过程都可能是导致人们风险感知水平发生改变的原因。但如果只有实验组的风险感知水平提高了，或是两组都有提高但实验组提高的幅度更大，研究者就有理由认为观看介绍电子烟风险的纪录片对提高受试的风险感知水平是有作用的。

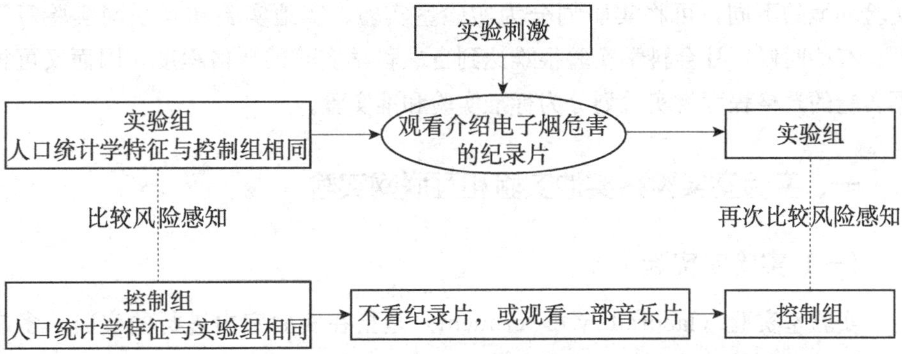

图6-3 有控制组的实验设计示例

三、满足一项实验的基本条件

1. 必须建立变量之间因果关系的假设

运用实验法进行研究，首先要确定自变量和因变量。要明确自变量是什么，如何引入作为实验刺激的自变量；因变量是什么，如何对因变量进行准确的测量。

2. 自变量必须能够很好地被“孤立”

引入的自变量和引入后因变量的效果要能够与其他变量隔离。如研究电视节目对儿童行为的影响，需要在儿童所受到的家庭影响、学校影响、同辈群体影响和其他大众传媒的影响中，严格地“孤立”出“电视的影响”。

3. 自变量必须是可以改变的，同时也是容易操纵的

最简单的改变是“有”“无”之间的改变。复杂的改变是程度上的变化，如“诉诸恐惧”实验中为实验组引进“强”“中”“弱”三种程度不同的“恐惧

诉求”。

4. 实验程序和操作必须能够重复

实验作为社会研究方法中最接近自然科学的方法，其程序和操作也是最严格的，可重复性是必须具备的重要条件之一。包括变量的测量、操纵自变量等，都有明确的操作定义。

5. 必须具有高度的控制条件和能力

对受试（包括实验组和控制组）的严格控制，以及对实验环境的高度把握，共同决定着实验研究的结论的准确程度。控制是实验研究的最本质特征，没有控制，就没有实验。

第二节　实验法的主要类型

社会科学家们发展了不同的实验类型，以满足各自的实验需要。实验类型的选择，通常取决于研究问题、研究成本及需要操作的变量属性等因素。根据实验环境的不同，可将实验划分为实验室实验、实地实验和互联网实验等类型。有些时候，社会科学实验很难达到自然科学实验的严格程度，因而又可根据实验的严格程度将实验划分为标准实验和准实验。

一、实验室实验、实地实验和互联网实验

（一）实验室实验

实验室实验（laboratory experiment）是指在实验室内进行的实验，多应用于实验心理学、社会心理学的研究中。例如，20 世纪 50 年代，社会心理学家所罗门·阿什（Solomon Asch）通过三垂线实验，解释了从众心理的成因，该研究对传播学产生了较大的影响。

实验室实验中，实验背景和变量相对容易控制，研究者能够比较清楚确切地观察到自变量对因变量的影响，这是实验室实验的主要优点。其缺点是，社会科学研究中适合进行实验室实验的内容非常有限，许多研究者感兴趣的内容无法在实验室中人工制造出来；另外，实验室实验的结果在推广性、普遍性和概括性上较差。

（二）实地实验

在现实社会生活中进行的实验称为实地实验（field experiment）。实地实验遵循一般实验的逻辑，主要特征是受试不与他们所生活的自然环境分离。

例如，研究者可以通过设计一项“盗窃实验”，了解人们对盗窃行为的态度以及对他人利益的关心程度。首先，研究者在街上设置一个售货亭，两名研究者分别扮演售货员和进行“盗窃”的顾客。当受试（真正的顾客）进入售货

亭购买东西时，售货员假装去接电话，离开较长的时间。这时，盗窃者（研究者假扮）会抬走货架上的一箱啤酒，并说“反正卖货的不会发现少了一箱啤酒的”，然后扬长而去。实验中希望观测的是在场顾客数量（自变量，一人或两人）是否影响售货员回来时顾客的反应（因变量，报告或不报告）。实验发现，在只有一名受试在场的情况下，马上向售货员报告的受试占20%；当售货员问“刚才那个顾客怎么走了？发生了什么事？”之后，才报告偷窃事件的占45%。合计65%。在有两名顾客在场的情况下，其中一人马上报告或者询问后报告的合计为56%。实验结果说明，在有其他顾客在场的情况下，受试更倾向于采取与己无关的态度。重复实验表明，增加盗窃的数量（两箱或三箱啤酒）并不会增加报告率，受试的性别也不会影响实验结果。

“盗窃”实验是最简单的，既没有控制组也没有前测，只有一个实验刺激（盗窃）和对反应变量的观测。可以看出，实地实验的优点是实验情景真实自然，实验的信度和效度都较高，实验所得的结论可以得到较广泛的应用。然而，实地实验对实验变量和外部变量缺乏严格的控制。为弥补这一缺陷，应当尽可能地在相似状况下重复同一项实验，以提高效度和信度。

（三）互联网实验

互联网实验（web experiment）是指在互联网上进行的实验，招募受试、分组测量及变量操纵等环节都可通过互联网在线完成。20世纪末，全球互联网的搭建，为社会科学研究提供了新的实验场所。1997年，克兰茨（J. H. Krantz）等人分别在互联网与实验室进行了同一项实验，同质化的实验结果证实了实验研究能够在互联网上进行。[①] 该研究是第一项在互联网上完成的实验研究，其所属的“网络实验心理学实验室”（Web Experimental Psychology Lab）也是第一家虚拟实验心理学实验室。[②]

与实验室实验和实地实验相比，互联网实验的优势主要体现在以下几个方面。

第一，更多样的受试。无论是实验室实验还是实地实验，研究者能够招募到的受试都会受到物理空间的限制，很难获得基于人口统计变量的样本配额，或就同一研究问题进行跨文化比较。互联网所创造的虚拟空间打破了传统实验法的空间限制，同时受试不再受实验时间的限制，使研究者能接触到更多元的潜在受试。

第二，更多元的过程监控。在互联网实验中，研究者能借助网络日志数据

---

① KRANTZ J H，BALLARD J，SCHER J. Comparing the results of laboratory and World Wide Web samples on the determinants of female attractiveness [J]. Behavior research methods，instruments，& computers，1997，29 (2)：264-269.

② MUSCH J，REIPS U. A brief history of web experimenting [M] //Psychological experiments on the internet. San Diego：Academic Press，2000：65-66.

(web log)，更精准地监控受试参与实验的全过程，如响应时间、实验用时、行为模式等。在大样本的互联网实验中，网络日志还可用于大数据集的统计分析。

第三，更低廉的实验成本。互联网实验不再依赖实体的实验场所与实验设备，也无须大量研究者参与，因此实验所需的经济成本更低。

在互联网上进行实验，也会引发一些新的问题。例如：

第一，自我选择（self-selection）问题。通过网络招募的受试可能具备某种共同特质，如都是某个网站的忠实用户，这可能会影响实验结论的外部有效性。为解决这一问题，可以同时使用多种方式招募受试，比较不同来源的受试实验数据，进而推断招募方式是否会影响结论的稳健性。

第二，重复参与问题。研究者很难分辨同一名受试是否重复参与实验，只能通过账号、IP 地址、电话号码等方式尽量筛选出重复参与的受试，但无法彻底排除重复参与的可能。

第三，过程控制问题。将实验室搬到虚拟空间中后，研究者很难像线下实验一样直接干预实验进展。例如，由于互联网实验不需要受试前往实验室参与研究，受试获得了更大的随意性，因此会有更高的退出率。通过提高参与门槛等方式可在一定程度上解决退出率过高的问题，但这又会导致受试的招募更加困难。

二、标准实验和准实验

（一）标准实验

标准实验，前文已有介绍。可参阅祝建华《电视辩论对形象感知的影响更大，还是对观点了解的影响更大？——对 1992 年美国总统选举辩论的研究》。[①] 研究者在研究设计中所采用的巧妙的方案、在数据处理中采用的 OSL 回归分析方法等十分具有启发性。

（二）准实验

准实验设计（quasi-experiment design）是在标准实验设计无法实行时所使用的有实用价值的设计。标准实验需要满足严格的实验条件，如随机指派受试形成两个或多个相同的组、前测和后测、实验环境封闭、实验刺激能够控制和操纵等。然而，社会科学研究的对象和内容，在许多方面限制着标准实验的运用。有时研究者不能完全控制对自变量的操纵，有时只能进行后测，有时不能将受试随机分配到不同的实验条件之中。

总之，研究者经常遇到无法对实验环境进行高度控制的困境。这时，不得

① 柯惠新，祝建华，孙江华．传播统计学［M］．北京：北京广播学院出版社，2003：533.

不退而求其次，忽略标准实验的部分条件。这种不满足标准实验设计中的一个或多个“条件”的实验，称为准实验设计。社会科学研究中的实验设计，多为准实验设计。

第三节　实验法的一般步骤

在不同的实验设计中，受研究问题、操纵变量的数量、实验环境等因素的影响，实验实施的步骤可能存在较大差异，但大体上都包含准备、实施、资料处理三个阶段。我们以古典实验为例，解释实验研究的一般步骤。

一、准备阶段

（一）提出研究问题

查阅文献，确定研究目的，提出研究问题。进行任何研究之前，都要通过查阅文献的方式，尽可能地全面了解既有研究的议题、范式与进展，提出一个明确的研究问题，并选择合适的研究方法解答这一问题。由于实验法更接近自然科学研究，需要对变量进行相对精准的控制与测量，因此更适合解答有明确研究假设的、解释性的研究问题。

例如，研究者通过研究已经明确风险感知是个体对风险事件的主观感受，人际沟通、大众媒介等信息渠道可能放大或缩小风险感知的强度；那么，如何对个体的风险感知进行多维度的测量？研究者可以假设观看电子烟危害纪录片影响人们对电子烟造成健康风险的感知，并通过设计实验的方式验证这一假设。但如果对风险感知的概念一无所知，不知道如何测量个体对风险事件的感知水平，也不清楚风险感知会受到哪些因素的影响，就不能进行实验设计，而是要先通过其他研究方法解释感知风险究竟是什么，以及它是如何被人们感知的。

（二）提出研究假设

实验应从一个有因果关系的、简单明白的假设开始。实验法遵循的是因果逻辑，因此在构建假设时需要使用确定性的因果陈述语句。例如，观看电子烟危害纪录片能显著地提高公众对电子烟的风险感知。

（三）选择实验设计

根据实际条件选择合适的实验设计，检验假设是否成立。实验设计要紧密结合研究问题与研究假设，如因变量是否有适合的测量工具、自变量能否被精准地“操纵”，此外还要考虑研究成本、研究的合法性以及伦理问题。例如，研究者假设发生自然灾害会提高某地居民的环保意识，但研究者无法控制自然灾害发生的时间，更无法“制造”一场自然灾害。这时，就很难通过古典实验验证假设。

(四) 选择自变量情境

选择自变量情境，即决定如何引入实验刺激或如何创造一种引入自变量的情境。社会科学研究中操作的变量，一般为现实社会情境的抽象。因此，研究者必须谨慎选择所操作的自变量的情境，在保证其还原社会现实的同时，还要能确保变量“操纵”的精准程度。

(五) 试研究

正式实验前，有时还需要进行小规模的试研究。试研究能反映出初步实验设计是否合理，如测量工具的有效性，所操作的实验刺激是否合适等。

二、实施阶段

在完成实验设计及各项准备工作后，即可实施正式的实验。在正式实验中，要特别注意选取合适的受试，并将其分配到不同的实验组与控制组中。

(一) 选取合适的受试

合适的受试能够规避其他因素的干扰，提高结论的外部有效性。选择受试时，需要平衡两个因素：一是受试对结论的影响，二是实验成本与可行性。很多研究为了方便，经常选择学生作为受试，其优点是可行性强、成本可控。但在学生身份可能影响实验结果时，选择学生作为受试无疑会增加实验的复杂性。但受到空间和成本限制，实验样本规模较小、不具有代表性的问题通常很难得到解决。

在招募受试时，通常要向其介绍研究目的与研究内容，受试应当是在了解研究基本信息后，自愿参与实验。

有些时候，为了避免受试在参与实验之前了解到的信息影响测量的准确性，研究开始前可能会向受试隐瞒部分信息，但必须遵守科学研究的伦理要求。[①]

(二) 分配到实验组和控制组

在招募到合适的受试后，需要将他们合理地分配到实验组和控制组。分组的目的是排除实验过程及其他变量对实验结果的影响。受试的分组通常采用两种方法——匹配法和随机指派法。

1. 匹配法

匹配法（matching）是根据各种标准或特征，找出两个完全相同或几乎完

---

① 维曼，多米尼克．大众媒介研究导论：第 7 版［M］．金兼斌，等译．北京：清华大学出版社，2005：78－79．

全相同的受试来配对，将其中一个分到实验组，另一个分到控制组。例如，进行一项中学教育的实验研究，需要选择“相同”的两组中学生作为受试。为确保两组学生的智力水平相同，就要先对某一年级的全部学生进行一次智商测验。当发现有两个（或更多个）学生的智商分数均为108分时，就可以将这两个学生组成一对，将其中一个随机分到实验组，另一个随机分到控制组。同样，发现有两个（或更多个）学生的智商分数为112分时，也可将二人随机分配到实验组和控制组。继续找出这样具有相同智商分数的学生匹配，随机分到两组，直到实验样本达到需要的数目为止。这时，我们就在智商这一变量上对两组学生进行了匹配。

按照上述方法，受试虽然在“智商”这一变量上完全相同，但在其他一些变量上可能又很不相同，如性别、学习方法、学习成绩等。要保证两个组的受试“完全相同”，就必须在第2个、第3个……第n个相关变量上继续匹配。找出在一个、两个或三个变量上相同的两个对象相对容易，但要找出在所有变量上都相同的两个对象十分困难。因此，在有限的条件下，我们可以针对那些与研究的主要问题密切相关的变量进行匹配，暂时忽略和放弃其他一些与研究问题联系不密切的变量。但得出的研究结论应限于一定范围，下结论时应留有余地。

2. 随机指派法

与匹配法相比，随机指派法（randomization）的逻辑和程序十分简单。随机指派就是按照随机抽样的原理和方法将受试随机地分配到实验组和控制组，常用的操作方法有以下三种。

（1）用抛硬币的方法决定将每一个受试分到实验组还是控制组。

（2）简单地按照单、双号来决定将每一个受试分到实验组还是控制组。

（3）按照排列的顺序或实际抽取受试时的先后顺序来决定。如将名单中排在前面的30名学生分到实验组，后面30名学生分到控制组，或者相反。

匹配法的实质是尽可能地使实验组和控制组中的成员相互之间在许多重要的背景因素、个人特征因素上完全一样，从而排除这些因素对实验结果的干扰。随机指派法的实质则是依据随机抽样的原理，用概率论来控制各种干扰变量的出现。用随机指派法选出两个群体时，各种干扰变量会以同样的方式对两个群体产生影响。因为根据概率论，此时所选出的两个群体基本上是两个完全相同的群体。虽然随机指派法不能确切地告诉我们究竟控制了什么，但实际上它却几乎控制了一切因素。所以，使用后者所进行的实验在准确性和精确性上将超过前者。需要注意的是，由于随机指派存在误差，特别是对象数量较少时会产生较大的误差，所以在使用随机指派法时，在可能的情况下，受试应达到一定数量。

（三）对所有组（包括控制组）进行因变量的前测

古典控制实验中，实施实验刺激前需要对实验组和控制组的受试进行前测。如前文所述，前测的目的是计算实验前后因变量是否发生了改变。通过比较控制组与实验组因变量的变化，推断这种变化与实施实验刺激是否有关，这种设计称为“前测-后测控制分组”（pretest-posttest control group）。有时，研究者担心前测会造成受试对于后测的敏感，便可能跳过前测步骤，仅用后测控制分组（posttest-only control group），这种测量方法排除了前测的干扰，但无法排除分组对实验结果的干扰。

所罗门四分组实验（Solomon four-group design）通过增加分组的方式，试图排除前测及分组对实验结果产生的影响，但增加分组使得实验需要更多的受试参与，增加研究的时间和经济成本。同时，实验结果的解释也会变得更加困难。

三种分组测量方式对比如图 6-4 所示。

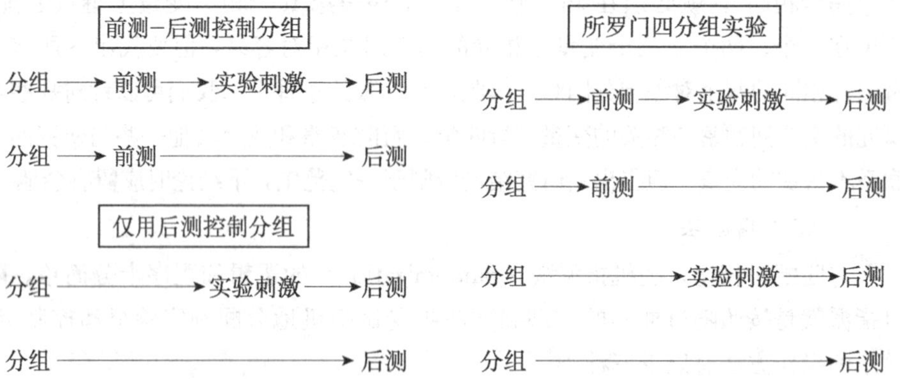

图 6-4　三种分组测量方式

（四）对实验组实施实验刺激

实施实验刺激的过程就是操纵自变量的过程。实验中对自变量的操纵常常体现在如何恰当地“制造出”这个自变量。例如，研究假设是“在紧张情境中，吸烟者会吸更多的烟”。这时，“紧张”是自变量，它指的是人们在心理上、精神上的一种压力或负担。为了“制造”紧张，可以要求受试“在规定时间内完成一份数量大、难度大并占总成绩 80%的数学考试卷”。再比如，可以通过篮球比赛、拔河比赛等一系列竞赛制造“群体竞争”，通过召集受试一起看电影、放爆竹、去餐厅吃晚饭等制造“愉快接触”，通过一些十分自然的紧急情况，如故意切断公共水源、电源等制造“共同需要”等等。

需要注意，在“制造”自变量的过程中，需要考虑政治、法律、伦理方面的限制。例如，不能制造可能对受试的心理、身体产生长期伤害的实验刺激。此外，性别、年龄、受教育水平等人口统计学特征往往不能被“制造”出来。

（五）对所有组进行因变量的后测

使用与前测相同的测量工具，重新测试每一位受试的因变量水平，计算因变量发生的变化或变化的程度，而且通常认为该变化是因为引进实验刺激所致。

三、资料处理阶段

(一) 得出实验结果

对观测记录进行统计，得出实验结果，检验假设。如果使用“前测-后测控制分组”的方法，需要计算、统计两次测量结果之差；如果使用“仅用后测控制分组”的方法，只需统计、分析后测的测量结果；如果使用“所罗门四分组实验”的设计，则需要分别计算、统计进行前测的分组和没有进行前测的分组。

统计方法的选择，取决于测量水平与分组。如果只需比较两组数据，使用“t 检验”即可；如果需要同时比较多组数据，则需要用“F 检验”进行统计分析。无论使用何种统计检验方法，基本思路都是先提出零假设：不存在显著的组间差异。如果统计结果拒绝了零假设，那么就可以认定存在组间差异。由于控制了其他变量，我们就认定组间差异是由实验条件造成的，即把因变量的改变归因于实验中操纵的自变量（实验刺激）。

(二) 撰写实验报告

实验实施完成后，需要撰写实验报告，准确记录实验实施的过程、获得的原始数据、初步的实验结论等。

四、实验法的效度问题

由于社会科学实验很难达到标准实验的严格程度，实验结果难免受到复杂因素的干扰，因而从实验中得出的研究结论的外在效度时常遭到质疑。事实上，任何实验都无法做到绝对完美。因此，正确评估实验可能存在的缺陷，尽量提高研究结论的效度十分必要。

坎贝尔和斯坦利（Campbell and Stanley）曾系统分析过干扰社会科学实验效度的因素①，他们分别讨论了实验的内在效度（internal validity）和外在效度（external validity）问题。内在效度是指实验结果是否有效回应了研究问题。造成实验内在无效度的原因主要有以下几个方面。

第一，历史事件（history）。实验研究常会进行重复测量，如果两次测量过程中发生了重大历史事件，可能会对实验结果产生干扰。例如，在研究政治候选人的电视辩论是否会影响选民投票意向时，电视辩论进行的同时，社交网络上突然曝出某位候选人的丑闻，那么在电视辩论结束后进行的投票意向测量

---

① CAMPBELL D T. Quasi-Experimental design [M] // International encyclopedia of the social sciences: vol. 5. New York: Macmillan and Free Press, 1968: 259 - 263.

就会受到丑闻的干扰。

第二，成熟（maturation）。实验进行的过程中，受试也会随着时间的变化而变化。在长期的历时性实验中，受试会随着年龄增长而变得更加成熟；在短期实验中，受试也可能因实验的进行出现疲倦、失去耐心等情况。

第三，测验（testing）。在包含重复测验的实验中，前测的经历可能会对后测结果产生影响。例如，在研究电子烟风险感知的实验中，受试在进行前测时已经猜到研究者正在测量他们对电子烟的态度，后测时便可能对量表中的问题非常敏感。

第四，工具（instrumentation）。测量工具不合适，会导致测量结果的不精确；前测和后测分别使用不同的测量工具，测量结果可能不可比较。

第五，统计分析（statistical regression）。统计分析时，统计方法出现问题，会导致结论不可信。例如，在小样本实验中，如果未对极端值进行处理，统计推断的结果很可能出现偏差。

第六，选择（selection）。在分配受试的过程中，如果研究者的个人偏见影响到分组过程，得到的实验组和控制组便可能不合理。

第七，实验中止率（experimental mortality）。实验进行过程中，受试通常有权退出实验，导致实验中止。但如果实验中止率过高，可能导致实验组与控制组不再匹配，使实验结果出现偏差。在虚拟的互联网实验中，由于退出实验只需点击“退出”按钮，很容易发生实验中止率过高的情况。

第八，组间交谈（selection-maturation interaction）。实验过程中，不同分组的受试如果相互交谈，交谈的影响会与实验刺激混淆在一起，影响结论的有效性。例如，大学同宿舍的几名同学同时参与一项互联网实验时，可能会被分配到不同的组别，如果实验进行过程中他们相互交流了阅读到的实验材料，便会对实验过程产生干扰。

与内部效度相比，社会科学实验的外部效度更常遭到质疑。实验的外部效度是指，实验得出的研究结论能否推广到外部“现实”世界。实验中对变量的无效操纵，以及受试在实验环境下表现出的态度、行为偏差，都可能影响实验结论的外部效度。在坎贝尔与斯丹利研究的基础上，布拉希特和格拉斯扩展了关于实验外部效度的论述，分总体效度（population validity）与生态效度（ecological validity）两个方面讨论了造成外部无效度的原因。①

总体效度主要受到受试的影响，造成总体无效度的原因主要包括两个方面。

第一，实验可接近的总体并非目标总体。从受试获得的实验结论，能够推广到实验可接近的总体，但很难推广到无法接近的总体。例如，我们只能从对

① BRACHT G H, GLASS G V. The external validity of experiments [J]. American educational research journal, 1968, 5 (4): 437-474.

研究项目感兴趣的总体中招募到受试，实验结论的有效性就很难推广到拒绝参与研究的群体中。

第二，人口统计学变量与实验刺激可能存在交互作用。如果重复实验中，实验刺激对因变量的影响效应发生了改变，且两次实验的受试人口统计学特征不同，那么人口统计学变量与实验刺激就可能存在交互作用。

生态效度取决于实验过程，造成生态无效度的原因主要有以下几方面。

第一，对实验环境如何影响实验结果认识不全面。实验能否推广或重复，取决于能否做到严格控制实验流程。如果实验中的环境因素对实验结果有影响，研究者又没有意识到这种影响，研究结论就可能存在推广的问题。

第二，多个实验刺激的交互作用。如果实验中对受试连续施加多重刺激，就很难确定实验结果究竟是哪种刺激造成的，也无法将结论推广到只有一种刺激的环境中。

第三，霍桑效应（Hawthorne effect）。如果受试知道自己正在参与实验，他们的反应便可能与在现实社会情境中的反应有所不同。例如，受试在实验环境下观看宣扬女性权力的影片后，已经猜到研究者希望获得什么样的研究结论，因此在后测时其对女性的态度可能发生转变；但在现实社会中，观看影片可能不会导致其固有态度的转变。

第四，新颖效应（novelty effect）。参与科学研究的受试可能第一次接触科学研究或实验刺激，新颖的实验程序便可能成为因变量发生改变的部分原因。但在现实环境中，自然情境的效果可能与实验效果存在较大差别。

五、实验法的优势和局限

作为一种重要的研究方法，实验法能够帮助研究者更好地进行因果推断。但是，任何研究方法都是不完美的，都有其方法论层面的优势和局限。接下来，将简要介绍实验法的优势与局限，以便帮助意欲采用实验法的读者更好地选择实验研究方法并进行研究设计。

（一）实验法的优势

与其他研究方法相比，实验法的优势体现在以下几个方面。

第一，能够建立因果关系。实验法是社会科学研究中建立因果关系的最好方法。在实验中，通过操纵实验刺激使其自变量的作用独立出来，这一点在古典的实验模式中体现得最为突出。在准实验研究设计中，尽管变量操纵的精准度及控制水平有限，但较之于基于截面数据的社会调查，更适合解释因果关系。

第二，花费较少。同其他研究方法相比，实验法的费用往往是较低的。这主要是因为受研究目标和特性的限制，一项实验（尤其是实验室实验）的样本规模往往比较小。较少的对象、较小的规模、较短的时间，决定了实验的费用不会太多。

第三，易于重复。重复一项研究对于获得可靠的结论来说，有着十分重要的意义。这也是许多经典的实验经常被重复的原因。实验法由于条件简单，因而易于重复。

第四，控制能力强。对研究对象、研究环境、研究条件等施加控制，对于资料分析和假设检验来说具有重要意义。在各种社会科学研究方法中，实验法的控制能力最强。它通过对实验条件和实验对象的控制，可减少和排除外部因素对实验结果的影响，减少各种误差的产生。同时，它通过对自变量和实验环境的控制，使结果的可信度大大提高。

（二）实验法的局限

一般来说，实验法的局限主要包括以下几点。

1. 缺乏“现实性”

对实验环境的控制程度越高，就意味着它离现实越远。实验法之所以能够确立自变量与因变量之间的因果关系，关键就在于它可以通过各种实验流程设计，把其他一些因素的影响控制在最小的限度之内，以突出实验刺激对因变量的影响。这也是为什么要把所研究的社会现象和社会行为置于一个能适当控制的人为环境中。

2. 样本缺陷

上文中，我们已经讨论了实验研究的效度问题，即把一项实验所得出的结论推广到更大的总体时可能存在的缺陷。由于实验方法的限制，要说服现实世界中合适的样本全部参与到实验中来是十分困难的，这就导致实验能够招募的受试数量通常十分有限。因此，实验结论所依据的那些实验现象，可能与现实世界的真实情况大不相同。

3. 受实验人员影响较大

与其他社会科学研究方法相比，实验法通常需要更多的实验人员参与，而且研究者和研究对象之间互动程度较高。实验中，实验人员有意或无意地给受试以某种暗示，某些受试就可能会迎合实验人员的期望，从而出现受试的行为受到实验人员影响的情况。

4. 伦理及法律上的限制

社会研究的对象是人，实验中需要操纵的自变量常常受到现实社会中伦理或法律的限制。比如，我们不可能为了研究人口密度和侵犯行为间的关系，就将众多的受试长时间禁闭在拥挤的室内，也不可能让他们之间发生各种暴力侵犯行为，以便研究者观察或收集这样的行为资料。想要通过实验法获得真实、可靠的结论，就要尽可能地在学术研究需要与伦理法律规制之间寻找平衡点。

第四节　实验法应用案例

【案例1】　线下实验案例：媒体介质是否影响阅读理解能力？

阅读理解能力是个体学习、工作中必需的基本技能。在过去的教育实践中，印刷材料、印刷书等纸质材料是学生信息接触的重要来源。近年来，越来越多的计算机与电子阅读设备渗透到人们的日常生活当中，成为人们信息接触的重要载体。然而，我们不确定在电子阅读环境下，人们的阅读理解能力是否会发生改变。为此，纽约州立大学的玛格林等通过控制实验的方法，探索了媒体介质与阅读理解能力之间的关系。

1. 研究问题

此前，已经有研究探讨过在线阅读与纸质阅读的区别，但关注的重点是在线阅读中搜索、超链接功能的出现对阅读行为的潜在影响。电子阅读器出现后，提供了新的阅读场景，即没有搜索和超链接的电子阅读情境。因此，研究者关注的第一个研究问题为不同媒体介质——电脑、电子阅读器与纸，与读者的阅读理解能力之间有何关系。

此外，既有研究已经发现信息搜索、超链接等新的阅读行为可能影响读者的阅读能力。研究关注的第二个研究问题为阅读习惯，如手或鼠标的跟踪、做记号、反复阅读、做笔记等，与阅读理解能力之间有何关联。

2. 研究设计

研究者采用了2×3的实验设计。首先，研究者就近从纽约的一所高校招募了90名大学生作为实验对象，其母语均为英语，听觉与视力正常，且未被诊断出学习或阅读障碍。90名受试被随机分配到三个实验组，每组受试分别使用电脑、电子阅读器和纸质材料进行阅读实验。

其次，为了排除阅读材料的类型对实验结果的干扰，实验选择了10篇文字材料，其中5篇记叙文（narrative texts）、5篇说明文（expository texts）。记叙文节选自经典文学作品，其中2篇选自图书馆网站，3篇来自其他文学网站；说明文为历史人物或流行文化人物的小传，均来自传记网站（biography.com）。为了确保文字材料相互匹配，研究者使用福莱希-金凯等级量表评估了文本长度和写作等级。电脑组合电子阅读器组的阅读材料为pdf格式，分别呈现在电脑屏幕和Kindle显示器上。

此外，为了测量受试的阅读理解能力，每一篇阅读材料后面都附有5～6道问题。问题测试的并非受试的记忆能力，而是理解能力。例如，在乔丹的传记中介绍了他的大学学位问题，受试会被询问乔丹的学位可能与哪个学科有关。

3. 实验的实施

实验前，研究人员召开了宣讲会，向受试介绍实验基本情况，并请受试签署知情同意书。实验中，受试被要求按顺序阅读全部10篇文字材料，阅读完每篇材料后立即回答相关问题。受试可以自行决定阅读时长，但在答题过程中不能回看文字材料。

阅读任务完成后，每一位受试会被询问年龄、性别、专业等人口统计变量的相关问题，并接受关于阅读行为的调查。

各分组的阅读理解测试准确率如表 6-1 所示。

4. 研究发现与结论

研究者对不同分组的阅读理解测试结果进行了 F 检验，发现不同类型的文本材料阅读理解成绩存在显著差异［$F(1, 87)=8.53$，MSE（均方差）$=0.05$，$p<0.004$］，记叙文的阅读理解成绩低于说明文。然而，在主效应及交互效应方面，媒体介质对阅读理解能力的影响都不显著。

为探讨阅读行为与理解能力之间的关系，研究者分别计算了不同分组的阅读行为与阅读理解能力之间的相关系数。电脑组中，手或鼠标的跟踪、跟读与理解能力显著相关；纸质材料组（$p>0.08$）及电子阅读器组（$p>0.13$）中，阅读行为与理解能力无显著相关的关系。此外，研究还比较了各组的阅读行为，发现跳读行为的出现频率存在显著差异，电子阅读器组的跳读行为出现频率明显低于纸质材料组。

表 6-1　各分组的阅读理解测试准确率（%）

		均值	标准差	标准误
纸	记叙文	74.3	12.1	2.5
	说明文	79.8	11.9	2.4
电脑	记叙文	76.2	13.7	2.5
	说明文	79.0	13.1	2.4
电子阅读器	记叙文	73.2	14.5	2.5
	说明文	74.9	14.0	2.4

结合上述研究发现，研究者认为：使用不同的媒体介质阅读，不会影响读者的阅读理解能力。然而，传统阅读行为，如跳读，可能会受到媒体介质的限制而难以延续。

资料来源：MARGOLIN S J，et al. E-readers，computer screens，or paper：does reading comprehension change across media platforms?［J］. Applied cognitive psychology，2013（27）：512-519.

【案例2】 线上实验案例：风险传播视域下食品类“科学”流言治理研究

在科学知识越来越普惠的今天，网络上打着“科学”名号传播不科学信息的“流言”却随处滋生。食品类“科学”流言由于涉及食品安全问题，常常放大食品安全风险，激发公众恐慌情绪，引发社会各界的高度关注。

为治理食品类“科学”流言、打造清朗网络空间，官方与民间都在采取行动，发布科学信息，参与流言治理。但是，我们并不清楚这些流言治理信息是否有效，也不确定怎样呈现此类治理信息才能更加有效。为了为流言治理问题提供参考，作者希望通过实验研究，得出令人信服的研究结论。

1. 研究问题

首先提出两个基本问题：第一，食品类“科学”流言治理信息究竟能有效地降低公众的风险感知水平，还是会引发相反效果？第二，食品类“科学”流言治理信息应当如何呈现才能更有效地降低公众的风险感知水平？

通过查阅文献，发现公众对风险的感知取决于风险事件的性质、媒体信息的接触等因素；媒体信息中使用的不同框架，会影响治理信息的说服效果。因此，可以通过操纵流言中对风险事件严重性的表述，以及相应流言治理信息使用的框架，推断流言治理信息是否影响参与者的风险感知水平，进而推断什么样的流言治理信息才是有效的。

2. 研究设计

实验的因变量为受试对流言风险的感知。参考保罗·斯帕克（Paul Spark）等人的风险感知量表，研究从严重性、未知性、影响范围三个维度测量了个体风险感知，从社会收益、经济收益两个方面测量了宏观风险感知。

实验的自变量使用了2×2×2的分组设计，包括流言中对风险事件严重性的表述，以及流言治理信息所包含的时间距离和损益框架，如表6-2所示。

表6-2　　实验分组情况

时间距离	损益框架	流言文本类型
短期效果	增益框架	高风险感知类
		低风险感知类
	损失框架	高风险感知类
		低风险感知类
长期效果	增益框架	高风险感知类
		低风险感知类
	损失框架	高风险感知类
		低风险感知类

为了确保所操纵的自变量既符合社会现实情境，又能操纵精准，研究者在北京科协发布的“每周流言榜”选取了18条食品类“科学”流言。基于专家对风险感知的打分结果聚类，流言样本被划分为“高风险感知类”和“低风险感知类”两大类。之后，研究者从两类流言中选取了两则流言文本作为实验材料，并通过操纵损益框架和时间距离，“制造”出8条作为实验刺激的流言治理文本。

3. 实验的实施

正式实验前，研究者邀请了78名受试参与了试研究，检验操纵变量的有效性。确认变量操纵成功后，研究通过问卷星平台，在线收集了309名实验对象，参与正式实验。

根据出生月份，受试被随机分配到8个小组。受试被要求先阅读流言文本，完成前测；再阅读流言治理信息文本，完成后测。

4. 研究结论

对实验数据进行统计分析，发现受试在阅读流言治理文本后，风险感知水平均显著下降，损益框架与时间距离存在交互作用；在接触包含高风险的流言文本之后，使用损失框架和短期效果框架的流言治理信息能够更好地改变受试对风险的严重性感知；使用增益框架和短期效果框架的流言治理信息能更多地改变受试对风险的未知性感知。

基于以上发现，研究建议在未来的食品安全类流言治理信息中，应突出流言中关于短期危害的描述，帮助公众降低风险感知水平，舒缓公众的恐慌情绪；同时，还要对流言进行证伪原因阐释、流言效果描述，增加公众的食品科学知识储备，防止公众被类似的流言蛊惑。

资料来源：孙蕊．风险传播视阈［域］下食品类“科学”流言治理研究［D］．北京：中国传媒大学，2021.

【延伸阅读】

1. 赛佛林，坦卡德．传播理论：起源、方法与应用［M］．郭镇之，等译．北京：华夏出版社，2000.

2. 柯惠新，祝建华，孙江华．传播统计学［M］．北京：北京广播学院出版社，2003.

3. CAMPBELL D T. Quasi-Experimental design［M］//International encyclopedia of the social sciences：vol. 5. New York：Macmillan and Free Press，1968：259－263.

【思考题】

1. 请查阅并阅读采取实验法进行的研究，主题不限：1 篇使用实验室实验，1 篇使用准实验法，2 篇使用互联网实验法。比较和理解不同实验类型在研究设计和实施过程中的要素和重点。

2. 请结合案例一思考：如果是在线上实施相同主题的实验，请问需要注意哪些问题以提高实验的效度?

第 7 章　民族志研究方法

民族志（ethnography）源于文化人类学研究中对异文化进行长期的田野作业而创造的一种收集研究资料的方法，被称为“人类学家的成年礼”。所谓“民族志”，是指关于人以及他们彼此互动的研究和体现。在人类学家那里，民族志是一种深入群体内部与研究对象“交互作用”的质性研究。研究者通过田野作业（field work），在一段相当长的时期内介入研究群体的日常生活，与研究对象共处于一个环境，观察发生的事情，倾听人们所说的一切，询问各种问题，借助观察、访问、记录的过程，针对所选择的场所、针对自然发生的社会现象进行整体性描写。从某种意义上讲，民族志研究方法与其说是一种收集数据的具体方法，不如说是一种研究思路、研究取向或方法类型。大卫·费特曼（David M. Fetterman）将民族志研究方法视为“一种描述群体或文化的艺术与科学”[①]。

第一节　民族志方法的发展

民族志，又译人种志、人种学或方志学。狭义而言是通过田野采集工作，对一种特殊文化的记录与分析研究；广义而言则是利用各种文献资料与文化实践的融合来梳理出民族文化的整体内涵。

一、民族志方法的源起

（一）文化人类学的研究传统

一般认为，民族志肇始于 20 世纪初人类学家考察异文化时的实践，是最早用来描述不同文化差异的一种研究方法。这种方法早期主要被运用于人类学，尤其是文化人类学，以及社会学领域。在人类学家开始学术意义上的田野调查之前，一些传教士就对他们所去过的地方及所发现的部落有所描述，还有一些探险者也写下过他们所发现的人和事。民族志的意义则在于：从民族志的建构，塑造出文化的模型，再透过历史的民族学方法，来诠释民族特质与文化内涵。由于民族志的方法主要基于研究者的个人经验，因此它被认为是一种质性的研究方法。其研究结果以描述诠释为主，研究者通常从多视角、多层次进行数据收集并分析解释。

---

① 费特曼．民族志：步步深入［M］．龚建华，译．重庆：重庆大学出版社，2007：1.

英国人类学家马林诺夫斯基（Bronislaw Kaspar Malinowski，又译马凌诺斯基）是民族志方法的奠基人。他创造了其后被称为民族志方法体系核心内容之一的“参与观察”。在《西太平洋的航海者》的导论中，马林诺夫斯基归纳了民族志方法的三条原则：“首先，学者理所当然必须怀有科学的目标，明了现代民族志的价值与准则；其次，他应当具备良好的工作条件，主要是指完全生活在土著人当中而无须白人介入；最后，他得使用一些特殊的方法来搜索、处理和核实他的证据。”①

其他民族志研究的经典研究，如拉德克利夫-布朗（Alfred R. Radcliffe-Brown）的《安达曼岛民》，玛格利特·米德（Margaret Mead）的《萨摩亚人的成年》，埃文思·普里查德（Evans Pritchard）的《努尔人》，埃德蒙·利奇（Edmund Leach）的《缅甸高地的政治制度》等，都具有一些基本相似的特征。第一，研究对象一般为异文化群体，这种群体通常较为封闭，现代化程度不高，与研究者所处的文化群体相比很多尚处在文明发展的低级阶段。第二，传统民族志研究要求研究者必须投入较长一段时间与研究对象生活在一起，以达到一种在近乎“自然”的状态下观察研究对象的目的。第三，通过一系列具体方法和工具、技术的辅助，研究者能够在“深描”的基础上，尽量客观地呈现他（她）的观察所得，并给出自己的解释。

（二）民族志方法新的内涵

随着时代变迁和研究方法本身的发展，民族志的内涵也产生了一定的变化，研究对象不再局限于闭塞落后的异民族群体，而是根据特定的研究目的，在更广阔的范围内进行选择。但作为一种方法类型或者说研究视角，它所使用的核心方法——参与观察和深度访谈是历久不变的。同时需要指出的是，参与观察与深度访谈这两种研究技术并非截然分开，而往往是紧密联系、配合使用的。

对于传播学研究使用民族志方法的源头，目前尚无法做确切考证。1958年，理查德·霍加特（Richard Hoggart）的《文化的用途》被后人认为是“开创了英国文化研究中颇有特色的民族志传统”的范例，霍加特也被认为是把“民族志”方法移植到文化研究的开创者。② 之后，戴维·莫利（David Morley）运用斯图亚特·霍尔（Stuart Hall）的编码解码理论对英国电视新闻栏目《全国新闻》（Nation wide）的观众进行研究，获得别出心裁且具有启发性的成果，成为20世纪80年代英国媒介文化研究中广泛使用民族志研究方法的代表人物。

莫利的研究分为两个方面：第一，对BBC《全国新闻》节目进行文本分

---

① 马凌诺斯基．西太平洋的航海者［M］．梁永佳，李绍明，译．北京：华夏出版社，2001.

② 郭建斌．民族志方法：一种值得提倡的传播学研究方法［J］．新闻大学，2003（6）：41－45.

析；第二，运用民族志方法对受众进行深度访问，根据职业将《全国新闻》受众划分为29组，收集关于电视信息如何被接收的资料，然后进行分析。

从20世纪90年代开始，海内外一些华人传播学者开始引介民族志方法研究人类传播实践，考察大量不可能模拟和重复的社会互动情境。在20世纪90年代，在中国台湾的受众研究中，采用民族志方法成为一种风潮，特别是研究电视观众。2000年前后，中国新闻传播学研究中，一些学者尝试运用人类学田野调查方法研究少数民族受众。云南大学的郭建斌对云南怒江独龙乡进行了研究，其著作《独乡电视》即为有代表性的对少数民族受众所做的民族志式的研究。后来，国内很多研究者开始在传播研究中运用民族志方法。

二、关键概念

在民族志传播研究中，由于方法和研究理念的变更所带来的变化是多方面的，从操作过程到结果呈现均与量化研究有很多不同。郭建斌认为，民族志研究有“三个关键概念”。①

（一）“融入”

“融入”即想方设法融入研究对象的日常生活中。如同人类学家在使用民族志时所强调的那样，居住在土著的茅屋里，尽可能完全融入研究对象的日常生活中，去感知研究对象那些“实际生活中不可测度的方面”。这是传播研究在使用民族志方法时需要跨越的第一道门槛。民族志的介入既是一种身体的参与，更是一种心灵的交融。“融入”反映了民族志研究的自然主义的态度。换言之，在研究过程中以不对研究对象进行操纵为基本原则，研究者基本上是以其原有生活方式参与其中。至于研究者是否应该悬置理论、摒弃自己的观点和立场而以价值中立、不介入、不涉入感情的方式进行研究，目前仍然存在一些争议。

（二）“遍查”

“遍查”即考察研究对象生活的方方面面。从事田野工作的人经常说的一句话是“一网打尽”，意为全面考察田野点的方方面面。郭建斌认为，任何一种现象都不是孤立存在的，这句话听起来貌似一种“陈词滥调”，但在实际的田野工作中，这样的“陈词滥调”是有意义的。“遍查”反映了民族志等质性研究方法所坚持的多元方法原则，也就是研究中不止采取一种数据收集与诠释、分析的方法，多元方法可促成三角互证或者说交互验证，可提升研究的效度或信度。研究者应避免自我设限，不要先行排除所谓前科学（pre-scientific）的概念与非标准化的数据，如研究对象的日常生活经验或内省经历。这些经

① 郭建斌．“民族志”之于传播研究的实践话语［J］．中国传媒报告，2005（4）．

验、理解对于描绘研究对象的完整图像都有帮助。

（三）“深描”

“深描”即以“深度描述”（thick description）作为解释现象的学理化追求。“深描”是吉尔伯特·赖尔（Gilbert Ryle）在探讨“思想家”在做些什么的一般问题时使用的概念。美国人类学家克利福德·格尔茨（Clifford Geertz）把这一概念借用到人类学的解释中，为人类学的阐释提供了一个新的理论视角，成为文化人类学研究知识图景的一种新的观念和“范式”，并渗透到传播研究领域。深描的目的和意义何在？格尔茨同样借用了赖尔的解释，比较形象的说法是，深描能够区别出“眨眼”“挤眼”和“模仿挤眼”几种不经仔细辨识和分析就可能导致混淆的行为。这样一种工作，一方面揭示了贯穿于研究对象的活动的概念结构；另一方面建构了一个分析系统，借此将那些具有类似属性的东西凸显出来，与人类行为的其他决定因素形成对照。

作为一种质性研究类型，民族志关注的焦点是“人”的世界，人的“主体性”因而成为最受关注的部分。关心主体性便是关心意义的建构。因此，研究者的研究过程是一个“理解”的过程。马克斯·韦伯（Max Weber）曾指出，人是被悬挂在意义之网上的，这个意义之网是主观构造的，深描则将此意义之网加以呈现。

第二节 民族志研究的特点和关系

随着民族志方法的不断发展，它被应用于各种情境，尤其适用于对社会群体、个体与群体所处的背景以及人际交往过程的研究。在民族志传播研究中，语言和文化被认为既是传播的构成要素又建构了传播的过程。

一、民族志研究的特点

传播研究中的民族志关注三个问题：一是传播行为或者传播符号对不同群体的重要性；二是不同群体涉入不同传播事件的逻辑是什么；三是群体成员怎样学习、接受、理解某种特殊传播活动的意义。支庭荣等研究者对作为一种方法类型的民族志的特点进行了总结和归纳，他们认为民族志研究具有以下特点。

（一）整体性

“整体性”（holistic）是民族志研究最重要的特点，它意味着研究者要尽最大可能详细描述一种文化或一个群体，包括其历史、宗教、政治、经济和环境，以绘制出社会整体的图像。比如，对于村落的研究，就必须有纵横结合的时空构架，不仅要有历史的深度（时间），更要有超越村落的广度（空间）。如人类学者王铭铭所说，要向历史学家和社会学家学习研究文明史和大型社会结构的方法，走出社区，在较大的空间跨度和较广的时间深度中探讨社会运作的机制。在此基础上，还须具备“超越村落”的空间视野。任何村落都不是孤立的社会存在，它通过自己的方式，如婚姻缔结、人口迁移、货物交换、民间信仰与村落以外的社会发生联系。对于村落发展的整体把握，要求研究者必须兼具“从村落看村外”和“从村外看村落”的学术视野。

民族志传播研究不仅研究在文化情境中传播格局的构成要素，同时对于在传播事件中各个要素之间的互动有着明确、清晰的描述，传播图景的描述应该透过诸多层面，揭示其中的有机联系。在受众研究中，民族志得到了广泛应用，其整体性价值也更被看重。对于受众而言，个体性有时并不能解释电视收视中的传播活动。对于传播中任何一个要素的研究都必须放到传播过程的整体中去考虑，尤其是当涉及受众的时候，其历史、文化的要素同样必须被考虑在内。在整体把握下，传播活动的真正意义才能体现。于是，文化传播的特质和民族志研究的要求在整体性方向上形成了交集。整体性不仅体现在研究者对于研究对象的整体把握上，也体现在研究者在研究进程中将整体性视作检视研究方向与研究进程的坐标上。

（二）情境性

民族志强调研究对象及其背景之间的交融。传播学者罗杰·西尔弗斯通（Roger Silverstone）用中国国画家画鲤鱼图来打比方，探讨描述日常生活情境对于传播研究的重要性。在国画家看来，要画好一条鲤鱼，仅仅知道鲤鱼的形态，研究其解剖结构是不够的，更重要的是必须了解芦苇丛、水中的石头还有水面上的波纹，等等。因为这些图画的构成要素并不只是鲤鱼生长的环境，也不只是供作画取景之用的天然背景。实际上，这些要素属于鲤鱼本身，画家必须全面理解它们，方能画出一幅生动的鲤鱼图。所以，在西尔弗斯通看来，如果要研究电视受众的收视行为，就必须研究日常生活中观众观看电视的情境。[①] 也就是说，电视彻底融入日常生活中，构成了日常生活的基础，在电视研究中，必须“置收视行为于情境中”，要全面把握收视的“社会关系”以及收视的“时空情境”。[②] 只有在自然的社会传播情境中，才能够记录和展示传播要素之间错综复杂的关系，进而表明在宏观或者微观社会结构中，传播内容与传播技术的存在意义与价值。

（三）开放性

民族志研究的另一个基本特点，就是在研究过程中，遵循自我修正的原则，形成一种开放性的研究。与量化研究不同，在进行民族志研究之初，研究

---

① 明铭．一个诠释性典范：霍尔模式［J］．新闻与传播研究，2002（3）．

② 蔡骐，谢莹．英国文化研究学派与受众研究［J］．新闻大学，2004（3）：28－32．

者一般不会形成明确的研究假设。对于传播研究者来说，传播过程中那些偶然发生的传播场景更值得研究。然而，民族志研究并非漫无目的地对自然场景进行观察和描述，这样容易使研究流于散乱。为了促进主题的形成，研究者通常要在正式进入研究之前进行预先的观察，形成一些较宽泛的观点，这些观点将指导他们进行选择性观察，而观察所获得的材料可能支持初始的观点，也可能使他们改变原先的观点。对此，柯克·约翰逊（Kirk Johnson）在他对印度两个村庄的研究中提到，在他向两个村子的村民问询他们那里是否还存在种姓制度时，村民均给予否定回答。于是，约翰逊准备整理这些材料并退出研究场景。但是，在他回忆并深入调查他在两个村庄观察到的低一级种姓家庭的居所、汲水井台等后，他改变了初衷，决定留下继续访问，最终获得了村民出于“政治正确”的原因否认种姓制度的存在的结论。①

在民族志研究过程中，研究者修正自己的观点是正常的程序。与此相对应，民族志的结论同样没有预设，它是在尽可能充分利用实地研究资料的基础上归纳、提炼而成。民族志研究充满了动态性特征，也体现了研究者与研究对象的互动，这同样被认为是民族志研究的优势之一。对于研究者与研究对象之间的这种弹性关系，我国台湾学者林福岳认为：“但有预存的取向，而无预设的结论。民族志研究者必须对研究对象保持开放的胸襟，尽可能不遗漏任何资料；但这并不表示毫无准备，而是所有问题的建构、理论或模式的根据、研究设计、资料收集技术、分析工具甚至特别的书写体例，都必须在事前详尽规划，所以这样的工作要求的是‘开放的心胸，而非空洞的大脑’。”②

上述特点显示，民族志研究最明显的优势就在于能对研究对象进行充分而深入的描述。读者阅读民族志研究报告时，通常觉得自己也处于传播现场而非一个局外人。由于民族志研究者要沉浸于传播现象发生的社会和文化情境中，因此，他们能与传播情境及其中的互动因素产生一种亲近感，而这是通过其他研究方法难以获得的。当然，任何一种研究方法都存在一定的缺陷，民族志也不例外。其不足之处主要有以下五个。

（1）研究者仅仅熟悉研究情境是不够的，还必须投入巨大的时间和精力，才可能对研究对象形成亲密感；

（2）非学术化的叙事，存在研究者的主观偏见，需要进行专业训练；

（3）观察、访谈的记录比较复杂，不容易量化，资料解释的主观性较强，在研究数据的信度和研究者的效度方面有欠缺；

（4）研究者与研究对象直接接触，容易产生角色冲突、情感投入等伦理问

① 约翰逊．电视与乡村社会变迁：对印度两村庄的民族志调查［M］．展明辉，等译．北京：中国人民大学出版社，2005：197-198.

② 林福岳．阅听人地理学：以“民族志法”进行阅听人研究之缘起与发展［J］．新闻学研究，1996（52）.

题，从而丧失距离感和分析的客观性；

（5）研究对象大多为单一个案，难以进行精确的统计推论，研究成果的可推广性和实际应用价值有限。

二、民族志研究中的关系

一部“好”的民族志应该具有以下特点：第一，它应该通过描写田野工作环境、解说日常生活的意义、关注微观过程来表明人类学者“曾身临其境”；第二，应该通过对异文化和语言进行跨越界限的翻译，显示民族志作者的语言功底，并表现出他对异文化的意义和主体性的掌握；第三，它应该赋予文化以整体观的意义。①

作为研究者，对民族志研究中的关系要有一种清醒的认识，不仅要反思和审视被研究者所持的观点，也必须反思和审视研究者自身所持的观点及研究者所处的环境，必须对局内人与局外人的关系问题予以清楚表述。这就是民族志研究反身性思考的要义。

如上所述，柯克·约翰逊在印度两个村庄的研究中，探讨了印度乡村生活的社会环境以及电视在不断变化的景观中所起的作用，剖析了村民们的生活并研究了电视对他们的抱负、理想、亲情和传统产生的影响，解释了电视在这些乡村地区社会和经济发展上所起的作用。约翰逊对研究实地——达瑙里村的环境、公共福利设施以及大众传播的发展状况进行了描述，近距离观察该村庄的乡村生活的社会变化，分析了乡村的社会制度，并论述种姓、阶级和权力的分层系统，将达瑙里村置于更广阔的社会经济体系之中。

柯克·约翰逊是一名美国白人，但他的童年中有13年在研究地度过，他会使用当地语言，不存在任何交流上的障碍。这使他既是一个局外人，又是一个局内人，成为一名恰当的参与观察者；使他得以洞察印度村民在态度和行为上的许多细微之处，既能记录一个当地人由于习以为常而忽略的许多细节，又能捕捉到一个不熟悉当地语言和文化的外国人很可能错过的某些态度和行为的真实含义。

在民族志研究中，研究者融入研究对象，与他们建立亲密的研究关系，在这方面的经验与可能遇到的问题及解决办法，因人因地因事而异，因此无法形成一种可供任何人在任何地区进行此类研究时完全照搬的方法和技巧。对于如何介入研究对象当中，达到格尔茨所说的“身在其中”，很多人类学研究者都有自己的经验以及解决的办法。就这一问题来说，目的是一致的，方法则不可复制。

---

① 马尔库斯，费彻尔．作为文化批评的人类学：一个人文学科的实验时代［M］．王铭铭，蓝达居，译．北京：生活·读书·新知三联书店，1998：47．

第三节 民族志的资料收集与分析

民族志研究是一种实地自然探究。其研究过程大致可分为两个阶段。第一阶段是民族志的素材收集活动。研究者首先要就自己感兴趣的文化事物寻找一个可将自己沉浸到异文化中的工作场所或调查地点，物色并培养某个或某些当地人作为信息或资料的提供者（“报道人”），从而开展田野工作。第二阶段是民族志的文本建构活动。也就是完成了田野工作后，研究者将自己在前一阶段所获得的经验材料进行加工整理，撰写成表述异文化图景的民族志作品。为了获得真实可信的第一手研究资料，民族志研究者收集资料的主要方法有参与观察和访谈法两种，但这两种资料收集技术并非独立，而是交织在一起的。

一、资料收集方法：参与观察

参与观察（participant observation）是指研究者以系统的、不引人注意的方法与被研究者进行互动。凡具有以下特征的资料收集方法都可称为参与观察：第一，局中人的观点；第二，开放式的求知过程；第三，深度个案研究；第四，研究者直接参与提供信息者的生活；第五，以直接观察作为收集资料的方法。

（一）参与观察的主要优点

参与观察的主要优点如下：

（1）被研究者不因研究者的出现而改变其行为，能够为研究者呈现自然状态下的传播情境。

（2）当事实和言辞的差异相当明显，而问卷无法反映出这些差异时，参与观察法更为适用，因为它更容易反映传播者在具体环境中复杂而微妙的互动。

（3）研究者的问题可以用被研究者的语言进行提问时，也适用参与观察法。借助本地语言研究本地事物，能够提升研究结论的可信度。

（4）事情的连续性有助于解释现象的意义。通过将传播行为置于具体场景之中，更能够解释传播意义所在。

（5）另有一些传播现象，除采用参与观察外，别无他法，如研究家庭的日常电视收看行为时，只有借助参与观察，才能够接近传播的本质与核心。

（二）参与观察的常见形式

就研究者的角色而言，存在多种形式的参与观察，常见的有以下四种。

1. 完全参与者（complete participant）

这一角色使得研究者成为观察对象所在群体中的完整意义上的成员，且不向其他成员透露他正在观察和评估其他成员的行为。换句话说，研究者使自己成为被观察者中的一员，以此掩盖自己的研究者身份。因为是成员之一，所以研究者有观察的权利。这样，研究者就能够从成员的角度理解互动中的行为，而研究者的参与也影响了互动的发展方向。要成为观察对象中的正式成员，可能需要研究者事先加入，如成为被观察者家庭的一员，或作为成员加入某个组织，等等。

不过，以“完全参与者”身份进行研究也存在风险。首先，在互动过程中，其他成员会对研究者有与其他成员相同的角色期待。研究者在互动过程中就要适应这一角色期待，而无法像一个局外人一样对观察到的情况进行实时记录。其次，研究者所看到的或听到的信息，很可能是只有作为内部成员才能得到的，如果只是一个外人的话，则是无法了解和获取这些信息的。对于这些信息，研究者必须像自己人一样做出反应，否则，研究者的身份就会暴露，从而不利于研究的继续进行。再次，作为局内人，研究者只能观察到内部人能看到的事物或现象，想偶尔转换角色，对观察到的现象进行提问，都不太现实。最后，研究者参与了互动，这会影响到研究者对数据的处理和分析。同时，研究者的存在对团体产生了什么样的影响，如果研究者不存在，其他成员是否会采取不同的行动，这些问题也都是难以评估和测量的。

2. 以观察为主的参与者（participant-as-observer）

以这一身份进行研究，研究者既是参与者又是观察者。此时，研究者会公开自己的研究意图，并积极地参加被研究者的主要活动。这样，研究者便在被研究者知情同意的情况下，从内部观察被研究者的活动。研究者可以像自己观察的对象一样参与活动，但同时不能忘记自己的研究目的，并注意不能完全投入到研究对象当中去。同时以参与者和观察者的身份进行研究，对研究者提出了更高的要求。如同以完全参与者身份进行研究一样，研究者在互动中不履行或不能有效履行自己的角色义务，都会最终影响到被研究者的活动，从而影响研究结果。

3. 以参与为主的观察者（observer-as-participant）

此时的研究者仍然既是参与者又是观察者，但其角色的核心转到了“观察者”这一身份上。换言之，研究者已通过各种方式获准加入被研究者的活动中，在不影响这种互动的情况下，对其进行观察。通过扮演这一角色，研究者参与但不主导被研究者的活动，仅仅是观察和询问，不会打断被研究者的活动。不过，这也存在风险。比如，研究者参加的活动不多，便有可能影响到对全局的观察或对活动做出有效的评估。以参与者身份对研究对象进行观察不难，但也可能使研究者看不到被研究者进行的活动的复杂性。

4. 完全观察者

在这种角色状态下，研究者的任务仅仅是观察。因此，研究者完全不出现在被研究者的活动中，既不访谈也不提问，被研究者甚至不知道研究者在场。

这样，研究者获得的数据，仅限于研究者自己能够看到或听到的内容。以完全观察者的身份进行研究，最大的风险就在于研究者只能依靠个人观察到的情况来解释获得的数据，而无法向被研究者确认研究结果，否则就暴露了研究者的秘密身份。

由此可见，研究者所处的不同角色状态会给予其不同的视角，从而获得不一样的研究数据。采用何种角色，则取决于研究目的。但是，在民族志研究中，“以参与为主的观察者”是一种比较理想的观察角色。因此，民族志研究强调研究者要有一定的时间与被研究者共同生活，逐渐从“以观察为主的参与者”过渡到“以参与为主的观察者”，这样才能在数据分析时产生移情式理解，从而准确解释社会互动行为。

具体到参与观察的内容，研究者的田野调查笔记可以参考以下架构。

（1）Who：在现场有谁？他们的身份是什么？

（2）What：在此发生了什么？这些人做了什么？

（3）Where：现场位于何处？有什么自然环境？环境中的空间分配及物体摆设如何？

（4）When：在什么时候接触团体？参与者如何看待他们的过去及未来？

（5）Why：该团体运作方式为何如此？参与者的互动方式为什么以这种形式出现？

（6）Whole：从整体的角度看，参与者之间及其与背景环境之间有着什么样的内在联系？

（7）How：发生事件的关联性如何？组织发生变化时该如何处置？

上述记录框架实际上就是要求研究者“遍查”各种信息，尤其要重视默会知识（tacit knowledge）。因为这些默会知识构成了研究对象的经验认识的基础，特别是情境释义中的基础。忽略默会知识，将无法充分掌握研究对象构成其经验的过程与方式，就无法准确理解社会互动。

二、民族志的资料分析

实际上，民族志研究就是一种阐释行为，也是一个非常个人化的过程。在这一过程中，研究者亲身体验了某种文化，参与了社会互动，并且对其不同的表现形式进行解读。从本质上说，民族志研究就是对个人体验的自我报告。从研究主题和理论形成的角度看，一项民族志研究实践可以用多娜尔·卡堡（Donal Carbaugh）和萨利·海斯廷斯（Sally Hastings）归纳的四个阶段进行概括。[①]

第一阶段是确立研究主题及其基本取向。在此，研究者要评估自己对文化

① 李特约翰．人类传播理论：第7版［M］．史安斌，译．北京：清华大学出版社，2004：227－228.

及其表现形式所做的假设。例如，从事传播民族志研究的学者，首先要确定传播在文化中的核心地位，并且确定该项研究应该聚焦于传播中的哪些方面。比如，研究者假设研究对象的衣着打扮是传播意义最主要的表达方式之一，因此外在的服饰穿着也就是一种传播的形式。

第二阶段是确定所观察的行为的层次和种类。在上述例子中，研究者应当确定服饰的穿着方式是最主要的研究对象。

第三阶段是研究者将研究的具体文化现象理论化。在理论化过程中，研究者应该在文化本身所处的特殊语境内对具体的行为进行解读。例如，当研究者发现许多青少年爱穿肥大的裤子时，他就会把这一现象理解为群体内的从众行为和接受意识的一种符号。

第四阶段是研究者对其运用的整体性的理论框架进行再审视，用具体的个案来检验它。例如，研究者得出结论，认为肥大的裤子提供了又一个例证，证明这一文化群体中的成员会用外在的穿着打扮来建立一种共同的联系。民族志以归纳的方式建立起供验证的社区理论，这些理论也是为了在本地或其他地方采用而建立的。

从民族志研究的整个过程来看，分析是民族志研究最吸引人的特色之一，被大卫·费特曼称为“走出森林之路”。民族志研究的分析工作贯穿于选题确定、田野调查，直到民族志报告写作结束的全过程。民族志资料分析的目的在于提取概念，形成主题，最终建立理论，其方法主要依靠不断的比较、想象、概念化。分析工作是在整个研究设计中反复进行的。田野中的资料分析使研究者能够清楚地知道用什么方法，何时用，怎么用。分析是对已经存在的理论观点和对建构一个关于社会群体正在发生什么的精确观念框架的检验。研究者必须从成堆的数据、理论、观察记录，甚至被扭曲的事物中摸索出一条分析路径。通过分析，研究者必须在有逻辑的和诱惑人的那些路径之间，在那些有用和无用却吸引人的资料之间，在那些真正的行为模式和一系列表面上相似却有区别的反应之间做出选择。然而，研究者要做出正确的选择，则需要丰富的经验和敏锐的判断力、直觉，以及对细节和更大背景的体察。在错综复杂的分析中，最好的向导是最明显也最复杂的策略，那就是“清晰的思考”。①

美国社会语言学家德尔·海默思（Dell Hymes）在讨论传播民族志的具体实践时，把日常生活中人际互动模式所涉及的信息的形式、内容、背景、场景、传播者、接受者、传播目的、表达形态、传播渠道、语言风格、互动和解释的规则、言语传播类型等16个方面的内容归纳为一个SPEAKING框架，借以考察语言在社区语境中的使用，揭示适用于人际交流活动的模式，让传播学

① 费特曼．民族志：步步深入［M］．龚建平，译．重庆：重庆大学出版社，2007：73－74．

研究超越媒介回归场景。SPEAKING[①] 是由 8 个英语单词的首字母组合而成的，此框架主要用来提醒传播的民族志研究者应该关注以下八个方面。

(1) 背景 (S，settings)，指语言传播行为发生的时空环境，包括物质层面的，也包括心理等精神层面的，是语言传播的“田野”情境。

(2) 人物 (P，participants)，指的是语言传播活动的所有参与者，包括传播者、接受者，凸显了人的主体性。

(3) 目的 (E，ends)，指语言传播行为的动机，既包括传播的目的，也包括传播的结果。

(4) 行动次序 (A，act sequences)，指言语传播行为的顺序，包括传播的内容和形式。

(5) 基调 (K，keys)，指语言传播所采用的语调、方式或体现出来的个性特征等。

(6) 工具 (I，instrumentalities)，指言语传播的渠道，即传播媒介。

(7) 规范 (N，norms)，即规则，包括互动的规范和解释的规范。

(8) 类型 (G，genres)，指言语传播实践的种类。

民族志研究的真正奥妙在于将田野经验转换成完整的民族志报告的过程，也就是民族志文本的建构。研究者在从田野笔记转向民族志的撰写时，会从当地的场景、被研究者以及在当地建立的关系和人情债中抽身而出。现在，作者坐在书桌前，回顾自己对当地人日常活动的记录。为了写作供更多读者阅读的民族志作品，研究者把田野笔记看作可供分析、解释、挑选的素材。因此，当研究者进行参与观察时，常常会忽略自己同时作为当事人和局外人的双重身份，而在撰写民族志时更容易而且必须认识到这种双重身份。不过，撰写民族志不是一件容易的事。研究者可能会因面临着太多的选择而无法有效掌握研究的聚焦点。在面对诸如修辞、遣词造句乃至整个研究的呈现方式、内容架构等问题时，研究者常常会不知从何着手。

首先，在文化人类学的传统里，撰写民族志报告有着体例上的规范，即通常有一个理论和方法论的引言，其作用是把田野工作中发掘的经验素材组织成一个论述框架；其次，根据此论述框架分章节地对所观察体验到的异文化景象进行详细的描绘，并使分析过的经验资料与其社区背景共同构成一幅生动完整的社会文化形貌 (configuration，又译作“构型”)；最后，再将该形貌作为一面映射理论的镜子，用来评论 (验证或反驳) 学术界有影响的学说和理论主题。由此可见，民族志文本是一种具有多重功效的学术实践形式，它不但是研究者对所考察的异文化形貌的生动再现，也是研究者对学科主题和知识主张的

---

① GUMPERI J，HYMES D. Directions in sociolinguistics：the ethnography of communication [M]. New York：Holt，Rinehart and Winston，1972：53 - 66.

中肯评说，有时甚至还是作者对其个性及理论抱负的自我表达。① 就表达而言，民族志文本不仅仅是故事，它更需要有理论，通俗地说，民族志文本所讲述的故事是一种“理论故事”。

第四节　网络民族志

在传统社会形态中，社会生活中的个人彼此熟悉，社会交往多发生在公共空间，容易被观察和认识。然而在现代社会，越来越多的社会生活发生在私域空间。随着互联网的发展，尤其是移动互联网技术的不断更新，整个社会的数字化趋势越来越明显，人们通过线上方式进行互动。在结束了一天的工作之后，许多人会奔赴自己的网络私人空间。在这样的情况下，理解人际关系与社会交往就变得更加复杂和困难了。真正有价值的研究，需要研究者深入人们真实生活的内部空间，这里的内部空间不仅是指家庭生活的空间，还包括手机与电脑所承载的私人空间，否则我们可能无法真正理解现代世界与社会关系。

就研究方法而言，单一的问卷调查法是不够深入的，要考察人们在线上的行为和经历，必须通过其他技术中介的传播形式来了解和认识社会，因此我们必须保持同步，不断创新适用于收集人类社会的网络互动行为数据的研究方法。如果不将互联网和计算机中介的沟通形式吸引到研究中，就不能充分了解社会和文化生活中许多重要的方面。

网络民族志（nethnography）是一种专门用来研究线上文化和社区的民族志方法，也有学者称其为虚拟民族志（virtual ethnography），常用于揭示并分析人们用来建构一个“数字化自我”的自我呈现策略。网络民族志的发展，能帮助研究者理解在线社区的日常生活世界。但是，我们必须注意的是：通过网络进行研究不等于网络民族志。当下，随着现代通信技术的发展，研究者时常会通过社交媒体等向自己在“现实民族志”研究中的一些报告人打听情况。在这种情况下，网络只是我们获取信息的工具，而不能称这种研究方法为“网络民族志”。网络民族志是针对线上世界的研究，是用来研究线上文化和社区的民族志方法。

一、线上社区：网络民族志的田野

民族志研究必然要面对“田野”的问题。从19世纪末人类学家走出书斋走向田野开展实地研究以来，选择一个特定的田野地点就成为人类学田野工作中具有重要意义的一环。传统民族志研究的田野（研究场地）在自然场景、传统社区，是一种客观的文化存在。在传统意义上，人类学家的田野是一个特定

① 李一松．民族志及其实验趣向［J］．学术探索，2000（1）：91.

的具体的物理空间，在其中，形成了社会关系、行动利益乃至身份建构等方面的互动。而网络民族志所考察的是人们借助互联网进行的各种“在线”行动，研究的“田野”是线上社区。在这个空间中，人们可以交友、购物、娱乐、工作、学习等，这一空间为使用者提供了公共社区与展示个体身份的真实机会，是一种新型的社会空间和文化空间。库兹奈特（R. V. Kozinets）认为，线上社区是网络民族志研究中需要重点展开调查的，可以将其看作网络民族志研究的“田野”。根据霍华德·莱茵戈尔德（Howard Rheingold）对线上社区的定义，库兹奈特提出了网络民族志田野的标准，即一个“线上社区”应该具备以下条件。

1. 社会集合体

网络民族志的核心主体是集体，研究人的群体、聚集或集合。其分析的是社会学家所说的“中观”层次，而不是个体微观层次或整个社会系统的宏观层次。

2. 从网络兴起

网络民族志探讨由互联网连接引发的人类互动。

3. 讨论或沟通

沟通是有意义的符号交换，现在人类符号系统的所有方式都被数字化，且经由信息网络分享。

4. 足够多的人

要求一定数量的人投入，使得线上群体可以成为社区。库兹奈特假定最少要有 20 人，人类学家罗宾·邓巴（Robin Dunbar）的建议是 150～200 人。但也不能太多，否则难以维持社区的亲密氛围。

5. 公共讨论和足够长的时间

大多数网络民族志讨论并非封闭的，而是开放的；网络民族志将线上社区看作持续进行的关系，不是一次性的会面，而是持续和重复的互动接触。这里并未对时间做出具体的规定，但是其所表达的意思是“虚拟社区”里要有足够多的人在一个较长的时间段内进行公共讨论。

6. 充分的人类情感

这些情感包括公开、诚实、相互支持、信任、归属感的表达和交往意愿的表达等。

7. 形成个人关系的网络

群体中的个体成员之间有社会交往，他们集合起这些关系以创造群体的感觉。这些关系可以且常常可以将线上语境扩展到人们社会生活的其他方面。①

---

① 库兹奈特．如何研究网络人群和社区：网络民族志方法实践指导［M］．叶韦明，译．重庆：重庆大学出版社，2016：10－11.

按照这样的标准，库兹奈特提出了一些合适的线上田野，包括论坛、聊天室、游戏空间、虚拟世界的网站、链接环、博客、维基百科、音频视频网站等。不过，郭建斌等人认为，在茫茫的网络空间中，具备“线上社区”意义的，其实只是少数。从具体的形态上来看，线上社区和线下社区存在较大差别，或者说线上社区是一种新的社区形态。因此，网络民族志的研究，除了要满足线上社区的一些基本条件之外，更要从这样一种新的社区形态中发现新的研究问题，进而进行新的理论探讨。①

二、在线参与观察：网络田野工作

任何研究者面临的根本选择之一，就是使用什么方法。民族志虽然一直处于发展和演变过程中，但长期的田野作业始终是其得以存在和建构知识的基石，田野观察是核心方法。那么，对于网络民族志研究而言，该如何理解和运用这种方法呢？根据线上社区以及人们参与线上行动的特点，虽然通过大数据能够呈现人们的线上行动轨迹和状态，但行动背后复杂的社会心理原因，是大数据或者网络问卷调查结果无法呈现出来的。因此，同样有必要借鉴民族志的研究路径去获取影响人们行动的社会文化原因，这对于帮助我们正确认识在线社区内人们的日常生活世界具有重要意义。

在本质上，民族志是一种融合实践，它与其他很多方法相互连接在一起。库兹奈特认为，许多方法与网络民族志互补，网络民族志与传统民族志一样，是混合的方法，他认为网络民族志研究主要包括线上调查、在线访谈、焦点小组和社会网络分析等方法。其中，最具有特色的研究技术就是参与观察。在线参与观察在最基本的层面就体现为访谈和日志方法。访谈是一种对话，是两个人之间的一系列问答。线上访谈和面对面访谈之间唯一的区别是，线上访谈需要经由一些技术设备的中介。线上访谈已经成为线上民族志研究的主要方法，是这个领域的开创性作品常采用的方法之一。有些研究者认为网上访谈比较容易找到参与者，也能节省费用，且参与者没有面对面的心理距离，访谈会进行得更轻松，如网上小组座谈要比面对面的小组座谈自然得多。但网上访谈也有弊端，最大的问题是观察不到非语言交流如声调、面部表情和肢体语言。

当然，把网络民族志看作超越民族志的独特方法也是很重要的。参与和观察的方法组合是行动的核心。进行民族志研究意味着要与成员一起浸入式地、长期地参与到文化或社区中，之后通过对社会世界的深度的、细节的、微妙的、历史的和文化的深描和解释，尝试理解和传递他们的现实——这个世界对参与者来说耳熟能详，但对外来者来说却很陌生。与传统民族志一样，网络民族志同样遵循六个步骤，即研究计划、进入、收集资料、解释、确认伦理标准

① 郭建斌，张薇．“民族志”与“网络民族志”：变与不变[J]．南京社会科学，2017（5）．

和研究展示。图 7-1 提供了一个流程示意图，与网络民族志研究的实际操作过程相比，图 7-1 描述了一个更加简洁和整齐的过程。

在这里，有必要强调的是，网络民族志面对的是“线上世界”。如果把对“现实世界”的“参与观察”也纳入，那就应该是同时使用了“网络民族志”和“现实民族志”两种方法。网络民族志观察“线上世界”的自我，现实民族志观察“线下世界”的自我。两种方法完全可以整合，但不是说从一个“世界”延伸到另一个“世界”。在具体做法上可以延伸，而在方法层面，实际上是无法延伸的。或者说，做法的延伸意味着方法上的变化。也正因如此，网络民族志研究结论的解释力仅限于“线上世界”。①

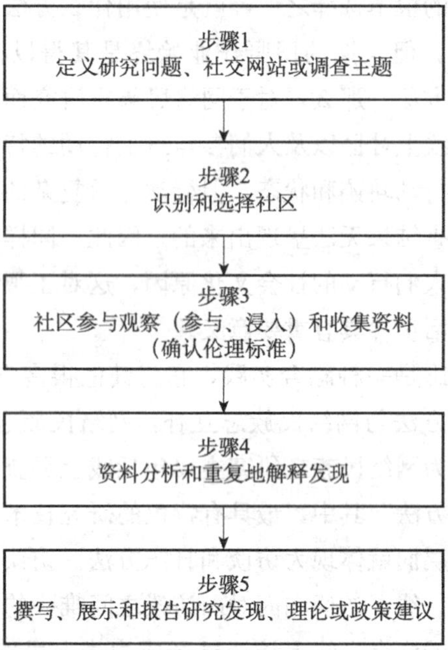

图 7-1 网络民族志研究的简易流程

资料来源：库兹奈特．如何研究网络人群和社区：网络民族志方法实践指导［M］．叶韦明，译．重庆：重庆大学出版社，2016：73.

三、网络民族志的研究伦理问题

与传统民族志一样，网络民族志研究者也面临着研究伦理的问题。就基本的原则而言，两者都需要履行四种主要的道德义务：非中伤、匿名保护、数据保密和知情同意。由于在线研究的环境与面对面的情境有所不同，因而研究者必须学会如何将观察的、访谈的、建立融洽关系的伦理应用到一个以文本和视频为主的虚拟环境中。如果同时考虑虚拟环境和现实环境的要求及相互之间的接洽，网络民族志在伦理方面相对于传统民族志将呈现出更多的复杂性。卜玉梅从研究者身份的呈现、私人和公共领域的区分、知情同意和保护隐私等几个

① 郭建斌，张薇．“民族志”与“网络民族志”：变与不变［J］．南京社会科学，2017（5）.

方面讨论了网络民族志的研究伦理问题。[①]

（一）暴露还是掩饰研究者身份的问题

尽管互联网提供了可以隐藏研究者身份的条件和便利，但从伦理上，应该让被研究者知悉研究者的存在并获得他们的许可。因此，在适当的时候向被研究者公开自己研究者的身份而不是长期潜伏应是更可取的方式。这也是大多数研究者所做出的选择。

（二）网络空间中私人和公共领域的区分问题

在传统民族志的研究和观念中，已经出版或发表的作品通常是公共的，但在网络民族志研究中，问题并不简单。比如，个人主页上的文字是公共的吗？一个聊天室中的聊天记录是私人的还是公共的？对于那些需要准入条件的网络空间，诸如需输入密码的网络论坛或特定群体共享的聊天室，从中获取的资料在处理方式上尤其需要引起注意。尽管研究者所研究的网络论坛是任何人都可以进的，也就是说是公共的，但有时研究者必须成为会员才能进入会员的私人领域。对这些既像是公共领域又像是私人领域的资料的处理应遵循什么样的原则呢？克拉克（David Clark）提出的更稳妥的处理方式是：把所有从被研究的个人和群体那获得的资料都严格视为私人的，只在获得许可的前提下使用。然而，这会产生另外一个问题，即网络上的人群在分布上是不确定和分散的，有时并不能获得所有相关人的许可，但是由于研究的需要有时不得不使用未获得许可的资料。凡此种种，都必须引起我们的深思和谨慎对待，因为这些同样事关研究伦理和道德问题。

（三）知情同意的问题

这个问题与研究者的身份呈现是紧密联系在一起的。尽管网络应允“非同意”（non-consent）的研究过程，但一般研究者如果没有选择“潜水”的方式进行研究，都会进一步知会所有被研究者自己的研究目标，预先获得他们的知情同意。这是符合伦理的做法。如果还要进行面对面的访谈，坚持这种操守更是毋庸置疑的。当然，如果选择潜伏或者处在潜伏阶段，这便成了一个保留的问题。

（四）保护研究对象隐私的问题

传统民族志处理保密问题和保护研究对象隐私的重要方法之一是使用化名。网络用户的昵称或网名本身可能就已经是化名。然而，网名或许可被视为自动保护个人的匿名，但情况并非总是如此。网上大量可获取的信息对个人的隐私和秘密造成了巨大的风险。使用网名并不能完全保护被研究者的隐私，因为其他人可能会识别出来，即便一般人并不清楚其在现实中的身份，网名依然

---

① 卜玉梅．虚拟民族志：田野、方法与伦理［J］．社会学研究，2012（6）．

不是匿名的。为了做到保密，大部分研究者的做法是删除所有可能暴露被研究者身份的信息，如名字、昵称、头像，而使用其他的名称，特殊的帖子、地址和其他有可能识别用户的信息都被删除。不过，学术界也存在不同意见。有研究者认为，虽然研究者改变记录中的名字和地址表明了对网络社会空间及其主体的尊重，但这种尊重是以牺牲所描述对象的完整性为代价的。在虚拟的网络环境中，网名本身就是研究的一部分，是网络中的个体所要表达自我的一个意义符号。篡改了网名，也就篡改了我们所研究对象的真实存在状况。究竟应该如何取舍，依然有待进一步讨论。

第五节　网络民族志研究案例

本节介绍中国传媒大学金鑫博士学位论文《我国重大慢性病医患沟通信息不确定性管理模式研究——以乳腺癌为例》中运用网络民族志的研究设计部分。

【案例】我国重大慢性病医患沟通信息不确定性管理模式研究：以乳腺癌为例（节选）

1. 制订研究计划和进入

在确定研究计划和进入观察之前，首先需要聚焦研究问题。研究者通常依据质性研究的基本方式提出问题，包括：提出一个或两个核心问题，以及相关的子问题，子问题不超过七个；将核心问题与特定的研究策略相联系；从“什么”或“如何”等词语开始进行开放式的问题设计；关注一个特定的现象或概念；使用探索性的动词，如“发现”“理解”“探索”等；确定如何进入网络社区；思考如何记录田野笔记等。

研究者在确定了整个研究的核心问题（如何通过有效的医患沟通来对乳腺癌的不确定性进行管理，以建立新的医患沟通模式，增强医患的认同与信任，促进和谐的医患关系?）的基础上，提出了四个子问题：(1) 乳腺癌患者和医生经历的不确定性来源是什么？他们如何认知并对其进行应对和管理？医患之间存在怎样的认知差异？(2) 社会支持、医学文化、时间-情感、病人角色和社交媒体使用等外在环境因素对乳腺癌患者的不确定性管理存在哪些影响？这些影响如何进一步深化了医患之间的认知差异？(3) 信息不确定性管理对医患沟通存在怎样的影响和作用？如何借用不确定性管理提升医患沟通的效果？(4) 根据研究结论，如何提升医患的媒介素养，减少医患间对不确定性的认知、管理和沟通的差异，建立新的医患沟通模式，增强医患的认同与信任，促进和谐的医患关系？根据这四个子问题，研究者确定了需要观察的网络社区和观察的具体问题。

研究者将分别参与到治疗、康复、复发转移乳腺癌的共 2 000 名患者的 4 个网络社区 QQ 群、2 个 500 名患者的微信群和 1 个由医院组织管理的 200 人微信患者群中，以及参加 11 次医生的公开公益讲座。根据研究框架及研究问题，直接对患者群体进行参与观察。参与观察采用开放式问题设计，问题如下（包括但不限于如下问题，见表 7 - 1）：

表 7-1　参与观察的问题

观察问题
1. 患者经历了哪些疾病的不确定性？
2. 医患沟通中存在哪些不确定性？
3. 患者如何应对不确定性？
4. 患者在疾病的不确定性管理中承担了什么角色？
5. 医生具有哪些权威性？
6. 医生的沟通如何造成了不确定性？
……

2. 搜索资料

采用定周但不定期观察的方式对4个QQ群和3个微信群进行观察，并记录观察内容，撰写观察（心得）日志。参与观察最早从2018年8月开始，直至2020年8月资料饱和即收集的文本出现大量的重复为止，观察时间持续2年。2年中以不定时的形式共观察了228次（见表7-2），编辑了242个观察日志。表7-3为其中一个群的较为典型的观察日志。

表 7-2　患者群观察信息列表

群名称	群性质	群人数（人）	所属阶段	观察时间	观察次数
乳腺癌病友群	QQ群	1 948	治疗、康复	2019年8月—2020年3月	23
乳腺癌康复群	QQ群	1 780	治疗、康复	2019年8月—2020年5月	24
复发转移群	QQ群	1 990	复发转移	2019年9月—2020年5月	42
患者交流群	QQ群	1 988	治疗	2018年8月—2020年6月	42
医院管理群	微信群	229	治疗、康复	2020年2月—2020年8月	14
携爱群（1）	微信群	458	治疗、康复、复发转移	2019年12月—2020年6月	32
携爱群（2）	微信群	316	治疗、康复、复发转移	2019年12月—2020年6月	46
暖春患者群	微信群	467	治疗、康复、复发转移	2020年3月—2020年5月	5
合计					228

表 7-3　患者群观察日志（携爱群2020年5月28日）

乳腺癌患者网络观察记录表［携爱群（2）409人］	
观察时间	2020年5月28日13：38—5月29日11：00
观察事件	疼痛（腰疼、腿疼、手臂疼）
观察记录	幸福阳光17.27.27（提问）：姐妹们有没有尾椎骨疼的？
	辽宁1112美丽心情1979（回答）：有，我平躺着就硌着疼。
	辽源20191205美好1987（回答）：腰疼都不能平躺。
	恩施0516百合1971（回答）：特别是早上起床的时候不舒服。
	辽源20191205美好1987（回答）：@恩施0516百合1971亲亲也是腰疼吗？
	恩施0516百合1971（回答）：反正就是腰不舒服。
	辽源20191205美好1987（回答）：我每天早上都是腰疼把我弄醒的。
	幸福阳光17.27.27（提问）：我尾椎骨疼，我是最近一个月才开始疼的，也不知道是怎么回事，就是怕转移，有没有人知道会不会转移到尾椎？

续前表

观察记录	新疆 1908 加米娜 1971（回答）：我也是。
	邵阳 1905 戴爱华 1974（回答）：别担心太多噢，我从吃内分泌药起，双侧手臂疼得穿衣都不行，现在半年了好多了，慢慢会好起来的。但是每天要适度锻炼，不然患侧就会有绷紧的感觉，适当补补钙吧！
	幸福阳光 17.27.27（提问）：我是不用吃药的那种。
	邵阳 1905 戴爱华 1974（回答）：哦，那就去查查是不是其他的骨问题。别担心转移，不用吃药病情很轻的，带压力不易抗病。
	幸福阳光 17.27.27（提问）：我俩阴一阳没药吃。
	薇薇（回答）：姐妹们，我现在也是每天腰疼，我吃的托瑞米芬，医生说有部分人会引起腰疼，有时候疼得受不了，复查的时候做了骨扫描没有问题，所以大家不用担心太多，需要多补补钙，还有加强运动会好很多。
	杨英（提问）：姐妹们大家上午好！我也是吃了来曲唑半年多了！我现在也是腰疼腿疼！我以前从未腰疼腿疼过！不知是什么原因呀？谢谢姐妹们！
观察者的解释或疑问	结合前几天的观察可以发现，乳腺癌患者中出现腰疼、腿疼等痛感的现象较多，而且痛感一般不是从治疗初期就显露出来的，而是突然之间的疼痛。她们普遍担心痛感是不是癌细胞转移的征兆。从好的方面来看，治疗药物会在一定程度上引起疼痛，在医生允许下适当进行锻炼有益于缓解痛感。
备注	对该问题还需进一步观察。

11 次医生的在线公益讲座，主要涉及乳腺癌的日常生活管理、内分泌治疗、癌痛的应对、保乳、康复、复发转移、三阴和晚期的治疗、药物的新进展等方面，基本涵盖了乳腺癌治疗的各个阶段和可能出现的情况（见表 7-4）。研究者就观察到的情形撰写了观察日志（见表 7-5）。

表 7-4 医生讲座观察信息列表

讲座名称	讲座性质	讲座时间	观察时长
乳腺癌患者日常生活预防及管理	在线公益讲座	2020 年 10 月 18 日	1 小时
乳腺癌内分泌治疗不良反应	在线公益讲座	2020 年 9 月 15 日	1 小时
乳腺癌患者如何应对癌痛	在线公益讲座	2020 年 7 月 31 日	1 小时
保命、保乳、保美	在线公益讲座	2020 年 6 月 22 日	1 小时
HER2 阳性晚期的治疗	在线公益讲座	2020 年 6 月 9 日	1 小时
乳腺癌患者的治疗与康复	在线公益讲座	2020 年 5 月 28 日	1 小时
乳腺癌患者靶向治疗的新进展	在线公益讲座	2020 年 5 月 12 日	1 小时
转移性乳腺癌答疑	在线公益讲座	2020 年 4 月 21 日	1 小时
三阴性乳腺癌答疑	在线公益讲座	2020 年 4 月 16 日	1 小时
防治乳癌、控制复发	在线公益讲座	2020 年 4 月 15 日	1 小时
“疫情有我，共克时艰”乳腺癌在线答疑	在线公益讲座	2020 年 3 月 10 日	1 小时

表 7-5 医生讲座观察日志

“疫情有我，共克时艰”乳腺癌在线答疑（2020年3月10日）	
患者提问：胃胀气一个月了，吃了药一直没好，会不会是转移了呢？	答：我想这个问题的话，其实提得比较粗糙，因为有很多东西都会引起胃胀气。感觉从这个胃胀气一个月来讲，应该是个消化道的问题。而且我们认为这个乳腺癌转移到消化道上的概率是非常非常低的，所以说我觉得你可以去消化科看一下。或者是你吃的什么，比如说钙片什么的，它可能会增加你的消化道的负担，导致胀气，也有可能。就这个比较粗糙的问题呢，不太好回答。但是，感觉不太会是转移了。
观察者的解释或疑问	患者用不确定的方式问了一个关于乳腺癌治疗期间其他疾病的问题，患者担心这个疾病是乳腺癌转移的结果，令医生难以给出确定性和准确的回答。问题的精准性会直接影响医患对疾病不确定性的沟通效果，因而患者的媒介素养提升十分必要。
患者提问：请问教授们，听说乳腺癌患者不能吃豆制品，是真的吗？那么乳腺癌患者的饮食有哪些需要注意的地方，哪些食物不能吃呢？	答：（徐）关于乳腺癌术后的饮食，其实到目前为止，没有哪一种饮食一定对乳腺癌不好或者一定对乳腺癌很好。关于能不能吃豆制品，我们医院还发了一本科普的书，书上也讲过豆制品是可以吃的。还有一些病人也在问，羊肉、海鲜能不能吃，其实这些属于饮食的都是可以的。实际上，我们只要注意几种可能含有激素的，就是跟乳腺癌关系大一点的，比如说蜂蜜、蜂王浆、胎盘、雪蛤，还有一些营养品、保健品。可能含有激素的这些东西，我们一般来讲是不建议食用的。只要属于正常饮食的，都是可以吃的，没有特别大的问题。
观察者的解释或疑问	饮食问题是患者们最为关心和最不确定的疾病康复问题之一。受现代社会道德观念和中医药文化的影响，大多数的患者认为控制饮食是预防和改善疾病的有效方式。但西医从来没有禁食的观念，并重视饮食平衡，只是强调少吃激素高的食物。

3. 资料的分析（略）

本研究采用基于计算机辅助的计算扎根理论进行分析。

4. 研究结果（略）

5. 确认伦理标准

互联网研究伦理是一个动态变化且复杂的问题，它涉及哲学、道德、商业利益、研究实践、方法中的学术传统、机构安排等等。对于研究者而言，注重研究伦理是基本的素养和要求。在本研究中，研究者为了避免研究可能出现的危害，对所有的社交媒体、患者和医生均采用了化名处理，同时在有限的条件下，在大部分的公开网络中发表了研究的计划和目的，进行了知情同意的告知和群体权利申明，以确保患者和医生能够知晓并认同本研究。

网络民族志是一种用于分析互联网对当前社会世界影响的研究方式，它继承了民族志的优势，能够通过对网络群体单个事件和语句的细致分析，来揭示和解释网络群体的观念、行为方式、文化指向，从而分析网络群体对社会结构、权力关系的影响。

【延伸阅读】

1. 约翰逊．电视与乡村社会变迁：对印度两村庄的民族志调查［M］．展明辉，等译．北京：中国人民大学出版社，2005.

2. 库兹奈特．如何研究网络人群和社区：网络民族志方法实践指导［M］．叶韦明，译．重庆：重庆大学出版社，2016.

3. 费特曼．民族志，步步深入［M］．龚建华，译．重庆：重庆大学出版社，2007.

4. 谭华．乡村传播网络与共同体重建：少数民族乡村文化发展的传播社会学分析［M］．北京：中国社会科学出版社，2018.

【思考题】

1. 如果使用网络民族志对某网络社区进行研究，你如何看待该社区中的长期“潜水者”？他们是否会对你的研究结论造成影响？

2. 请结合实例谈谈网络民族志研究中的研究伦理。

第 8 章　二手数据分析方法

二手数据，是相对于原始数据（或一手数据）而言的，指不是针对研究者当前进行的研究主题而收集的数据。在传播学研究中，二手数据的用途十分广泛，研究者通常会利用二手数据，试图回答一个新的研究问题或从一个新的视角检验原始的研究问题。

根据使用数据的方式不同，二手数据分析可以分为直接二手数据分析和间接二手数据分析。所谓直接二手数据分析，是指直接使用二手数据进行研究。间接二手数据分析则是指不直接使用二手数据，而是使用一些基于实证研究的发现进行的一种综合研究。

第一节　直接二手数据分析

本节主要介绍使用较为普遍的直接二手数据的来源，对其中优质的二手数据集做介绍，并对使用直接二手数据过程中的常见问题做分析。

一、常用的直接二手数据来源

目前，越来越多的国家、组织和科研机构持续为社会公众开放大型研究报告和有价值的数据源。例如，在一家国外网站 Kaggle（网址：https://www.kaggle.com/）上可以找到超过 19 000 个公共机构的数据集，可用于数据分析。在国内也有类似的网站，例如，数据堂网站（网址：https://www.datatang.com/）也提供公开的可下载的数据集，并提供数据市场服务。常用的二手数据源包括政府、行业和科研机构共享数据、期刊及文献数据库、研究报告等。下面具体做一情况介绍。

（一）政府部门、调查机构共享数据

此即由政府组织的各种普查与抽样调查数据，并通过互联网公开发布，供社会公众使用。例如，中华人民共和国国家统计局国家数据网站，公布丰富的关于全国和各省社会经济发展及人口发展的各类数据集，包括月、季度、年度及普查数据，并对数据进行可视化处理，方便查询和下载，网址：http://data.stats.gov.cn。

（二）行业组织发布数据

此即各类行业组织的抽样调查数据。这方面的数据十分丰富，在此仅举

CNNIC一例进行说明。随着互联网在中国的引入和发展，中国互联网络信息中心（China Internet Network Information Center，CNNIC）历经二十多年的调查和统计分析，为社会公众提供了关于中国互联网发展与使用的统计数据（可参阅历年《中国互联网络发展状况统计报告》），网址：http：//www. cnnic. net. cn/hlwfzyj。该调查每半年收集、发布一次调查数据和统计结果，截至2021年8月底，已经发布了48次调查结果，形成48个整体数据报告。

（三）科研机构、高校的共享数据

各科研机构的抽样调查数据，尤其是追踪调查，提供了十分有价值的研究数据。例如，北京大学中国社会科学调查中心执行的各种调查项目中，中国家庭追踪调查（China Family Panel Studies，CFPS），旨在通过跟踪收集个体、家庭、社区三个层次的数据，反映中国社会、经济、人口、教育和健康的变迁，为学术研究和公共政策提供数据基础。北京大学中国社会科学调查中心网址：http：//www. isss. pku. edu. cn/index. htm。

中国人民大学中国调查与数据中心（National Survey Research Center at Renmin University of China，NSRC），围绕中国经济和社会数据，以数据采集、数据存储、数据开发为方向，为科学研究和政府决策提供数据支持。该中心已经联合全国53所高校组织实施了中国综合社会调查（CGSS）、中国教育追踪调查（CEPS）、“千人百村”社会调研等大型长期追踪调查项目，建成了大规模、全国性、全方位、多层次、连续性与自主性的社会科学基础数据采集平台。中国人民大学中国调查与数据中心网址：http：//nsrc. ruc. edu. cn/。

二、优质二手数据集介绍

近年来，随着互联网在中国的迅猛发展，涌现出越来越多的由科研机构组织和实施的大型社会调查项目，为政府、企事业单位提供优质的数据服务。下面为读者做一简单介绍，以方便查询和使用。

（一）中国健康与养老追踪调查

中国健康与养老追踪调查（China Health and Retirement Longitudinal Study，CHARLS），是由北京大学国家发展研究院主持、北京大学中国社会科学调查中心执行的大型跨学科调查项目，旨在收集一套代表中国45岁及以上中老年人家庭和个人的高质量微观数据，用以分析我国人口老龄化问题，推动老龄化问题的跨学科研究。CHARLS于2011年开始其基线调查，覆盖150个县级单位，450个村级单位，约1万户家庭中的1.7万人。之后每两年追踪一次这些样本，调查结束一年后，数据对学术界公开发布，公众可通过查询使用这些调查数据。

(二) 中国家庭追踪调查

如前所述，中国家庭追踪调查（CFPS）是由北京大学中国社会科学调查中心组织完成的。自2007年以来，通过跟踪收集个体、家庭、社区三个层次的数据，反映中国社会、经济、人口、教育和健康的变迁，为学术研究和公共政策分析提供数据基础。CFPS重点关注中国居民的经济与非经济福利，以及包括经济活动、教育成果、家庭关系与家庭动态、人口迁移、健康等在内的诸多研究主题，是一项全国性、大规模、多学科的社会跟踪调查项目。CFPS样本覆盖25个省、市、自治区，目标样本规模为16 000户，调查对象包含样本家户中的全部家庭成员。社会公众可通过网址申请查询、使用各主题的数据。网址：http：//www. isss. pku. edu. cn/cfps/index. htm。

(三) 中国综合社会调查

中国综合社会调查（Chinese General Social Survey，CGSS）始于2003年，是中国人民大学中国调查与数据中心的旗舰项目，是我国最早的全国性、综合性、连续性学术调查项目。CGSS系统、全面地收集社会、社区、家庭、个人多个层次的数据，总结社会变迁的趋势，探讨具有重大科学和现实意义的议题，推动国内科学研究的开放与共享，为国际比较研究提供数据资料，充当多学科的数据采集平台。目前，CGSS数据已成为研究中国社会最主要的数据来源，广泛地应用于科研、教学、政府决策之中。社会公众可免费申请使用以上数据。网址：http：//cgss. ruc. edu. cn/。

(四) 中国社会状况综合调查

中国社会状况综合调查（Chinese Social Survey，CSS）是中国社会科学院社会学研究所于2005年发起的一项全国范围内的大型连续性抽样调查项目，目的是通过对全国公众的劳动就业、家庭及社会生活、社会态度等方面的长期纵贯调查，来获取转型时期中国社会变迁的数据资料，从而为社会科学研究和政府决策提供翔实而科学的基础信息。该调查是双年度的纵贯调查，采用概率抽样的入户访问方式，调查区域覆盖全国31个省、自治区、直辖市，包括151个区市县、604个村/居委会，每次调查访问7 000到10 000余个家庭。此调查有助于获取转型时期中国社会变迁的数据资料，其研究结果可推论全国18～69周岁的住户人口。网址：http：//css. cssn. cn/css_sy/。

(五) 中国家庭收入调查

中国家庭收入调查（China Household Income Projects，CHIP）追踪中国收入分配的动态情况，已经相继在1989年、1996年、2003年、2008年和2014年进行了五次入户调查。它们分别收集了1988年、1995年、2002年、2007年和2013年的收支信息，以及其他家庭和个人信息。以上调查是由中外研究者共同组织的关于“中国收入和不平等研究”的组成部分，并且在国家统计局的协助下完成。网址：http：//www. ciidbnu. org/chip/index. asp。

（六）中国劳动力动态调查

中国劳动力动态调查（China Labor-force Dynamic Survey，CLDS）通过对中国城市和农村的村居进行两年一次的追踪调查，建立了以劳动力为调查对象的综合性数据库，包含了劳动力个体、家庭和社区三个层次的追踪和横截面数据，可为实证导向的理论研究和政策研究提供高质量的基础数据。

（七）中国家庭金融调查

中国家庭金融调查（China Household Finance Survey，CHFS）是中国家庭金融调查与研究中心在全国范围内开展的抽样调查项目，旨在收集有关家庭金融微观层次的相关信息，主要内容包括住房资产与金融财富、负债与信贷约束、收入与消费、社会保障与保险、代际转移支付、人口特征与就业以及支付习惯等相关信息，以便为学术研究和政府决策提供高质量的微观家庭金融数据，对家庭经济、金融行为进行了全面细致的刻画。网址：https：//chfs. swufe. edu. cn。

三、直接二手数据使用注意事项及案例

（一）直接二手数据使用注意事项

使用直接二手数据分析应特别注意以下几个问题：

（1）数据的收集方式；

（2）样本的人口统计学特征；

（3）实施数据调查本来的研究目的；

（4）原始问卷的设计；

（5）数据是否需要施加权重调整。

（二）直接二手数据分析案例

为了使读者理解和掌握使用二手数据的注意事项，下面介绍两个运用二手数据分析的案例。

【案例1】 择偶方式会影响婚前同居吗：基于CFPS数据的实证分析

中国人民大学刘昊使用CFPS数据对“择偶方式会影响婚前同居”问题进行了研究。

1. 研究内容

该论文使用中国家庭追踪调查（CFPS）的3期追踪数据，基于Logit模型①和倾向值匹配②方法检验研究假设并得出结论，即与“介绍认识”的配偶相比，自己认识的配偶婚前同居的可能性更大。而且，在经济发展水平较低的地区，择偶方式对婚前同居的影响更为明显。这说明择偶方式由“介绍认识”向“自己认识”的演变推动了婚前同居的快速增多。

2. 运用CFPS数据

该研究运用了CFPS的3期追踪数据。CFPS覆盖全国25个省、市、自治区，其中，在上海、辽宁、河南、甘肃、广东设5个独立子样本框（称为“大省”）进行抽样，抽取样本数占总样本数的一半；在其他20个省、市、自治区共设一个独立子样本框（称为“小省”）进行抽样，抽取另一半样本。③

在2010年基线调查中，该调查确定14 960户家庭，将与其有血缘、婚姻或领养关系的家庭成员作为基因成员按期追访，并对16岁以上的所有家庭成员进行成人问卷访问，询问其婚姻情况，包括初婚择偶方式和初婚前是否同居。作者借鉴数据中与自己研究相关的数据，即择偶方式与婚前同居的关系的相关数据，选取初婚夫妻进行分析。CFPS以家庭为单位，同时对在婚夫妻二人进行访谈，均有成人问卷数据，且其中多数为初婚在婚夫妻，具备初婚夫妻配对的条件。研究者使用配对法识别出有效观测对象10 155对夫妻，全部样本中回答“自己认识”的夫妻有2 264对，有过婚前同居的夫妻有1 030对。基于此筛选进行研究假设的检验。

资料来源：刘昊．择偶方式会影响婚前同居吗：基于CFPS数据的实证分析［J]．人口研究，2019，43（6）：49-63.

【案例2】 住房市场化与住房不平等：基于CHIP和CFPS数据的研究

1. 研究内容

中国城市住房市场化改革进程及其对住房不平等的影响机制。

2. 运用二手数据

作者使用了1988年、1995年和2002年的CHIP数据。因2007年后CHIP数据的住房变量较少，故而研究者采用了2010年、2012年和2014年CFPS数据分析住房金融化阶段的住房不平等情况。研究将数据中的受访者出生年份、工作单位、职业、

① Logit模型（Logit model），是离散选择法模型之一，针对性解决因变量是定性变量（分类变量）的回归问题。该模型是社会学、生物统计学、临床医学、数量心理学、计量经济学、营销学等学科进行统计实证分析时的常用方法。

② 倾向值匹配是采用随机化模拟方式解决问题的方法，即利用倾向值匹配建构出在观测到的特征上与干预组尽可能相似的对照组，再对模拟出的随机化样本估计干预效应，据此推断择偶方式对婚前同居的影响。

③ 谢宇，胡婧炜，张春泥．中国家庭追踪调查：理念与实践［J］．社会，2014，34（2）：1-32.

教育程度、婚姻状况、家庭人口数作为自变量，将家庭人均住房面积、家庭人均住房资产、家庭住房套数作为因变量，采用多元线性回归模型加以分析，实现对研究问题的检验。

资料来源：吴开泽．住房市场化与住房不平等：基于CHIP和CFPS数据的研究［J］．社会学研究，2019，34（6）：93－118，248．

第二节　间接二手数据分析

本节主要介绍使用较为普遍的间接二手数据分析方法，即荟萃分析（meta analysis）。荟萃分析，又被翻译为元分析、二次分析、整合分析。[①] 美国教育心理学家格拉斯（Glass）首先在社会科学文献中将荟萃分析定义为对个别研究的大量分析结果进行统计分析，以整合研究结果的分析方法。这种方法逐渐发展为一门新兴学科——“循证医学”——的主要内容和研究手段。荟萃分析的主要目的是将以往的研究结果更为客观地反映出来。[②] 研究者并不进行原始的研究，而是将研究已获得的结果进行综合分析。

荟萃分析最早在医学研究中大量使用，是临床研究中常用的引用形式，用于系统地评估以前的研究，后被社会科学借鉴。荟萃分析的对象是文献，即围绕特定研究主题搜集多个相关定性和定量研究，对这些研究结果进行统计分析，目的是找出研究问题所关注的变量之间的关系。由于综合后样本数量的增加，样本的多样性，或者累积的效应和结果，其研究结论在统计学上比任何单项研究的分析都更有说服力。

荟萃分析是一种文献分析方法，克服了传统文献综述的定性研究的一些不足，以及容易片面化的缺陷。它的优点是可以整合无限多个不同区域的相关研究进行综合，从而使得出的结论更具说服力。荟萃分析的目的是实现对效果更为复杂的分析和更为精准的估计。比如确定某种效应是否存在，以及确定这种效应是正面的还是负面的，理想的情况是获得对这种效应的一个简单的估计。荟萃分析的结果可以提高效果估计的精确度，回答个别研究没有解决的问题，解决明显矛盾的研究所引发的争议，并产生新的假设。特别是异质性的检验对于新假说的发展至关重要。

---

① GLASS G V. Primary，secondary and meta-analysis of research［J］. Educational Researcher，1976，5（10）：3－8.

② 全国卫生专业技术资格考试用书编写专家委员会．2019全国卫生专业技术资格考试指导：药学（师）［M］．北京：人民卫生出版社，2018：12.

一、荟萃分析的关键步骤

（一）系统综述

系统综述，指研究者要确定哪些材料可以成为研究对象，这些研究材料既要相关，又要具有较高的研究质量。通常情况下，那些已经在期刊上公开发表的成果往往会被选为研究材料。但是如果能得到未发表的数据则更有用，此类数据对研究本身具有较高的价值，这需要研究者彼此合作、共享学术资源。

（二）数据提取

一旦将一项研究纳入荟萃分析，该项研究的研究结果便会被提取出来。提取内容包括实验组和对照组的样本规模、干预措施、数据变异度。根据研究问题的不同，变量可以分为数值变量或分类变量。根据变量的性质则一般可以将变量分为四类：第一类，标识研究背景的变量，比如编码员的数量、研究资料来源等；第二类，标识样本特征的变量，比如年龄、性别、受教育水平等；第三类，标识研究特征的变量，比如研究理论、研究工具、变量测量方法等；第四类，标识统计特征的变量，比如平均值的差异、相关系数等。

（三）归一化及权重处理

从每项研究中计算出适当的总结措施，以便进一步分析。这些测量通常被称为效果大小，代表实验组和对照组之间的平均得分差异。由于测量单位通常会因所包含的研究不同而有所不同，因此通常需要先对它们进行归一化才能加以比较。比较常用的归一化方法是使用均值作为计数，计算测量值与均值的差异变化。对有些数据，则需要施加权重调整，使之更符合研究需要。

（四）效果评估

效果评估，即选择和应用一个合适的模型来比较不同研究的效果大小。最常用的模型是固定效应和随机效应模型。固定效应模型假设“每项研究都在评估一个共同的干预效应”①，即假设所有的研究都会评估相同的效应大小。但这种假设通常是不现实的，因为不同研究往往客观存在明显的异质性。与固定效应模型不同，随机效应模型假设个别研究中的真正干预效果可能彼此不同，并试图评估引起效应差异的原因。

二、荟萃分析的工具

进行荟萃分析可使用的软件工具有 CMA、Stata 等。其中 Comprehensive

---

① HIGGINS J P T，GREEN S. Cochrane handbook for systematic reviews of interventions version 5.1.0［M/OL］.（2011-03-01）［2021-06-25］. http：//www.handbook.cochran.org.

Meta-Analysis（简称 CMA）是一款优质的荟萃分析专用软件，可对多个研究数据进行统计整合和分析。CMA 非常易于学习和使用，界面清晰直观，其中的交互式指南将引导研究者完成分析的所有步骤。CMA 是由美国和英国荟萃分析领域公认的许多专家合作开发的，包括数据输入，分析和显示各种复杂选项等。使用 CMA 可以演示概念问题，例如，研究权重对组合效应的影响、异质性的影响以及固定效应与随机效应模型。① 读者可参阅 CMA 网站了解更多详细内容，网址：https：//www. meta-analysis. com/。

三、荟萃分析的优缺点

（一）荟萃分析的优点

（1）拥有更强大的统计能力；

（2）具有处理更多文献的能力；

（3）可以实现验证性数据分析；

（4）可以分析和揭示多个同类研究的分歧；

（5）研究结论的推论性更强；

（6）节省研究费用。

（二）荟萃分析的缺点

（1）对研究问题前期成果的丰富度依赖很大；

（2）并非所有的研究都能找到足够的数据或文献进行荟萃分析；

（3）需要高级的统计技术，研究门槛高；

（4）对已有研究的数据而言，样本的多元化要求很难实现。

四、荟萃分析案例

【案例3】 青少年手机依赖心理和运动干预效果的 Meta 分析

韩佳霏等学者对青少年手机依赖心理和运动干预效果进行了研究，使用了 Meta 分析。研究目的是评价心理和运动干预对治疗青少年手机依赖的效果，为有效解决青少年网络依赖问题提供参考依据。研究人员使用期刊数据库查找心理干预和运动干预青少年手机依赖的所有对照实验研究，最终纳入 10 篇随机对照实验，其中 7 篇使用心理干预研究，3 篇使用运动干预研究。

1. 数据获取方法

计算机检索 PubMed、CNKI、Wanfang data

---

① 友万科技 . CMA：元分析软件 V3［EB/OL］.［2021 - 06 - 25］. http：//www. uone-tech. cn/products/cma/cma. html.

数据库，检索时间从建库至2017年4月，中文检索词包括青少年、大学生、学生、手机依瘾，手机成瘾，英文检索包括adolescent，student，mobile-phone，dependence，addiction。

2. 文献筛选标准

纳入标准：研究对象为手机依赖患者；研究设计为随机对照实验；干预措施为认知行为心理干预或运动干预；结果指标包括手机依赖总分以及戒断性、突显性、社交安抚、焦虑、抑郁、支持利用、自尊和主观支持8个因子，需要提供相关指标的均数和标准差。文献排除标准：研究方法为描述性研究或病例对照研究；无对照组；数据不全，不能计算干预前后相关结果指标数值变化及其标准差的文献。

3. 研究结论分析

使用统计分析软件Stata进行荟萃分析，研究发现心理干预组手机依赖患者的手机依赖评分显著降低。同时，心理干预能显著降低戒断性、突显性、社交安抚、焦虑和抑郁5个因子分数。与对照组相比，运动干预组手机依赖评分没有显著降低。结论是心理干预在治疗青少年手机依赖的过程中能够产生较好的效果。

资料来源：韩佳霏，聂菁，雷鹏程．青少年手机依赖心理和运动干预效果的Meta分析［J］．中国健康教育，2018，34（12）：1110－1114，1118.

【案例4】 基于元分析的在线学习用户使用行为研究

天津财经大学王建亚等学者基于元分析（荟萃分析）的在线学习用户使用行为研究，其目的是发现不同研究背景中在线学习用户使用行为的普遍规律，消除研究时间、调查样本等带来的影响，归纳和梳理该领域的研究结论。研究者收集了相关文献64篇，合并样本后得到独立样本21 227个。分析后发现共有25个因素与在线学习用户使用行为显著相关，其中强度相关因素主要集中在用户、系统两方面，中度相关因素主要在社会影响方面，弱相关因素并未出现。其中影响最大的是使用态度、感知便利性和感知娱乐性，影响较弱的是个人创新、计算机焦虑和信息质量，感知自主性和服务质量没有产生显著影响。

1. 文献筛选标准

选取对在线学习用户行为进行实证研究的文献，剔除定性、综述等非实证研究文献。为保证样本的独立性，剔除同一研究的重复文献，特别是期刊论文和学位论文重复的部分，二者只选其一。如果某文献包含多个独立样本，也应该进行多次编码。为获取满足元分析定量分析需要的数据，剔除数据不完整的文献，文献中需要提供样本量、相关系数或者P值、T值等可以计算效应值的数据。

2. 文献编码

文献编码工作包括文献内容抽取和确定统一效应量两部分，文献内容抽取分为文献基本信息和定量数据抽取，文献基本信息有作者、年限、主题、出版来源、研究对象、概念提取等，定量数据抽取主要是抽取元分析的效应值统计项，包括样本量、相关系数、T值、P值等。抽取到的概念称为效应量，同一概念在不同研究中的命名可能稍有差异，研究中应加以统一。例如，本研究将计算机自我效能感、网络自我效能感、感知能力、自我效能感等概念进行了合并。编码过程为避免编码员主观因素的影响，安排两名编码员交叉复核。

3. 研究结论分析

研究人员借助 CMA 3.0 软件进行元分析的定量分析，执行异质性检验、具体效应值分析、敏感性分析及出版偏倚分析。根据分析结果得出研究结论，有 3 类纳入元分析的影响因素：促进因素、障碍因素、无显著相关因素。其中促进因素中影响最显著的是用户的使用态度；障碍因素为计算机焦虑；无显著相关因素为服务质量、感知自主性等。

资料来源：王建亚，牛晓蓉，万莉. 基于元分析的在线学习用户使用行为研究 [J]. 现代情报，2020，40 (1)：60-70.

第三节　二手数据分析的优缺点

一、二手数据分析的优点

（一）成本低

与大型调查需要耗费大量人力和财力相比，对普通的个人而言，使用二手数据分析可以很好地解决调查成本问题。特别是在获取优质二手数据越来越便捷的当下，使用现成、公开的调查数据，往往只需要支付很少的费用，甚至可以免费使用。这里需要提醒的是，运用二手数据时有一些注意事项（前文已述），毕竟这些二手数据的收集不是以研究者个人关注的主题为目的的。

（二）节省时间

根据调查样本容量的大小，组织和实施一项大型调查，一般需要几天到几个月不等。使用二手数据则不存在调查时间的限制，可以随时便捷地得到数据，并应用在自己的学术研究中。

（三）代表性强

公开的二手数据，特别是一些可靠的大型调查机构或研究机构所提供的二手数据往往使用概率抽样抽取样本，且样本量一般较大，其数据的代表性较强。运用这样来源的数据，会使研究者的研究结论更具推广价值。

二、二手数据分析的缺点

（一）资源稀缺

质量优良的二手数据并非唾手可得，目前国内专业调查机构或者大型研究机构组织、实施调查项目后，很多都不会向公众分享数据。向公众开放的数据尚且不多，符合每个研究者研究主题的数据则更少。随着我国数据市场的开放和政府大力推动数据的公开，以及国家各类纵向课题的研究和建设，未来二手数据共享困难和资源供给稀缺等问题将逐步得到解决。

（二）匹配困难

将二手数据用于研究者个人的研究，这个过程中，最大的困难在于二手数据的收集不是围绕研究者当下的研究目的展开的，因此数据收集的针对性不强。在这种情况下，研究者要有创新地、巧妙地运用二手数据进行研究设计，才能使二手数据得到充分利用。通常开展研究时，首先要提出研究问题，然后要思考理论的解释力和对现实问题的观照，选择适当的研究方法进行数据和资料的收集。在进行二手数据分析时，往往要在研究问题形成后，首先评估数据可行性问题，再结合数据特点和研究目的进行研究设计。

（三）数据风险

二手数据分析存在数据风险。研究者未参与数据的收集过程，对数据质量的优劣情况不明，比如问卷回答率过低或问卷问题被调查对象误解等都是潜在的问题。尽管在数据统计与分析阶段可以通过统计方法对数据信度、效度进行检验，也可采用其他方法对质量进行检测，但并不能彻底避免数据质量不佳的风险。因此，研究者在分析与讨论阶段要特别注意对此进行说明。

（四）数据应用难度高

虽然获取二手数据较为方便、快捷，但研究者需要花费较多时间了解数据的细节。如果数据集缺乏必要的文档和说明，那么获取二手数据的过程不但费时费力，而且万一研究者误读或混淆了数据，还可能会影响研究结论的准确性。

【延伸阅读】

1. Meta-analysis in medical research. https：//www. ncbi. nlm. nih. gov/pmc/articles/PMC3049418/.

2. CMA 用户手册 . https：//www. meta-analysis. com/pages/cma_manual. php?cart＝BJWH3964429.

3. Introduction to Meta-Analysis. https：//onlinelibrary. wiley. com/doi/book/10. 1002/9780470743386.

4. The Handbook of Research Synthesis and Meta-Analysis. https：//www. jstor. org/stable/10. 7758/9781610448864.

【思考题】

1. 请查找不少于四个开放的适合社会科学的数据集。
2. 请阐述荟萃分析适用的场景。

第 9 章　互联网研究方法的技术基础

当下互联网技术飞速发展，既为人们获取信息提供了无远弗届的便利，也为研究人们在互联网上的“痕迹”提供了平台。多种多样的互联网应用平台，既是数据的集合地，也由于其技术特征，为研究其上的数据提供了技术工具。欲要利用互联网技术研究新媒体环境中的传播现象，首先必须弄明白互联网的技术基础，包括 HTML 语言、正则表达式、XPath 和 Python 语言等。

第一节　超文本标记语言

超文本标记语言（hyper text markup language，HTML），是用于编写网页的标准标记语言。互联网上的许多用户所使用的页面基本上都是运用超文本标记语言编写的，使用浏览器解析出这种代码，就成为各种各样的网页。HTML 语言是一种标记语言，它通过各种标签来标记将要显示在网页中的各部分内容。例如，可以用它编写各种标签来控制页面元素的大小、摆放的位置以及呈现的颜色等。可以说，HTML 语言是网页信息的载体，学习掌握 HTML 语言，是采集互联网的各类信息和数据并对它们进行分析的基础。

一、HTML 语言的特点

HTML 语言具有十分鲜明的特点。

第一，超文本性。这是其最主要的特点。HTML 语言使用超链接方式，将页面里的元素进行网络化组织，超越了传统文本信息的线性排布。借助超链接，互联网用户就可以在不同的页面间进行跳转，或在同一页面的不同位置间跳转，或向某个页面的某个位置跳转。这种方式不但使网页编写者可以使用多种方式组织传播的信息，而且使用户解读信息的路径变得更加丰富和多样化。

第二，标记语言。如前所述，HTML 语言是一种标记语言，标签是 HTML 页面的基本元素，有自己的属性，控制着页面显示。网页编写者可以通过标签对页面元素属性进行标注，达到控制页面元素的属性的目的，还可以通过标签属性实现对元素属性的定制。

第三，平台无关性。HTML 语言独立于用户终端所使用的操作系统，即终端用户无论使用的是 Windows 系统还是 mac OS 系统，运用 HTML 语言编写的页面都可以被打开，并显示准确的信息。正因为如此，HTML 语言被广泛地应用在各种各样的互联网服务中。

第四，网络通用性。HTML 语言是互联网的一种通用语言，从 1993 年第一版 HTML 语言问世，到 2014 年 10 月 HTML5 出现，其间每一次版本更新升级，万维网联盟（W3C）都对其进行标准的指定与推荐。因此，HTML 语言能被各种浏览器友好地解析，例如 IE、Chrome、Opera 等。只要页面是使用 HTML 编写的，任何用户，只要在终端安装了浏览器且处在联网状态，就能正常浏览它们。

二、HTML 页面

运用 HTML 语言书写网页，其代码和浏览器显示效果如代码 9－1 和图 9－1 所示。

代码 9－1

```
<HTML>
<HEAD>
<title>a simple example page </title>
</HEAD>
<BODY>
  页面正文写在这里... ...
</BODY>
</HTML>
```

图 9－1　显示效果

其中，代码 9－1 是用简单的 HTML 语言编写的。使用任何文本编辑器，如 Windows 记事本，都可以对其进行编辑。编辑后可将文件保存为以 html 或 htm 为扩展名的文件，然后用浏览器打开这个文件，所显示的内容如图 9－1 所示：页面标题为"a simple example page"，页面正文为字符串"页面正文写在这里......"。

观察代码 9－1 的内容，很容易发现 HTML 代码的规律如下：

- <html>是一个标签，表示超文本 HTML 页面的起始，结束的标签为</html>。
- <head>是文件头，为 HTML 文件第一部分的起始，其中最常放置页面的标题，其结束是标签</head>。

- <body>是 HTML 文件的主体，其中放置页面的正文，其结束是</body>。
- 标题标签<title>，要放在<head>标签内部。

HTML 文档的编写

三、HTML 常用标签

（一）HTML 标签的写法

- 任何标签皆由“<”“>”所包围。如<P>、<b>、<font>。
- 标签字母大小写皆可。如<HEAD>和<head>是等价的。
- 标签名与“<”“>”之间不能留有空格。比如<p>的写法是规范的，但<p >和< p>的写法则是不规范的。
- 有些标签需要加上参数，有些则不必。例如，语句“<font color="red">中国</font>”中，使用<font>标签（<font>标签是字体控制标签，控制元素字体，后文将具体介绍）控制其所标记的文字颜色为红色，即这里的“中国”两字的颜色为红色。
- 标签一般成对出现，但也有单标签的存在。如果是成对出现的标签，在起始标签的标签名前加上符号“/”便是其终结标签，如</font>。

（二）HTML 常用标签

1. 标题标签<hn>

标题标签<hn>用于表示文章中的各种题头，标题元素有 6 种，分别为 h1、h2……h6，标题号越小，字体越大。其代码和浏览器显示效果如代码 9-2 和图 9-2 所示。

<hn>包括以下对齐属性（align）：左对齐（left），此时标题靠左对齐；居中（center），此时标题居中对齐；右对齐（right），此时标题靠右对齐。很多标签都有对齐属性，其属性的值的取值范围和意义是一样的。

```
... ....<BODY>
<h1 align = "left">1 级标题</h1>
<h2 align = "center">2 级标题</h2>
<h3 align = "right">3 级标题</h3>
<h4>4 级标题</h4>
<h5>5 级标题</h5>
<h6>6 级标题</h6>
</BODY>... ....
```

代码 9-2

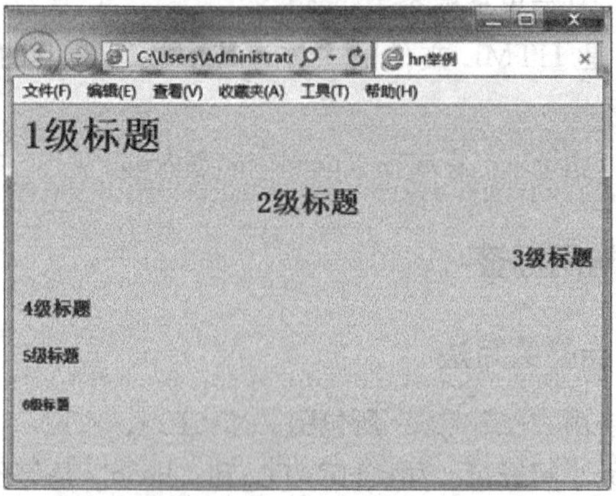

图 9－2　显示效果

HTML 文档的标题与段落

2. <p>标签和
标签

<p>分段标签，用来定义文档中的一个段落。单独一个<p>会添加一个空行。<p>标签也有对齐（align）属性，用来控制段落的对齐方式，其值可以为左（left)、居中（center）和右（right)。

换行标签，用于产生没有换行的另起一行，通常用作段落内部的换行。

3. 列表标签

HTML 语言支持三种类型的列表：无序、有序和定义清单列表。

无序列表，指一列项目，列表项目使用粗体圆点（小黑圆圈）进行标记。无序列表以<ul>标签开始，以</ul>标签结束，每个列表项使用<li>标签引领。其代码和浏览器显示效果如代码 9－3 和图 9－3 所示。

```
<ul>
<li>苹果</li>
<li>橘子</li>
<li>香蕉</li>
</ul>
```

代码 9－3

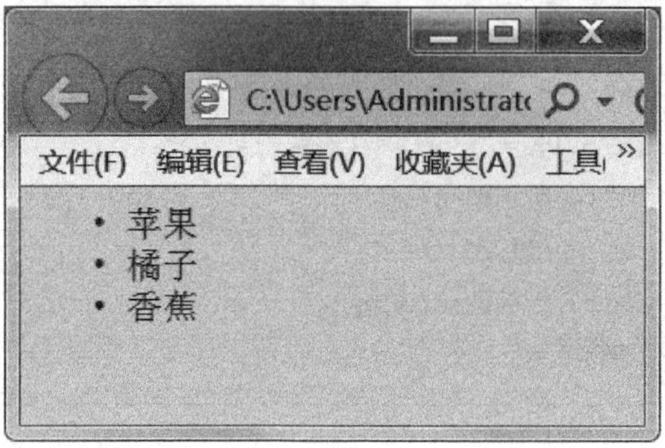

图 9－3　显示效果

有序列表，也是一列项目，列表项目使用数字（非小圆圈）进行标记。有序列表使用<ol>标签，每个列表项使用<li>标签。其代码和浏览器显示效果如代码 9－4 和图 9－4 所示。

在 HTML 文档中插入列表

```
<ol>
<li>苹果</li>
<li>橘子</li>
<li>香蕉</li>
</ol>
```

代码 9－4

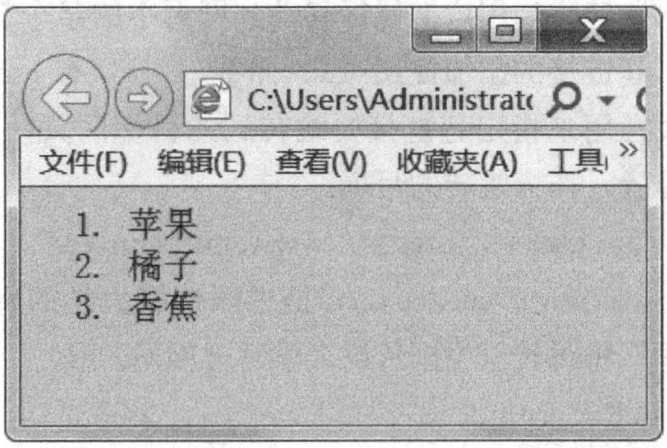

图 9－4　显示效果

定义清单，也是一列项目，列表项目使用用户自己定义的字符进行标记。有序列表使用<dl>标签，每个列表项使用<li>标签。定义清单的代码在此不再举例。

4. 预排版文本标签<pre>

HTML 的输出是基于浏览器窗口的，html 文件在输出时要重新排版，若不需重新排版，可用“<pre>……</pre>”通知浏览器。浏览器输出时，将对这部分内容不加修改地输出。具体区别参考代码 9－5，对应的浏览器显示效果如图 9－5 所示。

在 HTML 文档中插入预排版内容

```
<ol>
<pre>
中国是      世界四大文明古国之一
有着悠久的历史
</pre>
中国是      世界四大文明古国之一
有着悠久的历史
</ol>
```

代码 9－5

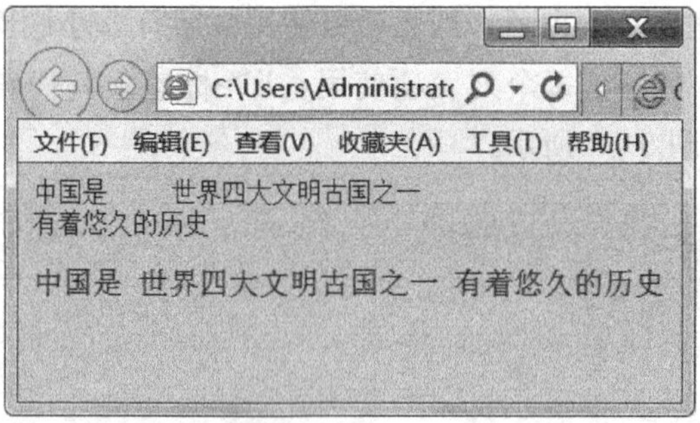

图 9-5 显示效果

在 HTML 文档中插入超链接

5. 超链接标签<a>

超链接可以设置在文字、图像和动画上，通过点击超链接实现不同页面间或页面某个部分的跳转。当用户把鼠标移动到网页中的某个超链接上时，箭头会变为一只小手。超链接的添加使用<a>标签，<a>有 href 和 name 两个重要的属性，href 属性用来指定超链接要跳转到的目标网页，name 属性用来表示页面中的特定位置，作为跳转的目标。

例如语句“<a href="http://www.cuc.edu.cn">中国传媒大学</a>”中，http://www.cuc.edu.cn 是中国传媒大学的网址，点击链接文本“中国传媒大学”将跳转至中国传媒大学官方网站。

在 HTML 文档中设置字体属性

6. 字体控制标签<font>

<font>标签用来控制文本的字体风格。<font>的 size 属性用来控制文本字号的大小。使用 size 属性设置字号有两种方法：设置绝对字号，size=字号；设置相对字号，size=±n。以缺省字号为基础，“+”号表示字体变大，“-”号表示字体变小。<font>的 color 属性用来设置文本的颜色。

例如语句“<font color="black" size="22">传媒大学</font>”的浏览器显示效果如图 9-6 所示。

图 9-6 显示效果

7. 字体风格标签

字体风格有物理风格和逻辑风格之分。物理风格，即直接指定字体，物理风格的字体有<B>黑体、<I>斜体、<U>下划线、<TT>打字机体。

逻辑风格，即指定文本的作用，包含以下标签：<EM>强调、<STRONG>特别强调、<CODE>源代码、<SAMP>例子、<KBD>键盘输入、<VAR>

变量、<DFN>定义、<CITE>引用、<SMALL>较小、<BIG>较大、<SUP>上标、<SUB>下标。

具体举例如代码 9－6 所示，其浏览器显示效果如图 9－7 所示。

在 HTML 文档中设置字体显示风格

代码 9－6

```
<B>中国传媒大学</B>
<I>中国传媒大学</I>
<U>中国传媒大学</U>
<TT>中国传媒大学</TT>
```

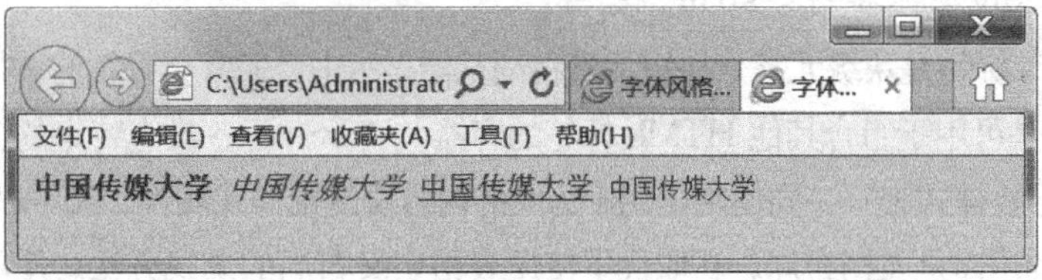

图 9－7　显示效果

8. 图像标签<img>

图像标签<img>用来向网页中引入图像，使用 src 属性指定图像的存储路径。路径的使用有两种方式：绝对路径和相对路径。

在 HTML 文档中插入图片

绝对路径，一般是指文件在所在盘符的位置，而且是从盘符开始算起，如某文件位于“D：\website\pic”下面，那么这个路径就是它的绝对路径。

相对路径，可以理解为绝对路径的部分，且是后半部分，是以当前所处位置而定的，如当前位置是在“D：\website\”，那就可以说某文件处于“pic”这个文件夹下。具体示例如代码 9－7 所示。

代码 9－7

```
<img src = "D:\website\pic\logo.jpg">
<img src = "pic\n1.jpg">
```

9. 表格标签

在 HTML 文档中插入表格

表格标签由<table>开始，以</table>结束，表的内容由<tr><td>定义。<tr>用于定义表的一个行，表有多少行就有多少个<tr>；<td>用于定义表格中的单元格。<table>的 border 属性可以控制表格边框的大小，width 和 height 分别控制表格的宽和高，cellspacing 属性控制单元格之间的间距，cellpadding 属性控制单元格内容到单元格的距离。具体示例如代码 9－8 所示，其显示效果如图 9－8 所示。

代码 9－8

```
<table width = "300" border = "1" cellpadding = "5" cellspacing = "10" height = "150">
  <tr> <td>A</td> <td>B</td> </tr>
  <tr> <td>C</td> <td>D</td> </tr>
</table>
```

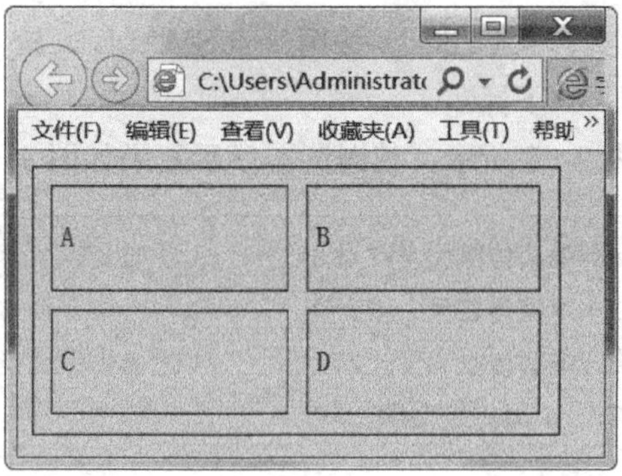

图 9-8 显示效果

在 HTML 文档中插入块

10. <div>标签与<span>标签

<div>标签是块级元素（块级元素在浏览器显示中，通常会以新的一行来开始和结束），它是可用于组合其他 HTML 标签的容器。<div>标签没有特定的含义，一般与 CSS（层叠样式表）一同使用，用于为大的内容块设置样式属性。<div>标签的另一个常见的用途是文档布局，它取代了使用表格定义布局的老式方法。使用<table>标签进行文档布局不是表格的正确用法，<table>标签的作用是显示表格化的数据。

代码 9-9 使用类 n1 将“中国传媒大学”的字体设为红色，div 容器的宽为 300 像素，高为 150 像素，边框为虚线且颜色为黑色。浏览器显示效果如图 9-9 所示。

代码 9-9

```
... ...
<style type="text/css">
<!--
.n1 {
  height: 150px;width: 300px;
  color:red;
  border: 1px dashed black;
}
-->
</style>
```

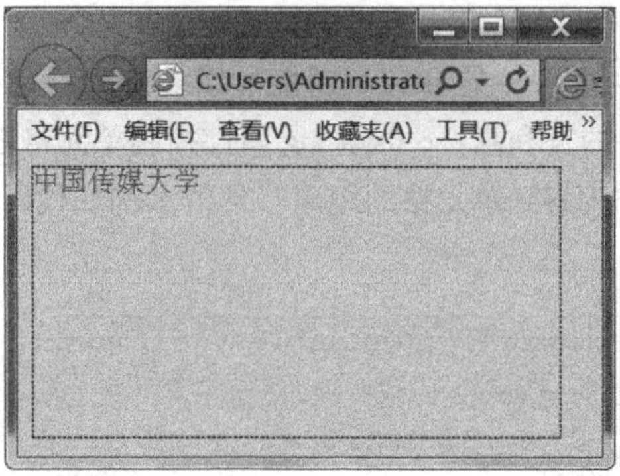

图 9-9 显示效果[①]

① 由于本书系单色印刷，故无法显示出红色。

<span>标签与<div>标签类似，区别在于<span>是内联标签，内联标签在显示时不会以新行开始。

HTML 标签很丰富，不断推动着技术的发展。在此我们介绍了常用的一些标签，如果想对 HTML 标签有更详细的了解，可以参看如下网站：http：//www.w3school.com.cn/html/index.asp。

第二节 正则表达式

正则表达式是一种重要的基于规则的网页信息提取方式，在网页信息的提取中有重要的应用。正则表达式描述了一种字符串匹配的模式，可以用来检查一个串是否含有某种子串，将匹配的子串替换或者从某个串中取出符合某个条件的子串等。正则表达式是由普通字符和元字符组成的文字模板，使用这个模板可以将某个字符模式与所搜索的字符串进行匹配。[①]

一、使用正则表达式的意义

先来看一个简单的正则表达式示例：正则表达式“cu*c”可以匹配“cc”“cuc”“cuuc”“cuuuc”等，表达式里的“*”代表前面的“u”字符可以不出现，也可以出现一次或者多次（0次、1次或多次）。

传统的搜索和替换操作要求用户提供与预期的搜索结果匹配的确切文本。这种技术简单且容易掌握，但存在灵活性不足等问题。使用正则表达式可以测试字符串中的规律，进而提取有用的信息，比如通过正则表达式可以查看字符串中是否含有电话号码或邮箱等信息，也可以进行数据识别和验证。使用正则表达式还可以识别目标文本，进而提取、删除或替换文本，比如提取网络新闻稿件中的日期信息等。

二、正则表达式的字符

（一）普通字符

普通字符包括没有显式指定为元字符的所有可打印和不可打印的字符，包括所有大写和小写字母、所有数字、所有标点符号和一些其他符号。不可打印字符也可以是正则表达式的组成部分。[②] 表9-1列出了常用的表示不可打印字符的转义序列。

---

① Runoob. 正则表达式［EB/OL］.（2020-01-25）［2021-06-25］.https：//www.runoob.com/regexp/regexp-syntax.html.

② 梁睿坤．虫术：Python绝技［M］. 北京：电子工业出版社，2018：7.

表 9-1 不可打印字符的转义序列

字符	描述
\ cx	匹配由 x 指明的控制字符。例如，“\ cM”匹配一个“Control-M”或回车符。x 的值必须为 A—Z 或 a—z 之一。否则，将 c 视为一个原义的“c”字符。
\ f	匹配一个换页符。等价于“\ x0c”和“\ cL”。
\ n	匹配一个换行符。等价于“\ x0a”和“\ cJ”。
\ r	匹配一个回车符。等价于“\ x0d”和“\ cM”。
\ s	匹配任何空白字符，包括空格、制表符、换页符等等。等价于“[\ f\ n\ r\ t\ v]”。
\ S	匹配任何非空白字符。等价于“[^\ f\ n\ r\ t\ v]”。
\ t	匹配一个制表符。等价于“\ x09”和“\ cI”。
\ v	匹配一个垂直制表符。等价于“\ x0b”和“\ cK”。

资料来源：e421083458. php 的正则表达式完全手册 [EB/OL]．(2012-08-30) [2021-06-25]. https://blog. csdn. net/e421083458/article/details/79249592012. 8. 30.

(二) 特殊字符

所谓特殊字符，又叫元字符（就是一些有特殊含义的字符，有时候元字符不仅仅作为字符使用)。例如，匹配字符串中的“*”号，如上面说的“cu*c”中的“*”，不能直接用符号“*”，而是需要对“*”进行转义，即在其前加一个“\”。比如“cu*c”匹配“cu*c”。许多特殊字符要求在试图匹配它们时得到特别对待。若要匹配这些特殊字符，必须首先使字符“转义”，即将反斜杠字符“\”放在它们前面。

表 9-2 列出了正则表达式中的特殊字符。

表 9-2 正则表达式中的特殊字符

特殊字符	描述
.	匹配任何单个字符。例如正则表达式“c. c”能匹配如下字符串：“cuc”“cac”“cc”，但是不匹配“cuuc”，“c. . c”可以匹配“cuuc”。
[]	匹配括号中的任何一个字符。例如正则表达式“c [uvw] c”匹配“cuc”“cvc”和“cwc”，但是不匹配“cac”“cfc”。可以在括号中使用连字符。
-	简化表示指定字符的区间，例如正则表达式“[0-9]”可以匹配任何数字字符，等价于“c [0123456789] c”，这样正则表达式“c [0-2] c”就可以匹配“c0c”“c1c”“c2c”等字符串，但是不匹配“c3c”；还可以制定多个区间，例如“[A-Za-z]”可以匹配任何大小写字母，“[A-Za-z0-9]”可以匹配任何的大小写字母或者数字。
()	() 可将之间括起来的表达式定义为“组”(group)，并且将匹配这个表达式的字符保存到一个临时区域。这个特殊字符在提取字符串的时候非常有用，它可以把一些字符表示为一个整体，具有改变优先级、定义提取组两个作用。

续前表

特殊字符	描述
|	将两个匹配条件进行逻辑“或”运算。例如“apple | banna”能匹配“apple”或“banna”，“（z | f）ood”则匹配“zood”或“food”。
*	匹配0至多个在它之前的子表达式，和通配符“*”没关系。例如正则表达式“cuc*”能匹配“c”“cu”“cuc”以及“cucc”；“.*”意味着能够匹配任意字符串；“z（b | c）*”能匹配“zb”“zbc”“zcb”“zccc”“zbbbccc”。“z（ab）*”能匹配“z”“zab”“zabab”（用括号改变优先级）。
+	匹配前面的子表达式一次或多次（“*”为0至多次）。例如正则表达式“9+”匹配“9”“99”“999”等。“zo+”能匹配“zo”以及“zoo”，不能匹配“z”。
?	匹配前面的子表达式零次或一次。例如“do（es）?”可以匹配“do”或“does”。一般用来匹配“可选部分”。
{n}	匹配确定的n次。例如，“cu {2}”能匹配“cuu”；“e {2}”不能匹配“bed”中的“e”，但是能匹配“seed”中的两个“e”。
{n,}	至少匹配n次。例如，“e {2,}”不能匹配“bed”中的“e”，但能匹配“seeeeeeeed”中的所有“e”。
{n，m}	最少匹配n次且最多匹配m次。“e {1，3}”将匹配“seeeeeeeed”中的前三个“e”。
^	匹配一行的开始。例如正则表达式“^regex”能够匹配字符串“regex我会用”的开始，但是不能匹配“我会用regex”。
$	匹配行结束符。例如正则表达式“漂亮$”能够匹配字符串“你很漂亮”的末尾，但是不能匹配字符串“漂亮的演员”。
\w	匹配字母或数字或下画线或汉字，等价于“[^A-Za-z0-9_]”。
\s	匹配任意的空白符。
\d	匹配数字。
\b	匹配单词的开始或结束。

资料来源：Runoob. 正则表达式［EB/OL］.（2020－01－25）［2021－06－25］. https：//www.runoob.com/regexp/regexp-syntax.html.

三、运算符的优先级

（一）正则表达式-运算符优先级

正则表达式一般是从左到右进行计算，并遵循优先级顺序，这一点与算术表达式的计算非常类似。相同优先级的从左到右进行运算，不同优先级的运算则先高后低。表9－3从最高到最低说明了各种正则表达式运算符的优先级别。

表 9-3　　正则表达式运算符的优先级别

运算符	描述
\	转义符。
(), (?:), (? =), []	圆括号和方括号。
*, +,?, {n}, {n,}, {n, m}	限定符。
^, $, \ 任何元字符、任何字符	定位点和序列（即位置和顺序）。
|	替换，“或”操作。 字符具有高于替换运算符的优先级，使得“m | food”匹配“m”或“food”。若要匹配“mood”或“food”，请使用括号创建子表达式，从而产生“（m | f）ood”。

资料来源：叶维忠．Python 编程从入门到精通［M］．北京：人民邮电出版社，2018：11.

（二）正则表达式举例

匹配零和非零开头的数字：

```
^(0|[1-9][0-9]*)$
```

匹配国内电话号码（例如 010－66582222）：

```
\d{3}-\d{8}|\d{4}-\d{7}
```

匹配手机号码：

```
^(13[0-9]|14[5|7]|15[0|1|2|3|5|6|7|8|9]|18[0|1|2|3|5|6|7|8|9])\d{8}$
```

匹配电子邮件（email）地址：

```
^\w+([-+.]\w+)*@\w+([-.]\w+)*\.\w+([-.]\w+)*$
```

中国邮政编码（6 位数字）：

```
[1-9]\d{5}(?!\d)
```

第三节　XPath

XPath，即 XML 路径语言（XML path language），是一门在可扩展标记语言（extensible markup language，XML）的文档中查找信息的语言。XPath 是一种表达式语言，可用来在 HTML 文档的文档节点树中定位节点，它的返回值可能是节点、节点集合、原子值，以及节点和原子值的混合等。在学习 XPath 之前读者应该对 HTML 节点树的命名空间以及节点关系如父（parent）、子（children）、兄弟（sibling）、先辈（ancestor）、后代（descendant）等概念有所了解。①

① 伍逸．深入理解 C# 中的 XML［M］．北京：清华大学出版社，2012：7.

一、HTML 节点树

在 XPath 中，有七种类型的节点：元素、属性、文本、命名空间、处理指令、注释以及文档（根）节点。HTML 文档是被作为节点树来对待的，树的根被称为文档节点或者根节点。对代码 9－10 而言，每个 HTML 元素标均可被看作一个节点，节点彼此间都存在关系。比如所有节点都是<html>节点的后代。<head>和<body>的父节点是<html>节点，则<head>和<body>是兄弟关系，因为<head>和<body>有共同的父节点<html>。文本节点“新闻内容”的父节点是<p>节点，<p>的父节点是<body>。

```
<html>
  <head>
    <title>节点树</title>
  </head>
  <body>
    <h1>新闻标题</h1>
    <p>新闻内容</p>
  </body>
</html>
```

代码 9－10

二、XPath 语法

XPath 使用路径表达式来选取 HTML 文档中的节点或节点集。节点是沿着路径（path）或者步（steps）来选取的。在本章第五节中将结合代码 9－11 介绍 XPath 的语法。

```
<body>
<div>
  <h1 class = "book">新闻学概论</h1>
  <p class = "price"> 29.99</p>
</div>
< div >
  <h1 class = "book">传播学概论</h1>
  <p class = "price"> 32.23 </p>
</div >
</body>
```

代码 9－11

三、XPath 表达式

常见的 XPath 表达式如表 9-4 所示，具体示例如表 9-5 所示。

表 9-4 XPath 表达式

表达式	描述
nodename	选取此节点的所有子节点。
/	从根节点中选取。
//	从匹配选择的当前节点中选择文档中的节点，而不考虑它们的位置。
.	选取当前节点。
..	选取当前节点的父节点。
@	选取属性。

表 9-5 XPath 表达式示例

body	选取 body 元素的所有子节点。
/body	选取根元素 body。
body/div	选取属于 body 的子元素的所有 div 元素。
//div	选取所有 div 子元素，而不管它们在文档中的位置。
body//div	选择属于 body 元素的后代的所有 div 元素，而不管它们位于 body 之下的什么位置。
//@class	选取名为 class 的所有属性。

四、XPath 谓语

XPath 谓语通常用来查找某个特定的节点或者包含某个指定的值的节点，一般情况下将其嵌在方括号中。具体示例如表 9-6 所示。

表 9-6 XPath 谓语示例

/body/div [1]	选取属于 body 子元素的第一个 div 元素，即“新闻学概论”所在的 div 容器。
/body/div [last ()]	选取属于 body 子元素的最后一个 div 元素，即“传播学概论”所在的 div 容器。
/body/div [last () −1]	选取属于 body 子元素的倒数第二个 div 元素。
/body/div [position () <2]	选取最前面的一个属于 body 元素的子元素的 div 元素。
//div [@class]	选取所有拥有名为 class 的属性的 div 元素。
/body/div [p>30.00]	选取 body 元素的所有 div 元素，且其中的 p 元素的值须大于 30.00。

五、XPath 通配符

常见的 XPath 通配符如表 9－7 所示，具体示例如表 9－8 所示。

表 9－7　XPath 通配符

*	匹配任何元素节点。
@ *	匹配任何属性节点。
node ()	匹配任何类型的节点。

表 9－8　XPath 通配符示例

/body/ *	选取 body 元素的所有子元素。
// *	选取文档中的所有元素。
//h1 [@ *]	选取所有带有属性的 h1 元素。

第四节　Python 语言基础

当人们将新媒体作为研究工具进行研究时，研究者需要事先处理从互联网上获得的数据，包括结构化数据和非结构化数据，这时需要一个强大的辅助工具。这个强大的辅助工具，即为计算机语言。计算机语言是人和计算机之间沟通交流的工具，有很多种，如 C 语言、Java、C# 及 Python 等，都是目前常用的计算机语言。本教材主要面向从事社会科学领域研究的读者，选择 Python 作为这一辅助工具并加以介绍。

Python 是一种面向对象的解释型计算机程序设计语言。Python 是免费开放源代码的语言，使用 Python 不需要付费。Python 语法简介固定，其学习曲线相对平缓且便于掌握，对初学者而言 Python 是很好的入门语言。Python 具有丰富和强大的库（包），简单几行代码就能实现强大的功能，且具备整合多种语言模块的能力，被业内人士称为“胶水语言”。本节将介绍 Python 语言基础部分，在其他章节，笔者将结合具体需求介绍 Python 的其他特定模块。

一、Python 编辑器

学习 Python 前必须先掌握集成开发环境，以实现程序的编辑与调试。友好高效的集成开发环境，能提升 Python 开发的速度，提高效率。Python 编辑器有很多选择，比如 Jupyter Notebook、Vim、Eclipse、Sublime Text 、Emacs、PyCharm 等。

本教材选择 Jupytcr 作为编辑器，并使用 Jupyter 对源代码进行调试。选择 Jupyter 的原因在于：第一，Jupyter 能把文字、图片、代码、图表、公式都集成在一个文档中，方便团队成员的交流和协作；第二，Jupyter 支持多语言，方便实现对 R、MATLAB 等语言的整合。

Python 语言开发环境的安装

对初学者而言，Python 集成开发环境的配置比较复杂，一种简单快速配置集成开发环境的方法是安装 Anaconda。Anaconda 是一个由 Python 驱动的开发数据平台，使用 Anaconda 不但可以方便地完成 Python 环境配置，而且可以集成 Python 常用的 100 多个被广泛使用的库，大大拓展了 Python 的功能。

Anaconda 的官网地址为 https：//www. anaconda. com/，读者可以访问这个地址，下载 Anaconda 并将其安装到自己的电脑中。目前 Anaconda 支持 Windows、macOS、Linux 等系统。

二、Python 语法基础

本节简单介绍 Python 的语法基础，包括通常使用的变量、输入与输出、列表、元组、字典、注释等内容。

Python 有多个版本，每个版本之间的语法存在差异，不同版本下编写的程序不兼容。目前普遍使用的是 Python2. x（比较稳定的版本是 2.7）与 Python3. x（比较稳定的版本是 3.6），这两个版本之间存在很大差异。原因在于 Python3. x 版本，相对于 Python2. x 有较大升级，考虑避免引入过多冗余，3. x 没有考虑向 2. x 兼容。读者在学习时要特别注意自己的版本，我们推荐大家学习最新的版本。如无特殊声明，本书所有的例子均依照 Python3. 6 语法。

（一）变量

Python 语言中的变量

变量，是在程序执行过程中，其值可以发生改变的量。在 Python 中，变量能够让用户把要使用的数据赋给一个简短、易于记忆的名字，因此它的应用非常广泛。

图 9－10 为变量使用示例。

```
In [1]: a=25
        a

Out[1]: 25

In [2]: b=12
        a+b

Out[2]: 37

In [3]: a='传媒大学'
        a

Out[3]: '传媒大学'
```

图 9－10 变量使用示例

在图 9－10 中，In 后面的内容为用户编辑的程序，Out 表示程序执行后输出的结果。在上例中我们编辑了三段程序：第一段定义了变量 a，并将 25 存入 a 中，然后直接使用变量名 a 将 a 输出，输出结果为 25；第二段定义变量 b，将 12 存入 b 中，将 a、b 的值相加并输出，输出结果为 37；第三段将字符串

“传媒大学”存入 a 中，并将 a 的值输出，结果为“传媒大学”。

(二) 输入与输出

Python 语法中数据的输入，指在程序运行时，通过外部手段，发送数据给程序，供程序使用的过程。程序运行时，对外界的任何修改，都可以称为输出，最常用的输出就是将程序结果显示在屏幕上。Python 的常用输入语句为 input，常用的输出语句为 print，具体使用方法如图 9－11 所示。

Python 语言中的输入与输出

```
In [1]:  x = input('请输入x的值:')

请输入x的值:6

In [2]:  print(x)

6
```

图 9－11　输入与输出示例

图 9－11 使用 input 语句，给用户文本提示“请输入 x 的值”，用户输入数值 6，6 被存入变量 x。接下来程序调用输出语句 print，把变量 x 输出到屏幕上，显示为 6（这里把 print 省略，直接使用变量名 x，也可以实现 x 值的输出）。

(三) 列表

列表是 Python 一种序列数据类型。序列中的每个元素都有一个位置信息，第一位置为 0，第二位置为 1，其后依次类推。列表的数据项可以为相同的数据类型，也可以为不同的数据类型，列表中的元素可以修改，如图 9－12 所示。

Python 语言中的列表

```
In [18]:  fruits = ["苹果", "橘子", 10, 20]
          print(fruits)

          ['苹果', '橘子', 10, 20]
```

图 9－12　列表示例

图 9－12 定义了一个列表 fruits，共有四个数据项，前两个为字符串“苹果”和“橘子”，后两个为数字 10 和 20。

访问列表中的值可使用的语句如代码 9－12 所示，示例如图 9－13 所示。

```
列表名[要访问数据项的位置]
```

代码 9－12

```
In [26]:  fruits[0]

Out[26]:  '苹果'

In [27]:  fruits[1:3]

Out[27]:  ['橘子', 10]
```

图 9－13　访问列表中的值的示例

(四) 元组

元组是 Python 的一种序列数据类型。序列中的每个元素都有一个位置信

Python 语言中的元组

息，第一位置为 0，第二位置为 1，其后依次类推。元组的数据项可以为相同的数据类型，也可以为不同的数据类型，元组中的元素不可以修改。

列表是动态数组，它们不可变且可以重设长度。元组是静态数组，它们不可变，且其内部数据一旦创建则不可改变。元组示例如图 9－14 所示。

图 9－14 元组示例

```
In [30]: book = ('math', 'english', 2001, 2004)
         print ("book[0]: ", book[0])

book[0]:  math
```

(五) 字典

Python 语言中的字典

在元组和列表中，都是通过编号进行元素的访问，但有时我们也可以按名字对数据或数据结构进行访问。字典是 Python 提供的内置映射类型，所谓映射就是一组键（key）和值（value）之间的映射函数，其特点是键具有唯一性和键与值有着一对多的对应关系。

字典的定义格式如代码 9－13 所示。

代码 9－13

```
d = {key1:value1,key2:value2}
```

键必须是唯一的，但值则不必。值可以取任何数据类型，但键必须是不可变的，如字符串、数字或元组。字典示例如图 9－15 所示。

图 9－15 字典示例

```
In [47]: dict = {'name':'Tom', 'age':'40'}
         print(dict['name'])
         print(dict['age'])

Tom
40
```

(六) 注释

注释语句在程序运行过程中不运行，其作用是对程序语句进行注解。良好的注释不但可以帮助人们准确理解程序，而且对提升程序的可维护性和团队合作效率具有重要意义。因此注释是程序编写时的重要内容。Python 可使用成对出现的 “"""” “'''” 和 “'” 标识注释，也可使用单独 “#” 号标识注释（“#” 号后为注释内容）。注释示例如图 9－16 所示。

图 9－16 注释示例

```
In [9]: """这是注释举例"""
        '''这是注释举例'''
        '这是注释举例'
        a=25  #注释语句对a赋值为25
```

三、Python 语言的基本结构

通常，计算机语言有三种基本结构：顺序结构、循环结构和选择结构。这三种结构的界定依据是程序被执行时遵行的结构。所谓顺序结构，即计算机依照指令，按语句的先后顺序一条条执行程序；所谓循环结构，是指计算机根据条件语句等指令执行程序，条件语句决定是否重复执行一个或若干个语句构成的语句块（人们习惯上将这个语句或语句块叫作循环体）；所谓选择结构，是指计算机根据条件判断的结果，选择程序执行的路径。如上所述，顺序结构比较简单，这里不再赘述，下面重点介绍循环结构和选择结构。

Python 语言中的 while 语句

（一）while 循环

while 语句的一般形式如代码 9-14 所示。while 循环示例如图 9-17 所示。

代码 9-14

```
while 判断条件:
    执行语句
```

```
In [12]: n = 100
         sum = 0
         i = 1
         while i <= n:
             sum = sum + i
             i += 1
         print("1加到%d累加之和为: %d" % (n,sum))

         1加到100累加之和为: 5050
```

图 9-17 while 循环示例

Python 语言中的 for 循环

（二）for 循环

for 语句的一般形式如代码 9-15 所示。for 循环示例如图 9-18 所示。

代码 9-15

```
for 变量 in 序列对象:
    执行语句
else:
    执行语句
```

```
In [14]: fruits = ["苹果", "橘子", "香蕉", "橙子"]
         for x in fruits:
             print (x)

         苹果
         橘子
         香蕉
         橙子
```

图 9-18 for 循环示例

图 9-18 里的 for 语句，是按顺序将列表 fruits 里的每个元素（苹果、橘子、香蕉、橙子等）输出到屏幕上的。

Python 语言中的 if 语句

（三）if 选择结构

Python 中 if 语句基本形式如代码 9-16 所示。if 选择结构示例如图 9-19 所示。

代码 9-16

```
if 判断条件:
    执行语句
else:
    执行语句
```

```
In [48]: sex=0 #if 选择结构
         if sex == 1:
             print('您好先生')
         else:
             print('您好女士')
```

您好女士

图 9-19 if 选择结构示例

图 9-19 中的判断条件为 sex 是否等于 1，如果条件成立，结果为 true，等于输出“您好先生”，否则输出“您好女士”，“#”后面的内容为注释。

如果 Python 中 if 语句是多路判断，其形式则如代码 9-17 所示，示例如图 9-20 所示。

代码 9-17

```
if 判断条件 1:
    执行语句 1
elif 判断条件 2:
    执行语句 2
elif 判断条件 3:
    执行语句 3
else:
    执行语句 4
```

```
In [50]: usertype = 2
         if usertype == 3:                  # 判断usertype的值
             print ('administrator')
         elif usertype == 2:
             print ('teacher')
         elif usertype == 1:
             print ('student')
         elif usertype < 0:                 # 值小于零时输出
             print ('error')
         else:
             print ('anonymous')           # 条件均不成立时输出
```

teacher

图 9-20 if 多路判断示例

根据 usertype 的值进行多路判断并输出相应的类型。

第五节 综合举例

上述内容对常用的 Python 基础语法做了介绍，下面再次通过例证对其进行说明，便于读者理解和掌握。

一、用正则表达式从文本中提取特定格式字符

使用 Python 进行正则表达式的提取，需要使用正则表达式包 re。有关 re 包的详细介绍请参考此网站：https://docs.python.org/3/library/re.html。

下面介绍如何使用正则表达式编写代码，从一段文本中提取数字。当我们需要从

网页中采集固定电话、手机、QQ 号码等特定规律的数字时，往往会用到这种方法。

文本内容：中国传媒大学是教育部直属的国家“211 工程”重点建设大学，已正式进入国家“985 优势学科创新平台”项目重点建设高校行列。

目标提取结果：211，985。

源程序如代码 9－18 所示。

用正则表达式标准库匹配特定格式的文本

```
import re
    #引入 re 包
s = "中国传媒大学是教育部直属的国家“211 工程”重点建设大学,已正式进入国家“985 优势学科创新平台”项目重点建设高校行列."
    #将需要匹配的字符串存储于 s 中.
pattern = re.compile('\d+')
    #\d+是正则表达式,匹配所有的数字.re 的 compile 方法将正则表达式转换成模式
    pattern 用来匹配.
pattern.findall(s)
    #pattern 的 findall 方法实现模式向字符串 s 的匹配,执行后返回所有匹配到的结果.
```

代码 9－18

程序输出如代码 9－19 所示。

```
['211', '985']
```

代码 9－19

二、用 XPath 从格式文本中提取特定格式字符

使用 Python 借助 XPath 提取页面的信息，需要使用 lxml 包。如果读者未安装这个包，则可以使用 pip install 命令安装，这个命令需要计算机联网。对于 Windows 7 用户来说，寻找 pip intall 命令的输入窗口，先点击桌面左下角的“开始”，选择所有程序，再打开 Anaconda 文件夹，点击 Anaconda Prompt 图标，在弹窗的命令窗口中输入包安装命令，点击回车即可完成安装（见图 9－21）。如果需要安装本书后续例子中用到的 Python 包，都可以使用此方法。

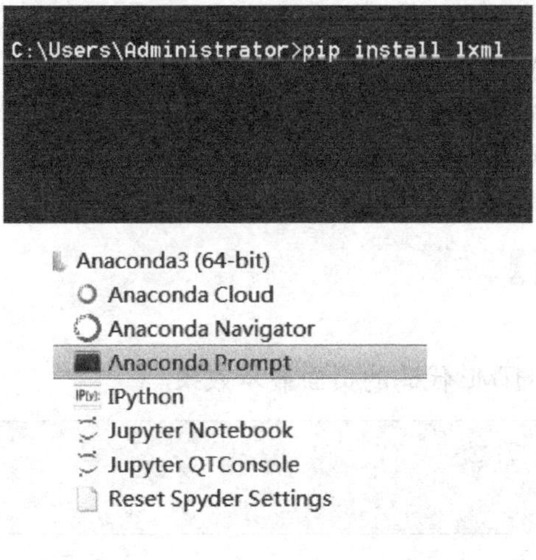

图 9－21　lxml 包安装方法

在本例中笔者将使用介绍 XPath 语法时用过的一段 HTML 代码示例，从代码中提取书籍的价格信息，如代码 9－20 所示。

```
from lxml import etree
text = '''
<div>
  <h1 class = "book">新闻学概论</h1>
  <p class = "price">29.99</p>
</div>
<div>
  <h1 class = "book">传播学概论</h1>
  <p class = "price">32.23</p>
  </div >
'''
html = etree.HTML(text)
result = etree.tostring(html)
#print(result)
result = html.xpath('//div/p')
for item in result:
    print(item.text)
```

代码 9－20

程序输出如代码 9－21 所示。

```
29.99
32.23
```

代码 9－21

想要了解更多关于 lxml 的详细资料，读者可访问此网址：http：//lxml.de/。

【延伸阅读】

1. http：//www.w3school.com.cn/htmldom/index.asp.
2. http：//www.phpstudy.net/e/htmldom/dom_nodetree.html.
3. http：//www.runoob.com/xpath/path-tutorial.html.

【思考题】

1. 请给出如下 HTML 代码的页面显示效果。

```
<h1>中国传媒大学</h1>
<ol>
```

```
  <li>
    <h2>新闻学专业</h2>
  </li>
  <li>
    <h2>传播学专业</h2>
  </li>
  <li>
    <h2>戏剧与影视 </h2>
  </li>
</ol>
```

参考答案：

2. 请给出 XPath 选择如下 lxml 文件中的 year 节点。

```
<bookstore>
<book category = "COOKING">
  <title lang = "en">Everyday Italian</title>
  <author>Giada De Laurentiis</author>
  <year>2005</year>
  <price>30.00</price>
</book>
<book category = "WEB">
  <title lang = "en">XQuery Kick Start</title>
  <author>James McGovern</author>
  <author>Per Bothner</author>
  <author>Kurt Cagle</author>
  <author>James Linn</author>
  <author>Vaidyanathan Nagarajan</author>
  <year>2003</year>
```

```
  <price>49.99</price>
</book>
<book category="WEB">
  <title lang="en">Learning XML</title>
  <author>Erik T. Ray</author>
  <year>2003</year>
  <price>39.95</price>
</book>
</bookstore>
```

参考答案：

/bookstore/book/year

3. 请使用 Python 编写程序，要求用户输入一行字符串，并分别统计出其中英文字母、空格、数字和其他字符的个数。

参考答案：

```
s = input('请输入一行字符串:\n')
letters = 0
space = 0
digit = 0
others = 0
for c in s:
    if c.isalpha():
        letters += 1
    elif c.isspace():
        space += 1
    elif c.isdigit():
        digit += 1
    else:
        others += 1
print('字符 = %d,空格 = %d,数字 = %d,其他 = %d' % (letters,space,digit,others))
```

第10章　互联网上的调查研究

当我们运用量化研究方法研究传播领域中的诸多现象时，抽样调查是我们普遍使用的数据收集方法。抽样调查所收集数据的质量，取决于很多因素，包括变量的测量、测量的信度和效度、样本对总体的代表性，以及调查过程中的随机误差和非随机误差的影响等。有关这方面的内容，请参见本教材第2章、第3章。

随着互联网技术的发展和普及，将互联网作为问卷调查的工具，已成为当前媒介化语境下一种十分便捷的收集调查数据的方法。以互联网为手段进行的问卷调查与传统问卷调查有哪些不同和相同的地方？本章将为读者介绍利用互联网技术进行问卷调查的特点和具体的操作步骤。

互联网上的调查研究是传统抽样调查法在互联网语境下的进一步发展，是借助互联网技术、以互联网为平台收集调查数据的方法。这一调查研究又被称为网络调查、在线调查、联机调查等（为简便起见，本教材也采用这些叫法），其定义为以互联网为媒介，利用网页问卷、电子邮件问卷、在线社区、手机应用程序等互联网应用来收集研究数据的一种新式调查方法。①

网络调查借助互联网前端应用程序和数据库管理，在互联网上完成数据采集、传输、上报和存储，降低了数据收集成本，提升了数据处理效率，是信息技术和传统调查技术相互融合的产物。网络调查的研究目的和调查原则与传统问卷调查方法一致，只是在调查中借用了互联网技术和平台。

第一节　网络调查中的抽样

网络调查的对象主要指将互联网技术用于生活和工作的人，就其对互联网的使用行为、对社会问题的意见、态度及观点等所表达的内容进行调查，内容的形式可以是文本、符号、音视频等。与传统问卷调查相比，网络调查不局限在一定的时间、空间状态下，具有非共时性和非同域完成等特点。在网络调查中，调查样本的大小是研究者全面衡量总体性质、研究主题以及研究者的主客观条件后决定的。总体规模的大小、总体同质性或异质性如何、研究者拥有的经费预算、可投入的研究时间等因素都可能影响样本规模的大小。网络调查的抽样方法与传统调查的抽样方法（请参见本教材第4章内容）大体一致，分为概率抽样方法和非概率抽样方法，但在操作方面有所不同。

---

① 王坤茜．产品设计方法学［M］．长沙：湖南大学出版社，2015：8.

一、概率抽样方法

网络调查的概率抽样方法主要包括三个类型：基于网站访问追踪的抽样法、基于用户标签的分层抽样法以及与传统调查相结合的抽样法。

(一) 基于网站访问追踪的抽样法

基于网站访问追踪的抽样法，即通过网站脚本，统计网站用户访问信息，采用系统等距抽样技术，每隔一定的间隔对访问网站的网民进行抽取，这一方法类似于传统抽样方法中的等距抽样。抽取样本后，使用弹窗、邮件或系统消息的形式邀请抽中人参加网络调查。

这一方法的优点在于简单易操作，但存在样本代表性问题。使用由样本得出的结论推论总体时应持谨慎态度。

(二) 基于用户标签的分层抽样法

基于用户标签的分层抽样，要求研究者拥有调查总体用户的标签信息，如性别、年龄、地域等信息（一般社区网站拥有这些资源），然后根据总体的特征、研究的主题，把被调查者分成若干个独立的组（或层），分组的标志与研究者关心的总体特征相关，在组（层）内进行简单随机抽样，样本相互独立。然后通过网页、电子邮件、社区消息等方式将问卷投送给抽中的人参加网络调查。

该方法的优点是效率高，数据处理方便；缺点是样本代表性较差，且标签信息容易产生误差，并引起分层误差。

(三) 与传统调查相结合的抽样法

这种抽样方法通常依据电话簿或地址清单等抽样框进行样本抽取，然后邀请被抽中者到指定的网站参加调查。如果被抽中的人没有上网工具，访员则为其提供相应的工具，以确保其顺利参与调查。

这种方法既发挥了网络调查数据处理的优势，又保证了样本的代表性，是目前有可能由样本进行总体推断的网络抽样方法。

二、非概率抽样方法

非概率抽样主要依赖研究者的主观判断抽取样本，总体单元入样的概率是未知的，因而不能由样本推断总体。传统的非概率抽样方法包括偶遇抽样、判断抽样、配额抽样、滚雪球抽样等。①

用于网络调查的非概率抽样方法主要有如下几种。

---

① 柯惠新，王锡苓，王宁．传播研究方法［M］．北京：中国传媒大学出版社，2010：83.

（一）方便抽样

基于网络平台本身的特征和抽样方便的原则，将问卷发送给被调查者。例如在社区网站进行抽样时，可以使用随机弹窗通知或发送短消息通知登录网站的网民，邀请他们参加网络调查。这种抽样方式操作简单，但网络问卷的回收率往往比较低。

（二）自愿抽样

研究者在大型网络平台发布网络问卷或调查信息，吸纳浏览到该信息的网民根据自己的主观意愿参加问卷调查。这一点与当下在微信群、微博等社交媒体上发送问卷链接或二维码是一个道理。这种抽样方式的优点是抽取的样本与目标样本比较接近。不过，同样存在回收率较低的问题。

（三）网络用户库抽样

一些专业的调查公司或机构往往通过互联网招募志愿者，构建网络用户库，在库中存储用户的详细标签信息。当需要进行网络调查时，研究者可根据用户标签筛选适当的样本，向他们发放问卷，开展网络调查。这种抽样方式简单易行，且目标样本特征匹配比较精准。然而，这种抽样方式亦存在代表性问题，且构建和维护网络用户库的成本较高。

（四）滚雪球抽样

与传统抽样方法中的滚雪球抽样大致一样，网络调查的滚雪球抽样也是从已知的调查对象开始，然后通过他们提供的线索得到更多的样本，以此逐渐扩大样本范围。网络调查的滚雪球抽样方法，除了继承线下寻找罕见人群这一方法特征之外，还可以通过使用微信公共平台、设计调查问卷等方式，邀请参与调查的样本通过微信扩散调查问卷，多层拓展样本，同时使用技术手段过滤重复回答。在微博平台也可以使用类似的方法。这种方法易于找到高度契合的目标调查对象，但问卷扩散范围不可控，有效问卷回复数量亦不可控。

无论网络调查采取何种抽样方式，都需要特别注意抽样框误差。抽样框误差是指目标总体和抽样总体不一致时产生的误差。理想的抽样框应是所有的抽样单位必须覆盖目标总体，即抽样总体与目标总体一致。网络调查中的调查总体不是全部人口，而只是网民或者部分网民。抽样框误差是影响网络调查推断准确性的最大因素。① 网络调查的抽样框很难覆盖目标总体单位，样本本身的代表性不足，用网络抽样调查的结论推论总体时，应该特别慎重。

---

① 李志强，蔡宏宇．市场调查与预测［M］．2 版．长沙：湖南大学出版社，2014：2.

第二节 网络调查的问卷设计

网络调查问卷的质量，将直接或间接影响调查的回复率。网络平台的多媒体整合能力使得网络问卷的形式更加丰富，超链接功能让问题之间的跳转更加灵活，用户使用体验更佳，网络调查让被调查者参与调查的过程更加流畅，时间耗费更少。但同时由于使用了网络技术，网络问卷的设计要考虑的因素更多，设计过程也更加复杂。网络调查的问卷设计在继承传统问卷设计理论（请参阅第 3 章内容）的基础上呈现出新的特点。

一、网络调查问卷设计的原则

网络调查问卷是在互联网环境下实施调查，除了依据问卷设计的主要原则外，还要遵行互联网技术的特征和规律。网络调查问卷的设计原则，主要涉及被调查者的用户体验、使用设备的兼容、多媒体使用和运用技术等方面。

（一）用户体验原则

网络调查中的用户体验，指被调查者在参与调查的过程中，对调查问卷承载平台的个人主观感受。影响用户体验的因素一般包括视觉、触觉、听觉以及用户情感等。网络调查的问卷用户体验原则，主要包括三个方面。

第一，网络调查的问卷设计应能以轻松、快捷的方式帮助被调查者无障碍完成问卷填答。这就要求在设计网络问卷时，必须充分考虑计算机本身的操作方法与被调查者预先设想的问卷填写操作方法两者之间的逻辑一致性。①

第二，在被调查者填写问卷的过程中，问卷与被调查者之间的交互应当流畅且令人愉悦。这就要求网络调查问卷设计中要注重为被调查者提供易学、易用的交互操作方式。

第三，网络调查问卷设计中的题目顺序、题型选择、配色方案、展现方式等，应以被调查者为中心，以方便被调查者顺利、愉悦、简单地填答问卷为目的。

（二）兼容性原则

在互联网技术快速发展的当下，网民使用的上网设备是多种多样的，使用桌面互联网的网民可能会使用 IE、Firefox、Chrome 等浏览器。使用移动互联网参与调查的网民可能使用 iOS 或 Android 系统。此外，不同的网民所在的网络环境也有较大差异，如网速快慢、对上网设备熟悉与否等。设计网络调查问卷时应充分考虑不同技术、不同软件系统之间的兼容性，否则，同样的网络调查页在不同的浏览器上，显示出来的页面有很大不同。有时，还可能直接导致

---

① 赵国栋．网络调查研究方法概论［M］．2 版．北京：北京大学出版社，2013：3.

调查页面无法提交。在设计网络调查问卷页面时，要充分考虑网络技术的兼容因素，可使用HTML和CSS进行前台布局，用动态编程语言和数据库进行数据控制。HTML和CSS要特别注意检查页面在不同浏览器上的兼容性，常见的动态编程语言有ASP、PHP、JSP等，常用的数据库有Access、MySQL、msSQL等。

（三）适度使用多媒体原则

适当地使用多媒体技术，可以极大地丰富网络调查表单的呈现方式。多媒体技术可以整合视频、图片、音频、动画、文字等多种形式，在网络调查中能更好地辅助被调查者准确理解问卷问题含义，轻松、快捷、愉悦地完成问卷调查。

这里要特别注意一个问题，即适度使用多媒体。多媒体是诠释网络调查问卷的辅助形式，其主要目的是服务于网络调查问卷的内容设计。如果形式大于内容，在网页问卷设计中过多甚至过滥运用多媒体元素，便会分散被调查者的注意力，影响网络调查的效果。

（四）善用技术原则

实施网络调查主要依赖互联网平台，互联网平台的技术特性也使它为网络调查的问卷设计提供了独特的辅助手段。例如，研究者可以在网络调查问卷页面的后台，在线统计每位被调查者填答问卷的时间和回答每道题的时间，或者统计被调查者中断回答离开页面的时间。另外，研究者还可以在后台编写特定程序，用于监测调查过程：基于IP识别被调查者的地域信息，通过cookie筛选出重复参加调查行为等。

研究者对技术的善用可以有效提升调查数据的质量，提高网络调查的信度。例如对问卷填写时间进行追踪，如果被调查者用于填答问卷的时间过短，就有必要质疑数据的真实性。另外，在问题与问题之间设置逻辑判断，根据预先设定好的技术锁甄别出随意作答的被调查者，实时判断被调查者的答题是否符合问卷设计的规范，进而通过编写程序智能识别网络调查中的噪声数据。

二、网络调查中问题的顺序

设计网络调查问卷时，同样要注意问题的顺序。在问卷开始部分应该放置一些易于回答的问题，且这些问题要适合每一位被调查者，即在被调查者准备回答问卷问题前，设置一些“暖身”问题，然后逐渐安排一些重要问题，最后放置较为敏感的问题（如果调查需要的话）。[1] 传统的问卷问题的呈现顺序一般是由简单到复杂，先一般后敏感。比起传统的调查方式，网络问卷调查在问题的顺序和设计方面更为灵活，因此排序的作用就变得更大。研究发现传统的调查问卷中问题

① DILLMAN D A. Mail and internet surverys: the tailored design method [M]. 2nd ed. Hoboken, NJ: John Wiley & Sons, 2007.

的排序对调查结果将产生很大影响，前面的问题可能影响到被调查者对后面问题的认识和评价。因此对于网络调查问卷中问题的呈现顺序，应根据具体的问题类型区别对待，大的板块布局是背景信息在前，具体调查问题在后。不会产生交叉影响的问题，应按主题归类；容易产生交叉影响的问题，则通过程序随机排序，并随机呈现问题选项。通过这些方式可以提升数据的有效性。

三、网络调查中问卷问题的提问方式

这里所说的问卷问题的提问方式，指被调查者在网络环境中回答问卷时，面对的问题以何种形式出现在屏幕上，通常有闭卷单屏跳出式和单页滚动式等。

（一）闭卷单屏跳出式提问

闭卷单屏跳出式提问，是将问题分别显示在一个单独的页面上，被调查者通过点击链接按钮，顺序访问前后的问题。该呈现方式借鉴了传统调查研究方法中逐一念出问题的形式。这种提问方式与面访式问卷调查类似，使被调查者填写问卷时，不会被前后的问题和选项干扰，从而保证了数据收集的质量。另外，闭卷单屏跳出式提问方式，可以做到在调查过程中，根据被调查者已经回答的内容判断后续回答的题目，跳过没必要呈现的问题，有效利用调查时间，避免被调查者回答错误，而且能有效杜绝被调查者由于填答时间过长心生倦怠而中途放弃调查的现象发生。

（二）单页滚动式呈现

单页滚动式呈现，是在一个网页上呈现出问卷的所有内容，如果内容很多，用户便需要拖动页边的滚动条或滚动鼠标滚轮浏览和回答，这一形式的问卷一般在页面末端设置有提交按钮，被调查者在填完问卷后，便可点击该提交按钮完成调查。通常，在被调查者提交问卷之前，后台系统会对表单中的调查问题进行合法性检验，如果发现错误数据，会及时提示该填答问卷者，待其更正错误后方可提交。比如电子邮件地址非法、身份证号与年龄信息不符等。

单页滚动式呈现与传统自填式问卷调查十分相似，但是在被调查者填写问卷过程中，一旦发生刷新浏览器、浏览器跳转、机器意外掉电等情况，被调查者之前所填的数据将会丢失。此外，在有些问卷中，并不要求所有的被调查者都要逐一回答全部问题，在单页滚动式呈现的形式下，被调查者可以看到全部的问卷内容，并可能根据问卷设计选择性作答，比如选择问题最少的作答路径进行填答，导致测量错误。以上是这一方式存在的不足之处。

上面介绍了两种问卷的网页呈现方式——闭卷单屏跳出式提问和单页滚动式呈现，它们各具优缺点，选择哪一种方式，要视具体的调查主题而定。一般情况下，当问卷内容不多时，可以考虑使用闭卷单屏跳出式提问问卷；当问卷内容较多时，则宜采用单页滚动式呈现方式。有时候也可以将两者结合起来，如将涉及被调查者背景信息的问题或同一主题系列问题，整合在一个页面上，采用单页滚动式呈现。易发生前后影响的调查问题或可能跳过的问题，适合采用闭卷单屏跳出式提问方式呈现。

第三节 制作网络调查问卷

制作网络调查问卷可分为前台页面和后台处理两部分。前台页面的制作，通常使用 HTML 表单标签配合 HTML 的布局标签完成，并使用 CSS 对页面进行美化。后台处理一般使用动态网页语言（本教材采用 ASP）和数据库（采用 msSQL）配合完成。动态网页语言负责调查问卷承载表单与数据库的交互，数据库负责网络调查问卷数据的存储。本节将介绍表单制作的前台部分，即如何使用 HTML 标签制作调查问卷，重点介绍 HTML 的表单元素。后台处理部分涉及的计算机技术的相关知识，新闻传播学领域的读者如果有兴趣，可参阅相关著作。

由于表单是被调查者与承载调查页面服务器之间的桥梁，交互式调查过程需要使用 HTML 表单，才能完成调查数据的交互。动态网页语言的一个主要功能是对 HTML 表单中输入的信息进行处理，表单是动态网页语言主要的用户接口。因此，在网络调查问卷制作中，表单是非常重要的工具。HTML 常用的表单遵守 HTML 的语法规则，具体标记如下：

一、表单标签

表单标签是所有表单元素的容器，界定了表单数据的提交方式和提交地址。

标签格式：

```
<FORM ACTION = "URL"METHOD = "POST | GET">...</FORM>
```

属性解释：

ACTION 属性：给出了表单信息处理文件的路径。

METHOD 属性：指明表单信息通过何种方式送出。

METHOD 规定用于发送表单数据的 HTTP 方法，包括 POST 和 GET 两种方式。其中，POST 容许传送大量数据，数据隐式提交；GET 只接收低于 1KB 的数据，数据显式提交。

二、单行文本框

文本框是能够产生一单行文字的输入框，最多能输入 255 个字符。在网络调查中，可以在文本框中输入适合接纳用户的少量文本信息，例如姓名、地址、职业等。

标签格式：

<input type = "text"name = "..."size = "..."maxlength = "..."value = "...">

属性解释：

type= “text”：定义单行文本输入框。

name 属性：文字区域的名称，作识别之用，传到处理程序。

size 属性：定义文本框的宽度，单位是单个字符宽度。

maxlength 属性：定义最多输入的字符数。

value 属性：定义文本框的初始值。

代码举例：

单行文本框代码示例如代码 10－1 所示。

代码 10－1

```
<form id = "form01" name = "form01" method = "post" action = "form.asp">
姓名:<input name = "name" type = "text" id = "name" size = "30" maxlength = "20"/>
<br><br>
职业:<input name = "job" type = "text" id = "job" size = "30" maxlength = "30"/></form>
```

代码解释：

上述代码前台显示界面如图 10－1 所示，调查表单提供了“姓名”字段和“职业”字段供用户填写，文本框规定了“姓名”字段最多为 30 个字符宽度，最多允许输入 20 个字符，规定了“职业”字段为 30 个字符宽度，最多允许输入 30 个字符。

是换行标记，实现姓名字段与职业字段的换行。用户填写的数据将以 post 方式提交，提交的数据将由 form. asp 来处理。

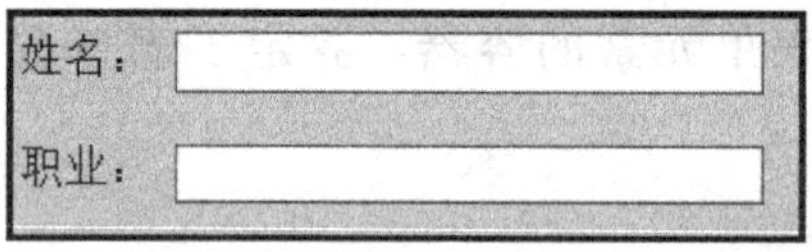

图 10－1 单行文本框

三、密码框

密码框用于输入密码。当访问者输入文字时，文字会被实心圆点代替，输入的文字会被隐藏，起到保护用户输入字符的作用。

标签格式：

<input type = "password"name = "..."size = "..."maxlength = "...">

属性解释：

type= “password”：定义密码框。

name 属性：密码框名称，作识别之用，传到处理程序。

size 和 maxlength 属性与单行文本框相同。

代码举例：

密码框代码示例如代码 10－2 所示。

```
<form id="form1" name="form1" method="post" action="form.asp">
用户名:<input name="name" type="text" id="name" size="30"/>
<br><br>
密码:<input name="pwd" type="password"id="pwd" size="30" maxlength="30" />
</form>
```

代码 10-2

代码解释:

上面代码前台显示界面如图 10-2 所示，调查表单提供了供用户填写的“用户名”字段和“密码”字段，其中“用户名”字段为 30 个字符宽度，最多允许输入 30 个字符，用户“密码”字段的输入显示为实心圆点。代码中其他部分与上一例类似，在此不再赘述。

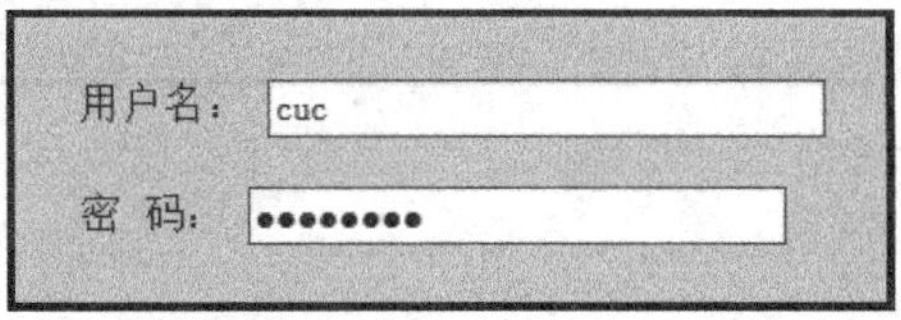

图 10-2　密码框

四、多行文本框

进行网络调查时，常常希望被调查者能够就某一调查问题，给出他们的真实想法或建议，这时，被调查者就要输入较多的文字信息，即填写字符数较多，这时宜使用多行文本框。

标签格式:

```
<TEXTAREA name="..." cols="..." rows="..." ></TEXTAREA>
```

属性解释:

name 属性：定义多行文本框的名称。

cols 属性：定义多行文本框的宽度，单位是单个字符宽度。

rows 属性：定义多行文本框的高度，单位是单个字符宽度。

代码举例:

多行文本框代码示例如代码 10-3 所示。

```
<form id="form1" name="form1"method="post" action="form.asp">
请给出你对本次调查的建议:
<br><br>
<textarea name="m1" cols="40" rows="10" id="m1"></textarea>
</form>
```

代码 10-3

代码解释：

上面代码前台显示界面如图 10－3 所示，调查表单提供了填写调查建议的区域，其中建议字段每行输入 40 个字符的宽度，共计 10 行，建议的 id 为 m1。如果被调查者输入的字符超过 10 行，该表单会在右侧显示滚动条。

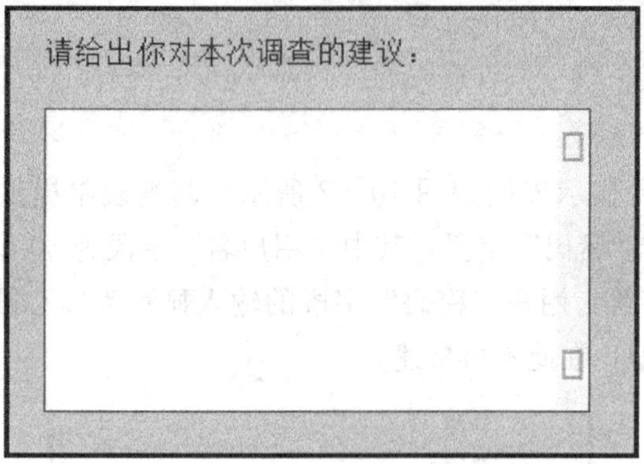

图 10－3　多行文本框

五、单选框

在网络调查中，单选题出现较多，这时宜使用单选框。

标签格式：

```
<input type = "radio" name = "..." value = "...">
```

属性解释：

type＝“radio”：定义单选框。

name 属性：定义单选框的名称，要保证数据的准确采集，单选框都是以组为单位使用的，同一组中的单选项必须用同一个名称。

value 属性：定义单选框的值，在同一组中，它们的域值必须是不同的。

代码举例：

单选框代码示例如代码 10－4 所示。

代码 10－4

```
<form id = "form1" name = "form1" method = "post" action = "form.asp">
请选择您个人月收入?<br><br>
<input type = "radio" name = "sa" value = "3" />
3 000 元以下<br />
<input type = "radio" name = "sa" value = "5" />
3 000 元～5 000 元<br />
<input type = "radio" name = "sa" value = "8" />
5 000 元～8 000 元<br />
<input type = "radio" name = "sa" value = "10" />
8 000 元以上
</form>
```

代码解释：

上面代码前台显示界面如图 10-4 所示，调查表单提供了被调查者个人收入的四个单项选择。特别要注意的是，四个选项 name 属性必须相同，这样才能保证四个选项出现在同一个组内。

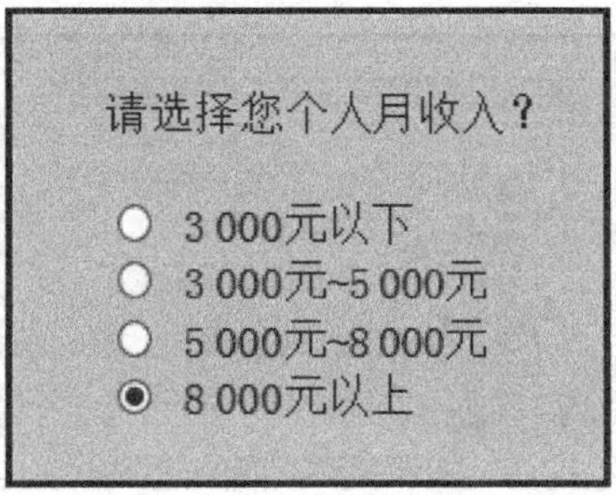

图 10-4　单选框

六、复选框

如果网络调查中允许被调查者选择多个项目，则设计时需要使用复选框。复选框允许被调查者在待选项中选择一项以上的选项。每个复选框都是一个独立的元素，都必须有一个唯一的名称。

标签格式：

```
<INPUT type = "checkbox" name = "..." value = "...">
```

属性解释：

type= “checkbox”：定义复选框。

name 属性：定义复选框的名称，要保证数据的准确采集，必须定义一个独一无二的名称。

value 属性：定义复选框的值。

代码举例：

复选框代码示例如代码 10-5 所示。

```
<form id = "form1" name = "form1" method = "post" action = "form.asp">
请选择您逛商场的三个主要目的?<br> <br>
<input type = "checkbox" name = "a1" value = "meal" />餐饮<br>
<input type = "checkbox" name = "a1" value = "shop" />购物<br>
<input type = "checkbox" name = "a1" value = "dress" />服装<br>
<input type = "checkbox" name = "a1" value = "cosmetic" />化妆品<br>
<input type = "checkbox" name = "a1" value = "merchandise" />百货<br>
<inputtype = "checkbox" name = "a1" value = "other" />其他<input type = "text" name
= "a1other" />
</form>
```

代码 10-5

代码解释：

上述代码前台显示界面如图 10-5 所示，调查表单中陈列的问题，是向被调查者提问逛商场的主要目的，多个选择项与之相应。name 属性指定该多项选择的 id，value 指定选项对应的值。

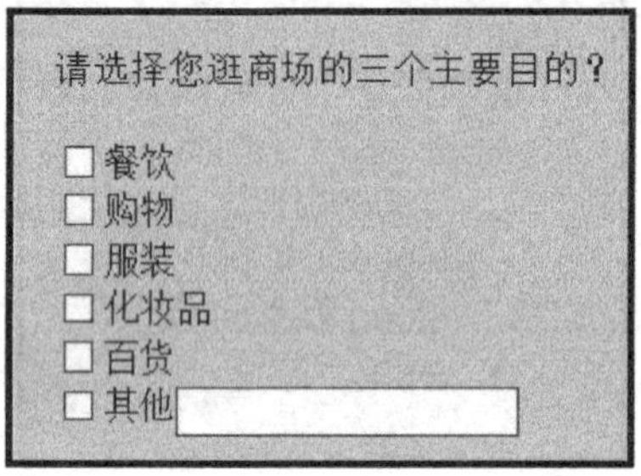

图 10-5　复选框

七、提交按钮

当被调查者完成调查后，点击“提交”按钮即可完成网络调查任务。提交按钮用于将被调查者填写的网络调查表单信息提交到网站服务器存储。

标签格式：

```
<input type="submit" name="..." value="...">
```

属性解释：

type=“submit”：定义提交按钮。

name 属性：定义提交按钮的名称。

value 属性：定义按钮的显示文字。

八、复位按钮

复位按钮用来重置表单，清空同一表单内被调查者填写的信息。

标签格式：

```
<input type="reset" name="..." value="...">
```

属性解释：

type=“reset”：定义复位按钮。

name 属性：定义复位按钮的名称。

value 属性：定义按钮的显示文字。

代码举例：

复位和提交按钮代码示例如代码 10-6 所示。

```
<form id="form1" name="form1" method="post" action=" form.asp">
请选择您逛商场的三个主要目的?<br> <br>
```

```
<input type="checkbox" name="a1" value="checkbox" />餐饮<br>
<input type="checkbox" name="a1" value="checkbox" />购物<br>
<input type="checkbox" name="a1" value="checkbox" />服装<br>
<input type="checkbox" name="a1" value="checkbox" />化妆品<br>
<input type="checkbox" name="a1" value="checkbox" />百货<br>
<input type="checkbox" name="a1" value="checkbox" />其他<input type="text"
name="a1other" /><br> <br>
<input type="reset" name="rs" value="重填" />
<input type="submit" name="subm" value="提交" />
</form>
```

代码 10 - 6

代码解释：

上述代码前台显示界面如图 10 - 6 所示。上述代码在一个多项选择题的基础上添加了复位和提交按钮，即当某被调查者点击重填按钮后，该被调查者在网页上输入的所有信息被清空；当被调查者点击提交按钮后，该被调查者填写的信息会被传输给 form. asp 文件进行处理，访员可以在 form. asp 页面编写程序，将信息存储到相应的数据库里。

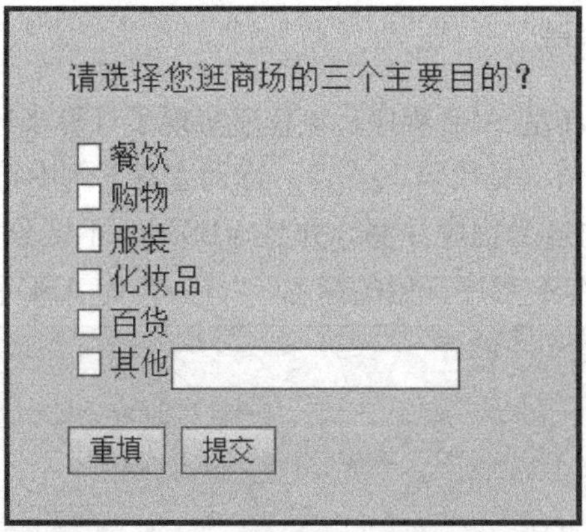

图 10 - 6　复位和提交按钮

在 HTML 表单标签中，还有列表标签可以构造列表选项、菜单标签可以构造菜单选项、跳转标签可以构造跳转链接、文件域标签可以构造文件上传接口等，在此不再赘述。有关这方面的知识，请参考阅读 W3School 的表单部分。[①]

第四节　网络调查的资料收集与存储

通常，网络调查数据的收集由动态语言来完成，数据的存储则由数据库来

① W3School. HTML 教程［EB/OL］.（2019 - 11 - 20）［2021 - 06 - 25］. http：//www. w3school. com. cn/html/index. asp.

执行。动态语言负责读取表单提交的数据并进行适当的数据转换，将数据信息存储进数据库，数据库负责调查数据的存储与组织，保证数据的安全性、完整性和唯一性。下面以 ASP 为例来解释动态语言的使用，使用 Microsoft SQL Server 来介绍数据的存储。

一、ASP 与网络调查资料收集

动态服务器页面（active server pages，ASP）是微软公司开发的服务器端的脚本引擎，能够动态产生 Web 页面，即数据的计算、动态页面的输出和逻辑判断。[①] ASP 可以与很多关系数据库进行交互，实现数据的读写，是一种简单便捷的编程工具。

（一）ASP 运行环境

ASP 的运行环境是 IIS（Internet Information Services），它是 Windows 的一个选择安装组件。在使用 ASP 开发页面之前需要安装 ASP 的运行环境，人们通常选择安装使用 IIS。在该运行环境下，ASP 可以动态地编辑、改变或者添加页面的任何 Web 内容，处理用户表单提交的查询任务或者数据处理，实现用户与数据库的交互。页面开发人员可以在 ASP 中使用 VBScript 和 JavaScript 等脚本语言，默认的脚本语言是 VBScript。

（二）ASP 的程序

以下列出一个简单的 ASP 程序，该程序实现了计算半径是 40 的圆周长的计算，并输出圆周长的值（见代码 10－7）。特别注意下例中符号“′”为注释符号，由符号“′”引领的内容为程序注释，并且 VBScript 不区分大小写，如 r 与 R 视为同等。“<%”为 ASP 程序开始的标志，“%>”为 ASP 程序结束的标志。

```
<%
Pi = 3.14159
'指定圆周率 PI 的值为 3.14159.
Dim c,r
'定变量 c 和 r 分别用来存储圆的周长和半径.
r = 40
'指定圆的半径的值是 40.
c = 2 * pi * r
'* 为乘法符号,根据圆的周长公式计算圆的周长,并存储到 c.
response.Write(c)
'response.Write 是输出语句,该语句将 c 的值输出到页面上.
%>
```

代码 10－7

① 吕继迪，孙明丽，庞娅娟 . ASP 从入门到精通［M］. 北京：清华大学出版社，2008：10.

该程序运行时将在页面输出计算的周长值 251.3272（即 2×3.14159×40）。

(三) 调查表单的程序

下例是将被调查者在一个简单调查表单中填写的内容显示出来。在这里需要使用两个文件：form1.asp 和 form2.asp。其中 form1.asp 负责构造表单，form2.asp 负责接收表单数据并显示。

form1.asp 文件内容如代码 10-8 所示。

```
<form id="form1" name="form1" method="post" action="form2.asp">
<br>姓名:<input type="text" name="uname" />
<br><br>
年龄:<input type="text" name="uage" />
<br><br>
请选择您每天看电视的时间?
<br>
<input type="radio" name="tvtime" value="6 小时以上" />
6 小时以上
<br />
<input type="radio" name="tvtime" value="4～6 小时" />
4～6 小时
<br />
<input type="radio" name="tvtime" value="2～4 小时" />
2～4 小时
<br />
<input type="radio" name="tvtime" value="2 小时以下" />
2 小时以下
<br />
<input type="reset" name="reset" id="reset" value="重置" />
<input type="submit" name="button2" id="submit" value="提交" />
<br />
</form>
```

代码 10-8

form1.asp 文件的显示内容如图 10-7 所示。

该调查表单使用了两个文本标签，分别接收被调查者填写的“姓名”和“年龄”，使用单选框接收其对看电视时间的选项，并通过表单的 action 属性指定 form2.asp 接收该调查表单提交的数据。

form2.asp 文件内容如代码 10-9 所示。

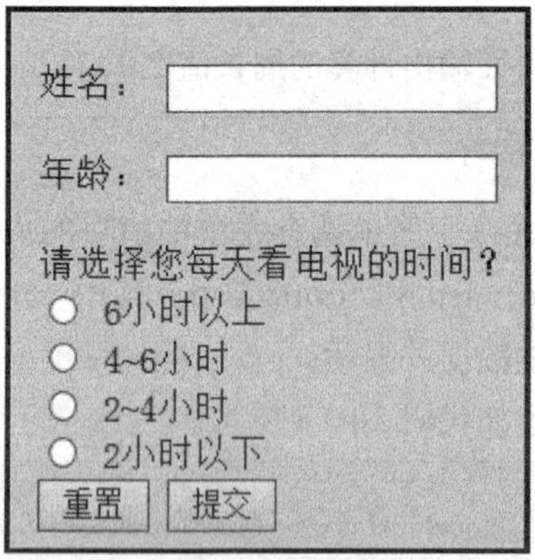

图 10-7 表单内容

代码 10-9

```
<%
response.Write("表单填写的信息如下")
response.Write("<br>")
response.Write("姓名:"&request.Form("uname"))
'使用 request.Form 命令取出 uname 标签的用户输入值,& 为连接运算符将姓名字符与用户输入的字符连接起来
response.Write("<br>")
response.Write("年龄:"&request.Form("uage"))
'使用 request.Form 命令取出 uage 标签的用户输入值.
response.Write("<br>")
response.Write("您每天看电视的时间:"&request.Form("tvtime"))
'使用 request.Form 命令取出 tvtime 标签的用户输入值.
%>
```

上例中，request.Form 是一个重要的 ASP 方法，它可以实现根据表单元素的 name 名称向表单内取值的功能，比如 request.Form（"uname"）取出的是标签 <input type="text" name="uname" />中用户输入的值。用户使用 form1.asp 与 form2.asp 的过程如图 10-8 和图 10-9 所示。

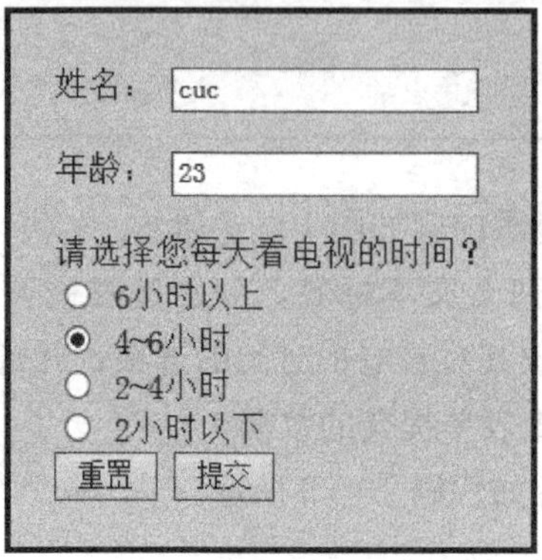

图 10-8 表单内容（form1.asp）

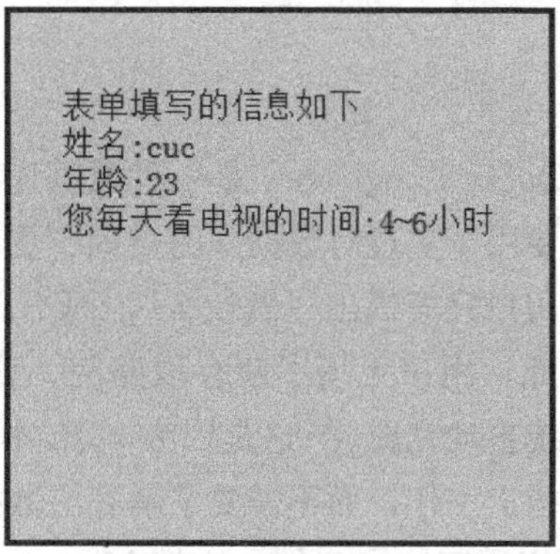

图 10－9　表单内容（form2. asp）

需要特别注意的是，tvtime 对应的标签，在 value 里一般不会直接处理成类似“6 小时以上”的字符串，而是使用刻度进行度量，并使用数据词典记录不同刻度对应的值，如四个选项分别使用 A、B、C、D 表示，实际存储入数据库的是 A、B、C 和 D 字符，而不是选项对应的字符串。这样做的好处是，一方面可以节省数据库存储空间，另一方面使采集的数据更有利于数据分析。本例中出于简化的考虑，直接使用选项对应文本字符串赋值的方法。

二、Microsoft SQL Server 与网络调查数据存储

在网络调查中，获得的数据通常使用数据库进行存储。所谓数据库，就是以一定的方式保存在计算机存储设备上的相互关联的数据的集合。使用数据库保存数据有着诸多优点：第一，可以使数据库根据不同的需求、依照不同的方法对数据进行整理，使访问数据库中数据的效率达到最优；第二，数据库不仅能够保存调查数据本身，也能保存调查数据之间的相互关系，保证对数据修改的一致性，还能有效减少数据的冗余；第三，数据库对数据规定了约束条件，以保证数据的正确性。

（一）数据库模型

常见的数据库模型分为四种，分别是：（1）层次数据库模型；（2）网状数据库模型；（3）关系数据库模型；（4）对象-关系模型。在这四种数据库模型中，关系数据库模型最为常见。在关系数据库模型中，数据的逻辑结构是一张二维表，一个关系对应一张二维表。二维表由行和列组成，其中每一行代表一条记录，每一列代表一个属性。这样存储和组织的数据，被人们习惯地称为结构化的数据。如表 10－1 所示的“被调者信息表”。

表 10－1　被调查者信息表

被调查者编号	性别	职业	年龄
2016100810	男	教师	28
2016100811	男	公务员	32
2016100812	女	学生	19
…	…	…	…

(二) SQL 数据库

SQL (Structured Query Language) 是一种数据库查询语言，也是最常用的数据库操作语言，主要用于实现对数据库的查询、更新和管理。SQL 是一种高度的非过程化语言，用户只需提出“做什么”，而不必指明“怎么做”，它便可以按照指令执行。因此，用户无须了解存取路径、路径选择，以及 SQL 语句的操作，这些均由系统自动完成。[①] 这是因为 SQL 本身具有的特点，使用户可以直接在高层数据结构上工作，而不需要了解底层数据的存储和组织方式。

SQL 可与多种数据库程序协同工作，比如 Microsoft Office Access、DB2、Microsoft SQL Server、Oracle、Sybase 等数据库系统。不同的数据库系统存在很多不同版本的 SQL 语言，为解决兼容问题，数据库系统均会遵守 ANSI (American National Standards Institute，ANSI) 标准并与其兼容，因此，SQL 也是一种 ANSI 语言。除了兼容 SQL 标准，大部分 SQL 数据库程序都会根据自己的产品对 SQL 进行拓展。[②]

Microsoft SQL Server 将 SQL 拓展为 T-SQL (Transact-SQL)，这里简单介绍 T-SQL 编辑和维护数据的语法。

1. INSERT INTO

功能：添加数据使用 INSERT 语句，用于向表中插入新的一行。

语法：INSERT [INTO] 表名 [(列名)] Values (表达式)

例：

代码 10-10

```
insert into 被调查者信息表(被调查者编号,性别,职业,年龄)
values('2016100810','男','教师','28')
```

上例的语句实现了向被调查者信息表插入一条编号为 2016100810、性别为男、职业为教师、年龄是 28 岁的记录。T-SQL 关键字对大小写不敏感，INSERT与 insert 是等同的。

2. UPDATE

功能：用于修改表中的数据。

语法：UPDATE 表名 SET 列名=表达式 [WHERE 条件]

例：

代码 10-11

```
update 被调查者信息表
set 年龄 = '30'
where 学号 = '2016100810'
```

① 聂玉峰，陈东方 . Access 数据库技术与应用 [M]. 北京：科学出版社，2009：6.

② 洪欣 . 数据库原理、应用与开发 [M]. 北京：电子工业出版社，2013：1.

上例语句实现了将被调查者信息表中学号为 2016100810 的数据行中的年龄信息修改为 30。

3. DELETE

功能：用于删除表中的行。

语法：DELETE　表名［WHERE　条件］

例：

```
delete 被调查者信息表
where 学号 = '2016100810'
```

代码 10－12

上例语句实现了将被调查者信息表学号为 2016100810 的这一行数据删除。

三、ASP 与 Microsoft SQL Server 桥接

在网络调查中，表单用于获取用户的调查数据，Microsoft SQL Server 用于数据的组织与存储。在网络调查的实际操作中，还需要一个渠道，将表单数据和数据库桥接起来，这个渠道在 ASP 中就是 ADODB. Connection 对象。对象是计算机面向对象程序设计中的一个概念，即把万事万物抽象为类，比如学生是一个类，学生有姓名、年龄信息，这些信息被称为学生类的属性，学生有各种技能，这些技能被称为学生类的方法。在定义了学生类后，就可以声明变量 A 属于学生类，那么 A 就是学生类的实例，我们把 A 叫作学生类的对象，A 这个对象自然就继承其所属类的属性和方法，如姓名信息和技能。对象是类的实例，这里的 ADODB. Connection 就是数据库连接类的实例。

创建 ADODB. Connection 需要使用 Server. CreateObject 方法，Server. CreateObject 用于引入第三方的组件，实现对 ASP 进行扩展。

（一）表单和数据库桥接

下面用一个例子来说明将表单数据和数据库桥接起来的实际操作。

为更好地处理选择题的数据，表单根据看电视的时间，在 value 属性中分配 a、b、c、d 四个档次。表单文件名为 form1. asp，表单源代码如代码 10－13 所示。表单呈现如图 10－10 所示。

```
<form id = "form1"name = "form1" method = "post" action = "form2. asp">
<br>姓名:<input type = "text" name = "uname" />
<br><br>
年龄:<input type = "text" name = "uage" />
<br><br>
请选择您每天看电视的时间?
```

```
<br>
<input type="radio" name="tvtime" value="a" />
6 小时以上
<br />
<input type="radio" name="tvtime" value="b" />
4~6 小时
<br />
<input type="radio" name="tvtime" value="c" />
2~4 小时
<br />
<input type="radio" name="tvtime" value="d" />
2 小时以下
<br />
<input type="reset" name="reset" id="reset" value="重置" />
<input type="submit" name="button2" id="submit" value="提交" />
<br />
</form>
```

代码 10-13

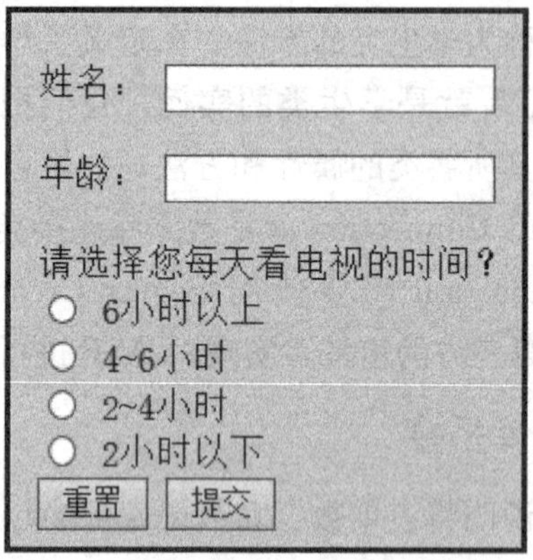

图 10-10　表单呈现

(二) 表单存入数据

如果将调查的表单信息存入数据，首先要设计数据的表，对本例而言，我们给数据库命名为“sdata”，msSQL 数据的用户名设置为“CUC”，密码设置为“cuc@4506”，数据库服务器的 IP 地址为“127.0.0.1”，调查数据表命名为“survey”，数据库中“survey”的结构如表 10-2 所示。

表 10-2　调查表示例

姓名	年龄	看电视时间
…	…	…

form2. asp 为表单数据入库页面，源代码如代码 10－14 所示。

```
<%
Dim cname,cage,ctime,csql,rcheck
cname = request. Form("uname")
cage = request. Form("uage")
ctime = request. Form("tvtime")
'从表单中提取姓名、年龄和看电视时间的用户输入值,存入三个变量中
set my_Conn = server. createobject("ADODB. connection")
'创建 ADODB. connection 类的对象 my_Conn
my_Conn. open("PROVIDER = SQLOLEDB;DATASOURCE = 172. 0. 0. 1;UID = CUC;PWD = cuc@4506;
DATABASE = sdata")
'使用参数打开 sdata 数据库,PROVIDER 是数据库的接口标准,DATASOURCE 是数据库服务器
的地址信息多用 IP 地址,UID 是数据库的用户名,PWD 是数据库的密码,DATABASE 是数据库
的名称,一台数据库服务器上常常有多个数据库.
csql = "Insert Into survey(姓名,年龄,看电视时间)VALUES('"& cname &"','"& cage
&"','"& ctime &"')"
'构造 sql 插入语句用于表单信息录入数据库. & 为字符串连接运算符,实现字符串的连接
运算.
rcheck = my_Conn. Execute(csql)
'实际执行 sql 语句实现表单信息的数据入库,并将数据库中受影响的行数存储在 rcheck.
If rcheck>0 then
        response. write("调查数据成功提交")
        else
        response. write("调查数据提交失败")
endif
'根据 rcheck 的值判断 csql 指令是否成功执行,进而决定如何输出
my_Conn. close
'关闭 form2. asp 页面与数据库的连接.
set my_Conn = nothing
'清空 my_Conn 对象,释放服务器资源.
%>
```

代码 10－14

本例呈现了一个简单调查表单的入库过程。入库后的数据，可以在进入数据库后直接进行分析，也可将各种数据格式导出后用第三方数据分析软件分析。本节介绍了 ASP 与 Microsoft SQL Server 桥接实现调查数据入库的办法，前台的调查表单设计中，可以使用 HTML 标签与 CSS 配合对调查表单进行美化。更多的 ASP 的语法和数据库命令可参考以下网页：

W3School ASP 教程：http：//www. w3school. com. cn/asp/index. asp。

W3School SQL 教程：http：//www. w3school. com. cn/sql/index. asp。

第五节　网络调查的应用领域和优缺点

在互联网技术逐渐深入地嵌入人们的日常生活、社会交往和信息传播的当下，利用互联网技术进行数据收集与分析的方法亦越来越成熟。这种网络调查方法的技术，自出现以来就受到学界、业界的高度关注和认可，被人们普遍运用于信息科学、新闻传播学、社会学、经济学和心理学等学科中，成为一种重要的研究方法。

一、网络调查的应用领域

网络调查适用于使用传统问卷调查时无法解决难题的一些主题，例如敏感性问题、需要人际互动才能完成的调查等。

（一）敏感性问题网络调查

所谓敏感性问题，是指涉及个人隐私、不愿或不便公开表态或陈述的问题。[①] 这类问题常触及个人敏感问题，如性取向、酗酒、吸毒、偷漏税等。在调查时为减轻被调查对象的压力，获取真实的回答，多使用匿名网络调查。

（二）互动性应用

网络调查通常通过网络投递收集数据和资料，运用这一方法除了可以收集到调查主题所关注的一手资料外，还可以借助网络平台的互动性，采集到被调查者在填答问卷过程中的有关数据。例如，填答时间、填答键盘及鼠标的追踪，甚至通过特定的情景设计，能够巧妙地收集到被调查者填答问卷行为的细节过程，从而实施特定目的调查。这种互动性应用是网络调查所特有的。

（三）媒体效果评估

传播效果评估一直是传播学研究的热点问题。大众媒体的传播效果评估有很多传统的方式，比如报纸和杂志的发行量、广播收听率、电视收视率等，都已经比较成熟。针对网络传播出现的问题，网络调查方法提供了一种全新的评估媒体传播效果的方式。网络调查不但可以评估媒体的覆盖率，还可以评估媒体受众的使用满意度，而且这种评估是实时的。基于以上原因，效果评估成为网络调查中一个非常重要的应用领域。

（四）网络公众意见测量

对公众意见的测量是舆论学、新闻传播学研究中一项重要的议题，网络调查可快速收集网络公众的意见。众所周知，大众传播时代的经典理论，如“议

---

① 曾五一．曾五一文集［M］．北京：中国统计出版社，2015：12.

程设置”“沉默的螺旋”等，都是基于测量和收集人们关于某一主题的观点和意见得出的。在网络传播时代，运用网络调查方法调查收集网络公众意见，可以甄别舆情态势，进行网络舆情研判，帮助政府提升执政效率，推动社会民主进步，提升公民参与公众事务的积极性。网络调查越来越广泛地运用在政治传播、公共传播、健康传播等领域。

二、网络调查的优缺点

（一）网络调查的优点

与传统调查方法相比，网络调查的优势体现在以下方面。

1. 方便快捷

只要有一台能连接互联网的电脑，借助问卷制作工具，研究者就可以在互联网上发布问卷，被调查者可以不受时间、空间的限制，方便快捷地填写问卷并提交。同时借助多媒体技术，可以在问卷中加入多媒体元素，辅助解释调查问题，让调查主题更准确。

2. 成本低廉

网络调查全程实现了数字化，与传统调查相比，不需要打印或印刷问卷，不需要雇用大量访员，不需要邮寄问卷，不需要对问卷回收数据进行人工录入和清洗。因此，这种调查方式可以节约大量调查成本。网络调查中样本规模对调查成本影响不大，只要调查平台和渠道选择合适，很容易就可以获取大量调查样本，有助于减少抽样误差。

3. 反馈及时

网络调查问卷在被调查者提交后即完成了数据回收，不似传统调查问卷回收后需要大量的人工处理工作。在回收网络调查数据后，其获得的数据通常直接存储在数据库中，可以借助数据库命令或各种统计软件对数据实现快速分析，及时得出分析结果。

4. 匿名性好

网络调查多不是在面对面的情境下进行的，除非被调查者主动说明或调查问题中有相关的问题，网络调查通常是得不到被调查者的身份和背景信息的，系统默认被调查者为匿名。针对一些比较敏感的问题，由于没有访员的影响和干扰，被调查者给出的回答往往更加真实可靠。

5. 人工误差少

网络调查执行过程不需要人工干涉，不存在传统调查中问卷有意或无意引导及数据录入和整理过程中产生的人工误差。而且，研究者设计电子问卷，由访员来执行，借助移动设备的应用程序，可以实现对调查过程的全程视音频和地理位置的监测，有效规避传统调查中访员的作弊现象。目前北京大学中国社会科学调查中心的调查项目“中国健康与养老追踪调查”（CHARLS）便是使用这一方法收集相关数据（请参阅第3章案例）。

6. 互动性强

借助互联网技术的网络调查方法，可以增强问卷设计的交互性。例如，在问卷设计中，不同问题之间可能存在特定的逻辑关系，网络调查可根据被调查者已填写的信息，自动筛查与其存有逻辑关系的特定问题，实时监测被调查者的错误输入并给予提示，使调查过程更加智能化。

此外，借助服务器日志、cookie、流量分析技术，这一方法还可以获取被调查者的IP、填答问卷需要的时间、问题修改频次等信息，辅助判断调查数据质量。

（二）网络调查的缺点

网络调查也存在一些不足，在使用这一方法进行传播学研究时，要特别注意这些方面。网络调查的缺点概括起来大致有以下几个方面。

1. 技术门槛高

网络调查对研究者有相对较高的网络技术技能的要求。实施网络调查一般有两种方式：其一，由研究者进行研究方案设计和网络调查系统的设计，之后投放在互联网上；其二，研究者借助第三方网络调查系统，完成表单设计和投放。前者需要相关的系统开发技术，或者需要购买软件并且具备软件的使用经验，这两种方式都有一定的技术门槛。

2. 样本质量可控性低

网络调查的样本质量会影响代表性，进而影响样本推论总体的科学性。网络调查的样本是从网民中随机抽取的，由于调查平台和用户群的局限，加之被调查者地理分布的差异，样本质量较难控制，操作不当的话，容易出现样本代表性问题。

3. 数据有效性差

在网络调查过程中，被调查者填答过程通常无人监测与协助，数据质量的有效性较难控制。如果个别被调查者对表单问题进行调侃式回答，甚至恶意回答，或注册多个账号多次重复填答问卷，都会导致网络调查收集到垃圾数据，所获信息的准确性和真实性难以判断，数据的有效性差。

4. 深度调查困难

由于用户使用互联网的习惯，一般网络调查比较多地使用封闭式问题或半封闭性式问题，以方便被调查者回答。过于复杂的调查表单设计或过多的主观问题，都会花费被调查者大量的时间，往往会使被调查者心生畏惧或倦怠，从而拒绝参与，或者在填写时中途退场。所以网络调查往往较难深入，最好辅之以观察、访谈等质性研究方法，以获得被调查者对特定问题的观点。

5. 调查方式单一

网络调查分为主动调查和被动调查。主动调查，即通过微信、QQ、邮箱等方式将网络调查页面发送给被调查者，被调查者收到调查页面后填写调查表。这种方式存在的问题是很难实现大规模的样本覆盖，因为研究者所能直接接触到的调查对象有限，且很多被调查者收到调查邀请后，不一定会填答，致使参与率不高。被动调查，即研究者把调查问卷发布到网上，比如大型网站、大型社区，任何看到调查问卷的人都可以参与调查。这种方式的缺点是样本不可控，因为任何有兴趣的人都能参与，而有些参与者可能不是该研究合适的被调查者人选。

6. 存在安全性问题

互联网通信是基于 TCP/IP 协议实现数据通信的，TCP/IP 协议数据流采用明文传输，使得数据安全成为互联网的一个重要命题。被调查者参与互联网调查，便存在个人数据泄密的风险，例如，调查数据被黑客截取、泄露或更改。被调查者出于网络安全的顾虑，很可能会拒绝与研究者合作。调查数据存储的设备被计算机病毒破坏，也可能会造成数据丢失或混乱，导致调查失败。以上缺点都要求在实施网络调查时谨慎考虑并做好事先的准备。

【延伸阅读】

1. 赵国栋．网络调查研究方法概论［M］．2 版．北京：北京大学出版社，2014.

2. 王卫东．网络调查与数据整合［M］．武汉：武汉大学出版社，2018.

3. WRIGHT K B. Researching internet-Based populations：advantages and disadvantages of online survey research，online questionnaire authoring software packages，and web survey services［J/OL］. Journal of Computer-Mediated Communication，2005，10（3）：JCMC1034［2021－06－25］. https：//academic. oup. com/jcmc/article/10/3/JCMC1034/4614509.

4. SMITH S M，et al. A multi-group analysis of online survey respondent data quality：comparing a regular USA consumer panel to MTurk samples［J/OL］. Journal of business research，2016，69（8）：3139－3148［2021－06－25］. https：//www. sciencedirect. com/science/article/abs/pii/S014829631500627X.

5. SUE V M，RITTER L A. Conducting Online Surveys［M/OL］. Thousand Oaks，CA：SAGE Publications，Inc.，2012［2021－06－25］. https：//books. google. com/books? id=4_3aX2A2S98C&printsec=frontcover&source=gbs_ge_summary_r&cad=0#v=onepage&q&f=false.

【思考题】

1. 在越来越普遍应用网络调查的当下，请思考如何规避网络调查的缺点。

2. 我们计划开展一项海外留学生对新冠肺炎疫情风险感知的网络调查，请设计网络调查问卷和网络抽样方案。

第 11 章　社会网络分析方法

在传统的传播学定量研究中，为了考察变量间的关系，通常需要控制可能对因变量造成影响的其他变量，突出自变量对因变量的影响。这是典型的控制实验的思想，能够通过理论-研究假设演绎逻辑，推导出因果关系并对此进行检验。然而，一旦离开实验研究的特定环境，实验研究得出的因果关系就可能因为变量间关系的变化而改变。在问卷调查中，研究者同样采取一些统计控制方法甄别可能影响因变量的其他变量。无论是实验设计还是问卷调查，其设计思想都是基于对事物属性的考察，而且这种考察都假定社会成员在做出决定和采取行动时，不考虑其他社会成员的行为。有人说："调查是一种社会学的绞肉机（meat grinder），它把个体从其所在的生活情境（social context）中抽离出来，并确保研究对象之间不存在联系。"① 抽离个体所在的生活情境，不关注社会行动者之间的联系，便不能揭示社会现象的本质。无论是基于效用最大化的理性计算来分析，还是基于因果关系的动因推理来分析，这些解释都仅仅考虑了个人特性，而忽视了社会成员所嵌入的更广泛的互动背景。与此不同的是，社会网络分析方法明确假定，社会成员参与到社会系统之中，而这个系统与其他社会成员联系在一起，社会成员之间的关系对各自的行为发挥着重要影响。随着互联网技术的快速发展和普及，人们通过网络结成的社会关系越来越繁多和复杂，着眼于关系而非属性的社会网络分析方法便随之进入人们的研究视野。例如，微博中意见领袖的转发行为、受众对媒体的信任度、网络舆情的传播链条等，其中所指涉的关系都是一种不可忽视甚至是决定性的因素。

社会网络分析方法由人类学家最早提出，后为许多学科的学者所采用。社会网络分析方法提供了一整套的理论和方法，分析社会结构和社会关系，以及嵌入这些关系中的各种有形或无形的资源，如数据、知识、资讯等。近年来，随着自媒体的崛起，社会网络分析方法越来越多地被应用于传播学领域，例如，研究人类使用数字工具所产生的数字痕迹，基于海量数据的传播关系和传播结构的研究等。社会网络分析方法已成为当下研究新媒体的重要方法之一。

① 刘军．整体网分析：UCINET 软件实用指南［M］．2 版．上海：格致出版社，2014：1.

第一节 基本概念

一、社会网络分析方法的基本概念

社会网络是一个社会学概念，指的是社会成员之间由于互动而形成的相对稳定的关系体系。社会网络是由许多节点构成的，节点通常指作为社会行动者（social actor）的个人或组织，社会网络是由作为节点的社会行动者及其关系构成的集合。社会网络关注的是人们之间的互动和联系，社会互动会影响人们的社会行为。

社会网络分析（social network analysis）是西方社会学的一个主要分支，20 世纪 30 年代出现，在近 20 年间得到长足发展，是研究社会结构的最新方法和技术，也是一种全新的社会科学研究范式。社会网络分析强调把结构关系作为关键的导向原则，其中社会结构的组成是“有形实体之间关系模式的规律性，而不是抽象的规范和价值之间的协调，也不是对这些有形实体的特征进行分类”①。实体可以是单个的自然人，也可以是小的群体、组织甚至是国家。通常连接这一系列实体的关系模式包括宏观的社会背景或者整体的结构，这些背景和结构影响人们的认知、信念、决定和行动，并解释关系模式发生的原因及产生的结果。

社会网络分析方法的重要性依赖有关关系模式及其效用的三个基本假设。第一，结构性关系要比诸如年龄、性别、价值观念等个体属性特征更为重要。这是因为当一个社会成员参与到不同的社会情境中时，他的个体属性特征保持不变，但是，具体的结构关系仅存在于特定的时空中，当情境发生变化时，这种特定的结构关系将消失或暂时中止。第二，社会网络通过个体之间的关系所建立的各种结构机制影响个体的观念、信仰和行动。第三，结构关系是动态过程，而非静态结构，是通过个人、群体或组织等实体内部的互动不断改变的。②

社会网络分析法的重要问题是“关系”，即从关系的角度研究社会现象和社会结构。一个特定的社会网络是由特定集合的行动者以及行动者之间的关系组成的。行动者（actor）、关系（relationship）和连带（tie）是社会网络分析的三个核心概念。行动者是社会网络中的个人、团队或组织。行动者是构成关系的节点。关系是行动者之间的联系，比如微博的关注关系、微信的好友关系、现实社会的借贷关系等。连带是两个行动者发生关系时必经的路径。

---

① 诺克，杨松．社会网络分析：第 2 版 [M]．李兰，译．上海：格致出版社，2012：9.

② 同①12.

社会网络有整体网（whole network）和个体网（ego network）之分，社会网络分析的核心问题是解释不同结构的发生情况，以及在行动者层面来说明其与其他行动者之间关系的变化，以及利用关系数据，发掘并精确地展现这些结构。

二、社会网络分析法的表示方法

如何表示社会网络是社会网络分析的基础，常用的社会网络的表示方式有两种：图表示法和矩阵代数表示法。图表示法是一种比较基本的标记行动者及其关系的方法，矩阵代数表示法是使用数学矩阵表示行动者及其关系的方法。

（一）图表示法

图表示法，主要使用点、线等几何图形表示行动者及其关系，线可以有方向（定义关系的方向），也可以有权重（定义关系的强度）。图表示法可选择有向图、无向图、二值图、符号图、多值图、完备图和非完备图等。为了更好地理解图表示法，下面介绍几种图表示法及相关概念。

强连接图：图的任何两个节点都由直接的路径双向连接。

单向连接图：图的任何一对节点之间都从一个方向、由一个节点连接到另一个。

弱连接图：图的任何两点之间都有连接，忽略连接的方向。

分界点：如果去除图中一个节点便会导致该图分成两个部分，不能连接（即会创建两个或多个组成部分），那么，这个节点就是一个分界点。

桥：如果去除一条线便会导致该图分成两个或多个部分，那么，这条线就是桥。

（二）矩阵代数表示法

矩阵是由数或实数集合排列成的一个长方形阵列，当中存储的数值的个数由行和列来决定。矩阵在数学中一般用大写字母表示，如果矩阵由 n 行 m 列构成，那么，这个矩阵可存储 $n\times m$ 个数值。当一个矩阵的行数和列数相等，这个矩阵就为方阵，图的矩阵表示法都使用方阵。通常，社会网络关系用0-1矩阵表示，有直接关系的两个节点在矩阵中标记为1，没有直接关系的标记为0（见表11-1）。在表11-1中，矩阵存储并表示了A、B、C和D之间的社会网关系。

使用矩阵表示社会关系网时，通常可使用方阵、发生矩阵、有向关系矩阵和多值关系矩阵、隶属关系矩阵等。在社会网络分析中，代表行动者的点与代表行动者之间关系的线构成了网络图，一个图就是一种社会网络模型，表示了A、B、C和D之间的关系（见图11-1）。

表 11-1 社会网矩阵表示法

	A	B	C	D
A	—	1	1	1
B	1	—	1	0
C	1	1	—	0
D	1	0	0	—

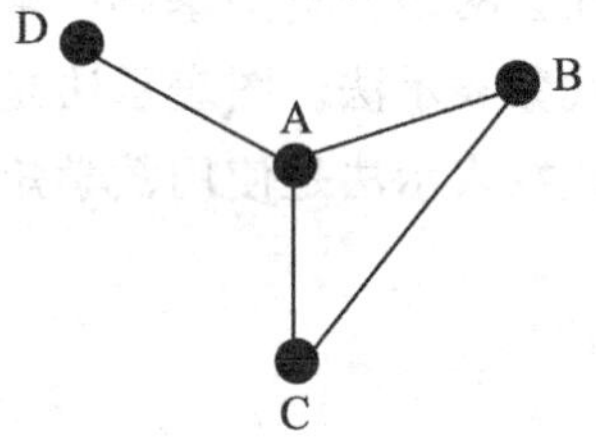

图 11-1 社会网图表示法示例图

第二节 研究设计的基本要素和步骤

一、研究设计的基本要素

运用社会网络分析方法进行研究设计时，要事先掌握构成测量和分析框架的社会网络研究设计的基本要素，它们包括抽样单位、关系的形式和内容，以及数据分析层次。在开展社会网络分析之前，需要对每一要素做出明确的界定。

（一）抽样单位

进行一项社会网络分析的研究，首先要选择一个在一定社会环境下涵盖了这些社会网络的行动者的组织。根据规模和复杂性升序排列，构成抽样单位的六个基本单元包括个体、群体、复杂的正式组织、阶级与阶层、社区和民族-国家。在实际研究中，一般选择小规模的社会背景，如课堂、学校、社交俱乐部、实验室的实验群体，将其中的个体成员作为社会关系的行动者，他们之间的关系构成了意要进行研究的网络。例如，笔者 2017 年 7 月实地访问了天津市新市民打工服务中心，这个中心容纳的所有农民工就是这样一个易于观察的小规模群体。有学者认为小规模背景的优势在于可以精确描述所有成员、全面观察群体、容易与上层权威打通关系等。较大规模的环境则因为相互渗透带来的边界不清而不易操作。

（二）关系的形式和内容

除了选择适当的抽样单元外，研究者还需要对收集的具体社会关系数据有周详的考虑。行动者之间的关系既包括形式也包含内容。关系形式是行动者关系的特征，独立存在于所有的具体内容之中。两种基本的关系形式是：（1）双方行动者之间互动关系的强度、频率；（2）每对成员之间关系的指向，包括没有指向、非对称指向及双向关系。关系的内容指作为关系发生原因的那些事物。

（三）数据分析层次

研究者在社会网络分析中收集到的数据，通常可在四个层次上进行结构分析。

（1）自我中心网络，由一个行为主体和其他行为客体组成，其中行为主体与其他行为客体发生直接联系，而其他行为客体之间也存在直接联系；

（2）由成对的行动者构成的对偶网络，这种关系中双方可组合出5个方向，例如，婚姻状态中两人的关系包括未婚、同居、已婚、分居、离婚等；

（3）三元关系，这个关系一般关注情感联结点，例如喜好、友谊和敌视，并且特别关注三元关系的平衡与传递，例如，假如A选择了B，B选择了C，那么A是否也会倾向于选择C；

（4）整体网络，这是一种宏观视野的分析对象，利用网络中每个行动者的每一种关系的信息，描述和解释网络的结构关系。

二、社会网络分析的步骤

使用社会网络分析方法解决传播学领域的问题和现象时，通常遵循以下步骤。

（一）确定研究对象隶属的网络类型

首先要确定研究对象所属网络的类型是全网还是子网。如果是子网，则需要考虑以下问题：如何界定网络的边界？是单模网络还是双模网络？其关系是有向关系还是无向关系？

（二）研究设计

针对研究问题，选择合适的理论作为指导。社会网的理论十分丰富，如小世界理论、六度分隔理论、社会资本理论等。应使用适当的理论对问题进行逻辑推导，形成研究假设，对研究制定周详而全面的研究设计。

（三）收集数据

选择合适的资料收集方法，根据研究设计，对研究对象中行动者之间的关系数据进行收集和整理。常用的数据收集方法有两种：（1）提名法；（2）线人法，即利用“线人”收集资料。

提名法，即运用访谈法或结构式问卷收集数据。罗家德认为，提名法是请被调查者说出与自己有某种关系的一些人，再说出这些人之间是什么关系。[①]

线人法，即在整体网研究中，研究者常常根据自己的兴趣点（而不是随机

① 罗家德．社会网分析讲义［M］．2版．北京：社会科学文献出版社，2010：88．

选择）选取要研究的整体。因此，整体网不使用概率抽样的方法收集资料，而是利用线人（informants）法收集资料，即研究者通过对多个线人进行长时间的访谈，记录他们之间的关系，并构建关系矩阵等进行分析。具体操作详见第三节相关内容。

（四）整理数据

整理数据，即将得到的数据规范化，处理缺失值，剔除错误数据，然后把数据录入社会网分析软件。常用的软件有 UCINET、Gephi 和 NetDraw 等。

（五）分析数据

利用 UCINET、Gephi 和 NetDraw 等社会网络分析软件，围绕研究目的、研究假设，利用社会网络的相关概念和指标，绘制社会网络图，对研究的问题进行观察、分析，形成研究结论。

（六）解释结论

从理论上对研究结论进行解释，验证或扩展理论。

第三节　关键指标和数据收集方法

社会网络分析方法中有专门的指标或概念，以及一些较为成熟的数据收集软件。下面对这些经常用到的指标或概念做一介绍。

一、社会网络分析的关键指标

（一）入度

入度（indegree），也叫点入度，指在有向关系中，指向某个行动者关系的数量。在社群图中则指的是指向某个行动者节点的有向边的条数。行动者入度值的高低能够表示该成员与其他成员的交互状况，通常用来描述特定成员被其他成员认可和欢迎的程度。成员的入度值越高，表明该成员受欢迎的程度越高。如果将微博用户关注关系作为研究对象，一个微博用户的入度越高，表示这个用户受到的关注越多，因此，该用户在微博社区中的影响也越大。

（二）平均入度

平均入度（average indegree）是全部行动者入度的平均值。社会网络的平均入度越高，表明该社会网络中的行动者之间信息的流动渠道越多，成员之间的互动越频繁。

（三）出度

出度（outdegree），也叫点出度，指在有向关系中，从某个行动者发出指向别的行动者的关系的数量。如果将微博用户关注关系作为研究对象，一个微博用户的出度越高，表示这个用户关注的其他用户越多，则这个用户在微博社区收到的信息也越多元化。

（四）平均出度

平均出度（average outdegree）是全部行动者出度的平均值。一个待研究的社会网络中的行动者平均出度越高，则该社会网络中分享信息的渠道越多元。

（五）密度

密度（density）用来表示行动者的关系程度，也可用来测量一个社会网络中行动者之间的联结程度。密度的值指的是社会网络中实际存在的关系数量与可能关系数量的比例（在图表示法里，关系表现为连接节点的边），介于0和1之间。一个社会网络的密度值越接近1，表明在该网中不同行动者之间的关系越紧密。一个社会网络中实际的关系数量越接近网络中所有可能关系的总量，该社会网络的整体密度就越大，反之则越小。

（六）点度中心度

社会网络分析方法利用“中心性”来测量个人或者组织在一社会网络中居于怎样的中心地位。从点度中心性角度分析网络中的位置问题，有“点度中心度”（point centrality）和“点度中心势”两个指标。“中心度”用来描述图中任何一点在网络中的核心性，而“中心势”用来刻画网络图的整体中心性。因而，“点度中心势”是从“点度”的角度来刻画网络图的整体中心性。点度中心度指的是行动者的度数，在无向图中指的是点的度数，在有向图中是点入度和点出度之和，这种计算方法计算出的点度中心度，又被称为绝对点度中心度。绝对点度中心度依赖于图的规模，对不同规模的图而言不具备可比性。

为了解决这个问题，在社会网络分析中又引入了相对点度中心度，即对绝对点度中心度进行标准化，计算方法为行动者绝对点度中心度除以图中点的最大可能度数。一个行动者点度中心度的值越高，表示该行动者在社会网络中越有可能处于中心地位。

（七）中心势

与中心度不同，中心势（centralization）描述的是网络社群图的整体中心性。中心势不关注点的相对重要性，而关注整个网络图的总体凝聚力或整合度。“在‘中心势’这个观念背后隐含着图的结构‘中心’，它是中心化的图所围绕的一个点或者点集合。”[①] 中心势的计算方法为：首先找到图中的最大中心

① 斯科特．社会网络分析法［M］．刘军，译．重庆：重庆大学出版社，2007：69.

度数值；然后计算该值与任何其他点的中心度的差，从而得到多个“差值”；再计算这些“差值”的总和；最后用这个总和除以各个差值总和的最大可能值。①

二、数据收集方法

利用社会网络分析方法研究社会网络关系时，通常使用以下四种收集数据的方法。

（一）问卷法

问卷法是一种常用的社会网络信息收集方法。由于数据采集的目的是产生一个二维社会网矩阵，所以社会网络分析使用的问卷与传统的社会调查使用的问卷有很大的差异。一般而言，社会网络分析中的问卷法有三种数据收集方式：行为基础的数据收集方式、行列同时的数据收集方式、一致性的数据收集方式。

下面以借贷关系为例分别说明这三种数据收集方式。

（1）行为基础的数据收集方式，在问卷中会要求被调查者给出自己借过债务的对象名单。

（2）行列同时的数据收集方式，被调查者不但要给出自己借过债务的对象名单，还要给出从自己处借过债务的对象名单。以这种方式收集的数据，行列同时产生，会造成社会网络矩阵中的数据发生冲突。这时便需要给出数据冲突的处理规则，例如，以借出债务的描述为准或者对数据加以复核。

（3）一致性的数据收集方式，在进行借贷关系的数据收集时，要求每一个节点都要描述出全部的关系。仍以上面的借贷关系为例，这时要求被调查者在填写问卷时，不但要填写对与自己发生借出关系和借入关系的对象的描述，还要填写自己知道的借贷关系。然而，这种方式难度较大，可操作性不高，且存在数据冲突的问题。

（二）线人法

研究者通过对多个线人长时间的访谈，记录被研究对象之间的各种关系，构建关系矩阵并进行分析。

在这种方法中，线人的作用十分重要。如何选择线人？一般而言，要选择那些比较熟悉的研究对象，而且他们要愿意配合研究者成为线人。线人经常也是待研究社会网络中的成员。在实际操作中，研究者如果在经费方面比较宽裕，那么，就可以多选择几个线人。这样做的好处是，一方面可以获取更多信

---

① 刘军．整体网分析讲义：UCINET 软件应用［C］//第二届社会网与关系管理研讨会资料．哈尔滨：哈尔滨工程大学，2007.

息，另一方面可以对信息进行交叉检验，提升所获取关系信息的信度。

针对一些比较封闭的社会网络，在研究者无法短期内深度融入群体的情况下，使用线人往往是一条捷径。北京大学博士生冯军旗的毕业论文《中县干部》，选择了中县的乡镇领导、县直部委局以及垂直部门的局领导、县领导、老干部、正科级干部和副科级干部等多个群体中的线人，从261个访谈个案中，梳理出了中县详细的政治家族谱系，进而分析了关系与干部仕途之间微妙的关系。线人的使用，使冯军旗掌握了丰富的一手资料，为他完成研究奠定了较为坚实的基础，发挥了非常重要的作用。[①]

(三) 提名法

提名法既适合自我中心社会网络资料的收集，也适合整体网络的数据收集。这一测量方法可以分为两个基本的部分，即“提名的部分”和“释名的部分”，罗家德将提名法分为提名生成法（name generator）和提名诠释法（name interpreter）。[②]

在提名的部分，要求被调查者说出与自己有某种关系的一些人——可以是一维或多维的——的名字或“代号”，再说出这些人之间是什么关系。在释名的部分，要求被调查者说明提名部分所列举的全部关系人中部分成员的个体属性，说明这些关系人与被调查者之间的关系属性，以及关系人之间的关系属性。[③] 提名生成法是请被调查者列出与自己有特定关系的人，并描述这种关系。提名诠释法是进一步探寻提名生成法中列出的关系人与被调查者的关系，主要涉及两部分，一部分是关系强弱问题，一部分是社会经济背景相似性问题。[④] 采用提名生成法，可以获得被调查者的关系客体；采用提名诠释法，不但可以获得关系客体自身，而且可以获得关系客体之间的关系。例如，研究借贷关系，受访者会给出若干人的名字，即关系人，一般是3～7个，也可以限定到5个，最好控制在5个以下，因为一个研究议题在提名诠释部分会衍生出多个题目，过多的关系人会抬高资料获取的难度。[⑤]

(四) 爬虫法

随着人类进入信息社会，人们留在网络终端的“痕迹”越来越多，它们都可成为研究人类行为的数据资料。智能手机得到广泛推广以来，传播学、社会学等学科领域的研究都将数字“痕迹”作为研究人类行为特征的天然数据。在社会网络分析中，则可利用爬虫技术爬取行动者的数字“痕迹”。具体讲，即

---

① 冯军旗．中县干部［D］．北京：北京大学，2010.

② 罗家德．社会网分析讲义［M］．北京：社会科学文献出版社，2010：47.

③ 吕涛．社会资本的网络测量：关系、位置与资源［J］．广东社会科学，2012（1）：233-239.

④ 同②89.

⑤ 刘金菊，孙健敏．社会资本的测量［J］．学习与实践，2011（9）：110-118.

使用计算机爬虫程序，获取存储在用户终端的数字轨迹中的关系数据。

读者可根据自己的实际情况决定是否学习和采用爬虫技术，当数据量较大、不具备可操作性时，与传统的数据获取方式相比，爬虫采集法具有速度快、数据不用录入电脑程序、易于分析等优势。例如，我们想要研究新浪微博中的用户关系，就要关注新浪微博中所有用户通过关注、转发和评论等方式形成的相互连接关系，这种连接关系的获取可以通过爬虫技术实现，即借助爬虫技术采集微博用户属性信息和微博内容属性信息，然后对数据进行清洗和分析。使用爬虫技术，可以轻松完成对百万、千万甚至亿级别数据关系的采集和分析。关系数据的抓取方法，可以参考本书第 12 章。

爬虫采集法对关系数据的研究要注意网络数据的采集，可能会因为网络的不稳定，出现缺失值和错值的问题，数据分析前需要对数据质量进行检查。

第四节　社会网络分析的实际操作

本节结合一些实例介绍社会网络分析的实际操作，首先了解进行社会网络分析的软件工具。

一、社会网络分析的常用工具

社会网络分析工具很多，比较常用的有 UCINET、NetDraw 和 Gephi。这三款软件各有所长，如果彼此配合，能对学术问题的研究有所裨益。下面我们对这三款软件分别做一概要说明，之后将结合实例对 UCINET 和 NetDraw 进行详细介绍。除此以外，读者如果对使用 Python 进行社会网络分析感兴趣，可以了解 igraph、NetworkX、graph-tool、Snap. py 等 Python 扩展包。这些扩展包，均提供了丰富的社会网络分析工具。

（一）UCINET

UCINET（University of California at Irvine Network）是一款功能强大的社会网络分析软件，最早是由加利福尼亚大学欧文（Irvine）分校的几个网络研究人员编写。UCINET 是当前被普遍使用的、处理社会网络数据以及其他类似数据的综合性分析软件。UCINET 处理的原始数据格式是矩阵格式，最大可处理 32 767 个节点的网络数据。

UCINET 包含大量的网络分析工具，包括密度分析、中心性分析、成分分析、凝聚子群分析等多种网络分析程序。本教材的案例分析中使用的是 UCINET 6.636。

（二）NetDraw

NetDraw 是 Windows 环境中社会网络分析的可视化软件。NetDraw 是免费软件，读者使用该软件进行科学研究时不需支付费用，但在科研成果发表时，需要引用 NetDraw 研发者史蒂夫·博尔加蒂（Steve Borgatti）的论文。

用户可以单独安装 NetDraw，但如果用户已经安装了 UCINET，那么，系统则默认一并安装 NetDraw。本教材的可视化案例介绍部分，使用的 NetDraw 的版本是 2.16 版，该版本更新于 2016 年 7 月 5 日。

NetDraw 将单模社会网和双模社会网可视化，还可以同时处理多元关系，可以使用网络的节点属性控制节点的颜色、形状和大小，可视化的结果存储在格式为 metafile、jpg、gif、bitmap 等多种格式文件中。NetDraw 与 UCINET 实现了无缝整合，NetDraw 可以直接读取 UCINET 的文件并对其可视化。NetDraw 可以处理大数据文件，前提是用户使用的是 VNA 格式的数据文件。一般而言，处理数据的数量与计算机内存相关，例如，10 000 个节点的稀疏网络的计算量，通常需要计算机具备 2G 的内存。

（三）Gephi

Gephi 是一款开源免费的复杂网络分析软件，主要用于各种网络和复杂系统，以及动态和分层图的交互可视化与探测。Gephi 工作的环境为 JVM（Java Virtual Machine），具备很好的跨平台性能。Gephi 类似于 Photoshop，但仅仅用于制作图表，并允许用户与可视化的结果进行交互，用户通过图表的结构、形状和颜色反映数据的属性。Gephi 可以帮助研究者做出假设，直观地发现数据中的模式、隔离数据中的异常值和错误。Gephi 在学术研究和数据报道中被大量使用，其网址为 https：//gephi. org/，有兴趣的读者可前往学习。

二、实际操作

笔者将结合案例对如何使用 UCINET 进行社会网络分析做一介绍和说明，以期帮助读者进行初步的操作。

读者可以从以下网站下载 UCINET 安装包：http：//www. analytictech. com/。下载安装完毕，打开 UCINET，如图 11－2 所示。

（一）UCINET 数据录入

UCINET 的数据录入步骤如下：

第一步，录入数据；

第二步，存储为 UCINET 特定的数据文件（UCINET dataset 文件扩展名为“. ＃＃h”）；

第三步，使用存储的数据集进行数据分析。

UCINET 数据录入有以下四种方式（见图 11－3）。

（1）使用 Excel 矩阵编辑（Excel Matrix Editor）；

（2）矩阵数据编辑（Matrix Editor）；

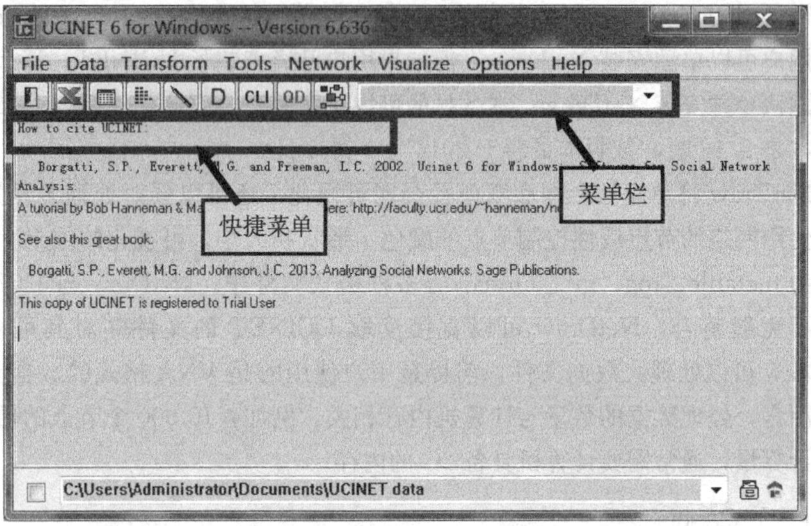

图 11-2 UCINET 界面图

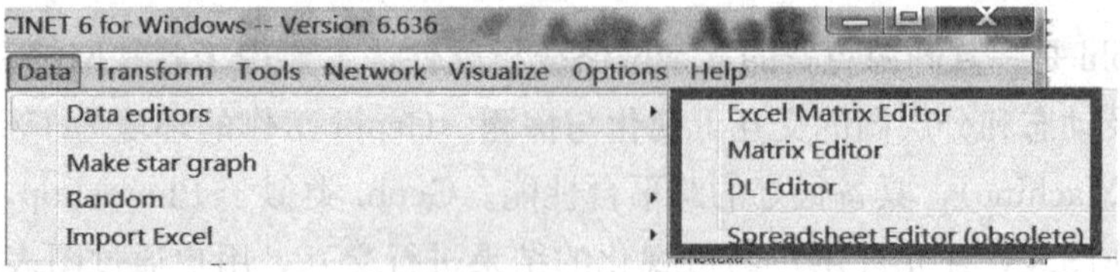

图 11-3 UCINET 数据录入界面

（3）数据语言编辑（DL Editor）；

（4）电子表格编辑（Spreadsheet Editor）。这是为了与旧的版本相兼容而保留的一个选项，本教材将不再介绍。

为了更清楚地说明数据录入过程，笔者结合实例做详细介绍。

假定有一组研究者对中国传媒大学国际传媒学院某个班级同学的友情关系进行研究。假如该班级有 12 名同学，问卷调查要求每名同学列出 3 名愿意一起旅行的同班同学的名字。问卷调查收集的同学之间朋友关系数据如表 11-2 所示。

表 11-2 中，行表示该行对应的同学愿意一起旅行的同伴列表，如果单元格的值为 1 则表示关系存在，0 代表关系不存在。以第一行 Tom 为例，Tom 愿意与 Oliver、Jack 和 Finn 一起旅行。表中的列表示该列对应的同学被其他同学选为旅行同伴的信息，仍以 Tom 第一列为例，Oliver、Jack、Alice、Wil 愿意与 Tom 一起旅行。

表 11-2 某班一起结伴旅行的同学关系

	Tom	Oliver	Jack	Alice	Harry	Geo	Kate	Jerry	Wil	Rose	Finn	Daisy
Tom	0	1	1	0	0	0	0	0	0	0	1	0
Oliver	1	0	1	0	1	0	0	0	0	0	0	0
Jack	1	1	0	1	0	0	0	0	0	0	0	0
Alice	1	0	1	0	0	0	1	0	0	0	0	0

续前表

	Tom	Oliver	Jack	Alice	Harry	Geo	Kate	Jerry	Wil	Rose	Finn	Daisy
Harry	0	0	0	0	0	1	1	1	0	0	0	0
Geo	0	0	0	0	0	0	1	1	1	0	0	0
Kate	0	0	0	0	0	1	0	1	1	0	0	0
Jerry	0	0	0	0	0	1	1	0	0	0	1	0
Wil	1	0	0	0	0	1	0	1	0	0	0	0
Rose	0	0	0	0	0	0	0	0	1	0	1	1
Finn	0	1	0	0	0	0	0	0	0	1	0	1
Daisy	0	0	0	0	1	0	0	0	0	1	1	0

1. Excel Matrix Editor 录入

打开 UCINET，使用鼠标单击“Data”菜单下的“Excel Matrix Editor”，位置如图 11－4 箭头所指的位置。

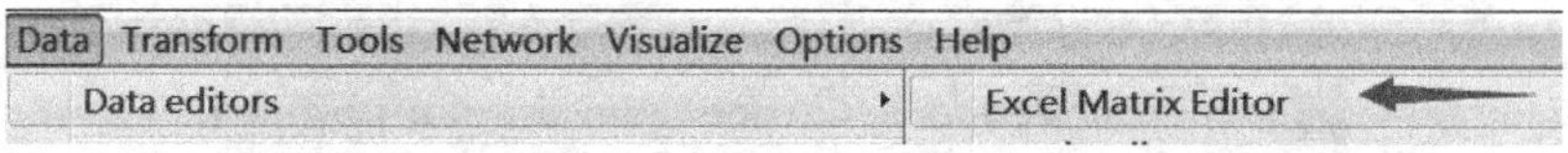

图 11－4 Excel Matrix Editor 录入数据界面

打开 Excel Matrix Editor 窗口，该窗口将 Excel 程序窗口嵌入其中，数据的输入过程与 Excel 操作类似，界面截图如图 11－5 所示。

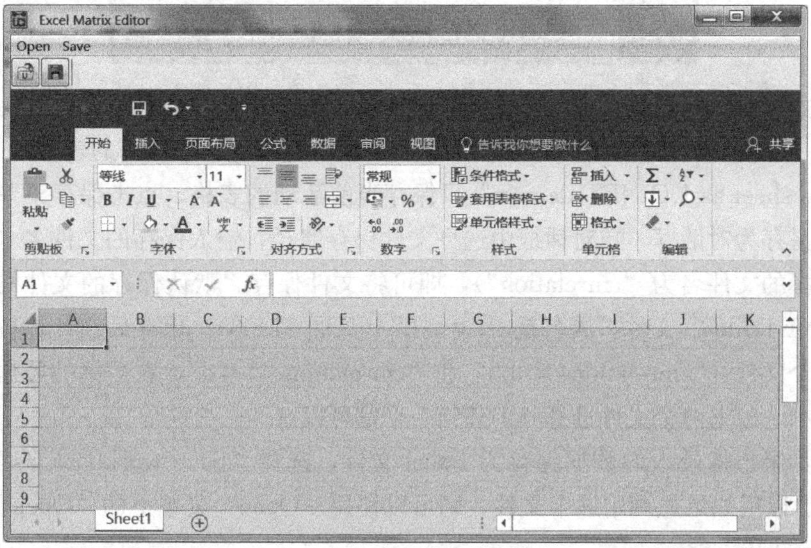

图 11－5 数据录入界面

根据例子中的数据逐行在单元格中录入数据，且行和列均使用学生姓名为标题（见图 11－6）。

录入完成后选择“Save”菜单保存录入的数据。Savc 菜单下有三个子菜单：“Save workbook UCINET dataset”“Save active sheet as UCINET dataset”和“Save workbook as Excel file”（见图 11－7）。

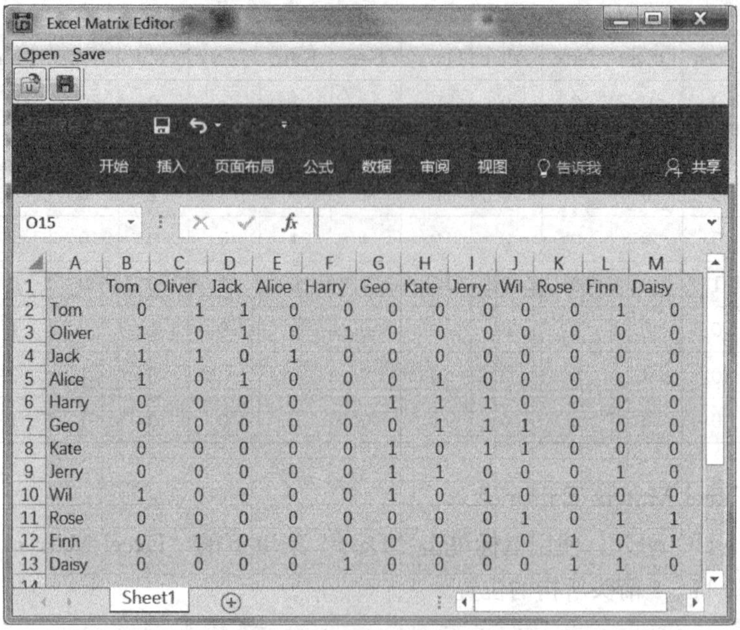

图 11－6　数据录入说明

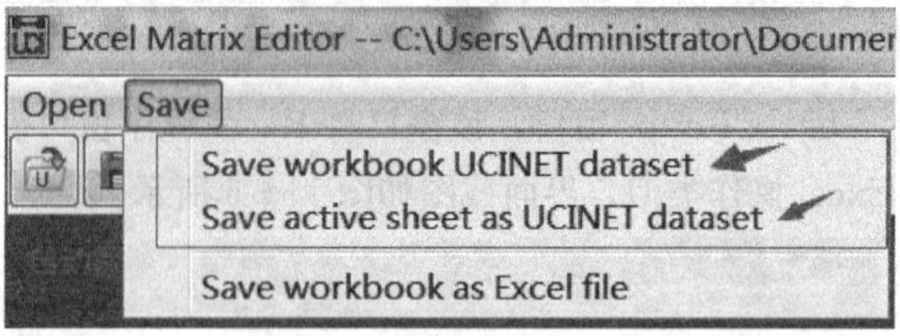

图 11－7　文件保存路径和格式

如果录入的数据用于 UCINET 分析，可以选择前两个菜单，两者的区别在于，“Save workbook UCINET dataset” 会保存 Excel 中所有的表格，“Save active sheet as UCINET dataset” 只保存当前活动的表格。点击保存菜单后将看到另存为对话框，在对话框中选择文件保存路径，输入保存的文件名（本例中选择的文件名为“cmrelation”），即可将文件保存。默认保存的文件格式是 UCINET files，文件扩展名是“. ＃＃h”（见图 11－8）。保存后在计算机上得到两个文件：“cmrelation. ＃＃h” 和 “cmrelation. ＃＃d”，在后续的数据操作分析中，以上两个文件选择其中任何一个都可以。

如果想将录入的数据保存为 Excel 文件，选择“Save workbook as Excel file”。以后如果想调用这个文件，则可以使用“Open”菜单下的“Open Excel File”打开。

2. Matrix Editor 录入

打开 UCINET 界面，使用鼠标单击“Data”菜单下的“Matrix Editor”，位置如图 11－9 箭头所指位置。

将表 11－2 中的数据录入后，如图 11－10 所示。选择菜单“File”下的“Save”菜单将文件保存为 UCINET 格式，即完成数据录入。

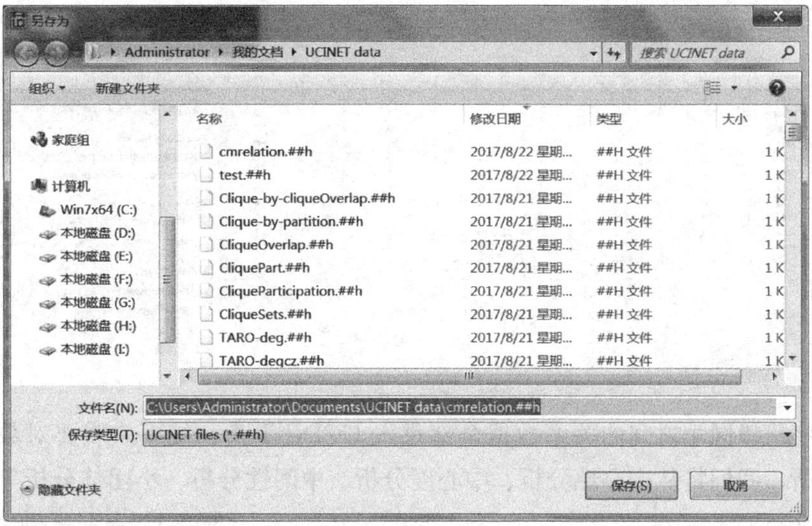

图 11－8 文件保存的第三种方式

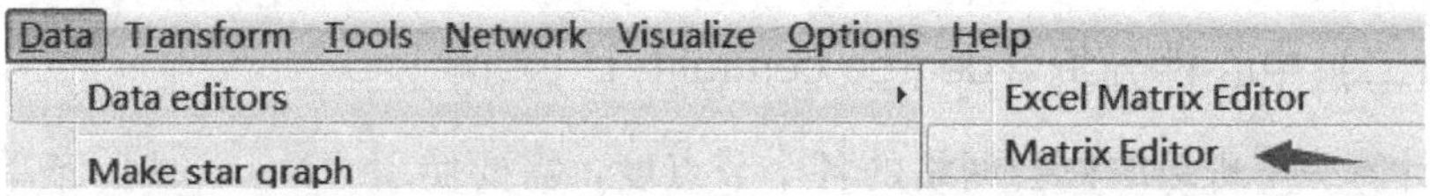

图 11－9 录入界面

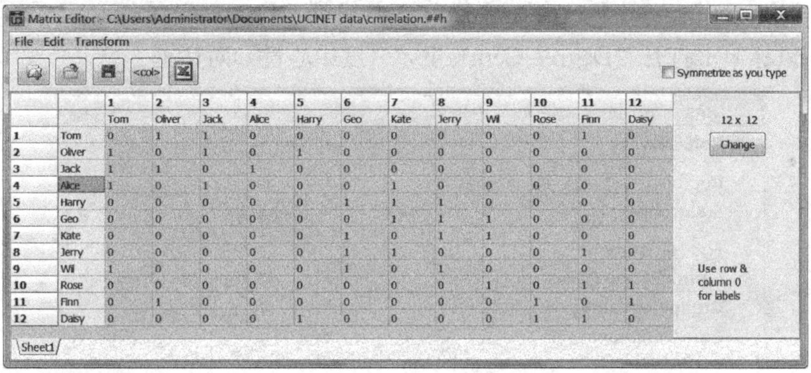

图 11－10 数据录入界面

3. DL Editor 录入

DL 是 data language① 的简写，DL Editor 可以调入使用 data language 编写的文件。“DL Editor” 菜单在 UCINET 界面所处的位置如图 11－11 所示，数据录入完成后（见图 11－12），选择菜单 “File” 下的 “Save” 菜单将文件保存为 UCINET 格式，即完成数据录入。

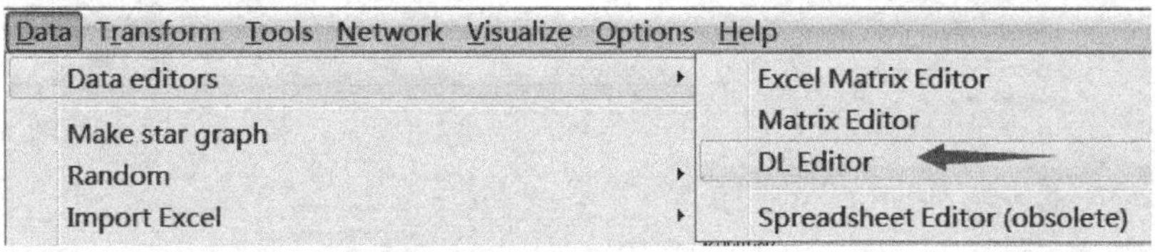

图 11－11 录入命令所在位置

① 对 data language 感兴趣的读者可以访问以下网址自行学习：http://www.analytictech.com/networks/dataentry.htm。关于 UCINET 的 data language 的格式及范例，本教材囿于篇幅不再赘述。

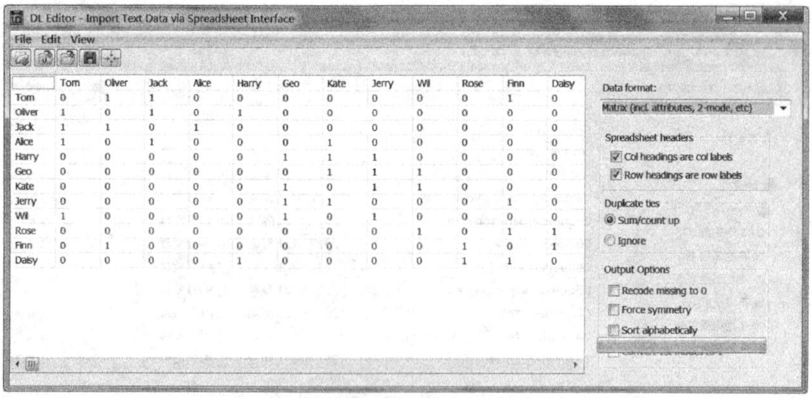

图 11-12　录入数据后的界面

将班级同学之间的关系数据全部录入 UCINET 后，接下来就要对数据进行分析。我们将从中心性分析、中心度分析、中间性分析、小团体分析等方面展开介绍。

（二）中心性分析（degree centrality）

计算一个班级的社会网络的各个节点度，需要使用“Network”菜单，先找到“Centrality and Power”子菜单，再找到“Degree”子菜单（见图 11-13）。鼠标单击打开“Degree Centrality”（度中心性）对话框。

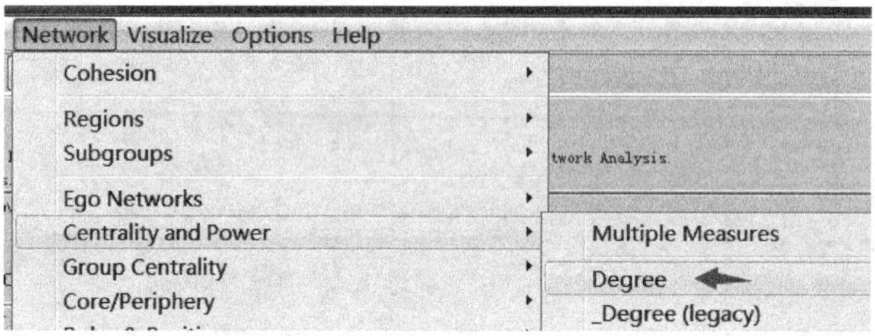

图 11-13　中心性分析命令的位置

然后在“Degree Centrality”对话框的“Input Network”输入框中选择“cmrelation”数据集（见图 11-14）。

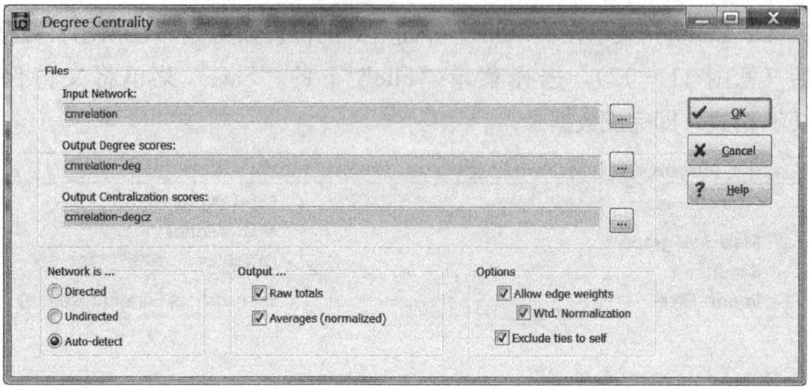

图 11-14　输入班级同学关系数据的界面

点击运行按钮，输出结果如图 11-15 所示 。

Degree Measures

		1	2	3	4
		Outdg	Indeg	nOutdeg	nIndeg
1	Tom	3.000	4.000	0.273	0.364
2	Oliver	3.000	3.000	0.273	0.273
3	Jack	3.000	3.000	0.273	0.273
4	Alice	3.000	1.000	0.273	0.091
5	Harry	3.000	2.000	0.273	0.182
6	Geo	3.000	4.000	0.273	0.364
7	Kate	3.000	4.000	0.273	0.364
8	Jerry	3.000	4.000	0.273	0.364
9	Wil	3.000	3.000	0.273	0.273
10	Rose	3.000	2.000	0.273	0.182
11	Finn	3.000	4.000	0.273	0.364
12	Daisy	3.000	2.000	0.273	0.182

12 rows, 4 columns, 1 levels.

图 11－15 节点度计算输出结果

在上述输出结果中“Outdeg”列是节点的出度，“Indeg”列是节点的入度，“nOutdeg”列是标准化以后的节点出度（小数），“nIndeg”列是标准化后的节点出度（小数）。可以看出，12 名学生的出度均为 3.000，入度值最大为 4.000，最小为 1.000，有 5 名学生的入度是 4.000，只有 1 名学生的入度为 1.000。入度越高的学生，说明有越多的学生愿意与其一起旅行，该学生在班级内越受欢迎。

如果想得到更多的度的参数，可以使用“_ Degree（legacy）”菜单（见图 11－16），在“Degree Centrality”对话框的“Input dataset”输入框中，选择“cmrelation”数据集（见图 11－17）。

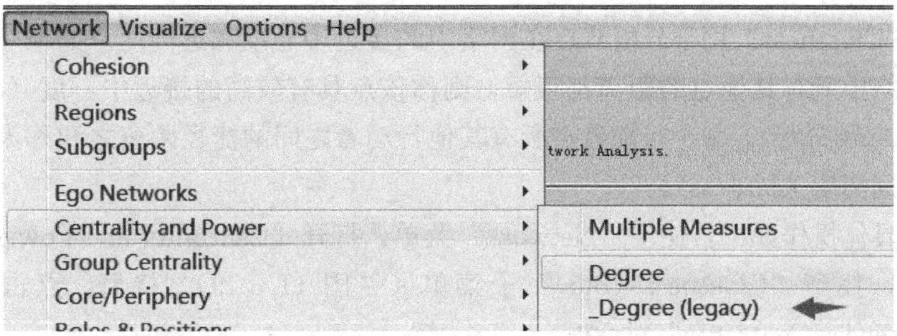

图 11－16 “_Degree (legacy)”命令所在位置

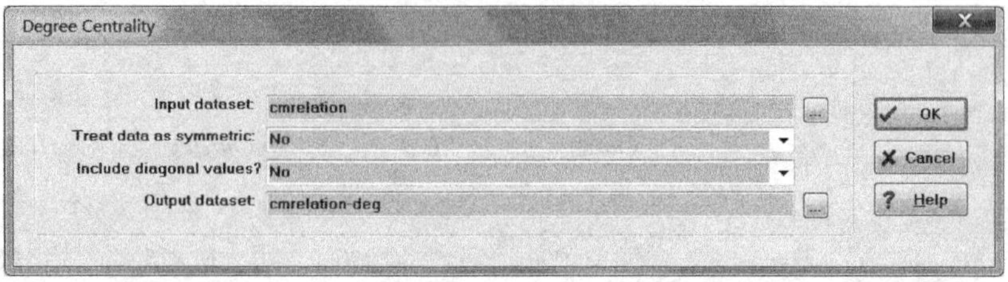

图 11-17 数据录入界面

"_Degree (legacy)"可以进行的计算如下：除了为各个节点计算入度、出度之外，还会为各个节点计算出均值、方差等描述性统计内容。本例的班级同学关系的分析结果输出如图 11-18 所示。

		1 *OutDeg*	2 *InDeg*	3 *NrmOutDeg*	4 *NrmInDeg*
1	*Mean*	3.000	3.000	27.273	27.273
2	*Std Dev*	0.000	1.000	0.000	9.091
3	*Sum*	36.000	36.000	327.273	327.273
4	*Variance*	0.000	1.000	0.000	82.645
5	*SSQ*	108.000	120.000	8 925.620	9 917.355
6	*MCSSQ*	0.000	12.000	0.000	991.736
7	*Euc Norm*	10.392	10.954	94.476	99.586
8	*Minimum*	3.000	1.000	27.273	9.091
9	*Maximum*	3.000	4.000	27.273	36.364
10	*N of Obs*	12.000	12.000	12.000	12.000

Network Centralization (*Outdegree*) = 0.000%

Network Centralization (*Indegree*) = 9.917%

图 11-18 "_Degree (legacy)"输出结果

上述结果分别是均值、标准差、总和、方差等。

(三) 中心度分析 (closeness)

"Closeness"用于分析节点在网络中的接近中心度和远离度。如果一个点与网络中所有其他点的距离都很短，则称该点具有较高的接近中心度 (closeness centrality)。每个行动者与所有其他行动者之间的捷径距离之和称为该节点的远离度 (farness)。

具体操作如下：使用"Network"菜单，打开"Centrality and Power"子菜单，找到"Closeness (old)"子菜单（见图 11-19）。接着，点击打开"Closeness Centrality"对话框。

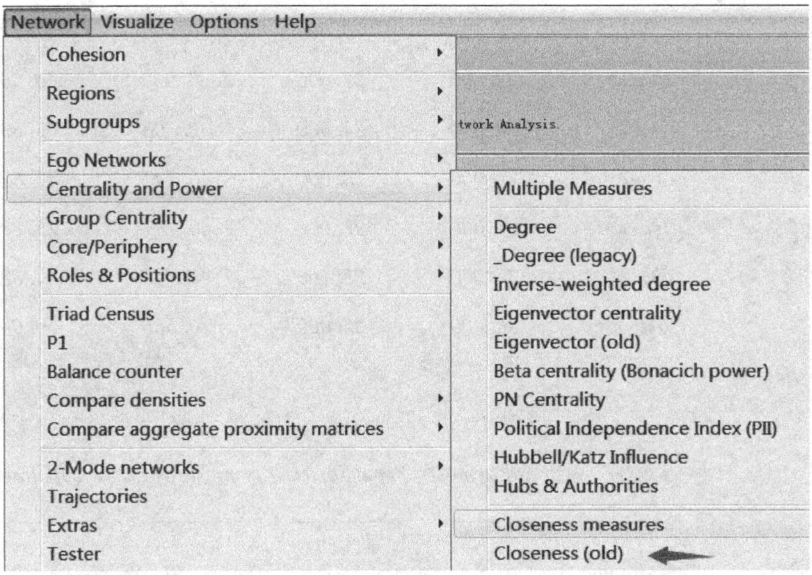

图 11－19　中心度分析的界面

在“Input Dataset”输入框，选择“cmrelation”数据集，然后点击运行按钮进行分析（见图 11－20），分析结果如图 11－21 所示。

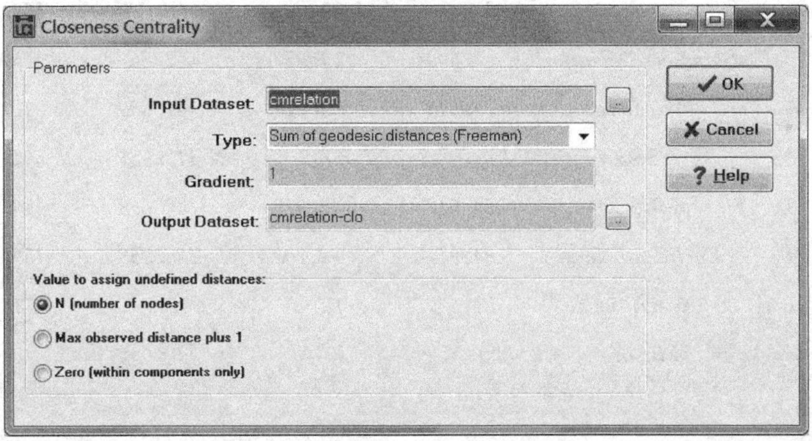

图 11－20　接近中心度分析界面

Closeness Centrality Measures

		1	2	3	4
		inFarness	*outFarness*	*inCloseness*	*outCloseness*
		———	———	———	———
11	*Finn*	18.000	23.000	61.111	47.826
1	*Tom*	21.000	23.000	52.381	47.826
6	*Geo*	21.000	27.000	52.381	40.741
7	*Kate*	21.000	27.000	52.381	40.741
8	*Jerry*	21.000	24.000	52.381	45.833

9	Wil	22.000	23.000	50.000	47.826
2	Oliver	22.000	22.000	50.000	50.000
3	Jack	26.000	24.000	42.308	45.833
10	Rose	27.000	23.000	40.741	47.826
5	Harry	27.000	28.000	40.741	39.286
12	Daisy	27.000	23.000	40.741	47.826
4	Alice	36.000	22.000	30.556	50.000

Statistics

		1 inFarness	2 outFarness	3 inCloseness	4 outCloseness
1	Minimum	18	22	30.556	39.286
2	Average	24.083	24.083	47.143	45.964
3	Maximum	36	28	61.111	50
4	Sum	289	289	565.720	551.564
5	Standard Deviation	4.609	1.977	7.867	3.525
6	Variance	21.243	3.910	61.889	12.426
7	SSQ	7 215	7 007	27 412.631	25 501.045
8	MCSSQ	254.917	46.917	742.668	149.114
9	Euclidean Norm	84.941	83.708	165.568	159.690
10	Observations	12	12	12	12
11	Missing	0	0	0	0

图 11-21 中心度分析输出结果

输出结果中的“inFarness”表示入度远离度，“outFarness”表示出度远离度，“inCloseness”表示入度中心度，“outCloseness”表示出度中心度。

（四）中间性分析（betweenness）

社会网络分析中，中间性测量的是一个点在多大程度上位于图中其他点的“中间”。如果一个行动者处于多对行动者之间，那么他的度数一般较低。这个相对来说度数比较低的点可能会起到重要的“中介”作用，因而处于网络的中心。

使用 UCINET 对中间性进行分析时，首先，打开“Network”下拉菜单，选择“Centrality and Power”子菜单中的“Freeman Betweenness”，点击其右侧方框里的“Node Betweenness”命令（见图 11-22）。

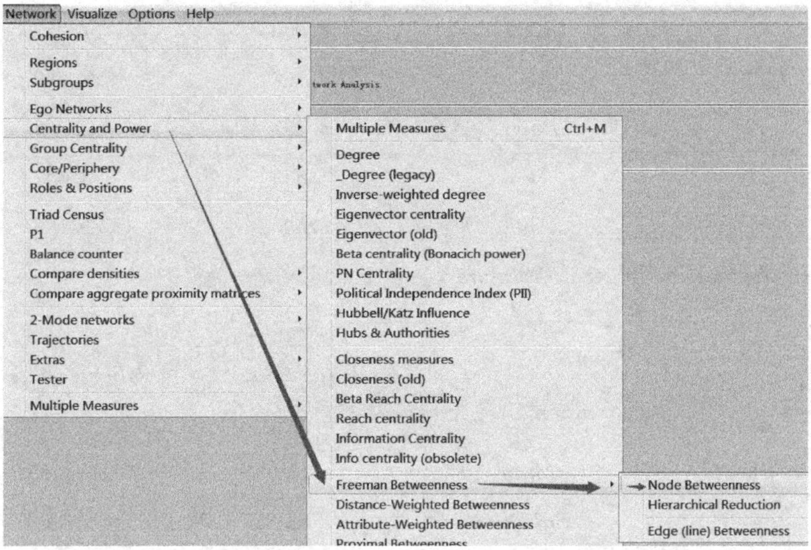

图11－22　中间性分析命令的位置

其次，打开“Freeman（point）Betweenness”对话框，在“Input dataset”中选择“cmrelation”数据集（见图11－23），点击运行按钮完成中间性计算。

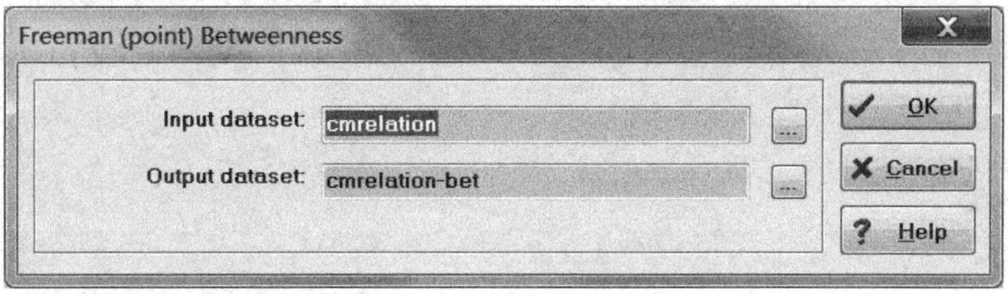

图11－23　导入数据进行中间性分析

分析结果如图11－24所示。

Un-normalized Centralization：*237.000*

		1	2
		Betweenness	*nBetweenness*
11	*Finn*	*32.833*	*29.848*
1	*Tom*	*23.500*	*21.364*
2	*Oliver*	*20.500*	*18.636*
9	*Wil*	*16.500*	*15.000*
8	*Jerry*	*15.333*	*13.939*
5	*Harry*	*13.167*	*11.970*
3	*Jack*	*11.500*	*10.455*

7	Kate	8.000	7.273
10	Rose	4.167	3.788
12	Daisy	4.167	3.788
6	Geo	3.833	3.485
4	Alice	3.500	3.182

Descriptive Statistics For Each Measure

		1	2
		Betweenness	nBetweenness
1	Mean	13.083	11.894
2	Std Dev	8.827	8.025
3	Sum	157.000	142.727
4	Variance	77.924	64.400
5	SSQ	2 989.167	2 470.386
6	MCSSQ	935.083	772.796
7	Euc Norm	54.673	49.703
8	Minimum	3.500	3.182
9	Maximum	32.833	29.848
10	N of Obs	12.000	12.000

Network Centralization Index = 19.59%

图 11－24 中间性分析输出结果

结果中，“Betweenness”为计算出的中间性的值，可以看出编号为 11 的同学 Finn 的中间性最高，说明该同学在班级中处在重要的“中介”位置上。相反，编号为 4 的同学 Alice 处在最不重要的位置。“nBetweenness”列为标准化以后的中间性的值。

（五）小团体分析（subgroups）

小团体（subgroup，或称 cliques），指团体中一小群关系特别紧密的人结合成的一个次级团体。对小团体的一个比较通俗的比喻，即“派系”，派系也是网络总体结构的指标。[①] Subgroups 分析的目的是实现对小团体的识别。

使用 UCINET 软件进行小团体分析时，首先，点击“Network”下拉菜单，

① 罗家德．社会网分析讲义［M］．北京：社会科学文献出版社，2010：229．

找到“subgroups”子菜单，点击其右侧的“Cliques...”子菜单（见图 11－25）。

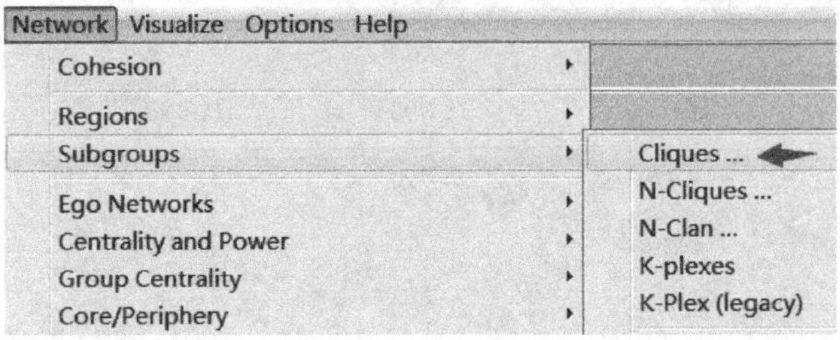

图 11－25　小团体分析命令的位置

其次，打开“Cliques”对话框，在“Input dataset”输入框中选择“cmrelation”数据集。

“Cliques”对话框有以下几个重要的参数需要设置。

Minimum size：为设置分组，每个组中至少要有的节点的数量，本例设置为 3。

Diagram type：用来设置绘图的类型，本例设置为“Tree Diagram”（树状图）。

Type：用来设置要分的组是强连接组还是弱连接组。如果选择 Strong，那么，待分析的数据是有向关系；如果选择 Weak，那么，待分析的数据是无向关系。考虑到本例的数据矩阵是对称矩阵，选择 Strong（见图 11－26）。

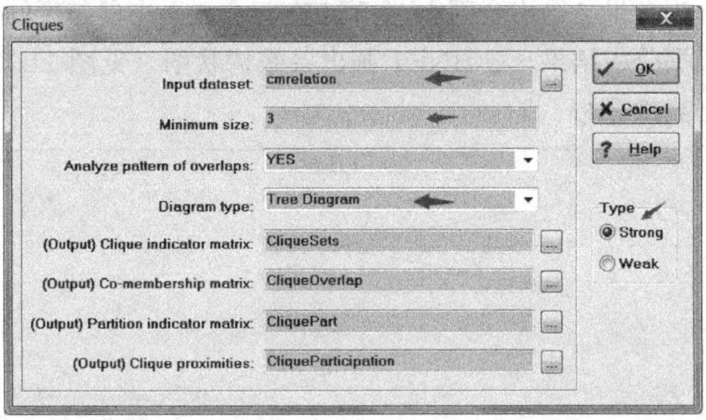

图 11－26　小团体分析命令的参数

然后，点击运行按钮得到分析结果，如图 11－27 所示。

3 cliques found.

1：Tom Oliver Jack

2：Geo Kate Jerry

3：Rose Finn Daisy

Clique Participation Scores：Prop. of clique members that each node is adjacent to

		1	2	3
1	*Tom*	*1.000*	*0.000*	*0.000*
2	*Oliver*	*1.000*	*0.000*	*0.000*

3	*Jack*	1.000	0.000	0.000
4	*Alice*	0.333	0.000	0.000
5	*Harry*	0.000	0.000	0.000
6	*Geo*	0.000	1.000	0.000
7	*Kate*	0.000	1.000	0.000
8	*Jerry*	0.000	1.000	0.000
9	*Wil*	0.000	0.333	0.000
10	*Rose*	0.000	0.000	1.000
11	*Finn*	0.000	0.000	1.000
12	*Daisy*	0.000	0.000	1.000

图 11-27 小团体分析输出结果

结果显示，在 12 个节点（即 12 名同学）中存在三个派系：第一派的成员由 Tom、Oliver 和 Jack 构成；第二派成员包括 Geo、Kate 和 Jerry；第三派成员有 Rose、Finn 和 Daisy 三人。

再次，分析结果会给出全部 12 个节点在三个派系中参与度的得分。

最后，根据分析结果，UCINET 画出一张树状图（见图 11-28），该图直观地反映了派系的分布。

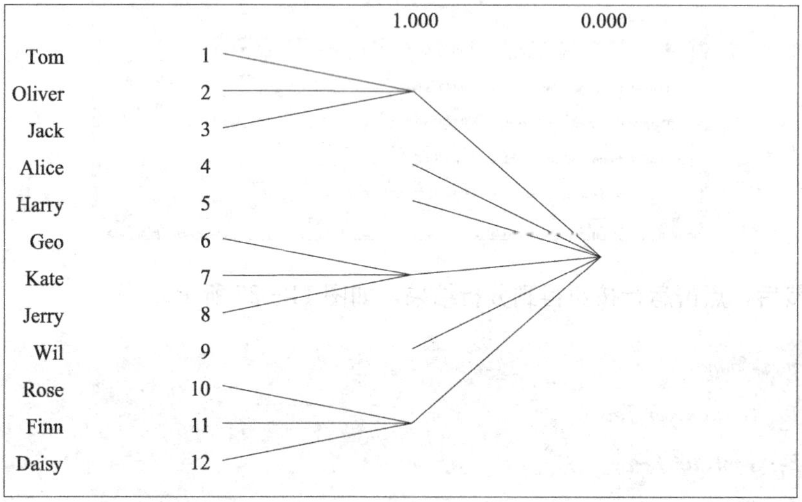

图 11-28 小团体分析树状图

第五节 社会网络分析的可视化

在社会网络分析软件 UCINET 中嵌入了三个重要的可视化工具，即 NetDraw、Pajek 和 Draw（见图 11-29）。以上三个工具中，NetDraw 是 UCINET 的经典搭配；Pajek 是大型复杂网络的分析工具，其特点是能处理百万级节点的大型网络；Draw 的特点是简单、参数设置少。

下面将结合第三节的案例重点介绍社会网络可视化工具 NetDraw。

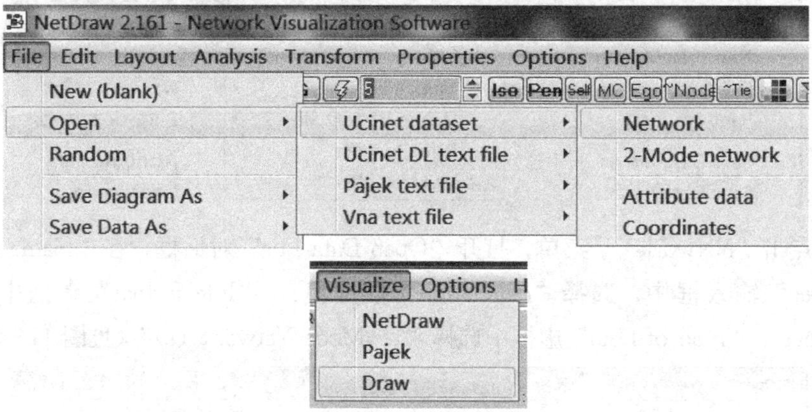

图 11－29　社会网络分析嵌入的可视化工具

一、NetDraw 基本功能菜单

打开 UCINET 软件，在菜单栏中打开 Visualize 菜单，找到 NetDraw 子菜单，点击即可加载 NetDraw 主界面（见图 11－30）。

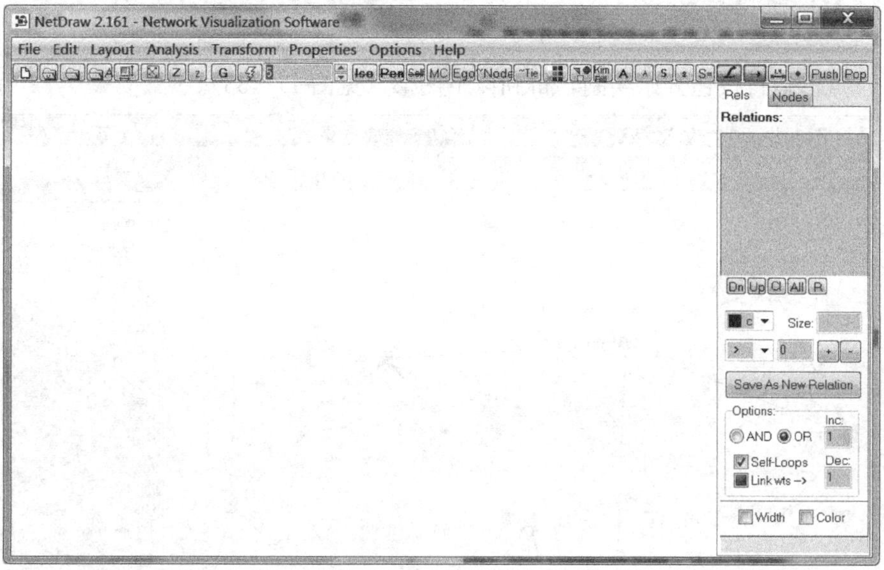

图 11－30　可视化工具 NetDraw 界面

二、社会网节点关系图绘制

使用 NetDraw 可以绘制社会网中的关系图，直观展示节点、节点间的关系、节点的中心性以及网络的状况。在此仍使用第三节案例中的“cmrelation”数据集进行关系图的绘制。

打开 UCINET，加载可视化工具 NetDraw，展开“File”菜单，找到“Open”子菜单并打开，点击“Ucinet dataset”，然后点击其右侧框中的“Network”子菜单（见图 11－31）。

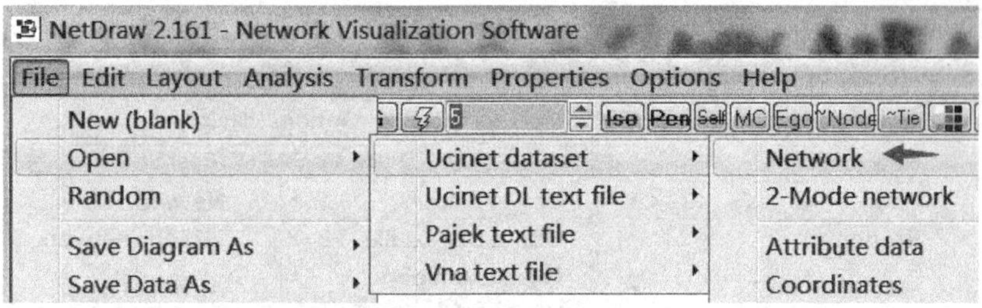

图 11－31　绘制图形子菜单的界面

点击“Network”子菜单，打开“Open Data File”对话框，在“Name of file to open”输入框中，选择“cmrelation”数据集，“File format”虚框中选择“Ucinet”，“Type of Data”虚框中选择“1－Mode Network (s)”（见图 11－32）。

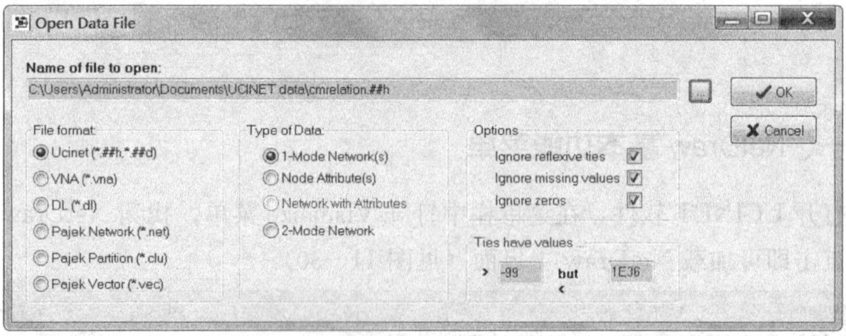

图 11－32　绘制图形界面的参数设置

点击运行按钮开始绘制，得到以下图形（见图 11－33）。

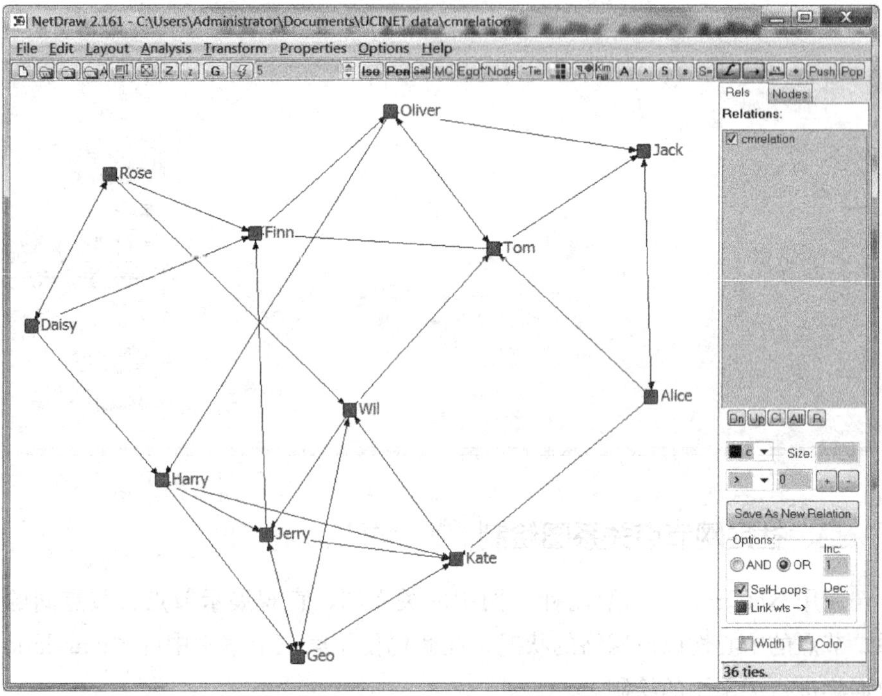

图 11－33　12 名同学的关系图

如果对节点布局不满意，还可以点击快捷键图标，快速实现对节点和边布局的智能调整。如果想调整关系（relations）的图形属性，可以通过“Rels”面板调节；如果要调整节点（nodes）的图形显示，可以通过“Nodes”面板调节。

三、社会网节点属性图绘制

社会网关系图绘制时，出于研究的需要，研究者往往需要在关系图上附加上节点的属性信息，以便进行直观的观察。以“cmrelation”数据集的绘制图为例，假设研究者对节点的性别属性感兴趣，希望引入性别变量，以便观察性别与友情的关系的交叉分布状况。

可以看到，“cmrelation”数据集中的节点对应的属性数据集如图 11－34 所示，其中“Gender”列，0 表示女性，1 表示男性。

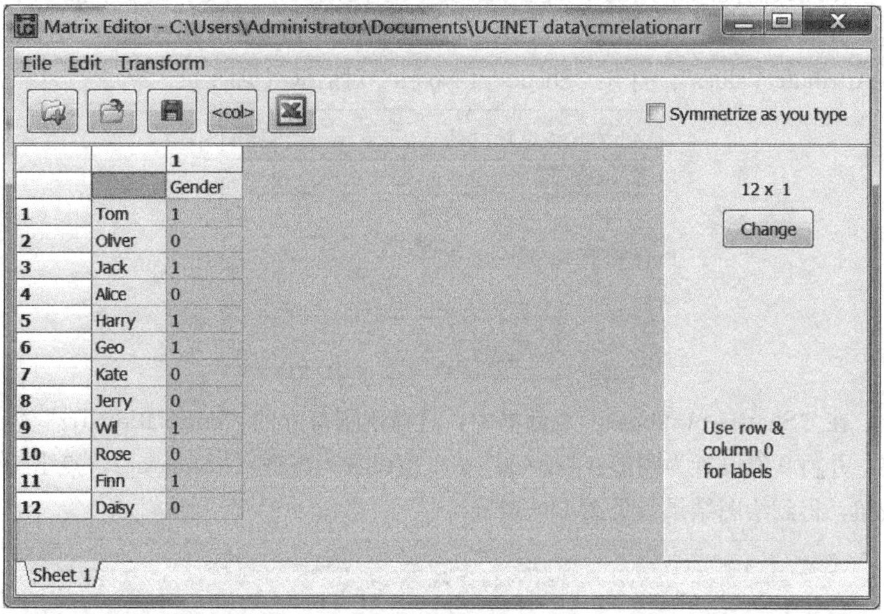

图 11－34 数据文件中属性界面

在社会网关系绘图的基础上，点击“Network”的“File”菜单下的“Open”子菜单，找到“Ucinet dataset”子菜单展开，找到“Attribute data”子菜单（见图 11－35）。

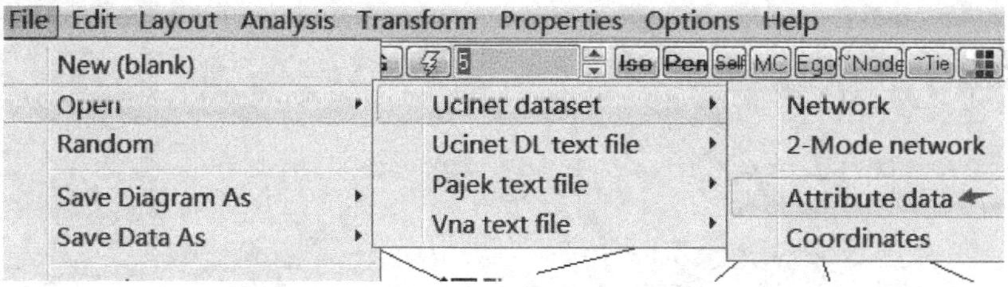

图 11－35 属性数据界面

点击“Attribute data”打开“Open Data File”对话框（见图 11－36），在“Type of Data”虚框里，选择“Node Attribute (s)”，点击运行按钮，打开属性数据。

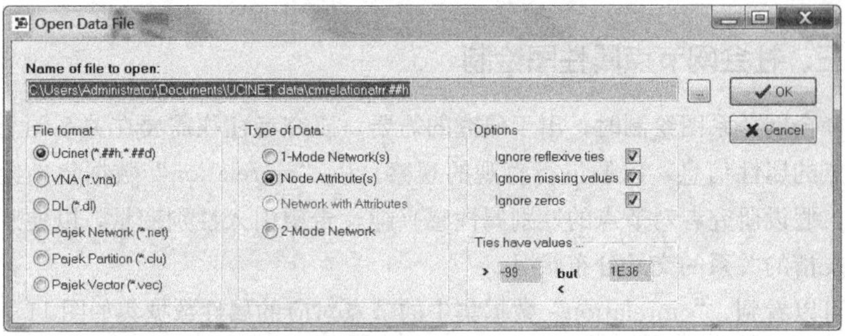

图 11 - 36　属性数据设置界面

在此我们使用不同的节点形状来标识不同的性别，其中圆形节点表示女性，方形节点表示男性。鼠标点击快捷菜单中的“Choose Node Shapes According to Attribute Values”，打开“Shapes of Nodes”对话框（见图 11 - 37）。

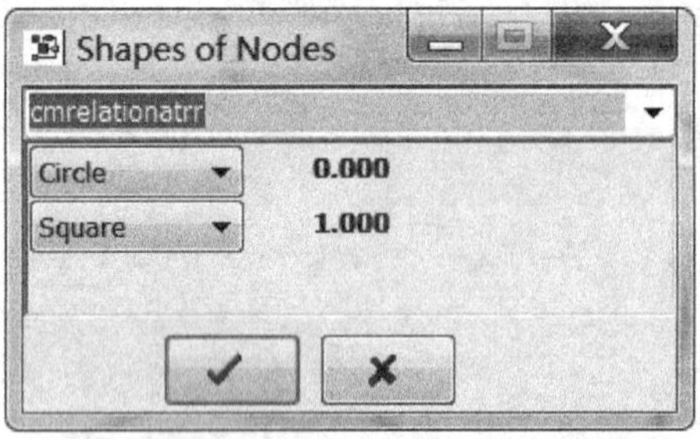

图 11 - 37

在“Shapes of Nodes”对话框中，选择刚刚打开的“cmrelationatrr”数据集，并将 0 值设置为圆形（“Circle”），1 值设置为方框（“Square”）。点击钩号按钮，得到绘图结果（见图 11 - 38）。

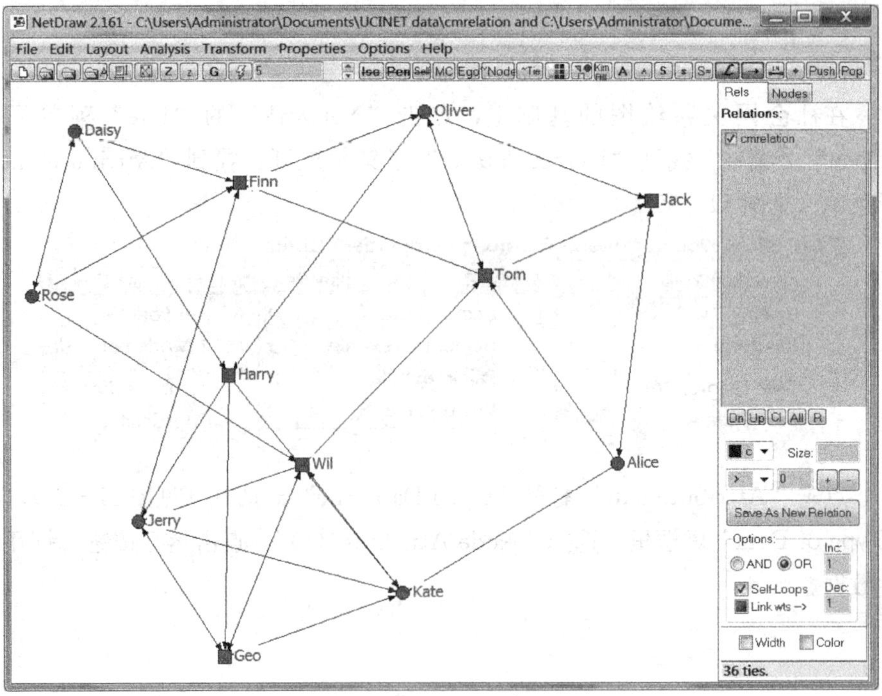

图 11 - 38　有属性的网络图

在上图中，Daisy、Rose和Oliver均为圆形节点，为女性；Harry、Geo和Finn均为方框，为男性。而且Finn与其他11个节点的连线数量最多，在此说明Finn在班级网络中占据重要的“中介”位置。

第六节　社会网络分析法研究案例

本节介绍中国传媒大学硕士研究生刘艺淳学年课程论文《基于社会网络分析的微博健康传播机制：以“HPV疫苗”议题为例》中运用社会网络分析法展开讨论的部分。

【案例】微博中“HPV疫苗”议题讨论的用户网络分析

健康议题是个体生活中的重要议题，也是国家与社会层面的重要话题。随着公众健康意识的提升与网络社交媒体的发展，健康议题在社交媒体中时常引发激烈讨论。最近几年，由于越来越多的女性开始关注健康问题，“HPV疫苗”成为一个新的微博热门议题，具有极高的话题热度。医疗话题的讨论需要较高的专业度与准确性，但我们并不知道哪些主体参与了该话题的讨论，也不清楚各类参与主体在话题讨论中扮演的角色。为此，中国传媒大学硕士研究生刘艺淳同学使用社会网络分析法展开了讨论。

1. 研究问题

我们已经知道，大众媒体时代的信息传播不仅有媒体机构的参与，还有“意见领袖”的存在。在网络社交媒体中，传统媒体机构的传播特权不复存在，信息传播主体更加多元，传播结构更具网络化特征。然而，在“人人都有麦克风”的网络环境下，传统媒体开设的社交媒体账号仍具有较大的影响力。因此，研究的主要问题是刻画“HPV疫苗”的微博讨论网络传播，并识别出不同参与主体所扮演的角色。

2. 变量设计

社交媒体中包含了多种关系，如关注关系、转发关系、评论关系等。关注关系比转发、评论关系更稳定，更能反映信息的流向以及用户选择信源的意愿。因此，研究者基于关系网络，建构了话题讨论网络：若A关注B，则A对B的联系为1；若B没有关注A，则B与A的联系为0。

本章介绍了多种描述网络结构的测量指标。该研究中，研究者计算了网络中各主体的网络密度、度中心性、中介中心性与接近中心性等指标，同时使用迭代相关收敛法（CONCOR）对网络结构中的小团体进行了识别。

3. 数据获取

通过话题搜索及滚雪球的方法，研究者选取了参与话题讨论的65个微博用户作为研究对象：先通过微博话题搜索的方式筛选影响力较大的微博用户，再从这些用户的关注列表及话题讨论中补充同样满足筛选条件的用户。筛选标准有三：一是发布过HPV疫苗相关的内容；二是至少有一条HPV疫苗相关的微博被转发500次以上；三是微博粉丝数量在1万以上。最终，研究建立起65×65的关注关系矩阵。

4. 研究发现与结论

首先，研究者分别计算了话题讨论网络中各用户的中心性排名，发现三个指标的排名前10位中媒体用户都占据多数（见表11-3）。需要注意的是，有自媒体用户在中介中心性或接近中心性方面排名靠前，如“大学声bot”“平民王小石”“游识猷”。这表明，在HPV疫苗议题讨论中，传统媒体的微博账号仍处于网络中心位置，但部分自媒体用户在媒体与普通用户的沟通中扮演了“沟通桥”的角色（见图11-39）。

表11-3　HPV疫苗信息传播网络节点中心性排名（前10位）

入度中心性	出度中心性	中介中心性	入接近中心性	出接近中心性
人民日报	新浪爱问医生	人民日报	人民日报	人民日报
央视新闻	澎湃新闻	大学声 bot	央视新闻	游识猷
头条新闻	Vista看天下	观察者网	头条新闻	平民王小石
中国新闻网	中国新闻网	人民网	人民网	中国新闻网
人民网	环球网	丁香医生	澎湃新闻	生命时报
澎湃新闻	财经网	彩虹医生	中国新闻网	新京报我们视频
新京报	成都商报	新浪视频	新京报	环球时报
每日经济新闻	头条新闻	开水族馆的生物男	每日经济新闻	三联生活周刊
三联生活周刊	环球时报	平民王小石	环球网	成都共青团
央视财经	中国日报	澎湃新闻	央视财经	六层楼先生

计算矩阵各行各列间的相关系数，构成新的系数矩阵后再次计算，而后利用树形图进行网络成员的可视化，结果如图11-40所示。观察树形图，可以看到研究对象形成了8个小团体。央媒、党媒间的联系较为紧密，政务与大学机构、自媒体节点分散在不同小团体。各个小团体之间存在交叉关系，凝聚子群密度为0.479（R-squared=0.479）①，说明小团体的聚集程度中等，团体间存在沟通节点。

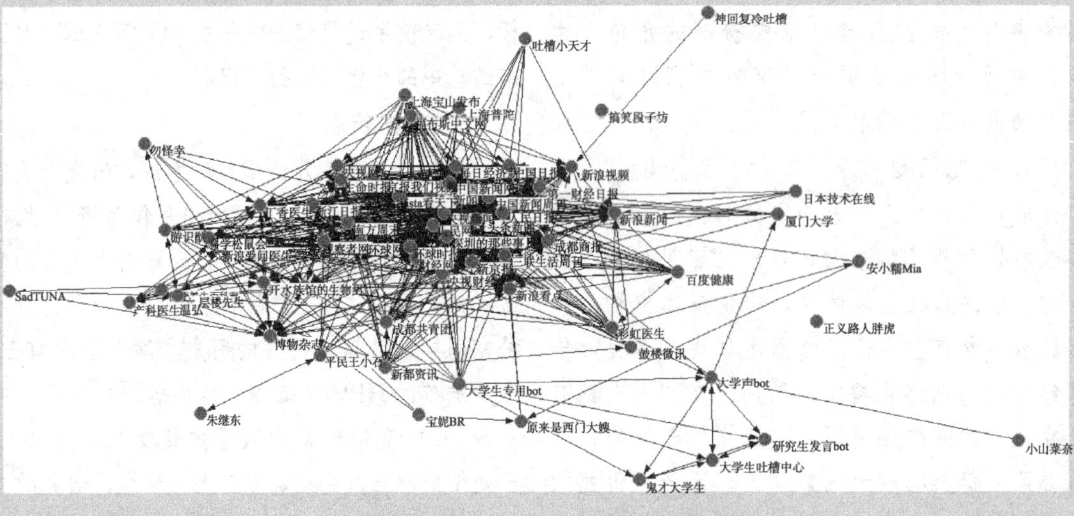

图11-39　HPV疫苗信息传播网络

① R-squared代表软件UCINET6分析凝聚子群密度时输出的“密度矩阵表”（Density Matrix）对应的解释程度，数值越大，代表对平均凝聚子群密度的解释程度越高。

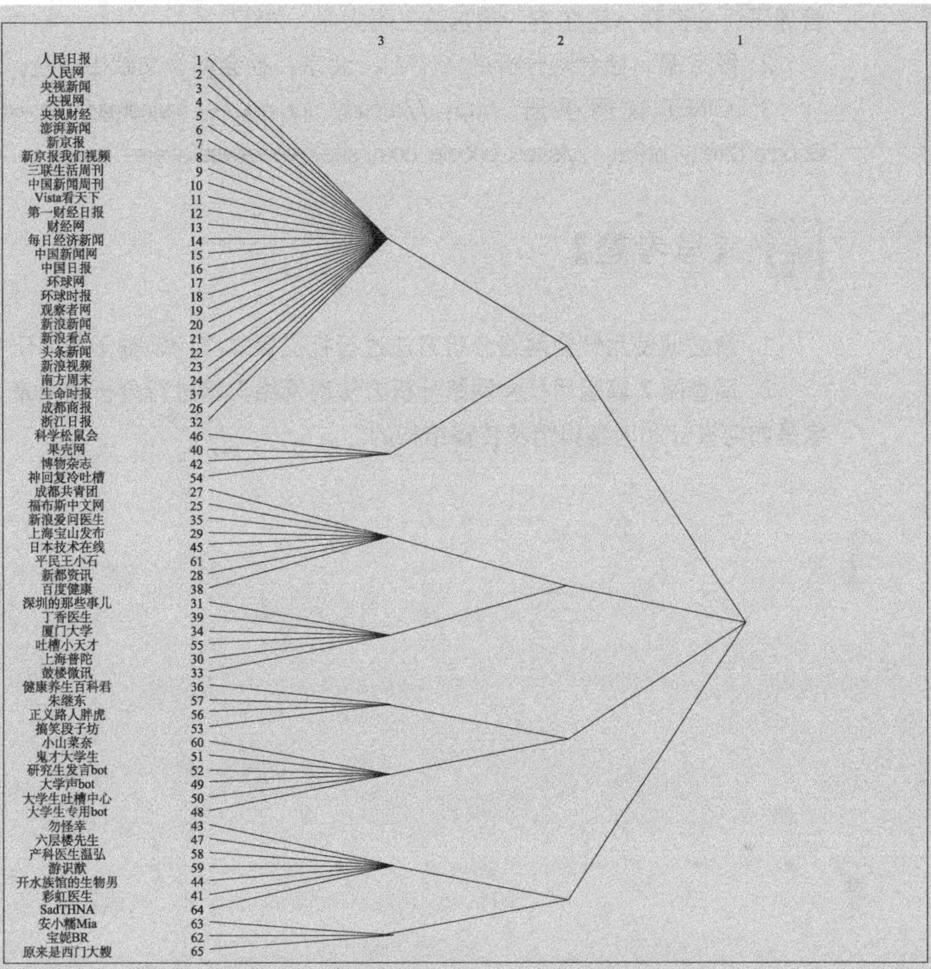

图 11－40　HPV 疫苗传播网络派系树状图

基于以上发现，研究者认为在关于“HPV 疫苗”的微博讨论中，传统媒体机构依然在众多意见领袖中发挥关键与核心的作用，但普通用户接触相关知识、信息的渠道不局限于传统媒体机构。此外，科普类博主与可接种疫苗的省市政府官方微博是相关话题的发言主体，以女性为主要目标用户的垂直性自媒体为该议题补充了原创信息；以大学生为主要目标用户的垂直性自媒体间联系十分紧密，涉及 HPV 疫苗的文本趋于同质化，其信源仍依赖于传统媒体机构[①]；部分自媒体发挥了重要的桥接作用；知识或信息流通中，传统媒体机构的影响力能够通过沟通节点实现跨子群流动。

【延伸阅读】

1. 刘军．整体网分析讲义：UCINET 软件应用［M］．第二届社会网与关系管理研讨会资料，哈尔滨：哈尔滨工程大学，2007.

2. 罗家德．社会网分析讲义［M］．北京：社会科学文献出版社，2010.

3. UCINET 官网手册．http：//faculty. ucr. edu/～hanneman/nettext/NetDraw Google Sites：https：//sites. google. com/site/netdrawsoftware/home.

【思考题】

1. 请尝试使用社会网络分析方法进行社交媒体舆论领袖影响力研究设计。

2. 请查阅 2 篇运用社会网络分析方法对网络舆情进行分析的文章，思考作者是如何设计和考察舆情及传播结构的。

第 12 章 互联网数据挖掘研究方法

数据挖掘是通过仔细分析大量数据来揭示有意义的新的关系、趋势和模式的过程。[①] 数据挖掘技术最初主要面向商业应用，尤其是在银行、电信、保险等商业领域。例如，购物个性化推荐、银行客户的智能化信用评级等。随着互联网的应用，尤其是移动互联网的普及引发网络数据的爆炸式增长，在各类互联网应用终端中产生了用户留下的大量轨迹数据和行为数据，这些数据一般被称为“痕迹”数据。这些“痕迹”可以被用来分析和探讨用户的消费行为、习惯甚至观念态度等。这些数据具有重要的社会价值和商业用途，对其进行挖掘和分析亦随之成为信息时代社会科学研究的新领域，即大数据研究，而数据挖掘是研究“痕迹”数据行之有效的方法工具。在全媒体时代，网络媒体传播是新闻传播学学科关注的重要问题，网络技术也为网络传播研究提供了前所未有的技术手段，加之社会经济发展各领域正在经历快速的数字化，“物联网”“万物互联”方兴未艾，研究者既需要掌握传统社会科学研究方法，也需要在新媒体语境下，掌握新的网络技术工具并借助这些工具观察和研究新闻传播领域出现的现象。

互联网数据挖掘研究方法为新闻传播的研究提供了广阔的空间，本章将从互联网信息的抓取、存储、清洗和分析四个方面详细介绍互联网数据挖掘的方法。

第一节 互联网信息的抓取

传统的数据挖掘往往面对的是企业现成的商业数据。新闻传播研究领域面临的数据场景与之不同，“留痕”数据需要研究者自行抓取。从这个意义上讲，研究者的数据抓取能力是衡量其能否完成研究的重要基本能力之一。

互联网信息的抓取，通常是通过网络爬虫技术进行爬取。网络爬虫技术，通俗来讲，是研究者写就的一种自动抓取网页并提取网页内容的程序，通常被作为搜索引擎来采集信息。

网络爬虫技术的工作原理包括三方面的内容。

第一方面，人工或者自动筛选待采集的网址集合，将其作为种子网址；

第二方面，用种子网址初始化待抓取的队列；

---

① 韩家炜，坎伯．数据挖掘：概念与技术［M］．范明，孟晓峰，译．北京：机械工业出版社，2001：4.

第三方面，按照研究者指定的特定策略循环地从队列中抽出一批网址，下载网址对应网页，并使用一定的规则提取需要的信息，解析出其中新的网址。使用筛选规则提取页面中的网站，将其添加到待抓取队列。

这里涉及网页信息的抓取方式。当人们需要抓取网页信息时，往往根据网页信息加载方式的不同而采用不同的方法。网页信息的加载分为同步模式加载和异步模式加载。

同步模式（又叫阻塞模式）加载，即用户发起对特定页面的请求后，等待网页服务器进行处理，服务器处理完毕后返回给用户结果页面。在服务器处理的过程中，用户的浏览器不能同时处理其他工作，等到服务器处理完成用户请求后，便将抓取的数据存放在结果页面里，同时，也可以在浏览器的查看源代码模式里找到这些被抓取到的数据。

异步模式（又叫非阻塞模式）加载，即用户发起对特定页面处理的请求后，不同时等待网页服务器的处理操作，服务器处理用户请求的过程中，用户浏览器仍可进行后台页面处理。服务器处理完用户请求后，便将抓取的数据存放在结果页面里。与同步模式不同的是，在浏览器的查看源代码模式下不一定找得到以这种方式抓取的数据。

目前，绝大多数网站使用的都是同步加载模式，但是部分网站（比如微博）为了追求更快的响应时间，减轻服务器压力，追求更多的并发连接，往往会选择异步加载的方式。在抓取互联网信息实际操作中，应根据网站的加载模式选择合适的数据抓取方式。

下面分别对上述两种数据抓取方式进行介绍。

一、同步加载网页的抓取

笔者继续使用 Python 作为工具，对互联网信息抓取方式进行介绍。要实现 Python 中的数据爬取功能，首先要使用 urllib 包（见图 12－1），包可以被理解为 Python 的工具集。urllib 包提供了一系列用于操作 URL（Uniform Resource Locator，即我们通常所说的网址）的功能。

安装 urllib 包的方法：打开“Anaconda Prompt”窗口，并使用“pip install packagename”命令。

为帮助读者更好地理解 urllib 包，在此将结合实例来讲解 urllib 包的使用。

（一）在信息门户网站抓取数据

静态网页中的信息采集

例如，中国传媒大学某二级学院进行一项关于中传校园网站宣传的研究，需要获取中国传媒大学网站、中传要闻频道首页（URL＝http：//www.cuc.edu.cn/zcyw）的整个页面数据。

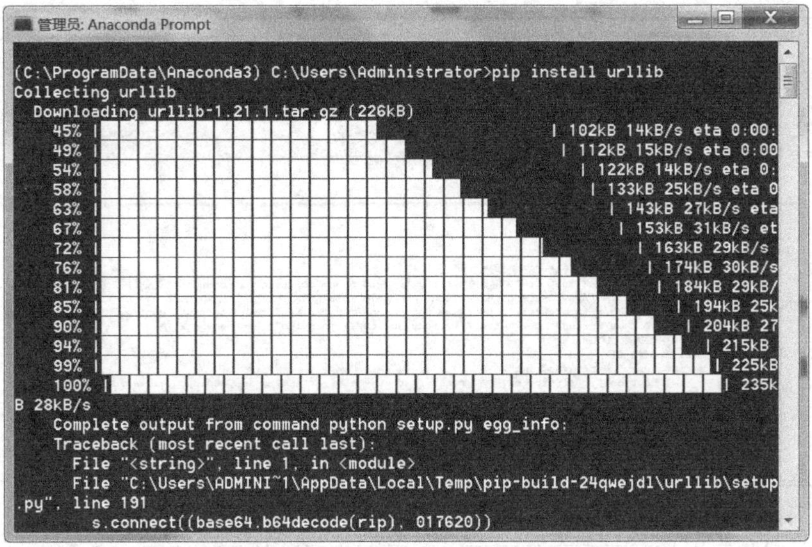

图 12-1 Python 安装 urllib 包示意图

在本例中，首先要介绍一个概念：对象。对象是面向对象程序设计中的一个概念，可以将其理解为一个高级变量，对象不但可以存值，还有自己的属性和方法。读者想深入了解有关对象的内容的话，可参阅面向对象程序设计相关教材及资料，在此不过多展开。

抓取校园网中传要闻频道的代码如代码 12-1 所示。

代码 12-1

```
import urllib.request
#导入 urllib 库.
url = "http://www.cuc.edu.cn/zcyw"
#将中传要闻频道首页网址存入变量 url 中.
resp = urllib.request.urlopen(url)
#调用 urllib 的子对象的 urlopen 方法,访问 url 变量中存储的网址,得到一个可以读取网址对应网页文件的对象,将其存储在 resp 中.
html = resp.read()
#使用 resp 对象的 read 方法读取网址对应网页文件,返回的网页文件内容存储在 html 中.
realhtml = html.decode("utf-8")
#调用 decode 方法将 html 存储的文件内容转换成 unicode 编码,结果存储在 realhtml 中.
print(realhtml)
#将 realhtml 输出.
```

按照上述代码导入 urllib 库、抓取中传要闻频道后，程序运行后输出结果如图 12-2 所示 。

接下来，课题组需要对中传要闻频道中第一页的新闻标题、新闻来源和新闻日期进行抓取。

为了解决这个问题，在此要使用之前介绍过的正则表达式。

```
In [3]: import urllib.request
        #导入urllib库。
        url="http://www.cuc.edu.cn/zcyw"
        #将中传要闻频道首页网址存入变量url中。
        resp=urllib.request.urlopen(url)
        #调用urllib的子对象的urlopen方法，访问url变量中存储的的网址，得到一个可以读取网址对应网页文件的对象存储在resp中。
        html=resp.read()
        #使用resp对象的read方法读取网址对应网页文件，返回的网页文件内容存储在html中。
        realhtml=html.decode("utf8")
        #调用decode方法对html存储的文件内容转换成unicode编码，结果存储在realhtml中
        print(realhtml)
        #将realhtml输出
```

```
<!doctype html>
<html lang="en">
<head>
        <meta charset="UTF-8">
        <meta name="title" content="中传要闻" />
        <meta name="Keywords" content="中传要闻" />       <meta name="Description" content="中传要闻" />    <link type
="image/x-icon" href="http://www.cuc.edu.cn/favicon.ico" rel="icon"/>
        <link type="image/x-icon" href="http://www.cuc.edu.cn/favicon.ico" rel="shortcut icon"/>
        <link type="image/x-icon" href="http://www.cuc.edu.cn/favicon.ico" rel="bookmark"/>
        <title>中传要闻</title>
        <!--[if lte IE 8]>
          <script type="text/javascript">
                (function(){if(!/*@cc_on!@*/0)return;var e = "abbr,article,aside,audio,bb,canvas,datagrid,datalist,
details,dialog,eventsource,figure,footer,header,hgroup,mark,menu,meter,nav,output,progress,section,time,video".spli
t(',');for(var i=0;i<e.length;i++){document.createElement(e[i])}})();
          </script>
        <![endif]-->
        <script type="text/javascript" src="http://www.cuc.edu.cn/statics/js/common/jquery-1.7.2.min.js"></script>
        <script src="http://static.cuctv.com/js/utlis/video.js"></script>
```

图 12-2 代码及运行结果

在浏览器中打开要采集的页面，查看源代码，使用快捷键 ctrl＋u，查找要提取的信息块，本例中待提取信息块的 HTML 代码如代码 12-2 所示。

```
<li class="g-lastu">
<h3 class="tit">
<a href="/news/2021/0118/c1901a177953/page.htm" target="_blank">传播研究院认真学习领会学校第三次党代会精神</a>
</h3>
<div class="desc g-line">
<a href="/news/2021/0118/c1901a177953/page.htm" target="_blank" class="pic g-u">
<img src='/_upload/article/images/25/a3/b14ef87f4082931aa8c186942d6e/44e76b63-67f6-4af8-8c02-543012fda0d5_s.jpg' width='182' height='106' />
</a>
<div class="g-lastu">
(通讯员 涂越)1月14日下午,中国共产党中国传媒大学第三次代表大会胜利闭幕.大会审议并通过了廖祥忠书记所作«奋进新时代实现新跨越,全面开启中国特色世界一流传媒大学建设新征程»的工作报告.传播研究院4名党代表在第一代表团参加了大会.1月15日上午,传播研究院党委召开...
<p class="source">来源:传播研究院<span class="mr10 ml10">|</span>2021-01-18</p>
</div>
</div>
</li>
```

代码 12-2

依据代码 12-2 运行，抓取到课题组需要的信息如下：

标题：传播研究院认真学习领会学校第三次党代会精神

新闻来源：来源：传播研究院

新闻日期：2021-01-18

根据第 2 章中的正则表达式的规则，可以使用如代码 12-3 所示的正则表达式进行所需信息的正则提取。

使用正则表达式采集所需信息

代码 12-3

```
<h3 class="tit"><a href=".*?" target="_blank">(.*)</a></h3>(.
|\n)*?<p class="source">(.*)<span class="mr10 ml10">.*?</span>
(.*)</p>
```

下面分别介绍代码 12-3 中符号的含义。

“.*?”可以匹配任意非换行字符串。对本例而言，“<a href=".*?"”中的“.*?”可以模糊匹配不同的新闻的链接地址，确保信息块信息正则匹配成功，因为不同的信息块中每个新闻的 URL 地址是不同的，因此在进行网页信息提取时，经常需要模糊匹配有规律且实际信息不同的特征。

“(.*)”可以提取需要的信息。对本例而言，“target="_blank">(.*)”中的“(.*)”可以提取到新闻的标题，即提取到“传播研究院认真学习领会学校第三次党代会精神”。

示例信息采集代码如代码 12-4 所示。

代码 12-4

```
import urllib,re
#导入 urllib 包和 re 包,re 包是 python 的正则表达式(regular expression)包.
url='http://www.cuc.edu.cn/zcyw'
#将待采集的网址存入 url 变量.
resp=urllib.request.urlopen(url)
html=resp.read()
realhtml=html.decode("utf-8")
regx = r'<h3 class="tit"><a href=".*?" target="_blank">(.*)</a></h3
>(.|\n)*?<p class="source">(.*)<span class="mr10 ml10">.*?</span>
(.*)</p>'
#定义正则规则,并将规则保存在 regx 变量中,规则开头的 r 表示这里的规则为原始字符
串(raw string).
newslist=re.findall(regx,realhtml)
#使用 re 包的 findall 方法,并用正则表达式 regx 去匹配 realhtml 的内容并将匹配到的
内容以列表的类型放置入 newslist 中.
print(newslist)
```

正则表达式使用反斜杠“\”来代表特殊形式或用作转义字符，这里跟 Python 的语法冲突，因此，Python 用“\\”表示正则表达式中的“\”。因为正则表达式中如果要匹配“\”，需要用“\”来转义，变成“\”，而 Python 语法中又需要对字符串中每一个“\”进行转义，所以就变成了

"\ \"。为了简便，也为了使正则表达式具有更好的可读性，Python 设计了原始字符串，用"r"作为字符串的前缀，比如"print (r' \ n')"输出的是"\ n"，"print (' \ n')"输出的是换行。

findall 是 Python 正则表达式 re 包的一个常用的数据匹配方法，通过这种方法可以得到正则表达式在字符串中匹配到的所有结果。当给出的正则表达式中带有多个括号时，列表的元素为多个字符串组成的数组（tuple），数组中字符串个数与括号对数相同，字符串内容与每个括号内的正则表达式相对应，并且排放顺序即为括号出现的顺序。

程序运行后输出结果如图 12－3 所示。

```
Out[64]:  [('我校组织召开校园整体规划方案交流会', '\t', '来源：基建处', '2017-07-28'),
           ('中国科技新闻学会理事长宋南平一行来访我校', '\t', '来源：党校办', '2017-07-26'),
           ('我校举行丁文华院士聘任仪式', '\t', '来源：人事处', '2017-07-24'),
           ('"2017用户体验与未来媒体国际论坛"圆满落幕', '\t', '来源：', '2017-07-24'),
           ('学校召开"十三五"发展规划关键办学指标落实推进会', '\t', '来源：发展规划与法制办', '2017-07-21'),
           ('我校召开青年教职工红色主题教育活动出征动员大会', '\t', '来源：人事处', '2017-07-21')]
```

图 12－3 使用正则表达式运行的结果

从图 12－3 的运行结果来看，研究所需提取的信息均成功被提取。然而，提取的信息仍存在规范性的问题，比如"\ t"和"来源："是不需要提取的信息。此时可以对程序进行优化，以对提取的数据进行清理。优化后的代码如代码 12－5 所示。

代码 12－5

```
import urllib.request,re
url='http://www.cuc.edu.cn/zcyw'
resp=urllib.request.urlopen(url)
html=resp.read()
realhtml=html.decode("utf-8")
regx = r'<h3 class="tit"><a href=".*?" target="_blank">(.*)</a></h3>(.|\n)*?<p class="source">(.*)<span class="mr10 ml10">.*?</span>(.*)</p>'
newslist = re.findall(regx,realhtml)
import pandas as pd
#导入 pandas 包.
df = pd.DataFrame(newslist, columns=['标题','t','来源','日期'])
#使用采集到的数据 newslist 创建一个数据库,并将四个数据列分别命名为标题、t、来源、日期.
del df['t']
#删除不需要的"t"列.
df['来源']=df['来源'].str.replace("来源:", "")
#对来源列数据做替换,将"来源:"替换为空.
df.to_excel('news.xlsx', sheet_name='Sheet1')
#将最终采集结果保存为 Excel 文件,文件名为"news.xlsx",数据位于第一个工作表.
```

代码运行后得到一个新的文件——news. xlsx 文件，文件内容如图 12 - 4 所示。

A	B	C	D
	标题	来源	日期
0	我校节约型校园节能监管体系建设项目通过验收	后勤管理处	2017-07-29
1	中国传媒大学老年大学揭牌成立	离退休管理处	2017-07-28
2	我校组织召开校园整体规划方案交流会	基建处	2017-07-28
3	中国科技新闻学会理事长未南平一行来访我校	党校办	2017-07-26
4	我校举行丁文华院士聘任仪式	人事处	2017-07-24
5	“2017用户体验与未来媒体国际论坛”圆满落幕		2017-07-24

图 12 - 4　文件截图

需要注意的是，当我们尝试抓取本例的数据时，会因为采集页面新闻内容的实时更新，导致采集到的数据有所变化。另外，正则采集规则也应根据目标网站页面设计的实际情况重新编写。

(二) 在论坛网站抓取信息

采集论坛中数据的方式，与采集门户网站数据的方式差异不大。论坛是一种交互性强、内容丰富的互联网电子信息服务系统，用户在论坛站点上的行为，主要有发布信息、讨论、聊天等。采集论坛中的数据，通常指的是采集用户在论坛中的各种行为所包含的信息。

部分论坛的页面架构使用了<frame>标签，即框架。所谓框架，指网页画面被分成几个框窗，每个框窗通过一个 URL 将需要显示的信息调用进来。如果某论坛使用<frame>，当需要对其信息进行采集时，直接使用浏览器查看源文件是找不到用户要采集的信息的，而是必须要先找到待采集页面信息所在的 URL。一个可行、快捷的方法，即使用 IE 浏览器打开要采集的页面，在要采集的信息上单击鼠标右键，选择“属性”，则可以看到“属性”对话框。“属性”对话框中的“地址（URL)”，则为要采集的目标地址。复制该地址，在浏览器中打开，使用查看源代码快捷键“ctrl+u”，就可以进行信息采集了。

如果论坛未使用框架，研究者直接使用采集门户网站数据的方式即可。如何判断论坛页面是否使用了框架呢？查看页面源代码，如果发现有<frame>标签，便说明论坛页面为框架页面，否则，则为普通页面。

例如，某项研究需要收集上海交通大学名下的“饮水思源”论坛首页上的十大热门话题，采集的内容包括板块名称、话题、发帖用户 ID。论坛网址为 https：//bbs. sjtu. edu. cn/frame2. html。

使用浏览器查看源代码，发现目标采集网址使用<frame>框架设计。

首先，研究者找到采集内容所在真实页面地址 https：//bbs. sjtu. cdu. cn/php/bbsindex. html，使用浏览器查看源代码，显示真实页面的 HTML 代码，如代码 12 - 6 所示。由于篇幅所限，代码中省略了非关键代码，但并不影响正则规则的编写。

```
… …
<td valign = "middle"><font color = "#FFFFFF"><img src = "iconT.gif"> <b>十大热门话题</b></font></td></tr>
</table></td></tr><tr>
<td align = "center" valign = "top" bgcolor = "#f6f6f6">
<table width = 100% border = 0><tr><td width = 110>
[<a href = "/bbsdoc?board = JobInfo"target = "_self"> JobInfo</a>]
</td>
<td>
<ahref = "/bbstcon?board = JobInfo&reid = 1501292421" target = "_self">
平安科技大数据部门数据挖掘—暑期实习生招募
</a>
</td>
<td width = 110>kubarados</td></tr>
<tr><td width = 110>
[<a href = "/bbsdoc?board = Secondhand" target = "_self"> Secondhand</a>]
</td><td>
<ahref = "/bbstcon?board = Secondhand&reid = 1501297496" target = "_self">香港地铁全日通兑换券 </a>
</td>
<td width = 110>seths</td></tr>
… …
<tr><td width = 110>
[<a href = "/bbsdoc?board = PartTime"target = "_self"> PartTime</a>]
</td><td>
<ahref = "/bbstcon?board = PartTime&reid = 1501294842" target = "_self">学霸来了，起薪 80+ </a>
</td>
<td width = 110>qfliu</td></tr></table>
</td></tr></table>
… …
<table width = "98%"border = "0" cellpadding = "0" cellspacing = "0" class = "Bg_Color_Midium">
        <!--DWLayoutTable-->
       <tr>
… …
<td valign = "middle"><font color = "#FFFFFF">
<img src = "iconD.gif"> <b>分类精彩讨论区</b></font>
</td></tr></table></td> </tr>
```

代码 12 - 6

根据代码 12－6 抓取的数据，仅仅可抓取页面中特定区域的内容，但按照课题要求，需将板块名称等全部抓取。为解决这个问题，先用字符串截取的方法提取出待抓取的特定区域，然后使用正则表达式提取该区域的代码中的目标信息。采集代码如代码 12－7 所示。

```
import urllib.request,re
url = 'https://bbs.sjtu.edu.cn/php/bbsindex.html'
resp = urllib.request.urlopen(url)
html = resp.read()
realhtml = html.decode("gb2312")
posb = realhtml.find("十大热门话题")
#根据关键词找到待抓取信息区域的开始.
pose = realhtml.find("分类精彩讨论区")
#根据关键词找到待抓取信息区域的结束.
realhtml = realhtml[posb:pose]
#截取待抓取信息.
regx = 'target = "_self">(.*)</a>]</td><td><a(.|\n)*?href = ".*?"(.|\n)*?target = "_self">(.*)(.|\n)*?</a></td><td(.|\n)*?width = 110>(.*)</td></tr>'
#提取信息的正则表达式.
newslist = re.findall(regx,realhtml)
import pandas as pd
df = pd.DataFrame(newslist, columns = ['板块','n2','n3','标题','n5','n6','作者'])
df = df.drop(['n2','n3','n5','n6'],axis = 1)
df.to_excel('bbs.xlsx', sheet_name = 'Sheet1')
#最终采集的信息存放于 bbs.xlsx.
```

代码 12－7

信息抓取完成后，将抓取的信息存储在 bbs.xlsx 中，文件内容截图如图 12－5 所示。

	A	B	C	D
1		板块	标题	作者
2	0	JobInfo	平安科技大数据部门数据挖掘－暑期实习生招募	kubarados
3	1	Secondhand	香港地铁全日通兑换券	seths
4	2	JobInfo	[社招]Synopsys(新思科技)大量岗位社招内推	zhangqihuan
5	3	JobInfo	【实习】麦肯锡 IT Services Technician-Intern	wzhong
6	4	House	交大对面 金榜六期独卫1室1 000元配置齐全近紫竹	TerranKing
7	5	House	东苑佳和园3 200 电梯房 精装 1房1厅1卫	chenhuixiang
8	6	House	京浦花园 1 600 独立厨卫 适合情侣	chenhuixiang
9	7	LoveBridge	qiji(yitanqingshui) 使用假照片假信息 大家警	microlee
10	8	PartTime	【实习】东兴证券产业金融组招聘实习生(可留用)	zwy
11	9	PartTime	学霸来了，起薪80+	qfliu

图 12－5 对论坛抓取的数据截图

二、异步加载网页的抓取：微博网站抓取

动态网页中的信息采集

新浪微博自2009年开通以来，用户持续增长，成为目前中国最大的社交媒体之一。研究微博传播以及将微博作为数据来源，已经成为当下互联网研究的重要内容。从技术上看，微博为了提升用户体验，提升页面加载速度，对数据的加载多选择异步模式。

在异步模式下，用户使用浏览器查看源代码时，只能看到部分数据，甚至完全看不到要抓取的目标数据，上述同步模式中使用的urllib包不再适合这种数据抓取场景。

Python的Selenium包，则可以实现对浏览器的调用。使用Selenium抓取数据，就如用户使用浏览器实际索取数据一样，且Selenium支持多种浏览器，如IE、Chrome和Firefox等。Selenium可适用多样化的场景，可以抓取任何类型网站的信息，但缺点是模拟浏览器访问的方式会导致抓取数据速度变慢。

Selenium的安装命令为“pip install-U selenium”。

Selenium需要一个驱动程序与目的浏览器进行交互。例如，如果要驱动Firefox浏览器，就需要安装GeckoDriver，并确保GeckoDriver的路径添加在系统的环境变量中。如上文所述，Selenium可驱动的几种常见浏览器，如Chrome、Edge、Firefox、Safari等，相应的下载地址如表12-1所示。

表12-1　几种常见浏览器下载地址

Chrome	https：//sites. google. com/a/chromium. org/chromedriver/downloads
Edge	https：//developer. microsoft. com/en-us/microsoft-edge/tools/webdriver/
Firefox	https：//github. com/mozilla/geckodriver/releases
Safari	https：//webkit. org/blog/6900/webdriver-support-in-safari-10/

例如，某研究课题欲采集中央电视台体育频道微博首页（http：//weibo. com/cctv5? refer _ flag=1001030101 _ &is _ all=1）的信息，数据采集内容包括微博时间和微博内容。

利用上述Selenium包，具体的代码如代码12-8所示。

```
from selenium import webdriver
＃加载 selenium 包.
browser = webdriver.Firefox()
＃使用 Firefox 函数加载浏览器.
import time
＃加载 time 包,用于时间控制器.
browser.get("http://weibo.com/cctv5?refer _ flag = 1001030101 _ &is _ all = 1")
```

```
#使用 brower 的 get 函数访问要采集的微博地址页面.
time.sleep(10)
#使用 time 包的 sleep 方法,设置采集 10 秒的休眠时间.
js = "var q = document.documentElement.scrollTop = 100000"
browser.execute_script(js)
#调用 execute_script 方法执行 js 脚本,实现浏览器滚动条滚动到页面底部加载数据.
time.sleep(5)
#设置程序休眠 5 秒.
wbtimes = browser.find_elements_by_xpath("//*[@id ='Pl_Official_MyProfileFeed__27']/div/div/div[1]/div[3]/div[2]/a[1]")
#使用 xpath 规则提取微博时间信息,存入 wbtimes.
wt = []
#定义列表变量 wt,用来存储微博时间.
wc = []
#定义列表变量 wc,用来存储微博内容.
for webtime in wbtimes:
    wt.append(webtime.get_attribute("text"))
# 将 wbtimes 中的时间信息遍历,存储 wt.
wbcontents = browser.find_elements_by_xpath(".//*[@id ='Pl_Official_MyProfileFeed__27']/div/div/div[1]/div[3]/div[3]")
#使用 xpath 规则提取微博时间信息,存入 wbcontents.
import re
#加载正则表达式工具 re 包.
dr = re.compile(r'<[^>]+>',re.S)
#使用正则表达式剔除采集内容中含有的 HTML 标签.
for wbcontent in wbcontents:
    s = wbcontent.get_attribute('innerHTML')
    s.strip(" ")
    s = dr.sub('',s)
    s = s.replace('\n','')
    s = s.strip(" ")
    s = s.replace(",'')
#剔除采集到的文本中的空格、换行、回车等信息.
```

代码 12－8

依据代码 12－8 运行，其输出结果如图 12－6 所示。

在上例的数据采集过程中，代码中多次使用“time”对程序进行休眠，如“time. sleep（5）”“time. sleep（10）”等。此操作的目的是等待数据成功加载。如果数据尚未全部加载就对数据进行提取，就会造成漏数据甚至空数据的现象。

Out[3]:

	a时间	b微博
0	今天 07:33	置顶#CCTV5推荐#周日啦，今天记得收看#全运会#开幕式哦，晚上还有羽毛球世锦赛-决赛，锁...
1	16分钟前	【全运揭秘：探营CCTV】#2017天津全运会#即将迎来开幕式！央视记者将带您探营#2017...
2	今天 16:17	【吉林官宣签下外援范-韦弗】国内媒体报道，CBA劲旅吉林东北虎男篮今日官方宣布，球队正式签下...
3	今天 15:28	发布了头条文章：《全运看点盘点：新星涌现老兵退役冷门项目助"草根"逆袭》。全运看点盘点：新星...
4	今天 15:10	【津彩全运：中国手球的差距】手球在中国属于冷门项目，但中国手球也曾在上世纪创造过辉煌的战绩。...
5	今天 14:56	【对话克里梅茨：爱国安也爱"农药"客战国足平局就能满意】在8月31日中乌之战赛前，效力于国安...
6	今天 14:31	小编喊你来向柔道奥运冠军@佟文、体操奥运冠军@陈一冰提问啦//@陈一冰:欢迎来提问哦
7	今天 14:02	【走津门·看全运：佟文的教练之路】佟文，北京奥运会女子柔道78公斤以上级别冠军；伦敦奥运会女...
8	今天 13:24	【50战全胜！梅威瑟TKO麦格雷戈续写不败神话】北京时间今天中午，"不败拳王"梅威瑟与UFC...
9	今天 12:45	【大咖驾临：巴赫来啦】天津#全运会#将迎来重磅嘉宾，国际奥委会主席巴赫先生亲临开幕式现场！今...
10	今天 12:16	2017天津#全运会#，有你更精彩！快来参与吧
11	今天 11:44	发布了头条文章：《天津全运会今日开幕：比奥运冠军还难的全国冠军马龙能否创历史卫冕》。天津全运...
12	今天 11:17	回复@谢思埸FAITH:想要的童鞋抓紧时间了//@谢思埸FAITH:你们放心，这是全新的泳裤...
13	今天 10:43	【谢思埸再访风云会】刚刚结束的#全运会#跳水比赛，谢思埸延续布达佩斯世锦赛的良好状态，一举斩...
14	今天 10:20	【自己的时代！施廷懋的3米板征途】#全运会#女子三米板半决赛施廷懋排名第一。明日15:30女...
15	今天 09:42	【意甲-伊卡尔迪梅开二度国米3-1逆转罗马】今天凌晨，罗马坐镇主场迎战国际米兰。上半场，哲科...
16	今天 09:11	今天17：00，CCTV5新媒体直播2017天津#全运会#开幕式，带你玩点新鲜的~记得准时收看
17	今天 08:40	【林丹时隔四年再进世锦赛决赛】2017羽毛球世锦赛男单半决赛的较量中，赛会五冠王林丹与头号种...
18	今天 08:03	今天凌晨曼联VS莱斯特城的比赛中，穆里尼奥再次上演神换人。第67分钟，拉什福德替补上场。第7...

图 12-6 输入结果截图

Selenium 具备强大的功能，能够实现各种用户对浏览器操作的模拟，感兴趣的读者可以参考本章的延伸阅读资料进行深入学习。

数据抓取是对多个知识点的综合应用，如果对数据爬取数量的需求很大，可以考虑使用 Python 的 Scrapy 框架。另外很多网站都不欢迎数据被他人爬取，且如果数据是有关用户个人的行为数据的话，还可能会引发学术伦理问题，研究者对此要有清醒的认知，根据具体的研究情形谨慎使用该方法。

第二节　互联网数据的存储和清洗

利用一定的技术工具爬取的互联网数据，需要进行有效的存储和整理，才能更方便地被研究者运用，分析大数据包含的各种信息和隐藏在其中的某种有规律的现象。数据存储的方式，一般要根据数据的特点而定。从理论上看，数据挖掘可以处理任何信息存储的格式。一般而言，对互联网抓取数据的存储，有三种较为普遍的方式，即数据库存储、普通文件存储和分布式文件存储。

一、互联网数据的存储

（一）数据库存储

数据库是数据的仓库，借助数据系统实现对数据的管理和控制，以便更好地提供服务。根据数据组织方式的不同，数据库可分为网状数据库、层次数据库和关系数据库三类。其中关系数据库是最为成熟的数据库，它有成熟的数据管理系统和查询语言（SQL），关系数据库是数据库存储中使用最普遍的一种类型。

关系数据库中的数据形式是表格，其中，行标示一个案例，列标示多个属性。如此组织的表格，不但能存储数据本身，还能存储数据之间的关系，特别适合存储结构化的数据。例如，在新闻传播研究中，常见的结构化问卷的调查数据，其存储形式便是由变量（属性）和案例构成的结构数据。再如，微博平台中，用户对微博的点赞、评论、转发等传播信息，其存储形式也由属性和案例两部分构成。

（二）普通文件存储

普通文件存储，是一种传统的数据存储方式。文件的格式可以有多种选择，其中最常见的是文本文件。文本文件存储是一种非结构化的存储方式。例如，网络数据挖掘中经常抓取到网页，其内容通常由句子和词语构成，没有清晰的结构信息，使用文本文件可以方便地进行存储。

当然，结构化的信息也可以使用文件进行存储。然而，结构化的信息一旦被存储在文件中，其结构信息就会丢失，仅仅保存其文本信息，数据分析便会遭受信息损失，这是一般的研究者不希望出现的。因此，数据存储的一般原则是，非结构化的信息选择文本文件存储，或者虽然需要存储的是结构化的信息，但数据分析时，准备忽略其结构信息，则也可以选择文本文件存储。

（三）分布式文件存储

使用爬虫技术抓取的互联网数据，往往是十万、百万量级甚至千万量级的数据，当下的大数据研究就是以这种数据访问量大、文件数量庞大、数据量级不断提升为特征的。当数据的量级达到一定级别后，数据分析需要采用并行计算方式，以提升数据处理的效率和能力。

分布式文件系统即专为数据并行处理而设计的，其文件系统管理的物理存储资源不一定直接连接在本地节点上，而是通过计算机网络与节点相连。分布式设计让用户可以“发表”一个允许其他节点访问的目录，一旦节点获得目录授权，节点对目录的使用就像在使用本地目录一样。典型的文件系统有 NFS（Network File System）和 HDFS（Hadoop Distributed File System）。

二、互联网数据的清洗

上文主要讲解了利用计算机技术抓取互联网海量数据及对其进行存储的形式。抓取的数据质量，是决定后续数据分析、获得可靠结论的保障。我们知道，在利用前文所述的技术抓取互联网数据的过程中，由于抓取过程会受到网络稳定性等因素的影响，获得的数据可能存在不尽如人意的地方，例如常见的脏数据，或数据缺失、滥用数据缩写等现象。针对这一情形，对抓取到的数据进行清洗就成为数据质量控制必要的过程和手段。

数据清洗（data cleaning），是为了提高数据质量而将数据中的错误记录识别出来并加以处理的一种处理过程和方法。对数据进行清洗，首先要分析数据质量产生问题的原因，归纳总结目标数据的特点，根据数据的特点，制定相应的清洗规则，设计清洗算法。清洗规则主要包括缺失值的处理、数据格式的统一、错误数据的过滤等方面，下面逐一进行介绍。

（一）缺失值的处理

使用数据挖掘技术获得的数据集，可能包含某个或某些不完整的属性，这就是缺失值，说明在抓取数据的过程中丢失了某些有效信息，它将影响数据分析结果的稳定性，导致不可靠的结果。因此，有必要对缺失值进行处理。

在数据挖掘的不同情形和不同过程中抓取的数据，可能有不同的数据缺失值方式，因而处理方式也应视不同的情形而定。例如，可以通过身份证号码补全性别、籍贯、年龄等缺失信息。对于序列数据，如果缺失值是定距数据，可以以使用前后平均值插补缺失的方式来处理，例如，在采集微博发布时间变量时，可能会因为网络延迟的原因，致使部分微博时间未能被成功采集，导致数据缺失，这时可以使用该用户发布该微博前后时间的均值来插补缺失值。如果缺失值是非定距变量，可以使用缺失值属性数据中的众数来填充缺失值。对于无法通过有效方法弥补的信息，可以考虑删除缺失值记录，提高数据分析的可靠性。不过，需要注意的是，删除缺失值记录的方法仅仅适用于缺失值记录在整个数据中比例较小的情况，当遗漏数据所占比例较大时，特别当遗漏数据在整体中呈非随机分布（一般在数据分析前浏览数据，如果在某个时间段有某类属性的数据明显缺失，就可以初步判断该数据为非随机分布缺失）时，这种方法可能导致数据发生偏离，得出错误结论。因此，使用该方法一定要谨慎。总而言之，并不存在一种可以“包治”各种缺失值的“灵丹妙药”，一定要视具体的情形选择适当的方式。而且，无论运用哪种方式，在缺失值过多的情形下，缺失值的弥补效果都很难达到最佳。

（二）数据格式的统一

在数据挖掘中获得的数据可能来自不同的数据源，这时，数据清洗则会遇到数据格式不统一的问题。最常见的数据格式不统一现象包括时间、日期、数值、全/半角等显示格式不一致。现以日期为例进行说明。关于时间格式，有的数据源使用国人常用的“年月日”格式，有的数据源可能采用“月日年”格式；有的数据源使用 24 小时制，有的数据源使用 12 小时制。甚至，在不同时区还可能存在统一时区等问题。在数据清洗时，应根据分析的需要，将同一变量的数据统一为一致的格式。数据格式统一的情况根据特定情景的不同，很难有一个统一的方法，一般需要根据实际遇到的数据场景，使用 Python 等编程语言编写一个数据转换函数来处理数据。

（三）错误数据的过滤

错误数据，指数据内容中存在不该存在的字符，例如，数字类型的变量的数据中出现了字符，存储人名的数据中出现了如空格等非汉字字符，日期格式不正确等。这些错误数据需要用编写程序和人工检查、剔除等配合起来的方式进行识别和发现，并在条件允许的情况下对错误数据进行修正。条件不允许的话，则对错误数据进行剔除。此外，对数据做逻辑检测，也可以发现错误数据，例如年龄1 000岁、身高5米等不合理的数据。还可以通过检测互相矛盾的数据进行识别，例如，通过身份证判断性别是“男”，而实际性别变量的数据却为“女”。错误数据中还包括同义词重复情况，例如，“传媒大学”和“中国传媒大学”、“北京”和“首都”，这种情况下应删除其中一个。还有一类数据错误，例如全角字符、数据前后有不可见字符等，需要通过写SQL语句查找并进行修正。像日期格式不正确或日期越界等数据错误，也需要写SQL语句查找和修正。

以上列举的错误数据，远未穷尽所有情况，在实际应用中会遇到各种数据错误的情况，需要根据数据清洗的具体情形灵活处理。

数据清洗完成后，要备份数据文件，然后删除非分析数据，即删除用不到的变量对应的数据，为待分析的数据“瘦身”。最后，研究者可以对待分析的数据做一描述统计分析，观察数据质量。如果研究者拥有多个数据源，可以对不同数据源的数据进行关联性验证，检查清洗数据的质量。如果质量不符合要求，则需要对数据进行再次清洗。

在Python软件中，比较常用的数据清洗包是NumPy和pandas等，NumPy用来存储和处理矩阵，而pandas根植于NumPy，提供高效操作大型数据集所需的工具。对这一部分感兴趣的读者，请参考本章末尾附的延伸阅读资料。

第三节　互联网文本数据分析

利用数据挖掘技术对互联网进行数据采集，如果是针对文本数据的挖掘，采集到的多是非结构化的数据。从这个意义上讲，文本挖掘（text mining）是数据挖掘（data mining）的一个重要方面，在新闻传播研究中有十分广泛的应用空间。

文本挖掘是一个从非结构化文本信息中获取用户感兴趣或者有用的信息的过程，其目的是从大量文本数据中抽取事先未知的、可理解的、最终可用的知识，这些知识可能蕴含着某些内在的特征和规律。传统的数据挖掘处理的多是结构性的数据，文本挖掘处理的主要是非结构化数据，像互联网网页、微博的内容、新闻网站的评论等。本节将结合Python，介绍文本挖掘的一些常用方法。

一、文本分词

我们知道，英语中，各个单词之间都用空格符作为词与词之间的自然界分符号，而在中文语言中，只有字、句和段能通过明显的分界符做简单界分，而词本身是没有分界符的。因此文本分词，即为将一个汉字序列按照一定的规则，准确切分成一个个单独的词的过程。分词是文本挖掘的首要前提。

中文文本分词需要借助分词系统，选择分词系统的两个主要衡量标准，是分词的准确率和分词的速度。进行中文分词，需要借助一本词典（词库）为计算机输入命令，使计算机能够识别哪些字符串是词，哪些不是。因此，分词词典的词汇量将直接影响分词结果的准确度。然而，这不一定意味着词典中词的数量越多越好，因为词汇量过大的话，将影响分词过程中切分的速度。在词典的基础上，还需要进行一个设计，使计算机能够从大段的文本信息中读取字符串，并以此来识别词典上的词，这就是分词方法或者叫分词算法。①

通常，中文文本的分词过程包括七个步骤。

第一步，构建一个分词词典。

第二步，构建一个停用词词表，停用词主要指“的”“地”“得”等没有实际意义的词，停用词词表用来过滤停用词。

第三步，以标点符号为分隔符，逐句读取文本。

第四步，根据分词算法对文本分词，并借助停用词词表过滤停用词。

第五步，根据分词算法的读取顺序，对分词字符串进行逐字读取，将读取字符与停用词词表进行匹配。如果匹配成功，过滤停用词；如果匹配失败，则继续读取字符，并继续与分词词典进行匹配。如果成功即完成分词，如果分词失败，则继续读取字符直到匹配成功。然后清空已读取的字符，继续读入新的字符。

第六步，重复步骤三至五，直到所有文本被分词。

第七步，重复步骤直至该分词子句的最后一个字符被读取完，将分词结果存储到文件中。

中文分词系统一般使用词库实现对词的切分，“中科院分词系统”“结巴分词系统”和“盘古分词系统”等都是使用较为普遍的分词系统。下面笔者使用“结巴分词系统”介绍如何进行分词。

结巴分词系统提供三种分词模式：精确模式，也是系统默认的模式，能够对句子做最精确的切分以适合文本分析；全模式，能够把句子中所有的词语都扫描出来，但没有办法解决切分出的歧义词；搜索引擎模式，能够在精确模式的基础上，对长词再次切分，提升分词的粒度，适合搜索引擎对文档的排序。

在 Python 中安装结巴分词系统，安装命令为：“pip install jieba”。

---

① 黄翼彪．开源中文分词器的比较研究［D］．郑州：郑州大学，2013.

使用结巴分词对文本分词后将文本转化为列表输出，如代码 12-9 所示。

```
import jieba
#导入结巴包.
seg = jieba.cut("中国传媒大学是教育部直属的国家211工程重点建设大学")
#使用jieba的cut函数进行文本分词,分词结果是一个生成器变量.
seg = list(seg)
#将生成器变量转化一个列表变量.
print(seg)
```

代码 12-9

结巴分词程序输出结果：中国/传媒大学/是/教育部/直属/的/国家/211/工程/重点/建设/大学。

1. 全模式分词

全模式分词代码如代码 12-10 所示。

```
seg_list = jieba.cut("中国传媒大学是教育部直属的国家211工程重点建设大学",
cut_all = True)
# cut_all是精确模式和全模式切换参数.
print ( "全模式:","/ ".join(seg_list))
# 全模式.
```

代码 12-10

分词结果：中国/中国传媒/传媒/传媒大学/大学/是/教育/教育部/直属/的/国家/211/工程/重点/建设/大学。

2. 精确模式

精确模式分词代码如代码 12-11 所示。

```
seg_list = jieba.cut("中国传媒大学是教育部直属的国家211工程重点建设大学",
cut_all = False)
print ( "精确模式:","/ ".join(seg_list))
# 精确模式是cut函数的默认模式.
```

代码 12-11

分词结果：中国/传媒大学/是/教育部/直属/的/国家/211/工程/重点/建设/大学。

3. 搜索引擎模式

搜索引擎模式分词代码如代码 12-12 所示。

```
seg_list = jieba.cut_for_search("中国传媒大学是教育部直属的国家211工程重点
建设大学")
#搜索引擎模式.
print ("搜索引擎模式:","/ ".join(seg_list))
```

代码 12-12

分词结果：中国/传媒/大学/传媒大学/是/教育/教育部/直属/的/国家/211/工程/重点/建设/大学。

以上分词使用的都是结巴系统的内置词库，用户可以根据自己的分词需求添加自定义词库，具体操作可参阅本节末附的网址，访问结巴官网的相关内容。

二、词频统计

词频统计（term frequency）是统计词（term）在文本中出现的次数。一般来说，一个词在某类文本中出现的次数越多，而在其他类文本里根本不出现，该词就越能代表某类文本。

下面通过举例介绍如何进行词频统计。

笔者以中国传媒大学官网中的学校介绍为例，对这一文本进行分词，并进行词频统计，所使用的代码如代码 12－13 所示。在网址“http：//www. cuc. edu. cn/xxjj”中获取本例研究所用的文本。

使用结巴分词系统对目标文本进行分词，添加自定义词典，过滤掉分词结果中没有实际意义的停用词。使用变量控制最终参与词频统计的词的长度（比如只要两个字以上的词），将分词结果进行词频统计并排序，根据词频高低数据需要的前 termnumber 个词。分词过程中所使用的待分析的文本储存文件、用户自定义词典文件和停用词词典文件如图 12－7 至图 12－9 所示。

```
import jieba
jieba.load_userdict("D:\python\userdict.txt")
#载入用户自定义词典,词典文件见'
article = open("D:\python\cuc.txt", "rb").read()
#将待分析的文本存储为cuc.txt.
article.strip()
#载入语料库.
stopwords = {}.fromkeys([line.rstrip() for line in open('stopwords.txt','r',encoding
= 'utf-8') ])
#载入停用词,过滤没有任何意思的词,比如虚词,标点符号.
stopwords['\r'] = 'None'
stopwords['\n'] = 'None'
stopwords['\r\n'] = 'None'
stopwords[''] = 'None'
#向停用词中追加换行、回车和空格.
termlen = 2
#termlen变量用来控制参与词频统计的词频最短长度.
```

```
words = jieba.cut(article, cut_all = False,HMM = False)
#分词,cutall参数控制分词采用精确模式,HMM参数控制分词关闭新词识别功能,严格按词库分词.
word_freq = {}
#构造词典变量word_freq,存储词频统计结果.
for word in words:
    if (word not in stopwords and len(word)> = termlen):
        if word in word_freq:
            word_freq[word] + = 1
        else:
            word_freq[word] = 1
#使用for循环遍历分词结果,if条件实现判断,如果遍历到的词不是停用词且词的长度不小于termlen,则统计词频.
freq_word = []
#构造list变量freq_word,用来实现按词频对词进行排序.
for word, freq in word_freq.items():
    freq_word.append((word, freq))
#用for循环遍历word_freq,将数据添加到freq_word.
freq_word.sort(key = lambda x: x[1], reverse = True)
#使用列表的sort函数实现根据词频由高到低对词进行排序.
termnumber = 20
#用termnumber变量控制最终输出的词频数量.
for word, freq in freq_word[: termnumber]:
    print (word, freq)
#使用for循环输出前20个高频词和对应词频.
```

代码 12-13

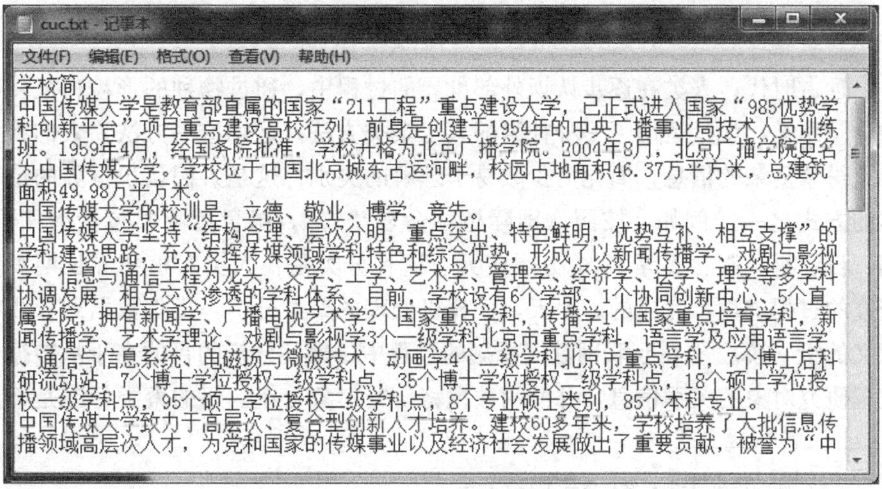

学校简介
中国传媒大学是教育部直属的国家“211工程”重点建设大学，已正式进入国家“985优势学科创新平台”项目重点建设高校行列，前身是创建于1954年的中央广播事业局技术人员训练班。1959年4月，经国务院批准，学校升格为北京广播学院。2004年8月，北京广播学院更名为中国传媒大学。学校位于中国北京城东古运河畔，校园占地面积46.37万平方米，总建筑面积49.98万平方米。
中国传媒大学的校训是：立德、敬业、博学、竞先。
中国传媒大学坚持“结构合理、层次分明，重点突出、特色鲜明，优势互补、相互支撑”的学科建设思路，充分发挥传媒领域学科特色和综合优势，形成了以新闻传播学、戏剧与影视学、信息与通信工程为龙头，文学、工学、艺术学、管理学、经济学、法学、理学等多学科协调发展，相互交叉渗透的学科体系。目前，学校设有6个学部、1个协同创新中心、5个直属学院，拥有新闻学、广播电视艺术学2个国家重点学科，传播学1个国家重点培育学科，新闻传播学、艺术学理论、戏剧与影视学3个一级学科北京市重点学科，语言学及应用语言学、通信与信息系统、电磁场与微波技术、动画学4个二级学科北京市重点学科，7个博士后科研流动站，7个博士学位授权一级学科点，35个博士学位授权二级学科点，18个硕士学位授权一级学科点，95个硕士学位授权二级学科点，8个专业硕士类别，85个本科专业。
中国传媒大学致力于高层次、复合型创新人才培养。建校60多年来，学校培养了大批信息传播领域高层次人才，为党和国家的传媒事业以及经济社会发展做出了重要贡献，被誉为“中

图 12-7 待分析的文本存储文件截图

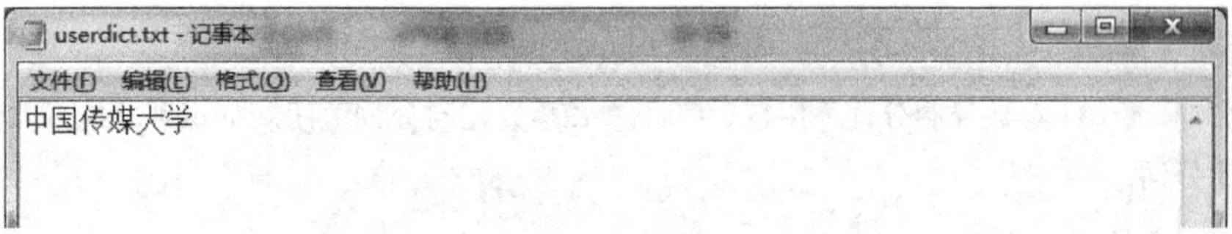

图 12-8 用户自定义词典文件截图

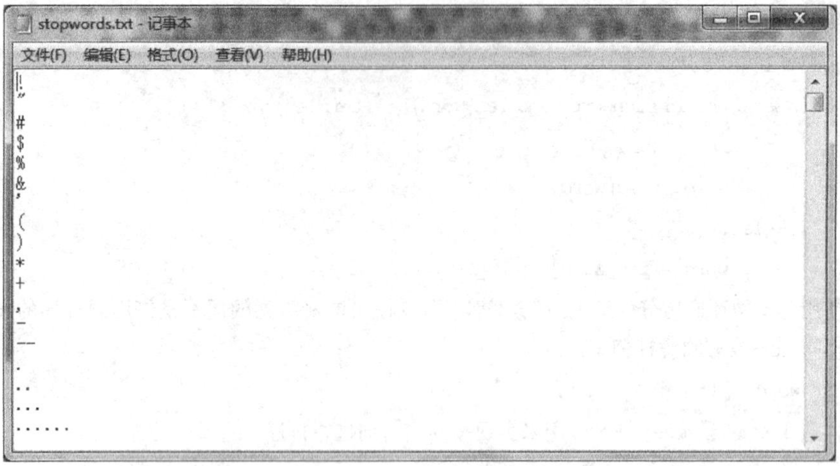

图 12-9 停用词词典文件截图

程序输出结果如图 12-10 所示。[①]

研究 19	*重点 11*	*北京市 7*	*信息 6*
学校 16	*基地 11*	*创新 7*	*数字 6*
中心 15	*学科 9*	*实验室 7*	*艺术 6*
传媒 13	*广播电视 8*	*传播 7*	*技术 6*
国家 12	*实验教学 8*	*教育部 6*	*中国传媒大学 6*

图 12-10 分词结果

在以上结果中，位于词频前 7 位的词分别是“研究”“学校”“中心”“传媒”“国家”“重点”“基地”，揭示了中国传媒大学作为国家重点传媒类学校的特点。

三、聚类分析

远古时代，人类在逐步认识外部世界的过程中，通过物种的形貌特征将物种分门别类，就是运用了一种朴素的人工聚类方法。运用这一方法，人们将世界上纷繁复杂的信息，简化为少数易于理解的类别，这是人们认识世界的最基本的方式之一。例如，按照《国际植物命名法规》，绿色植物共包括诸如门、纲、目、科、族、属等 12 个分类阶元。这种分类是在人类对植物界长期观察研究的过程中逐步完成的。今天，计算机处理的聚类分析，指将数据划分成有意义的组（簇）。[②] 在互联网数据挖掘的过程中，聚类分析的目的在于从数据中发现研究对象的关系信息，并使用数据将研究对象分组。好的聚类标准是组内

---

① 这里出于版面考虑对结果重新进行了排版。

② PANG-NING T，STEINBACH M，KUMAR V. 数据挖掘导论：完整版 [M]. 2 版. 范明，范宏建，等译. 北京：人民邮电出版社，2011.

的相似性高，组间异质性高。由于聚类分析可以起着开启某项研究的作用，因此，在社会学、新闻传播学、心理学等社会科学领域得到越来越广泛的应用。以新闻传播学中的受众研究为例，聚类分析可以帮助研究者发现不同的目标受众群。对网页文档的分类也可使用聚类分析，以帮助研究者对网页特征进行把握。借助大量的聚类算法可以实现聚类分析，对不同算法的选择取决于数据的类型和研究的目的。下面是两种常用的聚类算法。

（一）k-means 聚类算法

k-means 聚类算法（k-meanings clustering algorithm）是一种迭代求解的聚类分析算法，通过将数据集中在某些相似的数据成员上进行分类，从而发现数据的内在结构。它在聚类分析中是较为经典的算法之一，由于该算法效率高，所以被广泛应用在大规模数据分析中。k-means 聚类算法首先以 k 为参数，将 n 个对象分成 k 个聚类中心，使聚类中心内具有较高的相似度，而聚类中心间的相似度较低。然后计算每个对象与各个聚类中心之间的距离，把每个对象分配给距离它最近的聚类中心，聚类中心以及分配它们的对象就代表一个聚类。每分配一个样本，聚类的聚类中心就会根据聚类中现有的对象被重新计算，这个过程不断重复，直到满足某个终止条件。终止条件可以是没有对象被重新分配给不同的聚类、没有聚类中心再发生变化、误差平方和局部最小、执行了足够多的迭代等。k-means 算法的计算过程如下：

（1）随机选取 k 个聚类中心；

（2）遍历所有数据，将每个数据划分到最近的聚类中心中；

（3）计算每个聚类的平均值，并作为新的聚类中心；

（4）重复（2）和（3），直到这 k 个聚类中心不再变化（收敛了）或满足了其他终止条件。

k-means 聚类算法简单直接，在低维数据集上效果明显，然而，对于高维数据，k-means 聚类算法存在计算速度慢的弊端。k-means 最终分组数 k 是由研究者设定的，需要研究者对数据有比较深的洞察，或需要对多个 k 值进行效果对比。

（二）层次聚类算法

层次聚类算法（hierarchical clustering algorithm），顾名思义，即聚类的过程是逐层进行的一种算法。如果聚类过程是自下而上、把小的类合并聚集，叫作凝聚型层次聚类算法；如果聚类过程是自上而下、把大的类分割成小的类，则叫作分裂型层次聚类算法。凝聚型层次聚类算法是使用较为普遍的聚类法，其策略是先将每个对象作为一个簇，然后合并这些原子簇为越来越大的簇，直到所有对象都在一个簇中，或者满足某个终止条件，整个过程就是建立一个树形结构。根据群间距离的不同，凝聚型层次聚类的计算方式可分为最大距离、最小距离和平均距离。

其中最小距离的凝聚型层次聚类算法过程如下：

(1) 将每个对象看作一类，计算两两之间的最小距离；

(2) 将距离最小的两个类合并成一个新类；

(3) 重新计算新类与所有类之间的距离；

(4) 重复 (2) 和 (3)，直到所有类最后合并成一类。

层次聚类算法的优点是可以一次性得到整个聚类的过程，只要得到了聚类树，无论想要分多少个簇，都可以直接根据树结构得到结果，改变类数目不再需要计算数据点的归属。层次聚类算法的缺点是计算量比较大，因为每次都要计算多个簇内所有数据点的两两距离。此外，层次聚类算法存在结果为局部最优而非全局最优的问题。

下面结合案例说明层次聚类算法的操作过程，该案例研究主题为食品科学"流言"的治理。

【案例】

作者从2019年8月至2020年8月的《每月"科学"流言榜》中筛选出18条食品类"科学"流言，随后邀请15位今日头条认证的"科学大V"及从事食品研发的工作人员，包括ID为"自然奇谭""榛心医动物""科普医学院"等今日头条认证的优质科学领域创作者，为流言材料的风险感知强弱打分。研究将风险感知程度划分为1～5级，数字越大，说明风险感知度越高。

聚类方法采用Ward方法①，距离检测方法选取平方欧几里得距离法②，未设置聚类数，让系统自动进行聚类，聚为同类的文本之间关系紧密，输出的聚类方案、凝聚顺序表（略）、聚类树形图如表12-2和图12-11所示。若将流言文本类型分为3～5类，则第一条与第二条往往会被单独划分为一类，类群较为分散，且为了后续便于操纵实验文本，最终选择将流言文本划分为两类。

作者根据层次聚类算法选定最终聚类数。

表12-2 不同的聚类方案

个案	5个集群	4个集群	3个集群	2个集群
三文鱼能感染新冠肺炎病毒并传染给人	1	1	1	1
新冠肺炎病毒可通过进食蔬菜、水果和肉类等食物传播	1	1	1	1
海鲜中含微塑料正残害无数中国人	2	2	2	1
储备肉等于僵尸肉	2	2	2	1
苹果打蜡致癌，被称作最脏水果	2	2	2	1
蒙牛伊利拉低生乳标准，所以奶味变淡了	2	2	2	1
国产食盐中的亚铁氰化钾有毒	2	2	2	1

① Ward方法也称"离差平方和法"，是计算类间距离的一种方法。该方法源于方差分析的思想：同类样本的离差平方和越小，类间的离差平方和越大，表明分类越正确。

② 平方欧几里得距离法也称均方误差法（MSE），是衡量聚类间相似度的一种方法。

续前表

个案	5 个集群	4 个集群	3 个集群	2 个集群
体脂率越低，身体越健康	3	3	3	2
高 GI 值（血糖生成指数）的食物会引发胰腺癌、甲状腺癌，不能吃	3	3	3	2
南方暴雨频发导致水污染，使得吃西瓜会感染 SK5 病毒	3	3	3	2
自来水中有避孕药，导致不孕不育	3	3	3	2
有机蔬菜比普通蔬菜更有营养，应优先选择	4	4	3	2
多吃维 C 可以治感冒	4	4	3	2
吃益生菌能够排出抗生素	5	4	3	2
富氧水能补充氧气，更加营养	5	4	3	2
“竹炭食物”可以排毒养颜	5	4	3	2
鸡屎藤能预防新冠病毒	5	4	3	2
牛奶中的免疫球蛋白可预防新冠肺炎病毒	5	4	3	2

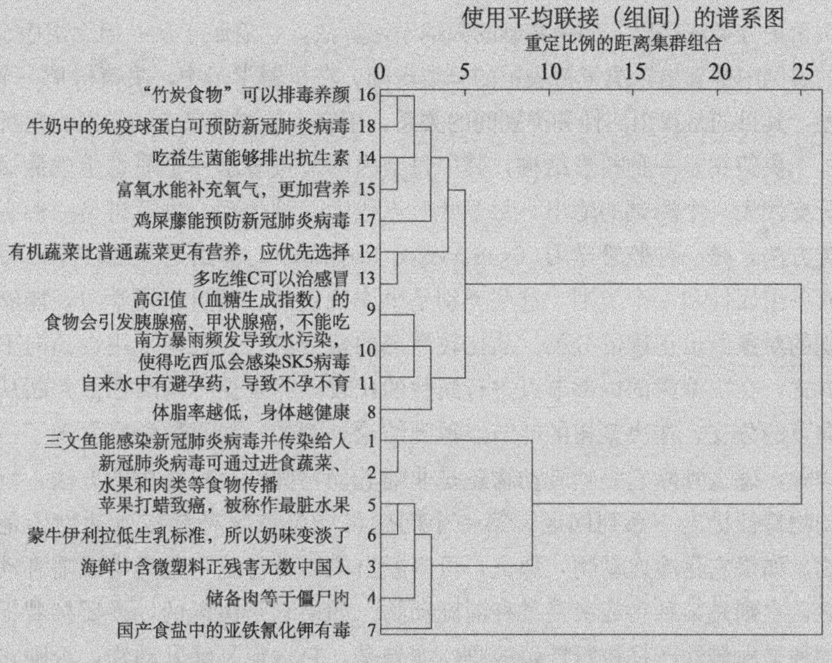

图 12-11 聚类树形图

表 12-2 中不同类别关于 5 个公因子的均值报告显示，各类别均值差异较大，聚类效果明显。造成严重后果、影响范围广、未知性强，且会严重影响经济、社会收益的流言文本为高风险类流言文本；造成较轻后果、影响范围较小、未知性弱，且会轻微影响经济、社会收益的流言文本为低风险类流言文本。前者大多与“新冠肺炎疫情”“僵尸肉”等社会公共安全类事件挂钩，事件影响范围往往是全国性的，能够引发公众的强烈反响；后者大多是在部分地区造成危害的事件或是预防类信息，对公众刺激性较低，引发反响较小。

资料来源：孙蕊．风险传播视阈下食品类“科学”流言治理研究［D］．北京：中国传媒大学，2021.

四、分类分析

分类，就是确定对象属于哪个预定义的目标类。分类问题是数据分析中经常遇到的问题，例如，判断微博评论、新闻评论是正向、负向还是中性的，将电子邮件分为“垃圾邮件”和“非垃圾邮件”等。分类分析是一种根据输入数据建立分类模型的系统方法。简单来讲，分类分析，即采用学习算法来确定分类模型，先给定一个分类好的数据集，然后通过对数据集的学习建立规则模型，最后通过模型判断未分类数据所属的分类。

常用的分类分析方法包括决策树分类法、贝叶斯分类法、K-近邻分类法、支持向量机等。

（一）决策树分类法

决策树（dicision tree）是一种分类和预测技术，是在已知各种情况发生概率的基础上，通过构成决策树，评价项目风险、判断可行性的决策分析方法。决策树分类法是以实例为基础的归纳学习算法，它着眼于从一组无次序、无规则的实例中推理出以决策树表示的分类规则。在机器学习中，决策树是一个预测模型，其目的是找出属性和类别间的关系，用它来预测将来未知类别的判断。

决策树是一种树形结构，其中每个内部节点表示一个属性上的测试，每个分支代表一个测试的输出，每个叶节点代表一种类型。决策树是一种有用的分类方法，是一种监管学习（supervised learning），即给定一堆样本，每个样本有一组属性和一个类别，这些类别是事先确定的。通过机器学习，能够对新出现的对象给出正确的分类。从比较严谨的角度讲，决策树采用自顶向下的递归方式，在决策树的内部节点进行属性的比较，并根据不同属性值判断从该节点向下的分支，在决策树的叶节点得到结论。例如，如果科学家发现了一种新的物种，怎么判断它是哺乳动物还是非哺乳动物呢？用决策树的方法，就是针对动物特征提出一系列问题。第一个问题可能是该物种是冷血动物还是恒温动物。如果它是冷血动物，那么，可判断出该物种肯定不是鸟类或哺乳动物，反之，它则是某种鸟或者是某种哺乳动物。如果它是恒温的，需要接着提问：该物种是由雌性产仔进行繁殖的吗？如果是，它肯定是哺乳动物，否则它有可能是非哺乳动物。由上例可以看出，决策树就是通过提出一系列精心构思的关于检验记录属性的问题来实现分类。①

实现决策树的算法有很多种，例如ID3、C4.5和CART等。决策树分类可以处理定类变量和数值变量，其优点是计算复杂度不高，输出结果易于理解，对中间值缺失不敏感，可以处理不相关的特征数据，但决策树分类可能会产生数据过

---

① PANG-NING T，STEINBACH M，KUMAR V. 数据挖掘导论：完整版［M］. 2 版 . 范明，范宏建，等译 . 北京：人民邮电出版社，2011：94.

度拟合的问题，且处理缺失数据困难。例如，给出 10 名学生的课堂表现的数据，包括分数、出勤率、回答问题次数、作业提交率四个属性，判断这些学生是否为好学生（见表 12－3)。① 表的最后一列是人工分类的结果，作为参考。

表 12－3　　10 名学生的数据

学生编号	分数	出勤率	回答问题次数	作业提交率	分类：是否为好学生
1	99	80%	5	90%	是
2	89	100%	6	100%	是
3	69	100%	7	100%	否
4	50	60%	8	70%	否
5	95	70%	9	80%	否
6	98	60%	10	80%	是
7	92	65%	11	100%	是
8	91	80%	12	85%	是
9	85	80%	13	95%	是
10	85	91%	14	98%	是

判断一个学生是否为好学生，需要综合考虑分数、出勤率、回答问题次数、作业提交率。将这些分类数据作为样本，可训练出多种多样的决策树。

为了简单方便，假设决策树为二叉树，如图 12－12 所示。

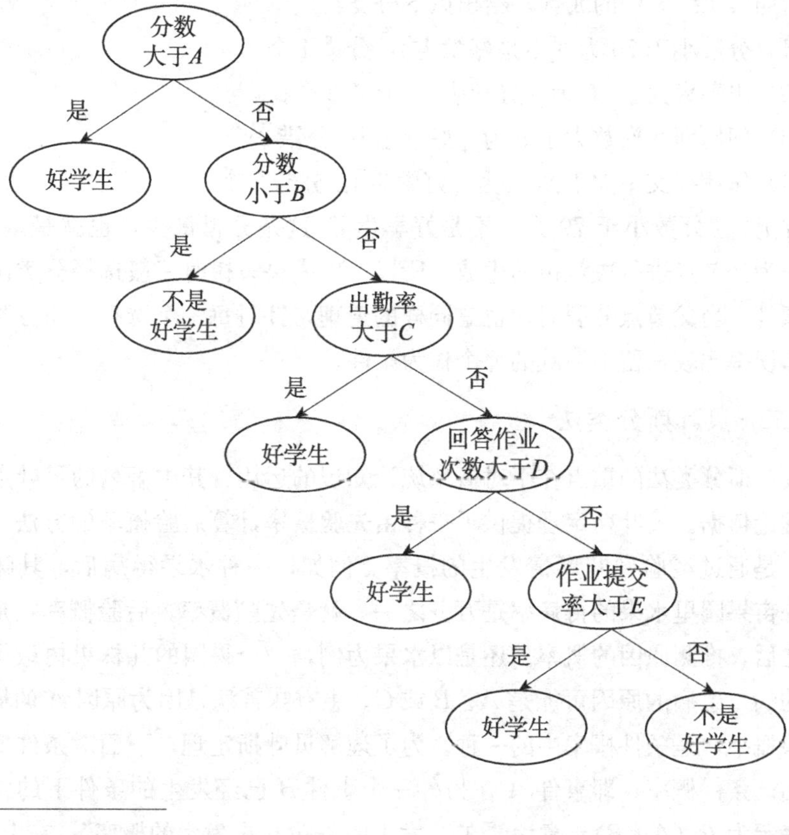

图 12－12　决策树示意图

① 犀利哥的大实话．决策树（Decision Tree)：通俗易懂之介绍［EB/OL］．(2019－12－18)［2021－06－25］．https：//zhuanlan. zhihu. com/p/30059442.

通过学习表 12－3 的数据，可设置其中 A、B、C、D 和 E 的具体值，这 5 个值也被称为阈值。决策树的生成主要包括两步。

第一步，节点的分裂。一般当一个节点所代表的属性无法判断时，则选择将这一节点分成两个子节点。

第二步，阈值的确定。选择适当的阈值使分类错误率最低。

ID3 方法中，根据增熵（entropy）原理决定由哪一个作为父节点，父节点需要分裂。对于一组数据而言，熵越小，表明分类结果越好。

熵的定义为：

$$entropy = -sum[p(x\_i) \times \log_2(px\_i)]$$

其中 $p(x\_i)$ 是 x_i 出现的概率。如果是二分类问题，当 A 类和 B 类各占 50%的时候：

$$entropy = -[0.5 \times \log_2(0.5) + 0.5 \times \log_2(0.5)] = 1$$

只有 A 类，或只有 B 类时：

$$entropy = -[1 \times \log_2(1) + 0] = 0$$

增熵 entropy 的最大值为 1，是分类效果最差的状态；当增熵 entropy 最小，其值为 0 的时候，是完全分类状态。一般实际情况下，熵值在 0 到 1 之间。

对照表 12－3 中的属性，给出以下分类：

（1）分数小于 70 为［不是好学生］：分错 1 个；

（2）出勤率大于 70 为［好学生］：分错 3 个；

（3）问题回答次数大于 9 为［好学生］：分错 2 个；

（4）作业提交率大于 80%为［好学生］：分错 2 个。

综上，“分数小于 70 为［不是好学生］”这条分错最少，也就是熵最小，可以作为父节点进行决策树的生成。所以，生成决策树时一般选择分类出错最小的条件。当父节点分裂时，也是同样的道理，针对每一个选择，与分裂前的分类错误率比较，留下熵减的那个作为条件。

（二）贝叶斯分类法

贝叶斯分类法的重点在于对概率统计知识的运用，其中著名的贝叶斯定理是其理论依据。贝叶斯定理提供了一种由先验概率计算后验概率的方法。先验概率，是通过经验判断事情发生的概率。例如，一种水果得病后，其味会变苦，一亩果园里水果的得病率是万分之一，就是先验概率。后验概率，是结果发生之后，推测原因的概率。还是以水果为例，一个果园的几株果树患了这种味苦的病，患病的原因可能是 A、B 或 C。患有味苦病是因为原因 A 的概率就是后验概率，是条件概率中的一种。为了理解贝叶斯定理，下面对条件概率做一介绍。条件概率，即事件 A 在另外一个事件 B 已经发生的条件下的发生概率，表示为 $P(A|B)$，意为“在 B 发生的条件下 A 发生的概率”。在上例中，在原因 A 条件下，水果得味苦病的概率就是条件概率。

朴素贝叶斯①，是一种简单但有强大预测能力的建模算法。它假设每个输入的变量是独立的，虽然现实情况不一定满足这一假设，但是朴素贝叶斯对大部分复杂问题十分有效。朴素贝叶斯模型由两种概率组成：每个类别的概率 $P(Cj)$ 和每个属性的条件概率 $P(Ai \mid Cj)$。下面通过一个例子来解释类别概率和条件概率。假如桌上有 7 个乒乓球，其中 3 个是白色的，4 个是橙色的，我们知道，乒乓球是白色的概率是 3/7，橙色的概率是 4/7，这是类别概率。如果我们将 7 个乒乓球放在两个盒子里，其中盒子 A 里放了 2 个白色球、2 个橙色球，盒子 B 里放 1 个白色球、2 个橙色球。这时，在盒子 A 里抓到白色球的概率是 1/2，橙色球的概率是 1/2，这是条件概率，即在某个条件下（在某个盒子里）的概率。

在朴素贝叶斯中，需要统计的是属性的条件概率，即假设取出来的是白色球，那么，它属于盒子 A 的概率是 2/3。

为了训练朴素贝叶斯模型，需要先给出训练数据，以及这些数据对应的分类。那么，上例中的类别概率和条件概率，都可以从给出的训练数据中计算出来。一旦计算出来，概率模型就可以使用贝叶斯定理对新数据进行预测。

贝叶斯分类的原理是利用历史的资料（常常是已经分类的数据），通过计算得到后验概率，进而根据后验概率最高者，进行待分类数据的归类。换句话说，也就是如果不能确定某个事件的发生概率，可以通过该事件相关事件发生的概率去推测。比如，如果某种动物是温血的且是胎生，则该动物是哺乳动物的可能性就很大。

贝叶斯公式如下：

$$P(B \mid A) = \frac{P(A \mid B)P(B)}{p(A)}$$

朴素贝叶斯的分类过程如下：

（1）设 $X=\{x_1, x_2, x_3, \ldots, x_n\}$ 为一个待分类项，而每个 x_n 为 X 的一个属性；

（2）类别集合 $C=\{c_1, c_2, c_3, \ldots, c_n\}$；

（3）准备一个已经分类的数据集，作为训练样本，用来计算 $P(c_n \mid x)$；

（4）计算 $P(c_1 \mid x)$，$P(c_2 \mid x)$，……$P(c_n \mid x)$；

（5）如果 $P(c_k \mid x) = \mathrm{MAX}\{P(c_1 \mid x), P(c_2 \mid x), \ldots\ldots P(c_n \mid x)\}$，那么 x 就属于 c_k 类。

朴素贝叶斯所需估计的参数很少，对缺失数据不太敏感，适合多分类任务和增量式训练，但需要事先知道先验概率，且分类是依据概率分类，因而存在错误率高的问题。

① 程序员姜小白．机器学习经典算法之朴素贝叶斯分类［EB/OL］．（2019－06－22）［2021－06－25］．https：//www. cnblogs. com/jpcflyer/p/11069659. html.

下面用一组数据演示朴素贝叶斯分类的过程。如我们在日常生活中遇到陌生人，首先要判断这个人的性别，判断性别的过程就是一个分类的过程。根据以往经验，人们通常从身高、体重、鞋码、头发长短、服饰、声音等角度进行判断。这里的“经验”就是一个受过训练的、关于性别判断的模型，其训练的数据是日常生活中遇到的各种各样的人，以及这些人实际的性别数据。

表 12-4 是已有的 8 个人的数据，这些数据是根据以前的经验获得的。假如现在由一个机器人判断一个人的性别，此人身高为“高”、体重为“中”、鞋码为“中”，那么，如何判断此人的性别？

首先，我们确定这个研究问题中一共有 3 个属性，假设用 A 代表属性，用 $A1$、$A2$、$A3$ 分别为身高＝高、体重＝中、鞋码＝中。性别一共有 2 个类别，假设用 C 代表，即 $C1$、$C2$ 分别是男、女，未知情况下表示为 Cj。这样，上面的问题就成为：在 $A1$、$A2$、$A3$ 属性下判断 Cj 的概率。用条件概率表示，即为 $P(Cj \mid A1A2A3)$。根据贝叶斯公式，求出概率值的过程如下：

假定 A 之间是独立的，根据贝叶斯公式，可分别求出：

$P(A1 \mid C1)=1/2$，$P(A2 \mid C1)=1/2$，$P(A3 \mid C1)=1/4$，$P(A1 \mid C2)=0$，$P(A2 \mid C2)=1/2$，$P(A3 \mid C2)=1/2$。

那么，$P(A1A2A3 \mid C1)=1/16$，$P(A1A2A3 \mid C2)=0$。

因为 $P(A1A2A3 \mid C1)P(C1)>P(A1A2A3 \mid C2)P(C2)$，所以本研究中的研究对象应该属于 $C1$ 类别，即男性。

在 Python 中，可以直接使用第三方库进行上面的操作。

表 12-4　个人的数据

编号	身高	体重	鞋码	性别
1	高	重	大	男
2	高	重	大	男
3	中	中	大	男
4	中	中	中	男
5	矮	轻	小	女
6	矮	轻	小	女
7	矮	中	中	女
8	中	中	中	女

（三）K-近邻分类法

K-近邻分类法（K-nearest neighbors，KNN）是一种在理论上比较成熟的分类算法，也是最简单的机器学习算法之一。它通过测量不同特征值之间的距离进行分类，找出离待分类样本 x 距离最近的 K 个训练样本，看这 K 个样本中多数属于哪一类，就把 x 归为哪一类。KNN 方法的结果很大程度取决于 K 的值，K 通常是小于 20 的整数。由于 KNN 方法主要依靠周围有限的邻近样本，而不是靠判别样本的类域的方法来确定所属类别的，因此对于类域的交叉或重叠较多的待分类样本集来说，KNN方法较其他方法更为适合。KNN方法比较适用于样本容量比较大的类域的自动分类，而样本容量较小的类域采用这种算法时比较容易产生误差。KNN方法一般使用欧几里得距离或曼哈顿距离来计算对象间距离。

KNN方法的计算过程如下：

（1）计算测试数据与各个训练数据之间的距离；

（2）按照距离的递增关系进行排序；

（3）选取距离最小的K个点；

（4）确定前K个点所在类别的出现频率；

（5）返回前K个点中出现频率最高的类别作为测试数据的预测分类。

KNN方法中K值的选择十分重要，那么，该如何确定K值？一些有经验的研究者总结的答案是进行交叉验证[①]，即将样本数据按照一定比例，拆分出训练用的数据和验证用的数据，例如按6∶4的比例拆分，从选取一个较小的K值开始，不断增加K值，然后计算验证集合的方差，最终找出适当的K值，如图12－13所示。

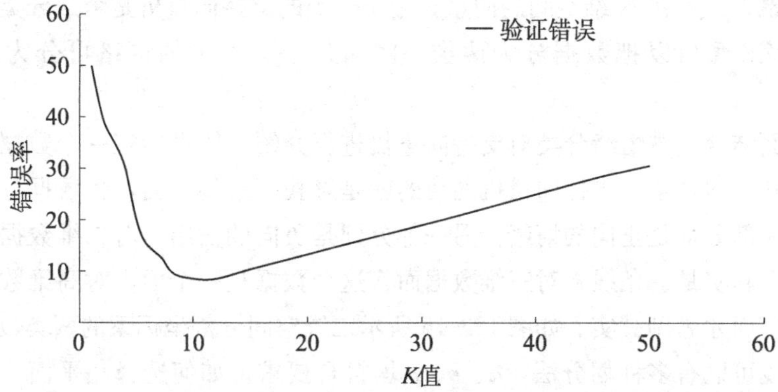

图12－13　寻找K值的示意图

一开始取较小的K值，当增大K的值时，错误率一般会下降，因为周围有更多的样本可以借鉴了，分类效果会得到改善。但是，当K值逐步增大时，错误率也随之增高。例如，我们有35个样本，当K值增大到30时，KNN基本也没有意义了。因此，一般选择一个较大的临界K值，当它增大或减小时，错误率都会上升，如图中$K=10$时，那么这个值就是比较适当的K值。

KNN方法简单有效且分类精度高，对异常数据不敏感，但计算量大（要计算待分类样本与所有训练集数据的距离），我们可以通过对训练数据集进行优化，剔除对分类影响不大的训练数据，来减轻计算量。但KNN方法评分不是规格化的，不具备可比性，且其输出的分类可解释性不强。

---

① 终日而思一．深入浅出KNN算法（一）介绍篇［EB/OL］．（2019-04-03）［2021-06-25］．https：//zhuanlan.zhihu.com/p/61341071.

(四) 支持向量机

支持向量机（support vector machine，SVM）是一种有监督的机器学习算法，可用于分类或回归，但主要适用于分类（见图 12 - 14）。简单来讲，即建立一个机器人，通过样本数据（其特征值包括身高、头发长度）判断人的性别并分类。

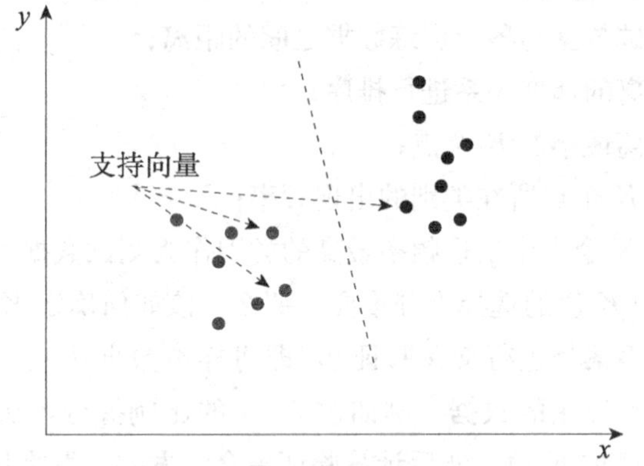

图 12 - 14 支持向量机示意图

向量是一个数学概念，指一种既有大小又有方向的量。N 维的变量，可以将其抽象为一个在 N 维空间的向量。用于分类的支持向量机是个二分类的分类模型，该模型可以把数据分为两类，例如某个文本中的情绪可分为正向和负向。

下面结合文本情绪分类对支持向量机进行介绍。假设给定一个数据集，包含正向和负向情绪，支持向量机的目的就是寻找一个超平面，将数据分割为两部分，一部分都是正向的情绪，另一部分则是负向的情绪。对二维数据而言这个超平面其实是一条线，对三维数据而言这个数据是一个面，对高维数据而言这个超平面才名副其实。如图 12 - 15 所示二维空间分割坐标系的两类数据，中间的直线可以有多种划分法，a、b、c 均符合要求。如何选择超平面，让分类结果更可靠，且对未知数据有很好的分类能力？

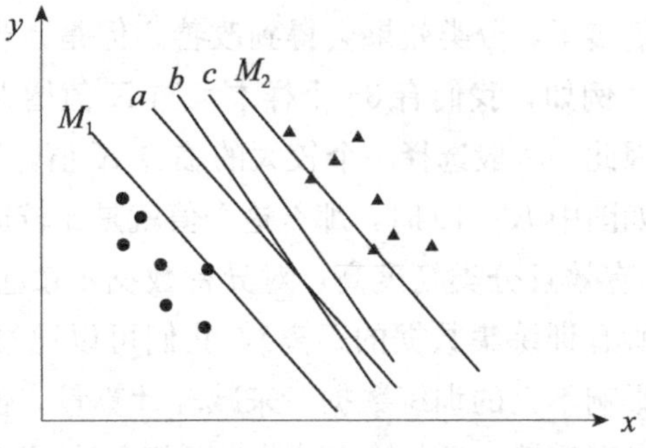

图 12 - 15 二维支持向量机分类图

对图 12 - 15 而言，假定超平面选 a 直线，M_1 和 M_2 两条直线和 a 平行，且到 a 的距离相等。超平面 a 应满足如下条件：M_1 和 M_2 距离最大，且所有数据均不出现在 M_1 和 M_2 之间，这时超平面 a 距离两类数据（三角形和圆点）

的距离最大，为最优超平面。最优超平面的衡量标准为寻找一个分类面，使得两个类到此平面的最小距离最大，两个类中的样本到平面最近的点的距离最远。M_1 和 M_2 经过的样本向量被称为支持向量，在分类模型的训练中具有非常重要的意义。所以这种分类法被称为支持向量机。

支持向量机的计算复杂度较低，不但可用于线性或非线性分类，还可以用于回归。但支持向量机在面对大规模训练样本时却难以实施，且只擅长处理二分类问题。在实际研究中，研究者通常需要处理多分类问题。同时，支持向量机训练出的模型完全依赖于支持向量，即使所有训练集里所有非支持向量的点都被去除，重复训练过程，结果仍会得到一个一模一样的模型，如果一个支持向量机模型得出的支持向量比较少，模型便容易被泛化。

在样本量较小的情况下，支持向量机通过寻求最小的结构化风险来提高学习机泛化能力，实现经验风险和置信范围的最小化，从而达到使小样本量获得良好统计规律的目的。

【延伸阅读】

1. 结巴项目官网 . https：//github. com/fxsjy/jieba.
2. NumPy 项目官网 . http：//www. numpy. org/.
3. pandas 项目官网 . http：//pandas. pydata. org/.
4. Selenium 项目官网 . https：//pypi. python. org/pypi/selenium.
5. Scrapy 项目官网 . https：//scrapy. org/.

【思考题】

1. 请选择一个新闻网站，使用 Python 编写一个程序，实现对其中某个栏目的采集。

2. 请尝试使用数据挖掘方法采集微博上的食品流言话题，对此进行数据抓取、存储、清洗和分析。

第13章 情感分析法

情感分析（sentiment analysis，SA）是指运用一定的方法，对诸如产品、服务、组织、事件、问题、主题等实体，以及有关其属性的观点、情感、评价、态度进行分析。情感分析也被称为情感挖掘、意见挖掘、观点抽取等①，是对带有情感色彩的文本进行情感度量的方法和技术。基于专业的内容生产和海量的用户生产模式，网络中已积累了大量的电子文本，其中蕴含着丰富的人类情感。研究者通过对这些电子文本的挖掘和分析，可深入了解公众或特定群体对某一事件或事物的观点和情感表达。随着移动互联网技术在人们日常生活中的普遍渗透，情感分析可使用较细“颗粒度”剖析人们表露的各种情感特征。近年来，这一方法越来越多地应用于新闻传播研究之中。

第一节 情感分析发展史：从情感到情绪

随着信息技术的迅速发展，互联网已成为当代社会人们不可或缺的信息来源。近年来，信息技术快速迭代，互联网已经历了以门户网站为主的 Web1.0 时代，以论坛、博客、微博为代表的 Web2.0 时代，目前正处于以移动互联网为基础、以智能终端为载体的全媒体时代。网络技术的不断迭代升级，不仅极大地方便了网站（平台）和用户之间、用户和用户之间的信息交流，形成了现实世界与赛博空间相互交融的社会文化样态，还为社会科学研究者提供了全新的数字化田野。借助计算机强大的运算能力，依托海量的互联网数据积累，人类快速获取、整合互联网信息、发现有价值知识的能力正在迅速提升。数据挖掘与自然语言处理技术的不断突破，使社会科学家、广告主及政府机构都希望借此更为深入地理解人类情感。情感分析这一有着极高研究价值的新兴领域，随之受到国内外学界和业界的广泛关注。

一、情感分析的萌芽阶段

当信息技术高歌猛进的时候，人们利用信息技术的能力开始萌发并不断提升。20 世纪 90 年代，人们开始关注文本中的情感信息，并开始进行情感分析经过多年的发展，情感分析已经有了丰富的学术积累。1997 年，学者皮卡德

---

① LIU B. Sentiment analysis and opinion mining [J]. Synthesis lectures on human language technologies，2012，5 (1)：1-167.

(R. W. Picard)在其专著《情感计算》(*Affective Computing*)中正式提出情感分析这一概念。[①] 在 2002 年庞(Pang)等通过对某种商品评论的文本内容进行研究分析后，提出了文本倾向性的概念。[②] 情感分析的主要目标是实现对人类语言关于特定事物或主题的情感类型的划分，并通过文本计算测量这种情感的强度。

二、粗粒度的情感分析

粒度(granularity)是本体论范畴的术语。在粒度理论中，颗粒是我们从现实世界中抽取出的、符合当前关注点的要素，它决定了我们如何认识世界。例如，道路在我们规划路线时可能是一条曲线，而当我们行走时是一个平面，曲线与平面就是认识世界的一个“颗粒”(gran)。[③] 粒度是我们认识颗粒的精细程度。在进行情感分析时，情感粒度就是我们认识人类情感的方式。粒度越小，我们对情感的认识就越精细。例如，我们将人类情感分为多少种类型，是否使用统一的工具进行强度测量，测量工具划分为多少量级等等，都决定了我们情感分析的粒度。

早期的情感分析中，分析粒度相对粗糙，研究者关注的重点集中于测度文本中所表达情感的极性(polarity)，如积极、中性与消极情感。例如，在 2004 年波拉尼和泽南(Polanyi and Zaenen)发表的会议论文中，他们针对情感分析孤立地关注词性的做法，指出了情感词汇表中的词性随语境变化而变化的重要性。[④]

表 13-1 是波拉尼与泽南的论文中的一个情感分析的例子，该例子计算了一个句子的情感强度。表中带有正负号的数字被称为“价”，如“聪明”的初始价为+2。句子中出现的修饰词能调整其所修饰词语的价的绝对值大小与极性，如句子中的“非常”一词将“聪明”的初始价调整为+3，“没能”一词在将极性由正转负的同时，还将情感强度的绝对值增加了 1 个度量单位。“解决问题”的初始价为+1，但由于被“没能”修饰，其情感强度最终被中和为 0。因此，这句话的情感计算分数为-4 分。由这个例子可以看出，情感分析的重点，是从“积极-消极”这一单一维度进行情感极性的估计及强度的测量。

---

① PICARD R W. Affective computing: challenges [J]. International journal of human computer studies, 2003, 59 (1): 55-64.

② PANG B, LEE L, VAITHYANATHAN S. Thumbs up? sentiment classification using machine learning Techniques [C] //Proceedings of the ACL-02 conference on empirical methods in natural language processing-Volume 10. Stroudsburg: Association for Computational Linguistics, 2002: 79-86.

③ HOBBS J R. Granularity [M] //Readings in qualitative reasoning about physical systems. San Mateo: Morgan Kaufmann Publishers, Inc, 1990: 542-545.

④ POLANYI L, ZAENEN A. Contextual valence shifters [M] //SHANAHAN J G, QUY, WIEBE J. Computing attitude and affect in text: theory and applications. Dordrecht: Springer, 2006: 1-10.

表 13-1 计算单一维度情感强度的例子

"非常聪明的组织者没能解决问题。"			
聪明	+2		
非常聪明	+3	−3	"非常"调整了原始价
没能	−1	−1	"没能"调整了价
解决问题	+1	0	被"没能"中和
总分		−4	

三、细粒度的情绪分析

随着情感分析研究的逐渐深入，专注于自然语言处理的研究者不再满足于仅从情感极性维度测量文本中的情感倾向，开始寻求对更复杂的人类情绪系统进行细颗粒度的探索，情绪分析（emotion analysis，EA）应运而生。情绪分析与情感分析并非两种孤立的分析方法，情绪分析可以被视为更细颗粒度的情感分析方法。从实现路径上讲，两种方法的技术实现都依赖于情感词表（lexicon）的构建，不同之处在于情绪分析的情感词表拥有更多维度的情感指向。

为便于理解，我们以大连理工大学林鸿飞教授团队开发的中文情感分析本体库为例①，简要介绍情绪分析所使用的情感词表构成。林鸿飞团队基于埃克曼（Ekman）"乐、怒、哀、惧、恶、惊"的六分类情感分类体系，在中文情感分析本体库中新增了"好"的褒义情感，最终将人类情感划分为 7 个大类、21 个小类。除情感类别外，词汇表中还包含词语的词性、强度、极性等信息，如表 13-2 所示。在情感词表的应用上，情绪分析与情感分析的思路基本相同。

表 13-2 情感词汇本体库举例

词语	种类	词义数	词义序号	情感分类	强度	极性	辅助情感分类	强度	极性
无所畏惧	idiom	1	1	PH	7	1			
手头紧	idiom	1	1	NE	7	0			
周到	adj.	1	1	PH	5	1			
言过其实	idiom	1	1	NN	5	2			

第二节 情感分析的特点

上一节，我们沿用了自然语言处理领域中"情感分析"（SA）与"情绪分析"（EA）两种表述，主要是为了便于读者理解英文语境下两者的细微差异。在中文语境中，情感、情绪之间的边界并不清晰。例如，有学者认为，我国先

① 陈建美．中文情感词汇本体的构建及其应用［D］．大连：大连理工大学，2009.

秦时代古人对人的基本情感提出“七情六欲”的说法①，人类的基本情绪包括“喜”“怒”“哀”“乐”等等②。但在心理学、计算语言学等特殊学科的术语范畴，两者仍存在细微差异。如《心理学大辞典》从社会性需要、发生阶段以及稳定性三个方面，对情感（feeling）与情绪（emotion）做了区分。下文中，我们仅使用情感分析这一术语进行论述。

一、情感的基本分类

（一）心理学的分类类别

随着西方心理学的发展，关于情感分类的研究十分丰富。简单划分的话，人类情感分为积极情感、消极情感和中性情感三类，较为详细的划分有“七情说”类别、六类划分、八类划分和十八类划分等。③ 除了上述分类外，还有很多维度的情感分类方式，如表13-3所示。到目前为止，学者们就如何划分情感尚未达成一致，但在以下方面基本达成共识，即将愤怒、恐惧、悲伤、高兴等作为人类最基本的情感。情感类别的划分，是进行情感分析的基础。

表13-3　　　　情感分类表

研究者	维度	分类
埃克曼（Ekman）	1	愉悦、伤心、生气、害怕、厌恶、惊讶④
唐超	1	愤怒、讽刺、失望、同情、不信任、理性、支持政府⑤
帕维尔（Pawel）	1	同意、反对、谩骂、挑衅、中立、离题、摇摆不定⑥
萨沃莱宁（Savolainen）	1	蔑视、嫉妒、恐惧、愤怒、同情、认同、中立⑦
罗塞尔（Russell）	2	情绪的效价：衡量情绪体验者是愉悦还是悲伤 情绪的唤醒度：衡量情绪主体所体验到的情绪强度⑧

① 许小颖，陶建华．汉语情感系统中情感划分的研究［C］//第一届中国情感计算及智能交互学术会议论文集．北京：中国中文信息学会，2003：215-221.

② 达尔文．人类和动物的表情［M］．周邦立，译．北京：北京大学出版社，2009.

③ 林传鼎．社会主义心理学中的情绪问题：在中国社会心理学研究会成立大会上的报告（摘要）［J］．社会心理科学，2006，21（83）：37-62；EKMAN P. Facial expression and emotion［J］. American Psychologist，1993，48（4）：384-392.

④ EKMAN P. Basic emotions［M］//DALGLEISH T，POWER M. Handbook of cognition and emotion. Chichester：John Wiley & Sons Inc.，1999.

⑤ 蔡璐．突发事件中的网络情绪表达：以2016年武汉特大暴雨中的微博评论为例［D］．武汉：华中师范大学，2017：2.

⑥ 同⑤.

⑦ SAVOLAINEN，R. Expressing emotions in information sharing：a study of online discussion about immigration［J］. Information research，2015，20（1）：662.

⑧ RUSSELL J A，BARRETT L F. Core affect，prototypical emotional episodes，and other things called textless emtextgreater emotiontextless/emtextgreater：dissecting the elephant［J］. Journal of personality and social psychology，1999，76：805.

续前表

研究者	维度	分类
冯特（Wundt）	3	愉快—不愉快、激动—平静、紧张—松弛①
伊扎德（Izard）	4	愉快度、紧张度、激动度、确信度②

（二）情绪测量量表

通常，心理学家使用情绪感染量表（emotional cognitive scale，ECS）测量情绪，其中，多赫蒂（Doherty）的情绪感染量表最具代表性。该量表基于人类的五种情绪而设计，五种情绪为“愤怒”“恐惧”“悲伤”“快乐”和“爱”，用于测量个体从他人那里“获得”五种情绪的敏感性。③ 量表采用 5 级，测量题项共有 15 项：

（1）If someone I'm talking with begins to cry，I get teary-eyed.

（2）Being with a happy person picks me up when I'm feeling down.

（3）When someone smiles warmly at me，I smile back and feel warm inside.

（4）I get filled with sorrow when people talk about the death of their loved ones.

（5）I clench my jaws and my shoulders get tight when I see the angry faces on the news.

（6）When I look into the eyes of the one I love，my mind is filled with thoughts of romance.

（7）It irritates me to be around angry people.

（8）Watching the fearful faces of victims on the news makes me try to imagine how they might be feeling.

（9）I melt when the one I love holds me close.

（10）I tense when overhearing an angry quarrel.

（11）Being around happy people fills my mind with happy thoughts.

（12）I sense my body responding when the one I love touches me.

（13）I notice myself getting tense when I'm around people who are stressed out.

（14）I cry at sad movies.

---

① 王亚卿，曹艳珺，樊浩宇，等．基于脑电（EEG）信号的“愉快-不愉快”情绪分析［J］．计算机与现代化，2012（7）：88－91，95.

② IZARD C E. Human emotions［M］．Berlin：Springer Science & Business Media，2013.

③ DOHERTY R W. The emotional contagion scale：a measure of individual differences［J］．Journal of nonverbal Behavior，1997，21：131－154.

(15) Listening to the shrill screams of a terrified child in a dentist's waiting room makes me feel nervous.

我国心理学研究者引入该量表并进行本土化的修改，修改后的情绪量表的题项如下所示。①

(1) 当在公共场所看到突然出现惊恐的表情，我也会感到有些惊慌。

(2) 当突发公共事件发生时，我在愤怒人群的旁边，会感到焦虑不安。

(3) 当周围的人突然变得特别紧张，我也会变得紧张起来。

(4) 当听闻有人因突发公共事件遇害时，我也会感到难过。

(5) 当身处突发公共事件时得到他人的关心和安慰，我会感到温暖。

(6) 当看到群众因受害者获救而欢呼时，我也会感到很快乐。

(7) 当在公共场所看到突然有一群人惊恐尖叫、逃窜，我会感到惊奇。

(8) 在突发公共事件新闻报道里看到人们愤怒的表情时，我也会怒不可遏。

(9) 听闻公共场所突然出现打斗的声音，我会感到惊奇。

(10) 不经意听到别人愤怒的争吵，我会变得有些紧张。

(11) 当在公共场所看到一群人逃向逃生出口，我会感到惊奇。

(12) 当看到突发公共事件的受害者伤心地哭了，我也会感到难过，眼睛湿润。

(13) 突发公共事件视频中的伤感画面会让我伤心流泪。

(14) 听闻公共场所孩子受到惊吓的叫声，我会感到紧张。

(15) 当突发公共事件发生后救援人员赶到时，我会感到很快乐。

通过量表测量情绪是心理学研究的常用方法，但这一方法并不适合研究自然情境下人的情感表达。随着移动互联网技术的崛起，信息科学领域的研究者尝试通过计算机对自然语言中传递出的情感进行分类、标注和计算。这一方法逐渐得到新闻传播学学者的关注，并被应用于研究新闻传播领域出现的问题。

二、情感分析的特点

基于大规模文本处理的情感分析方法来源于自然语言处理（natural language processing，NLP）研究，它是指运用相关方法对给定文本进行情感倾向的划分。该方法具有五个特点：数据客观性强、执行门槛高、重视伦理问题、测量效度佳、样本代表性强。

（一）数据客观性强

社会科学研究中，传统的问卷调查和访谈长期存在一个问题：被调查者对

① 宋之杰，石蕊，王昕，等．突发公共事件情绪感染量表编制［J］．中国健康心理学杂志，2017，25（1）：38－43.

于提问行为本身存在某种“想象”，并以此为据对提出的问题给出自己认为合适的答案。为了确保获得数据的真实性和客观性，研究者时常需要花费很大气力，比如使用试调查、专家评估等方法，提高测量的信度和效度等。在进行情感分析时，获得的数据往往来自人们在互联网环境下对某些特点现象和特定问题的真实感受和情感倾向，内容的真实性和情感的自然流露使情感分析的数据更加接近真实和自然。基于真实用户行为数据的分析得出的结果，会更趋近于用户真实意见和评价。

（二）执行门槛高

第一，情感分析所用的数据主要来自互联网，研究者要掌握一定的互联网数据挖掘方法和技术才能满足数据需要。尽管研究者可以委托懂技术的同行帮助解决，但对方法和技术的一般性了解是研究者使用该方法的前提，这就决定了情感分析具有较高的技术门槛。目前，许多年轻的读者已经具备理解计算机语言与编写代码的能力，情感分析也不再是无法企及的方法和技术。第二，情感分析所用到的情感强度及分类计算，并无现成的研究工具。进行情感分析通常需要研究者自己编写代码，使用相对复杂的软件工具，或是寻求团队合作。无论使用哪种方式，都对研究者的技术水平与整合资源能力提出了较高的要求。第三，情感分析研究中所采用的情感分类和情感测量算法的科学性，将会影响研究结论的信度和效度。如果无法保证研究结论的信度与效度，那么对研究结论的使用与推广需要谨慎。

（三）重视伦理问题

情感分析的研究对象一般为用户生成的互联网数据，比如社交媒体文本、网络评论等。其中某些内容可能涉及网民隐私，部分研究甚至会采集到敏感的网民身份信息。保护个人隐私是社会科学研究应当遵循的伦理规范。因此，在采集到情感分析所需要的数据后，要对数据进行即时脱敏，即对数据进行匿名化处理。采集互联网数据时，特别是数据中包含用户身份信息时，必须遵守我国互联网管理的相关法律法规。例如，《中华人民共和国数据安全法》规定，开展数据处理活动，应当遵守法律、行政法规，尊重社会公德和伦理，遵守商业道德和职业道德，诚实守信，履行数据安全保护义务，承担社会责任，不得危害国家安全、公共利益，不得损害公民、组织的合法权益。

（四）测量效度佳

情感分析通过对文本做深入分析，可以基于文本挖掘出人们潜在的情感，推动研究从显性向纵深方向延伸，提升研究者对研究问题的洞察能力。人类外在的行为表现和对事物的认知，源于人类内在情感作用或辨识，人的理性思维中往往混杂着大量感性的、情感的判断。因此，凭借对人类情感的深入探究，研究者可透过“行为”看本质，深入体察和理解人的情感及其作用。

（五）样本代表性强

情感分析使用的数据，来源于互联网数据挖掘。借助计算机的高效数据处理能力，可以对挖掘到的海量互联网数据进行快速处理，使得情感分析可以在更大的数据集甚至全数据的基础上展开。扩大数据规模可以有效提高数据的代表性，避免因为数据本身引起的偏差。

第三节 情感分析的一般步骤

得益于全球开发者的共同努力，目前已经有多种分析工具可以帮助研究者完成文本情感的分析。不同类型的情感分析工具都存在优缺点，研究者可根据研究需要权衡利弊，并做出选择。无论使用何种工具，基于文本的情感分析都包含以下几个步骤。

第一，定义情感分析任务；第二，从网络上获取情感数据，这些数据可以由词语、句子或者篇章构成；第三，对获得的情感数据进行清洗，处理网络文本中存在的错误，清除无效的文本数据；第四，使用特定的情感计算方法，借助计算机算法，对获得的情感数据进行分类和强度计算；第五，基于文本计算结果，对市场预测、意见评价、舆情预测、传播效果评估等领域的研究问题提出新的洞察。

情感计算方法的详细内容，将在本章第四节中展开详细描述，此处便不再赘述。情感计算结果，应根据不同的应用场景结合研究者的研究需求展开，本书中只讨论情感分析的前四个部分。为便于叙述，笔者对前四个部分做了重新归纳。

一、定义情感分析任务

定义情感分析任务是情感分析的起点。开展情感分析前，研究者应明确分析的目的是什么，分析结果如何服务于特定的研究需求。定义情感分析任务时，研究者应思考以下问题：需要在哪个层面上进行情感分析，比如篇章、段落、句子、词？文本呈现的主要特征是什么？长文本还是短文本？是行文规范的新闻文本，还是来自社交媒体或是其他网站的无结构文本？研究可以接受的准确率的下限如何？必要时，研究者可以先从待分析的数据中选取一部分样本，进行情感分析方法的预评与整体研究可行性的评估。

二、数据采集与数据清洗

情感分析所使用的语料，可以是共享的第三方语料，也可以是研究者自己采集的语料。需要注意的是，尽管第三方语料很容易获取，但它往往难以满足特定研究的需要。比较普遍的情形是，研究者根据自己的研究问题、研究目的自行采集数据，或委托合作者完成研究数据的采集。数据采集后应第一时间进行脱敏处理，规避研究中的伦理问题。数据存储时，应该最大化模仿数据原始的结构。如果采集目标是结构化或半结构化的数据，采集时应保留这种结构，方便后期的数据分析。数据采集过程应优先保证数据的准确度和完整度，而非采集效率。

高质量的数据是情感分析的基础和起点，也是情感分析信度和效度的保障。因此，在有条件的情况下，应在数据入库前对数据进行清洗，特别是从互联网上采集到的海量数据。数据清洗的主要目的是清除数据中包含的垃圾信息及符号，有效的数据清洗是提升数据质量的必要手段。一般而言，数据清洗要经历剔除错误数据、对缺失数据实施缺失值处理以及平滑数据三个阶段。例如，在分析从网络上采集到的数据前，要先清除对于分析无意义的 HTML 标签，比如“＜p＞”“ ”“＜br＞”“＜a＞”等。为了便于分析，研究者可能还需对数据进行标准化处理，如将时间、日期数据统一为同一种格式，将文本数据调整为数值类型等。

三、制定情感测量标准

情感测量标准包含情感分类、测量维度与测量方法三个方面。首先，研究者要确定情感概念的分类标准——明确情感测量是采用正向、负向、中性情感的三分类法，还是采用更为细致的七分类法。其次，研究者还应明确情感测量的维度——是仅仅进行情感类别的识别，还是连同强度一并进行测量。为了完成上述任务，研究者应观察语料所呈现出的情感特征，评估不同情感测量标准的适用性。最后，研究者需要根据语料的具体情况，选择较为契合的情感测量方法。常用的测量方法有词典标注、机器学习等。在情感测量标准确定后，研究者还需考虑该标准的信度效度问题。研究者可抽取一部分数据样本进行情感测量，使用传统的问卷法或者访谈法对测量结果进行信效度检验。

四、执行情感计算

使用选定的情感测量标准，执行情感计算。情感计算的常用方法有词集法和机器学习法。前者是基于词典中已经约定的情感词的极性与权重，计算文本中各情感类型的强度；后者则是使用机器学习算法，对文本进行预处理后，基于不同算法生成包含情感特征的测量模型，并据此进行文本情感的计算。情感计算是情感分析的关键环节，下一节我们将具体介绍情感计算的两种方法。

使用词集法时，首先要构建测量需要使用的情感词典，这是情感测量执行的核心环节。研究者可以自己构建词典，这样做的优点是与自己的研究主题契合度高，能够满足特定主题的测量需要。缺点为词典构建的工作量很大，需要大量人力、经济、时间等成本的投入。而且，由于词典是自己构建的，研究结果与同类研究之间难以对比。研究者也可以选择使用第三方词典。使用第三方词典的优点是可以节省大量的时间和精力，且有众多前期成果可以借鉴参考；它的不足在于测量结果可能会受到词典本身的限制，且现有词典存在时效性不足的问题，无法反映网络语言的最新变化。为了克服两种做法的缺陷，研究者最好结合自己的研究主题，对已有的第三方词典进行优化后使用。

基于机器学习的情感测量有两种方法：有监督的机器学习和无监督的机器学习。在此仅介绍有监督的机器学习测量方法。

使用有监督的机器学习方法进行情感测量，首先，要对数据的情感特征进行标注。研究者可以先从待测量语料中抽取一部分数据，由人工实施情感特征的标注，标注的准确性决定了后续测量结果的准确性。其次，在完成样本标注后，研究者可自行编写机器学习模型，或是借助开源的机器学习模型对人工标注的情感测量结果进行学习，即执行模型训练。最后，待完成模型训练后，对模型的学习效果实施评估，通常需评估情感测量的精确率、准确率、召回率。如指标符合要求，即可使用模型对待测量的研究文本实施情感测量。

第四节　情感计算方法

执行情感计算前，我们应考虑文本的粒度问题。文本的粒度取决于研究的分析单元，研究者应考虑计算的是一个词语、一句话还是一个语篇的情感。常用的文本粒度有词语级、短语级、句子级和文章级。[①] 确定文本粒度后，研究者就可以选择适合的计算方法，执行情感计算。情感计算有两种方法：一是基于词集的情感分析法，二是基于机器学习的情感分析法。下面我们分别对两种路径做具体介绍。

一、基于词集的情感分析法

基于词集的情感分析法就是使用事先编纂的情感词典识别情感分类，计算情感强度。该方法的关键是要构造一个高识别力的情感词典。构造情感词典的方式有三种：手工标注、种子词扩展以及基于语料抽取。[②] 手工标注法的操作最为简单，如博拉（Bora）通过40个情绪词计算了推特（Twitter）文本的情感极性，之后比较词频计算结果和手工标注结果的一致性，最终获得了

① 刘楠．面向微博短文本的情感分析研究［D］．武汉：武汉大学，2013：9.

② TURNEY P D. Thumbs up or thumbs down? semantic orientation applied to unsupervised classification of reviews［C］// ACL '02：proceedings of the 40th annual meeting on association for computational linguistics，2002：417 - 424.

83.43%的准确率。①

手工标注法虽然操作简便，但需要投入大量人力进行手工标注，而且难以符合自然语料的分析需要。因此，研究中的常用做法是从已有的情感词典（或情感语料库资源）中抽取一定数量的情感种子词，利用语义相似度方法进行情感词的获取和极性分类。在桂斌等人的研究中，他们首先依据表情符号对微博文本进行情绪倾向的标注，并通过分词算法生成情绪语料库；然后根据词性规则提取语料库的情绪词，统计每个情绪词在正向和负向语料库中出现的次数；最后通过计算情绪词的卡方统计值获得情绪强度，进而生成情绪词典。通过这种方式，研究者构建了基于现实语料的情感词集，其预测准确率达82%。②

二、基于机器学习的情感分析法

机器学习方法的主要思想是先由人工标注合理的文本极性，再将此部分文本作为训练语料，使用统计数据或微博语义相关等作为分类特征，通过分类模型训练出一个较好的情感计算模型。利用构建好的情感计算模型对测试集进行情感极性分类，即可完成情感倾向性分析。常用的机器学习模型包括朴素贝叶斯、支持向量机、最大熵等。

利用机器学习方法进行情感分析的好处是，它不依赖于完备的情感词典，而是基于文本信息的上下文特征进行判断。不足之处在于，该方法非常依赖人工标注语料，人工标注的结果是机器学习的“金标准”。然而，人工标注的结果存在一致性问题，而且工作量大，需要投入大量的人力、物力等资源成本。此外，机器学习方法对于分类特征的抽取和分类模型的设计也有一定的依赖性。③

庞是最早将机器学习的方法应用于情感分类的学者。庞对比一元特征、二元特征、形容词打分、位置等多种特征和特征权值选择策略，并且比较了支持向量机、朴素贝叶斯和最大熵等算法的分类效果，发现在电影评论领域，一元特征与支持向量机的组合效果最佳，准确率可达82.9%。④ 我国学者徐晓丹等人的论文中，也采用了与庞类似的研究路径。研究者先将台湾大学开发的简体中文情感词典与知网情感词典进行去重合并，得到初始的情感词典；之后利用Google返回的每个词的hits值排序，剔除hits值较低的词语，得到扩展的情感

---

① BORA N N. Summarizing public opinions in Tweets [J]. International journal of computational linguistics and applications, 2012, 3 (1): 41-55.

② 桂斌，杨小平，张中夏，等．基于微博表情符号的情感词典构建研究［J］．北京理工大学学报，2014，34（5）：537-541.

③ 张俊东．基于机器学习的微博情感分析及应用［D］．北京：北京邮电大学，2017.

④ PANG B, LEE L, VAITHYANATHAN S. Thumbs up? sentiment classification using machine learning Techniques [C] //Proceedings of the ACL-02 conference on empirical methods in natural language processing-Volume 10. Stroudsburg: Association for Computational Linguistics, 2002: 79-86.

词典（ESD）；最后，使用词典中的词语对语料进行分词操作，用语料训练包含了不同特征值的情感计算模型，并用测试语料验证计算的精准度。①

第五节　情感分析研究案例

本节以中国传媒大学刘昊博士的学位论文《社交媒体舆论的情感传播研究》为例，介绍情感分析法如何应用于传播研究领域。

【案例】　社交媒体舆论的情感传播研究

(一) 制订研究计划

在研究开始之前，需要围绕研究问题及核心概念进行技术准备，讨论技术的可行性。该研究的研究问题为情感在社交媒体舆论传播中的作用，以及情感对舆情演化的影响机制。具体来说，研究者希望了解以下问题：社交媒体中重大舆论事件的情感分布如何？用户的情感演化呈现出怎样的规律？情感网络呈现出何种特征？从情感表达的特征来看，用户又呈现出怎样的社群聚集？

(二) 测量工具的选择

研究者通过文献梳理发现，基于机器学习和情感词典的情感分析方法，已在微博短文本情感分析中得到了普遍应用。考虑到研究内容为微博短文本，在比较了各种情感计算方式的准确性后，研究者最终选择了情感词典标注的方式完成情感计算与归类。情感词典标注法简洁高效，在特征词不多的语境下有着较高的准确性。但汉语语境复杂，词典很难契合全部情境的分析需要，分析结果可能存在一定偏差。因此，要选择稳定性高的词库进行情感分析。

经过信息检索，研究者认为大连理工情感词本体库是相对成熟且应用广泛的中文情感词库。该词库将情感分为“乐”“好”“怒”“哀”“惧”“恶”“惊”7个大类和21个小类，共包含27 466个情感词。情感强度的测量被分为5个等级，分别用数值1、3、5、7、9度量。其中，1代表最不强烈的情感表达，9代表最强烈的情感表达。大连理工的七分类法具有重要的借鉴意义和较高的计算可行性，选择此词库有助于提升研究的可行性、易用性、准确性，研究结论也因此具有可对比性。

(三) 情感指标计算

在大连理工情感词库的基础上，为提升词库与研究的契合程度，研究者对词典进行了扩充。同时，研究者还引入了程度副词、否定词、标点符号，进一步提升情感计算和归类的准确度。为保证计算结果能准确反映文本的情感状况，研究者还提取了部分研究数据，实施信效度检验，以保证研究结果的可靠性。情感指标计算的具体步骤如下：

① 徐晓丹，段正杰，陈中育．基于扩展情感词典及特征加权的情感挖掘方法［J］．山东大学学报（工学版），2014，44（6）：15－18，69.

1. 文本分词

在文本分析之前，要对中文文本进行分词处理，即将汉字序列切分成词序列。分词是文本分类、情感分析等自然语言处理的基础。准确的分词是情感计算的基础，该过程需使用分词词典和分词算法。常用的分词算法有最大匹配法、逆向最大匹配法、最小匹配法等。[①] 常用的中文分词工具有哈尔滨工业大学社会计算与信息检索研究中心的语言技术平台（LTP，哈工大语言云 Python 接口），北京市海量语言信息处理与云计算应用工程技术研究中心张华平博士的中文语言分词系统 NLPIR 和开源的分词系统结巴（jieba）。对比三个分词系统，结巴功能最简单，支持精确模式分词、全模式分词和搜索引擎模式分词，支持自定义词典。LTP 和 NLPIR 功能比较丰富，除分词外可实现词性标注、命名实体识别、依存句法分析、语义角色标注等丰富的功能。考虑到研究中的代码均由 Python 语言编写，在对比了 LTP 和 NLPIR 的各项功能后，研究者最终选择了 LTP 的 Python 版本 PYLTP 作为分词工具。该工具在《人民日报》数据集上的分词性能准确率达 97%以上。[②]

2. 词性标注

词性标注是在分词结果的基础之上，对词性进行标注，即标注该词是名词、动词、形容词、副词或其他词性。研究采用大连理工大学中文情感词汇本体库对文本情感进行计算，词库中每个情感词有词性属性。但在不同语境下，词语的词性不同，其表达的情感强度和情感类型也不完全相同。因此，有必要基于词语和词性的双重匹配提升情感词识别的准确度。研究者在进行情感计算时，使用了 PYLTP 的词性标注功能对微博文本分词后的结果进行词性标注，并将词性标注结果应用于情感计算算法中。

3. 情感分类

参考大连理工大学开发的中文情感词汇本体库分类，研究将情感分为三个等级分类，如表 13－4 所示。各级情感之间为层级从属关系，可以按层级分类汇总。由于情感分析重点考察有倾向性的情感，第一级情感中的中性情感，在二级、三级情感分类中则不予以考虑。在论文的后续分析中，情感分析也只关注非中性情感，因此中性词不参与情感计算，情感考察中也不考虑中性的情况。

表 13－4　　情感三级分类表

一级情感分类	二级情感分类	三级情感分类
正向	乐	快乐
正向	乐	安心
正向	好	尊敬
正向	乐	赞扬
正向	乐	相信

① 黄翼彪．开源中文分词器的比较研究［D］．郑州：郑州大学，2013.

② 哈工大社会计算与信息检索研究中心．语言云［EB/OL］．（2018－10－21）［2021－06－25］．https：//www.ltp-cloud.com/intro＃cws.

续前表

一级情感分类	二级情感分类	三级情感分类
正向	乐	喜爱
正向	乐	祝愿
负向	怒	愤怒
负向	哀	悲伤
负向	哀	失望
负向	哀	疚
负向	哀	思
负向	惧	慌
负向	惧	恐惧
负向	惧	羞
负向	恶	烦闷
负向	恶	憎恶
负向	恶	贬责
负向	恶	妒忌
负向	恶	怀疑
负向	惊	惊奇

(四) 算法描述

情感强度计算算法如下：

步骤一，读取微博文本。

步骤二，将标点符号作为分隔符对文本进行分句，将分句结果存储为列表list1。

步骤三，循环访问分句后的列表，判断每个句子的句型并使用PYLTP对每个句子进行分词，得到词和与词对应的词性。

步骤四，将句型信息和分词信息组合存入列表list2。

步骤五，循环访问list2，将取出的词存入变量word和syntax。

步骤六，将word和syntax作为关键词查询词库，如果查询有结果，取出word情感词对应的情感强度、情感极性、情感类型。

步骤七，检查word所在语句是否有否定词，如果有，进行否定词情感极性取反处理，且强度调低至本来值的0.8。

步骤八，检查word所在语句是否有双重否定词，如果有，调整情感词的情感强度。

步骤九，检查word前是否有程度副词，如果有，根据情感词库的标准，调整情感词强度权重。

步骤十，通过句型信息判断句子是否为疑问句，如果是，对词的情感值进行反向处理。

步骤十一，通过句型信息判断句子是否为感叹句，如果是，判断是否存在感叹号叠用；如果存在叠用，将词的情感强度值从当前强度提升到词表的更高二级强度，否则提升一个等级。

步骤十二，通过句型信息判断句子是否为

疑问句，如果是，对词的情感极性进行反转；如果存在疑问句叠用，提升情感词强度值到更高一级强度。

步骤十三，根据情感词分类，将情感强度分类汇总，存入结果 result 向量（21 个维度）。

步骤十四，根据情感正负分类、情感极性及强度分类进行汇总。

（五）数据分析

…………

使用相关分析、时间序列分析等统计、可视化的方法，对数据进行假设检验。

（六）研究发现（略）

（七）伦理标准

遵守社会学研究伦理，研究中对个人微博数据做匿名处理，模糊用户身份信息，使用数据库中的 ID 唯一标识用户。

【延伸阅读】

1. 刘兵．情感分析：挖掘观点、情感和情绪［M］．刘康，赵军，译．北京：机械工业出版社，2017.

2. AHMAD K. Affective computing and sentiment analysis：emotion，metaphor and terminology［M］. New York：Springer Publishing Company，Inc.，2011.

【思考题】

1. 情感是否可以被细分为更细的粒度？如果可以，应如何细分？

2. 请设计一种有效测量愤怒的方法。

3. 近年来，互联网中不断涌现出一些新词，针对这种现状，我们应如何优化现有情感词库？

参考文献

【图书】

[1] 诺克，杨松．社会网络分析：第2版 [M]．李兰，译．上海：格致出版社，2012.

[2] 斯科特．社会网络分析法 [M]．刘军，译．重庆：重庆大学出版社，2007.

[3] 韩家炜，坎伯．数据挖掘：概念与技术 [M]．范明，孟晓峰，译．北京：机械工业出版社，2001.

[4] PANG-NING T，STEINBACH M，KUMAR V. 数据挖掘导论：完整版 [M]．2版．范明，范宏建，等译．北京：人民邮电出版社，2011.

[5] 曾五一．曾五一文集 [M]．北京：中国统计出版社，2015.

[6] 洪欣．数据库原理、应用与开发 [M]．北京：电子工业出版社，2013.

[7] 柯惠新，王锡苓，王宁．传播研究方法 [M]．北京：中国传媒大学出版社，2010.

[8] 李志强，蔡宏宇．市场调查与预测 [M]．2版．长沙：湖南大学出版社，2014.

[9] 梁睿坤．虫术：Python绝技 [M]．北京：电子工业出版社，2018.

[10] 刘军．整体网分析：UCINET软件实用指南 [M]．2版．上海：格致出版社，2014.

[11] 罗家德．社会网分析讲义 [M]．2版．北京：社会科学文献出版社，2010.

[12] 吕继迪，孙明丽，庞娅娟．ASP从入门到精通 [M]．北京：清华大学出版社，2008.

[13] 聂玉峰，陈东方．Access数据库技术与应用 [M]．北京：科学出版社，2009.

[14] 全国卫生专业技术资格考试用书编写专家委员会．2019全国卫生专业技术资格考试指导：药学（师）[M]．北京：人民卫生出版社，2018.

[15] 王坤茜．产品设计方法学 [M]．长沙：湖南大学出版社，2015.

[16] 王卫东．网络调查与数据整合 [M]．武汉：武汉大学出版社，2018.

[17] 伍逸．深入理解C#中的XML [M]．北京：清华大学出版社，2012.

[18] 叶维忠．Python编程从入门到精通 [M]．北京：人民邮电出版社，2018.

[19] 赵国栋．网络调查研究方法概论 [M]．2 版．北京：北京大学出版社，2013.

[20] 刘胜骥．科学方法论：方法之建立 [M]．武汉：武汉大学出版社，2014.

[21] 巴比．社会研究方法：第 11 版 [M]．邱泽奇，译．北京：华夏出版社，2018.

[22] 维曼，多米尼克．大众媒介研究导论：第 7 版 [M]．金兼斌，等译．北京：清华大学出版社，2005.

[23] 弗里曼．社会网络分析发展史：一项科学社会学的研究 [M]．张文宏，等译．北京：中国人民大学出版社，2008.

[24] 塔沙克里，特德莱．混合方法论：定性方法和定量方法的结合 [M]．唐海华，译．重庆：重庆大学出版社，2010.

[25] 克雷斯威尔．质性研究技能三十项 [M]．王锡苓，译．格致出版社，2018.

[26] 陈向明．质的研究方法与社会科学研究 [M]．北京：教育科学出版社，2002.

[27] 袁方，王汉生．社会研究方法教程 [M]．北京：北京大学出版社，1997.

[28] 英克尔斯，等．从传统人到现代人：六个发展中国家中的个人变化 [M]．顾昕，译．北京：中国人民大学出版社，1992.

[29] 叶启政．实证的迷思：重估社会科学经验研究 [M]．北京：生活·读书·新知三联书店，2018.

[30] 德威利斯．量表编制：理论与应用 [M]．魏勇刚，龙长权，译．重庆：重庆大学出版社，2004.

[31] 风笑天．社会研究方法 [M]．5 版．北京：中国人民大学出版社，2018.

[32] 倪加勋．抽样调查 [M]．桂林：广西师范大学出版社，2002.

[33] 扎加，布莱尔．抽样调查设计导论 [M]．沈崇麟，译．重庆：重庆大学出版社，2007.

[34] 拉弗拉卡斯．电话调查方法：抽样、选择和督导 [M]．沈崇麟，译．重庆：重庆大学出版社，2005.

[35] 支庭荣，张蕾．传播学研究方法 [M]．广州：暨南大学出版社，2008.

[36] 陈国明，等．传播研究方法 [M]．上海：复旦大学出版社，2011.

[37] 库兹奈特．如何研究网络人群和社区：网络民族志方法实践指导 [M]．叶韦明，译．重庆：重庆大学出版社，2016.

[38] 米勒，霍斯特．数码人类学 [M]．王心远，译．北京：人民出版社，2014.

[39] 费特曼．民族志：步步深入 [M]．龚建华，译．重庆：重庆大学出

版社，2007.

［40］基顿，邓建国，张国良．传播研究方法［M］．上海：复旦大学出版社，2009.

［41］李特约翰．人类传播理论：第7版［M］．史安斌，译．北京：清华大学出版社，2004.

［42］维曼，等．大众媒体研究导论：第8版［M］．黄振家，等译，台北：新加坡商亚洲汤姆生国际出版有限公司，2002.

［43］SUE V M，RITTER L A. Conducting online surveys［M］．Thousand Oaks：SAGE Publications，2012.

［44］DILLMAN，D A. Mail and internet surveys：the tailored design method［M］．1nd ed. Hoboken，NJ：John Wiley & Sons，2007.

［45］COOPER H，et al. The handbook of research synthesis and meta-analysis［M］．New York：Russell Sage Foundation，2019.

［46］HIGGINS J P T，GREEN S. Cochrane handbook for systematic reviews of interventions version 5. 1. 0［M/OL］．（2011-03-01）［2021-06-25］．http：//www. cochrane-handbook. org.

【论文集、会议录】

［47］刘军．整体网分析讲义：UCINET 软件应用［C］//第二届社会网与关系管理研讨会资料．哈尔滨：哈尔滨工程大学，2007.

【学位论文】

［48］冯军旗．中县干部［D］．北京：北京大学，2010.

［49］黄翼彪．开源中文分词器的比较研究［D］．郑州：郑州大学，2013.

［50］孙蕊．风险传播视阈下食品类“科学”流言治理研究［D］．北京：中国传媒大学，2021.

【专著中析出的文献】

［51］MUSCH J，REIPS U. A brief history of web experimenting［M］//Psychological experiments on the internet. San Diego：Academic Press，2000：61-87.

［52］CAMPBELL D T. Quasi-Experimental design［M］// International encyclopedia of the social sciences ：vol. 5. New York：Macmillan and Free Press，1968：259-263.

【期刊中析出的文献】

［53］韩佳霏，聂菁，雷鹏程．青少年手机依赖心理和运动干预效果的

Meta分析 [J]. 中国健康教育，2018，34（12）：1110－1114，1118.

[54] 刘昊．择偶方式会影响婚前同居吗：基于CFPS数据的实证分析 [J]. 人口研究，2019，43（6）：49－63.

[55] 刘金菊，孙健敏．社会资本的测量 [J]. 学习与实践，2011（09）：110－118.

[56] 吕涛．社会资本的网络测量：关系、位置与资源 [J]. 广东社会科学，2012（1）：233－239.

[57] 王建亚，牛晓蓉，万莉．基于元分析的在线学习用户使用行为研究 [J]. 现代情报，2020，40（1）：60－70.

[58] 王锡苓，李笑欣．社交媒体使用与身份认同研究：以“皮村”乡城迁移者为例 [J]. 现代传播（中国传媒大学学报），2015，37（6）：118－124.

[59] 吴开泽．住房市场化与住房不平等：基于CHIP和CFPS数据的研究 [J]. 社会学研究，2019，34（6）：93－118，248.

[60] 谢宇，胡婧炜，张春泥．中国家庭追踪调查：理念与实践 [J]. 社会，2014，34（2）：1－32.

[61] 金勇进，刘展．大数据背景下非概率抽样的统计推断问题 [J]. 统计研究，2016，33（3）：11－17.

[62] SMITH S M，et al. A multi-group analysis of online survey respondent data quality：comparing a regular USA consumer panel to MTurk samples [J]. Journal of business research，2016，69（8）：3139－3148.

[63] HAIDICH A B. Meta-analysis in medical research [J]. Hippokratia，2010，14（1）：29－37.

[64] GLASS G V. Primary，secondary，and meta-analysis of research [J]. Educational research，1976，5（10）：3－8.

[65] WRIGHT K B. Researching internet-based populations：advantages and disadvantages of online survey research，online questionnaire authoring software packages，and web survey services [J]. Journal of computer-mediated communication，2005，10（3）：JCMC1034.

[66] DUPAGNE M，POTTER W J，COOPER R. A content analysis of women's published mass communication research，1965—1989 [J]. Journalism & mass communication quarterly，1993，70（4）：815－823.

[67] FALK A，HECKMAN J J. Lab experiments are a major source of knowledge in the social sciences [J]. Science，2009，326：535－538.

[68] KRANTZ J H，BALLARD J，SCHER J. Comparing the results of laboratory and World-Wide Web samples on the determinants of female attractiveness [J]. Behavior research methods instruments & computers，1997，29（2）：264－269.

[69] BRACHT G H, GLASS V G. The external validity of experiments [J]. American educational research journal, 1968, 5 (4): 437 - 474.

[70] DOERING N, REIF A, POESCHL S. How gender-stereotypical are selfies? a content analysis and comparison with magazine adverts [J]. Computers in human behavior, 2016, 55 (2): 955 - 962.

[71] KIM S H, TELLEEN M W. Talking about school bullying: News framing of who is responsible for causing and fixing the problem [J]. Journalism & mass communication quarterly, 2017, 94 (3): 1 - 22.

【电子资源】

[72] 友万科技 . CMA——元分析软件 V3 [EB/OL]. (2011 - 03 - 01) [2021 - 06 - 25]. http: //www. uone-tech. cn/products/cma/cma. html.

[73] e421083458. php 的正则表达式完全手册 [EB/OL]. (2012 - 08 - 30) [2021 - 06 - 25]. https: //blog. csdn. net/e421083458/article/details/7924959 2012. 8. 30.

[74] W3school. HTML 教程 [EB/OL]. (2019 - 11 - 20) [2021 - 06 - 25]. http: //www. w3school. com. cn/html/index. asp.

[75] 犀利哥的大实话 . 决策树 (Decision Tree): 通俗易懂之介绍 [EB/OL]. (2019 - 12 - 18) [2021 - 06 - 25]. https: //zhuanlan. zhihu. com/p/30059442.

[76] jieba [EB/OL]. [2021 - 06 - 25]. https: //github. com/fxsjy/jieba.

[77] 终日而思一 . 深入浅出 KNN 算法 (一) 介绍篇 [EB/OL]. (2019 - 04 - 03) [2021 - 06 - 25] . https: //zhuanlan. zhihu. com/p/61341071.

[78] 程序员姜小白 . 机器学习经典算法之朴素贝叶斯分类 [EB/OL]. (2019 - 06 - 22) [2021 - 06 - 25] . https: //www. cnblogs. com/jpcflyer/p/11069659. html.

[79] Introduction to Meta-Analysis [EB/OL]. [2021 - 06 - 25]. https: //www. meta-analysis. com/pages/cma _ manual. php? cart=BJWH3964429.

[80] BORGATTI S P. NetDraw Software for Network Visualization [EB/OL]. [2021 - 06 - 25]. https: //sites. google. com/site/netdrawsoftware/ home.

[81] NumPy [EB/OL]. [2021 - 06 - 25]. http: //www. numpy. org/.

[82] Pandas [EB/OL]. [2021 - 06 - 25]. http: //pandas. pydata. org/.

[83] Runoob. 正则表达式 [EB/OL]. (2020 - 01 - 25) [2021 - 06 - 25]. https: //www. runoob. com/regexp/regexp-syntax. html.

[84] Scrapy [EB/OL]. [2021 - 06 - 25]. https: //scrapy. org/.

[85] selenium [EB/OL]. [2021 - 06 - 25]. https: //pypi. python. org/pypi/selenium.

[86] HANNEMAN R A, RIDDLE M. Introduction to Social Network Methods [EB/OL]. [2021 - 06 - 25]. http: //faculty. ucr. edu/~hanneman/nettext/.

图书在版编目（CIP）数据

新媒体研究方法/王锡苓，刘昊著．-- 北京：中国人民大学出版社，2022.1
21世纪新媒体专业系列教材
ISBN 978-7-300-30054-2

Ⅰ．①新… Ⅱ．①王… ②刘… Ⅲ．①传播媒介-研究方法-高等学校-教材 Ⅳ．①G206.2

中国版本图书馆CIP数据核字（2021）第248276号

21世纪新媒体专业系列教材
新媒体研究方法
王锡苓 刘 昊 著
Xinmeiti Yanjiu Fangfa

出版发行	中国人民大学出版社		
社　　址	北京中关村大街31号	邮政编码	100080
电　　话	010－62511242（总编室）		010－62511770（质管部）
	010－82501766（邮购部）		010－62514148（门市部）
	010－62515195（发行公司）		010－62515275（盗版举报）
网　　址	http://www.crup.com.cn		
经　　销	新华书店		
印　　刷	天津鑫丰华印务有限公司		
开　　本	787 mm×1092 mm　1/16	版　　次	2022年1月第1版
印　　张	19.75 插页1	印　　次	2025年1月第3次印刷
字　　数	389 000	定　　价	49.80元

关联课程教材推荐

书号	书名	第一作者	定价（元）	出版时间
978-7-300-31972-8	网络传播概论（第 5 版）	彭　兰	69.80	2023 年 9 月
978-7-300-27214-6	新媒体概论（第三版）	匡文波	49.80	2019 年 8 月
978-7-300-26519-3	数据新闻概论（第二版）	方　洁	49.80	2019 年 2 月
978-7-300-21417-7	社会化媒体	彭　兰	58.00	2015 年 7 月
978-7-300-21789-5	大众传播学研究方法导论（第二版）	陈　阳	35.00	2015 年 9 月
978-7-300-15139-7	媒介内容分析法	彭增军	25.00	2012 年 3 月
978-7-300-29409-4	传播研究方法与论文写作	邓树明	69.80	2021 年 6 月

配套教学资源支持

尊敬的老师：

衷心感谢您选择使用人大版教材！

相关的配套教学资源，请到人大社网站（www.crup.com.cn）下载，或是随时与我们联系，我们将向您免费提供。

欢迎您随时反馈教材使用过程中的疑问、修订建议并提供您个人制作的课件。您的课件一经采用，我们将署名并付费。让我们与教材共成长！

联系人信息：

地址：北京海淀区中关村大街 31 号　　龚洪训 收　　邮编：100080

电子邮件：gonghx@crup.com.cn　　电话：010－62515637　　QQ：6130616

如有相关教材的选题计划，也欢迎您与我们联系，我们将竭诚为您服务！

选题联系人：	电子邮件：	电话：
翟江虹	zhaijh@crup.com.cn	010－62515636
周莹	383902102@qq.com.cn	010－62511612

俯仰天地　心系人文

人大社网站　www.crup.com.cn

专业教师 QQ 群：

723715191（全国新闻教师群）

欢迎您登录人大社网站浏览，了解图书信息，共享教学资源

期待您加入专业教师 QQ 群，开展学术讨论，交流教学心得

群名称:全国新闻教师2群

群　号:723715191